교식과 교사

제2판

교직과 교사

김은주 지음

Σ 시그마프레스

교직과 교사, 제2판

발행일 2018년 2월 28일 1쇄 발행

지은이 김은주
발행인 강학경
발행처 (주)시그마프레스
디자인 우주연
편 집 김은실

등록번호 제10-2642호
주소 서울특별시 영등포구 양평로 22길 21 선유도코오롱디지털타워 A401~403호
전자우편 sigma@spress.co.kr
홈페이지 http://www.sigmapress.co.kr
전화 (02)323-4845, (02)2062-5184~8
팩스 (02)323-4197

ISBN 979-11-6226-067-8

교육의 질이 교사의 수준에 달려 있음은 이미 잘 알려진 사실이다. 우수한 교사를 육성하는 것은 교육 기관의 중요 목적이다. 현재 교육대학교를 비롯한 전국의 교사교육 기관에서는 많은 예비교사가 초등교사가 되기 위해 열심히 준비하고 있다.

교사가 되고자 하는 사람은 자신이 어떤 사람인지, 언제부터 교사가 되고자 결심하였는지, 왜 교사가 되고자 하는지에 대해 성찰할 필요가 있다. 또한 교직이 자신의 인생에서 어떠한 의미를 가질지에 대해 깊이 있게 생각할 기회를 가져야 한다. 교사가 되려는 동기에는 아동을 사랑하고, 아동과 생활하는 것을 즐거워하며, 가르치는 기쁨과 보람을 느끼는 내재적 동기가 있을 것이다. 한편으로는 안정성, 적절한 보수, 다양한 복지혜택, 비교적 넉넉한 여가 등 교직의 직업 조건에 매력을 느끼는 외재적 동기도 있을 것이다. 직업은 한 인간의 자아실현에 도움이 되어야 하지만 무엇보다도 생계를 유지하기 위한 수단이기도 하므로, 교직에 대한 다면적 기대는 교사가 되려는 사람에게 지극히 당연하고 자연스러운 일이다. 깊은 성찰 끝에 교직이 자신의 인생에서 아무런 의미가 없음을 깨달은 사람은 시간과 노력과 비용을 낭비하기 전에 하루빨리 다른 길을 찾아야 할 것이다. 이는 당사자를 위해서 가장 필요하지만 보다 장기적으로는 교육대상이 될 초등학교 학생, 그리고 이 사회의 초등교육을 위해 요구되는 일이다.

교사가 되고자 결심한 사람에게 교사교육 기관은 교사가 어떤 일을 하는 사람인지, 그 교사가 평생의 업으로 삼고자 하는 교직은 어떤 성격을 가지고 있는지에 대해 소상히 알려 줄 필요가 있다. 교직의 긍정적이고 밝은 측면뿐 아니라 부정적이고 어두운 측면에 대해서도 충분한 정보를 제공함으로써 교직의 실체를 정확하게 알려 주어야 한다. 그래야 후회 없는 선택을 할 수 있고, 교직에 입직을 해도 더 잘 적응할 수 있기 때문이다.

'교직과 교사'는 교사가 되고자 하는 예비교사에게 '교사됨'을 성찰하게 하고, '교직'이라는 직업 세계로 안내하는 과목이다. 이 책은 크게 세 부분으로 나뉘어 구성되었다. 첫째, 교사와 교직에 대한 안내 부분으로서 제1장부터 제5장까지가 해당된다. 제1장에서는 교육이 무엇인지에 대해 원론적으로 검토하였다. 또한 사회가 급변하고 있으므로 사회변화에 따라 교육은 어떻게 변화되어야 하는지에 대해 함께 논의하였다. 제2장에서는 교육에 종사하는 가장 대표적인 사람인 교사는 누구인지, 그리고 교사가 평생 업으로 삼는 교직은 어떠한 성격을 가지고 있는지를 다루었다. 특히 초등교직이 가지는 전문직 특성을 살펴보았으며, 교직의 보람과 스트레스를 함께 다루었다. 제3장에서는 교사가 교직에 임하여 수행하는 직업 업무가 구체적으로 무엇인지를 설명하였다. 예비교사는 특히 교사의 직무를 상세하게 인지함으로써 자신의 적성과 잘 맞는지를 확인할 수 있다. 제4장에서는 교사의 직무를 잘하기 위해 교사가 어떠한 자질을 갖추어야 하는지에 대해 설명하였다. 자질은 교직 직무와 직결되는 것으로 인격적 요인과 전문적 요인으로 구분하여 살펴보았다. 제5장에서는 교실관리를 집중 논의하였다. 교실관리는 전문적 자질에 해당되는 것이다. 교사가 교육 지식이 충분하고 성실과 열정을 갖춰 아동을 지도하기 위해 충분히 준비하였다고 해도 교실관리에 실패하면 교육효과를 거둘 수 없다. 따라서 교실관리가 교육에서 차지하는 비중은 크다.

둘째, 교사로 교육받아 자격을 취득하고 교단에 서기까지의 제도를 제6장부터 제8장까지 다루었다. 구체적으로 제6장에서는 교사의 자질을 키워 주기 위한 교사교육 제도와 교사교육과정을 설명하였다. 또한 교사교육 제도 및 교사교육과정과 관련된 발전 방안을 살펴보았다. 제7장에서는 교사교육을 성공적으로 이수한 사람에게 제공하는 교사자격증에 관련된 제도와 내용을 다루었다. 자격은 교사에게 필요한 최소한의 자질로서 자격 기준과 자격 검정방법을 살펴보았으며, 자격의 발전 방안도 함께 다루었다. 제8장에서는 자격증을 취득한 후 임용고시를 통해 신규채용되고, 교단에 서기까지의 첫 출발과정, 그리고 교직 생애 동안 경험하게 될 교직 임용의 각종 개념을 설명하였다.

셋째, 교직 생애 동안 알아야 하고, 또한 교직 이해를 높이기 위한 내용은 제9장부터 제15장에 포함되었다. 제9장은 교사가 지켜야 할 윤리에 대한 내용이다. 학생이 가장 존경하는 교사는 인격이 뛰어난 교사이고, 교사의 인격은 교사 윤리에 기초한다. 제10장은 교사의 전문성을 계속 발전시켜야 하는 현직교육에 대한 내용이다. 교사는 현직에 종사하면서 시대의 변화에 맞추어 자질을 계발해야 하기 때문에 연수가 필요하다. 제11장은 교직생활을 하면서 알아야 할 교사의 권위, 권리, 의무 및 책임에 대한 것이다. 교사는 권위를 행사할 수 있는 조건을 알아야 하고, 또한 자신의 권리를 알아야 부당한 경우를 당하지 않는다. 또한 교사 의무를 충실하게 이행할 때 여러 가지 책임으로부터 자유로울 수 있다. 제12장에서는 교사의 지위에 대한 내용을 제시하였다. 교사가 교육 열정과 제자 사랑만으로도 교직에 헌신할 수 있지만, 사회에서 영향력을 행사하고, 사회 구성원으로부터 존경을 받으며, 생활하는 데 부족함이 없을 때 직무에 보다 집중할 수 있다. 제13장에서는 교직문화를 다루었다. 교직문화는 교직생활의 내면을 면밀하게 드러내는 부분으로서 겉으로 드러나지 않는 교직의 실제적인 모습이기도 하다. 예비교사는 교직문화를 통해 교직 적응력을 키울 뿐 아니라 교직 풍토를 개선하기 위한 시사점도 얻을 수 있다. 제14장에서는 교직의 여성화 문제와 더불어 교직의 양성 평등에 대한 문제를 설명하였고, 제15장에서는 교직단체의 기능과 유형, 그리고 단체교섭권에 대한 내용을 다루었다.

본 저자는 가능한 한 현장의 실제 사례를 소개하고, 교사와 아동의 생생한 목소리를 전달함으로써 현장 이해의 폭을 넓히며, 교육·교사·교직의 문제를 진지하게 고민하는 기회를 제공하려고 노력하였다. 예비교사의 지적 갈급을 해소하기 위해 심화된 지식을 제공하려고 애썼다. 또한 가능한 교육, 교사, 교직에 대한 새로운 자료와 정책을 소개하여 예비교사가 시대적 감각을 가질 수 있도록 배려하였다. 특히 개정·증보판을 내게 된 이유는 그동안 교사교육 및 교직에 관련된 제도 및 정책, 그리고 법적 근거가 많이 변화되었기 때문이다. 이에 대한 혼란을 줄이기 위해서라도 변화된 내용을 소개할 필요가 있었다. 그러나 이러한 노력에도 불구하고 부족한 점이 매우 많다. 저자의 빈약한 지식과 지적 능력의 한계, 그리고 부족한 정보력으로 단견이 그대로 드러나기도 하고, 편협하고 시대에 뒤떨어진 지식과 정보를 그대로 노출시키는 실수도 있을 것이다. 따라서 두려운 마음과 걱정이 앞선다. 선배, 동료, 후학, 현장교사, 예비교사 및 교육 관계자의 아낌없는 질타, 충고 및 조언을 바란다.

책을 출판함에 앞서 부족하기 짝이 없는 여식을 낳아서 키워 주시고 교육학자로 세워 주신 아버님께 지면으로나마 감사의 말을 남기고 싶다. 평생을 초등교육을 위해 불꽃처럼 살다 가신 아버님의 학교경영담을 저서 말미에 수록하는 것으로 아버님에 대한 가슴 저미는 그리움을 달래려 한다. 또한 이 책이 나오기까지 정밀하고 정확하게 교정하고, 그리고 새로운 교육 정보와 현장에 밀착된 조언을 아끼지 않고 제공해 준 제자이자 현직 초등학교 교사 김중훈 선생님께 깊은 고마움을 전한다. 선생님의 도움이 없었더라면 이 책의 출간은 어려웠을 것이다. 마지막으로 이 부족한 책의 출판을 허락해 주신 (주)시그마프레스의 강학경 사장님께 깊이 감사드린다.

2018년 2월
김은주

차례

제1장 | 교육 이해 / 1

1. 교육의 특성과 개념 1
2. 교육의 말뜻 8
3. 교육의 필연성과 필요성 10
4. 사회 변화와 교육 12

제2장 | 교사와 교직 / 21

1. 교사의 개념 22
2. 교직 선택의 동기 23
3. 전문직으로서의 교직 29
4. 교직의 보람 37
5. 교직의 스트레스 38

제3장 | 교사 직무 / 43

1. 학급에서의 직무 45
2. 학교에서의 직무 59
3. 대외 관계 직무 69
4. 연수 관련 직무 71

제4장 | 교사 자질 / 73

    1. 바람직한 교사　74

    2. 교사의 자질　77

    3. 교사의 전문성　87

    4. 교원능력개발평가　89

제5장 | 교실관리 / 93

    1. 교실관리의 개념과 필요　93

    2. 교실관리의 유형　96

    3. 개인적인 교실관리　123

제6장 | 교사교육 / 125

    1. 초등교사 교육 제도의 변천　125

    2. 초등교사 교육과정　131

    3. 외국의 교사교육　139

    4. 초등교사 교육의 발전 방안　146

제7장 | 교원 자격 / 159

    1. 교원 자격의 필요성　159

    2. 교원의 자격 기준　160

    3. 자격검정 제도　170

    4. 교원 자격 제도의 발전 방안　174

제8장 | 교원 임용 / 181

    1. 신규 채용　182

    2. 첫 출발을 위한 준비　184

    3. 전보　191

    4. 전직　195

5. 전출 196

6. 파견근무 197

7. 휴직과 복직 201

8. 승급, 겸임, 강임, 직위 해제, 면직 201

9. 승진 202

제9장 | 교원 윤리 / 221

1. 윤리의 의미와 교원 윤리의 중요성 221

2. 윤리 이론 226

3. 우리나라의 교원 윤리 강령 231

4. 부적절한 교원 제재 237

제10장 | 교원 현직교육 / 241

1. 교원 현직교육의 개념과 필요성 241

2. 연수기관 242

3. 우리나라의 교원 현직교육 242

4. 외국의 교원 현직교육 253

5. 교원 현직교육 문제와 개선 방안 258

제11장 | 교사 권위, 권리, 의무, 책임 / 259

1. 교사의 권위 259

2. 교사의 권리 262

3. 교사의 의무 272

4. 교사의 책임 280

제12장 | 교사 지위 / 285

1. 지위의 특성과 사회계층 및 사회계급 285

2. 교사의 지위 291

3. 교사의 지위 향상을 위한 방안 300

제13장 | 교직문화 / 303

1. 문화의 개념과 특성 303
2. 교직 하위문화의 내용 308
3. 신규교사의 교직 문화 적응 319

제14장 | 교직 여성화 / 321

1. 교직 여성화의 실태 321
2. 교직 여성화에 대한 우려 324
3. 관리직 교원의 양성 불평등 330

제15장 | 교직단체 / 337

1. 교직단체의 역할 337
2. 교직단체의 유형과 발전과정 339
3. 교직단체의 교섭 제도와 문제 343

부록 1 / 353

사례로 본 학교경영 1 | 사례로 본 학교경영 2

부록 2 / 375

선생님의 후배가 되고 싶어요 | 장차 선생님이 될 수양딸 왔어요 | 일기장 속의 선생님 | 선생님의 보이지 않는 손 | 우리 선생님 그렇게 안 해도 나 예뻐해 | 초등 시절을 수놓고 있는 가을날의 추억 | 잊을 수 없는 선생님 | 1+1=11 | 달려라, 신애야 | 에이즈 선생님 | 나를 반장으로 키워 주신 선생님 | 신기한 물건, 단소 | 저분이 나의 은사님이다

참고문헌 403
찾아보기 425

교육 이해

01

1. 교육의 특성과 개념

교육은 학자의 관점에 따라 매우 다양하게 정의된다. 교육의 정의를 유목화하면 인류 문화유산을 전승하고 발전시키는 활동, 인간을 사회화하는 활동, 혹은 인간 완성 및 자아실현을 구현하는 활동 등으로 분류할 수 있다. 정범모(1968)는 교육을 인간의 행동을 계획적으로 변화시키는 활동으로 정의하였다. 고재천, 권동택(2007)은 교육이 인간을 대상으로 하는 활동, 변화를 전제로 하는 활동, 의도적이고 계획적인 활동, 그리고 계속적인 활동이라는 공통성을 가지고 있음을 설명한다. 이러한 정의에 기초하면 교육은 인류 문화를 전승하고, 사회화시키며, 인간 완성 및 자아실현을 통해 인간을 변화시키는 계획적, 의도적, 계속적인 활동이다.

인류 문화의 전승, 사회화, 인간 완성 및 자아실현은 인간 변화의 다양한 국면이므로 변화성을 교육의 요소로 보는 것은 타당해 보인다. 그러나 변화시키려 노력해도 변화가 나타나지 않았을 때 교육을 하지 않았다고 할 것인가는 의문이다. 또한 교육이 계획적으로 이루어진다고 할 경우 계획성 없는 교육은 없는 것인지 생각해 볼 필요도 있다.

가정교육처럼 무계획적 특성을 많이 지니는 교육이 있을 수도 있다. 마찬가지로 교육은 의도성 없이도 이루어짐을 생각해 볼 수 있다. 학교에서 의식하지 못하는 가운데 자연스럽게 이루어지는 잠재적인 교육과정이나 교육환경의 영향을 받아 은연중에 일어나는 변화를 의도적이라고 규정하기는 애매하다.

이러한 의문을 바탕으로 본 저서에서는 교육의 개념을 규정해 보고자 한다. 개념은 시공간을 초월하여 나타나는 현상을 총괄하여 설명하는 추상성을 지닌 틀로서 교육의 개념을 설정하기 위해서는 먼저 교육현상이 공통으로 가지는 특성을 규명하는 것이 필요하다. 본 저서에서는 교육현상이 목적 지향성, 가치 지향성, 의도성과 무의도성, 계획성과 무계획성, 그리고 변화성이라는 특성을 가지고 있다고 규정하며 이러한 특성을 바탕으로 교육의 개념을 설정하고자 한다.

- 공자(기원전 551∼478) : 교육은 인도(仁道)를 닦는 것이다.
- 맹자(기원전 372∼289) : 교육은 인의지도(仁義之道)를 가르치는 것이다.
- Plato(기원전 427∼347) : 교육은 인간 각자의 고유한 덕을 닦는 것이다.
- Aristotle(기원전 384∼322) : 교육은 이성적인 인간을 형성하는 것이다.
- Comenius, J. A.(1592∼1670) : 교육은 지식, 덕성을 함양하고 신앙을 갖는 것이다.
- Rousseau, J.(1712∼1778) : 교육은 선천적으로 선한 자연성의 성장을 도와야 한다.
- Jefferson, T.(1743∼1826) : 교육은 민주주의를 옹호할 가장 힘센 방위력이다.
- Pestalozzi, J. H.(1748∼1827) : 교육은 인간성의 조화로운 조성 작용이다.
- Hegel, G. F. W.(1770∼1832) : 교육은 인간을 도덕적으로 만드는 것이다.
- Herbart, J. F.(1776∼1841) : 교육은 인간의 지적 · 도덕적 발달을 통해 잠재력을 키운다.
- Fröbel, F. W. A.(1782∼1852) : 교육은 자연과의 조화, 신과의 합일로 신성을 표현한다.
- Dewey, J.(1854∼1952) : 교육은 생활이며, 성장이고, 계속적인 경험의 재구성이다.
- Montessory, M.(1870∼1952) : 교육은 각 발달단계의 완성으로 전인적 발달을 추구한다.

- Freire, P.(1921~1997) : 교육은 비특권 계급의 사람들에게 자유와 문화를 가르쳐 야 한다.
- Noddings, N.(1929~) : 교육은 만남을 통해 상호 배려와 관계를 추구하는 활동 이다.
- 정범모(1925~) : 교육은 인간의 계획적인 변화를 추구하는 활동이다. (김충기, 신 현숙, 장선철, 2001; 노은호, 김영출, 김부국, 1998; 정범모, 1968; Freire, 1968)

1) 교육의 목적 지향성

교육의 다양한 정의에서 보듯이 교육은 추구해야 하는 목표와 목적을 설정하고, 분명하 게 나아가야 할 방향을 제시하고 있다. 교육은 목적을 향해 가까이 다가가고자 하는 목 적 지향성을 지닌다. 목적을 향해 나아가고자 노력하는 주체는 교육자와 교육 대상자이 다. 교육자는 교육 대상자를 목적 가까이 이끌려고 애쓰며 노력한다. 교육 대상자도 목 적을 달성하기 위해 스스로를 채찍질하면서 노력할 수 있다. 교육 대상자 스스로의 노 력은 자기교육이라고도 표현할 수 있으며, 학습이라고 정의하기도 한다.

설정된 목적 가까이 나아가는 과정에서 교육자와 교육 대상자의 목적이 일치하면 일 이 훨씬 수월할 것이다. 하지만 교육자와 교육 대상자의 목적이 일치하지 않을 수도 있 다. 예를 들면, 부모는 딸을 발레리나로 키우고 싶어 여러 가지로 공을 들이지만, 딸은 부모 몰래 요리 연구가가 되기 위해 준비를 하는 경우이다. 딸이 훌륭한 요리 연구가로 성공했다면 부모의 입장에서는 자신의 교육목적을 달성하지 못한 것이지만, 딸의 입장 에서 보면 자기교육의 목적을 훌륭하게 성취한 것이다.

설정된 목적을 달성하려고 지도하고 애쓰는 과정에서 다른 목적으로 변경되는 경우 도 발생한다. 예를 들면, 지도자가 선수를 단거리 육상 선수로 훈련시키다가 선수의 신 체 조건으로 볼 때 장거리 선수가 보다 적합하여 궤도를 수정할 수도 있다.

설정된 목적 가까이 나아가려고 교육자나 교육 대상자도 모두 애쓰지만 결과로 볼 때 원래 설정된 목적이 아닌 다른 목적으로 가고 있는 상황도 발생할 수 있다. 이때 교육의 과정이나 지도자의 지도에 문제가 있을 수도 있고, 교육 대상자에게 문제가 있는 경우 도 있을 것이다. 원래 설정한 목적에 부합되지 않는다고 하여 교육이 이루어지지 않은 것은 아니다. 일정한 기준이나 지향점에 이르렀다면 원래의 목적과 다른 기준이나 도달점에 새롭게 도달한 것이므로 목적 지향성을 가진 교육이라고 할 수 있다.

2) 교육의 가치 지향성

교육의 목적과 방향은 모두 바람직함을 전제로 설정된다. 바람직함은 '바랄 만한 가치가 있음'을 의미하므로 교육은 바랄 만한 가치를 지향하는 활동이다. 바람직하지 못한 목적의 설정은 교육에 부합되지 않는다. 예를 들어, 난폭함이나 범죄에 필요한 여러 가지 비법의 전수를 교육의 목적이나 목표로 설정하기는 어렵다.

바람직한 가치는 시대, 사회, 개인에 따라 가변성을 가진다. 과거와 현대 사회가 지향하는 가치는 같지 않다. 같은 시대라 할지라도 국가, 민족, 사회가 지향하는 가치는 상이하다. 각 시대, 사회 속에서 개개인이 가치롭게 생각하는 것도 모두 다르다. 교육의 목표 및 목적, 내용이 다양할 수밖에 없는 것은 바로 교육이 상대적인 가치 지향성을 바탕으로 하는 활동이기 때문이다.

3) 교육의 의도성과 무의도성

가치롭게 설정된 목적을 향해 나아가는 것은 인간의 의도성에 의해서도 가능하며, 인간의 의도성 없이도 가능하다. 의도성이란 특정 과제를 실현하려고 하는 인간의 의식과 노력을 말한다(김재만, 1984). 인간은 목적 가까이 나아가고자 의식적으로 노력할 수도 있고, 의식적인 노력 없이 자기도 모르게 목적 가까이 나아갈 수도 있다.

인간은 설정된 목적을 달성하기 위해 의도성을 가지고 노력할 수 있는 유일한 존재이다. 부모, 교사, 형제, 자매, 친구, 친지, 이웃 사람, 더 나아가 사회 및 국가 지도자 모두는 인간을 설정된 목적을 향해 이끌어 갈 수 있는 존재이다. 목적 달성을 위해 의도적으로 기울이는 노력은 곧 교육의 모습이며, 목적 가까이 가도록 이끄는 사람은 성별, 연령, 인종, 계층 등에 관계없이 모두 교육자이다. 교육자 이외에 교육 대상자도 바람직한 목적을 향해 스스로 의도적으로 노력하면서 나아갈 수 있다.

그런데 인간은 의도적으로 노력하지 않았는데도 저절로 목적 가까이 다가갈 수도 있다. 인간의 무의도적인 목적 근접성은 유전에 의해서도 가능하며 인적·사회 문화적·

물리적 환경의 영향에 의해서도 가능하다. 타고난 유전 소인에 의해 자기 성장과 발달을 이루어 나갈 수 있으며, 인적·사회 문화적·물리적 환경의 영향에 의해 자각하지 못한 가운데 저절로 목적 가까이 갈 수 있다. 이 중 유전에 의해 저절로 이루어지는 목적 접근성은 교육이라고 보기 어렵다. 그러나 목적을 향한 무의도적인 접근 중 인적·사회 문화적·물리적 환경에 의한 접근에는 교육이라는 용어를 적용할 수 있다. 예를 들어 주변 사람의 좋은 영향력, 합리적이고 공정한 사회 분위기, 아름다운 자연환경 속에서 생활하다 보면 인간은 자신도 모르게 바람직한 목적 가까이 나아갈 수 있다. '교육환경'이라는 용어는 인간에게 알게 모르게 영향을 미쳐 가치로운 목적 가까이 나아가게 만드는 상황에서 사용된다.

여기서 중요한 사실은, 좋은 환경으로 인해 자신도 모르는 가운데 바람직한 목적 가까이 나아갔다 할지라도 그 뒤에는 인간의 노력이 내재할 수 있다는 점이다. 좋은 인적 환경을 조성하는 주체도 인간이며, 잘 정비되고 합리적인 사회 문화를 형성해 내는 것도 인간이다. 정서를 순화시킬 수 있도록 자연환경을 잘 보존하거나 혹은 생활 터전으로 아름다운 자연환경을 선택할 수 있는 주체도 인간이다. 환경 자체가 의식이 있어 인간을 의도적으로 목적 가까이 이끌지는 않을지라도 좋은 환경 뒤에는 그 환경을 조성하기 위해 애쓴 인간의 노력이 전제될 수 있다.

4) 교육의 계획성과 무계획성

바람직하게 설정된 목적을 향해 나아가는 교육과정에서 인간은 교육목적을 보다 효과적이고 효율적으로 달성하기 위해 체계적인 절차와 과정을 마련할 수 있다. 정해진 절차와 순서에 의하여 일이 진행되는 특성을 계획성이라고 한다. 교육은 계획성을 가지고 이루어질 때 설정한 교육목적을 보다 잘 성취할 수 있다. 그러나 목적을 지향하는 모든 활동들이 반드시 계획성을 수반하는 것은 아니다. 경우에 따라서는 상당히 무계획적인 방식으로 교육이 진행될 수도 있다. 예를 들어, 가정에서 부모가 자녀를 정직한 아이로 키우고자 할 때 절차와 과정을 정해 놓고 교육하기보다는 거짓말 하는 상황이 발생될 때마다 즉흥적으로 교육하는 경우가 많다. 이 경우의 가정교육은 무계획적이라고 볼 수 있다.

5) 교육의 변화성

가치롭게 설정된 목적을 향해 의식적·무의식적으로 혹은 계획적·무계획적으로 나아가는 과정의 결과로서 인간은 변화를 경험한다. 인간이 교육을 통해 경험하는 변화는 일종의 교육적 결과에 해당된다. 변화된 인간의 모습에 대해 설정된 목적을 기준으로 효과 여부를 판단하게 된다. 원래의 목적을 잘 성취했을 경우, 교육은 성공했으며 효과가 있었던 것으로 볼 수 있다. 그러나 교육을 수행한 결과가 언제나 목적에 부합되는 모습으로 나타나는 것은 아니다. 경우에 따라서 변화가 일어나지 않을 수도 있고, 목적에서 빗나가는 결과를 가져올 수도 있으며, 바람직한 목적에 위배되는 경우도 있을 것이다. 이러한 사례는 가정, 학교, 사회 곳곳에서 발견할 수 있다.

변화가 없었다고 해서 혹은 변화의 모습이 설정된 목적에 부합되지 않는다고 해서 교육을 하지 않았다고 말하기는 곤란하다. 교육을 하였으나 교육의 효과가 나타나지 않았거나, 교육이 잘못 이루어졌거나, 교육이 실패했다고 하는 편이 적절할 것이다.

교육의 효과가 나타나지 않았다고 해서 교육하지 않았다고 할 수는 없지만 그래도 교육의 효과가 있을 때 학생은 변화하고 발전할 수 있다. 변화라는 효과가 나타나지 않았을 경우 교육을 했다고는 하지만 교육한 모든 노력은 사실 헛수고에 지나지 않을 것이다. 따라서 교육의 개념을 논의할 때 의미 있는 교육이 되기 위해서는 변화성을 부가하는 것이 보다 합당하다. 교육은 가치롭게 설정된 목적을 달성하여 그에 일치하는 변화를 가져올 때 제대로 이루어진 것이다.

6) 교육의 개념

교육의 특성을 목적 지향성, 가치성, 의도성과 무의도성, 계획성과 무계획성, 변화성으로 보았을 때 교육은 바람직하게 설정된 목적을 향해 교육자와 교육 대상자가 의도적·무의도적, 계획적·무계획적으로 변화하기 위해 노력하는 활동이라고 개념 지을 수 있다. 목적 지향성과 가치 지향성은 교육목적과 교육내용을 포괄하며, 의도성과 무의도성, 계획성과 무계획성은 교육방법과 직결되고, 변화성은 교육결과, 교육평가 및 교육효과와 연관된다.

이러한 교육은 장소의 측면으로 보면 가정, 학교, 그리고 직장을 포함한 사회에서 발생한다. 가정에서 발생하는 교육을 가정교육이라고 하며, 학교에서 이루어지는 교육은 학교교육이다. 사회에서 이루어지는 교육은 사회교육이나 1999년 사회교육법을 평생교육법으로 개정한 이후 사회교육은 평생교육으로 지칭된다. 평생교육은 법에서 규정한 좁은 의미와 넓은 의미의 개념으로 구분된다. 좁은 의미의 평생교육은 학교의 정규교육과정을 제외하고 시설, 법인, 단체에서 이루어지는 학력 보완 교육, 성인 문자 해득 교육, 직업 능력 향상 교육, 인문 교양 교육, 문화 예술 교육, 시민 참여 교육 등의 조직적인 교육활동을 말한다(평생교육법 제2조 1항). 넓은 의미의 평생교육은 인간이 태어나면서 죽는 순간까지 경험하는 모든 교육을 의미하므로, 전 생애에 걸쳐 가정, 학교, 사회에서 이루어지는 모든 형태의 형식·비형식적인 교육을 말한다(박경실 외 9인, 2017).

가정교육, 학교교육, 그리고 평생교육은 모두 가치로운 목적 지향성을 가지고, 그 목적을 기준으로 변화를 꾀하는 공통성을 가지고 있지만, 가정교육은 다른 교육 유형에 비교하여 무의도적이고 무계획적인 측면을 상대적으로 강하게 가진다. 학교교육은 상

교육은 변화의 모습을 지켜보는 것

가르친다는 것은 당신이 학생들을 가르치는 것도 아니고, 그들이 당신을 가르치는 것도 아닙니다. 교사가 되고자 선택한 상황에서 교사가 된다는 것은, 만약 기회가 주어지기만 하면 언제든지 마음을 활짝 열고, 두려움과 사랑을 나누며, 매일을 특별하게 만들 어린 사람들의 세계로 들어가는 것입니다. 나는 식욕 감퇴로 고생하는 아가씨를 붙잡고 같이 울었고, 같은 시기에 정신병원에 입원한, 그저 막대사탕, 10대용 잡지, 안아 주기만을 원하던 네 명의 아이들을 면회했었고, 청각장애를 가진 아가씨들이 슈퍼마켓의 계산원과 의사소통하는 방법을 배워 결국 혼자서 장을 볼 수 있게 된 것도 목격하였고, 중학생이 고등학교로 진학하면서 자신감과 건강한 청년의 신체를 갖게 되어 기뻐하는 모습을 지켜보았습니다. 솔직히 고백하건대, 나는 학생들이 성장하는 모습을 매년 지켜볼 때마다 눈물을 흘립니다. 내 생애에 있어 다른 일에 종사한다는 것은 나로서는 상상할 수 없습니다.

Laurie Wasserman(특수교사)
(Kronowitz, 2008b)

대적으로 의도성과 계획성을 더 강하게 가진다. 평생교육은 그 범주가 대단히 넓으므로 유형에 따라 의도적으로, 무의도적으로 이루어진다. 또한 계획적으로 추진되기도 하고 무계획적으로 수행되기도 한다.

2. 교육의 말뜻

1) 한문의 '교육'

'교육(敎育)'이라는 한자에서 '敎'는 '孝(효)' 자와 '攴(복)' 자의 결합으로 형성되었다. '孝'는 아래에서 본받는다는 뜻이며, 본받는다 함은 모방, 추종, 동경한다는 의미이다. '攴'은 친다는 것으로 성인이나 교육자가 미성인이나 피교육자를 지도, 편달, 격려함을 뜻한다. 따라서 '敎'라는 글자는 성인이 베푸는 지도, 편달, 격려를 미성인이 동경, 모방, 추종한다는 의미를 지니고 있다. 그리고 '育'은 착하게 기르는 것을 의미하며, 그릇된 자식을 바르게 기른다는 뜻에서 유래했다. 따라서 '敎育'이라는 말은 아이를 착하게 만들기 위해서 지도와 편달을 가하는 동시에 격려하여 아이로 하여금 동경, 모방, 추종하게 하는 일이라고 풀이된다(김은주, 2008; 김재만, 1984).

2) 한글의 '교육'

'교육'이라는 말을 순수 우리말로 풀어 보면 '가르치고 기른다'는 의미가 된다. '가르치다'는 '가르다'와 '치다'가 합쳐서 이루어진 동사이다. 동사 '가르다'는 ① 구별하다, 분별하다, ② 나누다, ③ 달리하다, ④ 쪼개서 하나씩 만들다, ⑤ 시비를 판단하다 등의 뜻이 있다. 그리고 '치다'는 ① 때리다, ② 남의 단처를 공격하다, ③ 머리털을 골라서 깎다, ④ 모기장, 장막, 휘장 등을 펴다, ⑤ 체질을 하여 고운 가루를 빼내다, ⑥ 우물이나 개천 속에 있는 더러운 물건을 건져내다, ⑦ 목동이 소나 양을 먹이다 등의 뜻이 있다. 따라서 '가르치다'는 시비선악을 골라 판단하여(가르다) 나쁘고 거친 것을 골라 다듬어 착하고 아름답게 하는 것(치다)이라고 할 수 있다.

'기르다'는 '기루다'에서 파생되었고, '기루다'는 '길다'에서 나온 말이다. 곧 기르는 일, 길들이는 일은 길게 하는 일(長成), 크게 하는 일, 자라나게 하는 일을 뜻한다. '기르다'라는 말은 '길다'라는 의미뿐 아니라 '길이 난다'는 의미와도 관계가 있다. 여기서 '길'이란 만물 또는 만사의 온당한 길을 말하며 구실, 속성, 혹은 진리를 가리킨다. 이러한 진리의 '길로 들게 함'이 '길들임'이며 '기르는' 것이다. 따라서 우리말 '가르치고 기름'이란 시비선악을 판단하여 거친 것을 다듬어 착하고 아름답게 하되 그 기본 노선이 사람의 길을 걷도록 생장시키는 것이라고 할 수 있다(김은주, 2008; 김재만, 1984).

3) 라틴어, 영어, 독어의 '교육'

교육을 영어로는 'education'이라 하는데 이것은 라틴어 'educare'에서 유래된 것으로 'e+ducare'의 합성어이다. 'e'는 '밖으로'라는 뜻이고 'ducare'는 '끌어낸다'는 의미이다. 'education'의 동사형은 'educate'인데 이 단어는 '밖'의 뜻을 가진 'e(out)'와 '지도하다', '인도하다(lead)'의 뜻을 가진 'ducate'가 합쳐서 이루어졌다. 따라서 라틴어나 영어의 교육이란 인간에 내재하는 선천적인 소질이나 능력을 밖으로 끌어내어 신장, 발전시킨다는 뜻을 가지고 있다.

독어에서 교육을 뜻하는 'Erziehung'의 동사는 'erziehen'으로서 'er'는 '밖으로(aus)'라는 뜻과 '위로(auf)'라는 뜻을 가지고 있고, 'ziehen'은 '끈다'라는 뜻을 지니고 있다. 이를 합치면 '밖으로 끌어내다', '생식하다', '산출하다', '분만하다(herausziehen)'라는 의미와 '끌어올리다', '향상시키다(aufziehen)'라는 의미가 된다. 따라서 독어의 교육은 내재적인 능력을 신장, 발전시킨다는 뜻과 동시에 인간을 보다 성숙되고 개선된 방향으로 향상, 지도한다는 뜻이 내재되어 있다(김은주, 2008; 김재만, 1984).

4) 동양과 서양의 '교육' 말뜻 비교

한문과 한글의 '교육'의 의미를 되새겨 보면 성인이 교육자가 되어 미성인인 교육 대상자를 착하고 바르게 기르기 위해 많은 것을 일러 주고, 가르치고, 지도하는 활동임을 알 수 있다. 반면 영어나 독어의 '교육'은 아동의 내면에 있는 잠재 능력을 밖으로 끄집어내어 발휘시킨다는 의미를 담고 있다. 동양의 교육이 밖에서 안으로 교육내용을 넣어 주는 방식이라면, 서양의 교육은 안에서 밖으로 능력을 계발시키는 성격을 지니고 있다(김은주, 2008). 교육으로 인한 변화가 외부로부터 지식을 습득하고 내면화함으로 일어나기도 하지만 타고난 소질과 적성을 계발해 내면서 이루어지기도 하므로 동양과 서양의 교육 말뜻은 교육의 양방향성을 조화롭게 설명하고 있다.

3. 교육의 필연성과 필요성

1) 교육의 필연성

교육이 바람직한 변화를 도모하는 활동이고, 변화는 인간 삶 전체에서 일어나므로, 교육은 인간 삶 그 자체라고 할 수 있다. 변화는 생존, 생활, 자아실현이라는 인간 삶의 국면에서 일어나며, 따라서 교육은 생존, 생활, 자아실현 속에서 필연적으로 발생한다.

인간이 이 세상에 태어난 이상 생존해야 하는 것은 절체절명의 원칙이다. 인간에게 있어 생존은 생물 존재로서 살아남아야 함을 의미한다. 인간이 생존하기 위해서는 부모나 기타 성인의 양육과 보호가 절대적으로 요구된다. 생존을 위한 부모나 기타 성인의 양육, 보호, 지도는 곧 교육이다. 인간은 교육의 결과 변화하고 변화의 결과로 생존한다.

생존을 넘어서 생활이라는 측면에서도 인간은 변화되어야 한다. 인간은 생물 존재로서도 살아남아야 하지만 사회 구성원으로서 그 사회에 적응해야 한다. 인간은 혼자서 살 수 없는 사회적 존재이기 때문이다. 인간이 사회생활을 하기 위해서는 그 사회에서 요구하는 언어, 관습, 도덕, 법 등을 익혀야 하고, 사회의 제도, 풍습, 전통 등에 적응해야 한다. 사회화로 표현되는 이러한 과정은 변화의 과정이며 또한 교육의 과정이다.

인간은 생물 존재로 생존해야 하고, 사회 존재로도 생활해야 하지만, 동시에 인간은 자아실현을 추구하는 실존 존재이기도 하다. 실존이란 실제로 존재하는 것으로서 개개인이 자각적 선택과 자유로운 결단에 의하여 자기만의 삶의 의미와 가치를 추구하며 주체로서 존재하는 것을 말한다(이주한, 2017). 실존적 존재로서 인간은 주로 자신의 삶의 의미와 가치를 자아실현을 통해 찾고자 한다. Rogers는 인간에게 자신을 성장, 발전시키기 위해 능력을 계발하려는 선천적 경향이 있는데 이를 실현화 경향성(actualization tendency)이라고 표현하였다. 실현화 경향성은 자아실현의 욕구와 직결되는 것으로 자아실현은 자신의 능력과 재능을 최대한 계발하고 발휘하고자 하는 욕구를 말한다(정옥분, 2005; McLeod, 2014). 자아실현 욕구는 인간의 최상의 욕구이기도

하다. Maslow(1943)는 욕구위계이론을 설명하면서 생리적 욕구, 안전의 욕구, 애정과 소속의 욕구, 자아존중감의 욕구 위에 자아실현의 욕구가 있다고 주장하였다(Maslow, 1943). 개개인마다 타고난 능력이나 재능이 다르지만 이를 최대한 발굴하여 계발하면서 삶의 의미를 찾고 성취감과 행복을 추구하려면 매순간 변화하고, 교육을 받아야 한다.

　결과적으로 인간은 태어나서 죽을 때까지 생존하고, 생활하며, 더 나아가 자아실현을 이루기 위해서 끊임없이 변화해야 된다. 인간의 삶에 있어 좋은 방향으로의 변화가 없다면 생존이나, 사회화가 불가능하며, 자아실현도 어려워질 것이다. 변화를 의미 있는 교육의 결과라고 할 때 생존, 생활, 그리고 자아실현은 변화의 결과, 곧 의미 있는 교육의 결과이고, 교육활동 자체이다. 생존, 생활, 자아실현이 다른 무엇을 위한 수단이 될 수 없고, 그 자체가 삶의 목적이고 본질이듯이, 생존, 생활, 자아실현 속의 변화, 즉 교육도 그 자체가 목적이고 본질이다. 본 저서에서는 이러한 교육의 성격을 교육의 필연성이라고 규정한다.

2) 교육의 필요성

교육은 그 자체가 삶의 목적이며 필연이기도 하지만 다른 목적을 위한 수단으로 활용되기도 한다. 수단으로서의 교육의 측면을 필요성이라고 규정한다. 오늘날 교육의 필요성을 잘 보여 주는 사례는 교육열 현상이다. 많은 사람들은 교육이 한 인간의 삶에 미치는 영향력을 잘 알고 있으므로 각자의 능력을 계발시키는 데 부단한 노력을 기울이고 있다. 어느 나라든 부모의 자녀 교육열이 뜨겁다. 특히 우리나라의 경우도 부모의 지나친 교육열이 문제가 될 정도이다. 우리나라 부모의 높은 교육열은 대학 입시를 위한 것이라고 단정 지을 수 있다. 대학에 꼭 들어가야 하고 이왕이면 좋은 대학에 들어가기 위해 무한 경쟁을 벌이는 것이 오늘날 우리 교육열의 단면이다(김경근, 1999). 대학에 들어가기 위해 치열한 경쟁을 벌이는 것은 보다 높은 사회 경제적 지위를 얻기 위함이다. 특히 우리 사회에서 대학은 보다 나은 사회 경제적 지위를 취득하게 해 주는 주요한 통로이다(김은주, 1987; 김은주, 2002; 이종각, 2002). 여기에서 교육열은 보다 나은 사회 경제적 지위라는 목적을 달성하기 위한 수단이다. 더 높은 사회 경제적 지위를 얻기 위한 경쟁이 치열하므로 교육열이 과열되고, 그에 따라 과도한 사교육, 과잉교육과 같은 각종 사회문제가 발생되기도 한다.

사회나 국가의 차원에서도 경제 성장, 정치 발전 등을 위해 교육을 활용한다. 사회나 국가 모두 다수의 구성원으로 형성되므로 구성원의 변화와 발달 없이는 사회나 국가의 발전을 기대하기 힘들다. 우리나라의 놀라운 경제 성장 및 정치 발전도 높은 교육열에 연유했을 가능성이 높다. 하지만 국가·사회적으로 교육은 특정 집단의 정치적인 이념을 전파하는 매개체로 이용됨으로써 교육 본연의 활동과 성격을 유린당하는 경우도 있다.

교육은 현 시대 상황에 비추어 볼 때 개인적으로나 국가·사회적으로 매우 유용한 기능을 행사하고 있는 것이 사실이다. 하지만 교육의 필요성을 인식하되 교육에 대한 요구가 과도하거나 왜곡되어 개인적·사회적으로 문제가 되는 것에 대한 경계가 요구된다.

4. 사회 변화와 교육

포스트모더니즘(postmodernism)은 미국과 프랑스를 중심으로 1960년대부터 사회 전반에 걸쳐 나타난 시대적 이념이다. 포스트모더니즘은 탈근대화로서 모더니즘(modernism)에서 벗어나는 경향이나 모더니즘 이후를 말한다. 모더니즘은 18세기 계몽주의에 뿌리를 두며, 인간의 이성과 합리성을 존중하고 과학 기술의 발달과 그에 힘입은 대량생산과 대량소비를 특징으로 한다. 사회 문화적으로는 전체주의의 특성을 지니며, 집단을 강조하여 획일성이 나타난다. 또한 가부장적 권위주의와 고급문화를 강조한다.

반면 포스트모더니즘은 인간의 이성보다 감성을 중시하고, 과학 기술이 고도로 발달되고 대량생산을 넘어 품질 향상과 소비자의 취향을 고려한다. 생산 방식은 소품종 대량생산 체제에서 다품종 소량생산 체제로 전환된다. 전체와 집단보다는 개인을 중시하는 사회 분위기가 조성되고, 사회 각 분야에서 획일성보다 다양성과 개성을 소중히 한다. 권위에 의해 억압되고 무시되었던 집단의 인권 존중에 관심을 가져 여성 운동, 흑인 민권 운동, 학생 운동, 대중문화, 청년문화, 제3세계 운동 등이 탄생한다. 모더니즘에서 포스트모더니즘으로의 변화는 철학, 예술, 문학, 건축, 디자인, 역사, 비즈니스 등 사회 전 분야에 걸쳐 나타나고 있으며 출현 시기는 영역에 따라 다르다. 국가와 지역에 따라서도 변화의 시기와 속도가 다르게 나타난다.

　사회의 변화는 필연적으로 학교의 교육방식과 교육내용의 변화를 요구한다. Hargreves(1994)는 포스트모더니즘의 특성을 유연한 경제, 세계화, 지식의 폭증 등으로 제시하며, 이에 따라 교육도 변화될 것을 주장한다.

1) 유연한 경제와 교육의 변화

(1) 유연한 경제와 다양성 추구

모더니즘의 경제는 소품종 대량생산, 대량소비, 표준화된 기술과 표준화된 생활방식, 직업 간의 분명한 경계를 특징으로 하였다. 반면 포스트모더니즘의 가장 큰 특징은 유연한 경제(flexible economy)로 나타난다. 포스트모더니즘의 경제는 특수 집단에 맞춰진 시장화, 개개인의 취향에 공학적으로 재단된 다품종 생산, 소비자의 요구에 신속히 반응하는 소량생산, 마케팅과 광고에 의한 소비자 요구의 신속한 파악 및 강화, 취향과 유행 기간의 가속화를 특징으로 한다. 현대 사회의 특징이 획일성이라면 후기 현대 사회의 특징은 한마디로 다양성이다(Hargreves, 1994).

(2) 창의성 교육

개별성과 다양성을 강조하는 포스트모더니즘은 창의성을 요구한다. 최근에는 인공지능, 로봇 상용화, 사물인터넷 등의 첨단 기술의 발달로 제4차 혁명이 도래할 것으로 예측하고 있다. 앞으로의 사회에서는 첨단 과학 기술로 인해 다수의 직업이 사라지고 인공 지능이 대신할 수 없는 직업이 요구될 것임을 예상한다. 따라서 미래 사회에서는 인공 지능이 발휘할 수 없는 창의성이 더욱 요구될 것이다.

　창의성은 흔히 기존의 것과 획기적으로 다른 새로운 것을 창출하는 것이라고 생각하기 쉽지만, 창의성은 틀 안에서 시작하는 것이 보다 용이하다. 이것은 무에서 유를 창조하기보다 유에서 유를 새롭게 만들어 내는 것이 보다 수월함을 의미한다. 즉 획기적으로 새로운 생각이나 산출물을 만들어 내는 것도 물론 창의성이지만, 지각과 관점을 변화시켜 기존의 것을 새롭게 해석하여 사용하거나, 기존의 아이디어를 새롭게 연합하는 것도 창의성 발현이다. 따라서 창의성은 기억하고, 판단하고, 추론하는 일반적인 사고

과정에 새로운 아이디어와 독창적인 요소를 덧입히는 일련의 사고 과정이라고 할 수 있다(서봉연, 이순형, 1984).

Guildford(1957)의 지능구조 모델에서 확산적 사고는 곧 창의성을 의미한다. 창의성을 측정하는 요인으로는 집중력, 정교성, 유창성, 융통성, 독창성 등이 있다. 집중력은 말 그대로 몰입하는 정도를 말하며 본인이 흥미를 가지거나 성취감을 느낄 때 더 강하게 나타난다. 정교성은 세밀하게 사고하고 표현할 수 있는 능력을 말하며, 유창성은 두뇌 회전의 민활성을 의미한다. 흔히 브레인스토밍 과정에서 다양한 아이디어를 생성하는데 이 과정에서 작동하는 능력이 유창성이다. 융통성은 종류가 다른 사고를 도출하는 정도를 말한다. 독창성은 기존의 것과 획기적으로 다른 사고로서 이 모든 사고 과정이 왕성하게 일어날 때 발생한다(정옥분, 2002). 독창성을 진단하기 위해서는 전문가의 개입과 판단이 필요하다.

학교에서는 창의성을 신장시킬 수 있도록 허용된 분위기를 조성하고, 호기심, 모험 감수, 끈기, 내재적 흥미를 키우면서 획일화 교육을 지양할 필요가 있다. 구체적으로 교육내용 면으로는 모더니즘에서 강조하던 유용한 지식과 명쾌한 정답, 기능 및 기술의 단련보다는 덜 유용한 지식, 보다 양가적인 지식, 그리고 항상 변화할 가능성을 안고 있는 지식을 제시할 필요가 있다. 교육방법 면에서도 해답을 찾기 위한 토의, 발견, 비평, 문제해결이 아니라 신념을 교란시키고 새롭게 생각하는 방식을 주창함으로써 혼돈 속에서 복잡성을 이해하고, 다양한 가능성을 찾는 데 주안점을 둘 것이 요구된다(Shaffer & Kipp, 2014; Haushildt & Wesson, 1999).

(3) 수요자 중심 교육

교실에서 교사의 권위 역시 재개념화된다. 교사는 인간적이고 비형식적이지만 보다 긴밀한 상호관계를 형성할 수 있는 교실 분위기를 조성한다. 교사는 주지주의에 입각하여 교사 중심으로 학생을 지도하기보다 지식에 대한 학생의 요구와 기대를 확인하고 인정한다. 교사는 교육의 수요자인 학생 개개인이 교육과정 및 과제에 대해 원하고 바라는 바가 무엇인지를 민주적 협상 과정을 통해 면밀히 검토한다. 교사는 열려 있는 대화로 교사와 학생의 복잡한 의견을 공존하게 하고, 질서 있는 교실에서 초기 혼돈을 거쳐 불편한 긴장 속에서 모순을 생성하며, 새로운 대안과 해결책을 제시하고, 새로운 지식으로 나아갈 수 있도록 이끈다(Haushildt & Wesson, 1999).

2) 세계화와 교육의 변화

(1) 세계화

고도로 발달된 과학 기술은 놀라운 공학의 발달을 가져왔다. 교통 발달은 전 세계의 왕래를 촉진한다. 컴퓨터와 인터넷, 인공위성 등의 상용화는 정치, 경제, 사회, 문화, 예술, 과학, 기술, 공학, 스포츠, 연예 등 모든 분야에서 뉴스, 정보, 지식의 유포와 유통을 가속화하고 있다. 이를 글로벌리제이션(globalization) 혹은 세계화라고 한다. 포스트모더니즘의 사회는 과학 기술의 발달에 힘입어 세계화를 지향한다. 세계는 특히 1992년 구소련의 붕괴 이후 이념의 대립 구도에서 벗어났으며, 국가 간 경계를 넘어 활발하게 상호 왕래함으로써 말 그대로 지구촌이라는 명색에 걸맞은 하나의 네트워크를 형성하고 있다.

(2) 전통문화 교육

세계화는 전 세계적으로 활발한 교류와 접촉을 가능하게 함으로써 세계인을 동질화시키는 결과를 가져온다. 동질화되어 가는 세계적인 추세 속에서 증대되는 국가 및 문화 정체감의 혼미는 자국의 고유한 문화와 전통을 보존, 유지해야 할 필요성을 부각시킨다. 사회 구성원 및 차세대 학생에게 이러한 시대적 요구에 입각하여 전통적인 역사와 문화 등에 대한 교육내용을 강조해야 하는 것은 교육 당국, 교육기관 그리고 교육자의 몫이다(Banks, 2004). 특히 수천 년 역사 동안 강대국에 의하여 끊임없이 외침을 당하면서도 우리나라가 한민족의 정체성과 한국문화를 유지해 온 사실에 대한 자부심을 학생에게 지도할 필요가 있다. 또한 한민족의 문화를 발전시키기 위한 다양한 방법을 교육적으로 모색할 필요도 있다.

(3) 다문화 교육

세계화는 서로 다른 문화와 전통, 풍습, 언어, 가치관 등의 이입으로 인하여 다문화를 동시 공존시킴으로써 사회를 이질화시키는 결과도 초래한다(Hargreves, 1994;

McCarthy et al., 2005). 세계화로 인한 다문화는 전 세계 어느 사회에서나 피할 수 없는 현상으로 자리 잡았다.

다문화는 인종, 민족, 종교, 언어뿐 아니라 성별, 계층, 신체장애와 같은 특수성, 성 정체성 등을 기준으로 한 복잡한 문화의 다원성에 근거한다. 사실 어느 사회나 다문화 요소를 이미 가지고 있다. 우리 사회에도 과거부터 다양한 문화가 공존해 왔다. 하지만 근래에 와서 문화의 다양성은 그 종류와 정도가 과거와 비교할 수 없을 만큼 커지고 있는 추세이다. 우리나라의 경우 최근 인종, 민족 구성 면에서의 다양성이 두드러지게 나타나고 있다. 오늘날 전 세계 국가에서 온 많은 사람들이 사회 각 분야에서 일하고 있다. 국제결혼의 추세도 증가하고 있으며, 북한 주민의 탈북과 각국을 경유한 우리 사회로의 진입도 증가하고 있는 추세이다. 2016년 현재 북한이탈 주민의 수는 3만 명에 육박하고 있다(통일부 통계자료, 2016). 이에 따라 우리 사회 구성원의 다문화적 시각은 특히 인종, 민족에 집중되는 결과를 가져왔다.

이러한 문화의 이질성으로 인해 사람들 사이의 문화 충돌은 피할 수가 없게 되었다. 따라서 사회 구성원이 갈등과 반목을 최소화하고, 서로의 문화를 이해할 수 있는 마음과 자세를 키우며, 화합하여 어울려 살 수 있는 자질을 육성할 것이 요구된다(Merryfield, 2002). 특히 단일 민족으로 비교적 동질적인 문화 속에서 오랜 세월 살아온 우리는 이에 더욱 신경 쓰고 노력해야 한다.

무엇보다도 학교에서 교육을 담당할 교사도 다양한 문화적 시각을 견지하여 자신의 시야를 넓히고, 융통성 있는 태도를 취하며, 그에 맞추어 행동할 것이 요구된다(Banks, 2004). 이를 위해 교사는 자신이 가지고 있는 다문화와 관련된 고정관념과 편견이 무엇인지, 그리고 지향해야 할 다문화에 대한 신념과 태도가 무엇인지를 먼저 점검할 필요가 있다. 다문화적 소양을 높이기 위해 교사는 가능한 한 다문화에 관련된 지식을 많이 습득하는 것이 좋다(Corey, Corey, & Corey, 2010). Rong과 Preissle(2009)도 교사가 역사, 언어, 가치, 종교, 신념 등에 관련된 다문화 지식을 가지고 있을 때 다문화 배경을 가진 아동을 보다 잘 이해할 수 있음을 주장한다. 문화의 가장 중요한 정체성이라고 할 수 있는 세계의 다양한 언어를 교실 생활 속에 도입하는 것도 다문화 소양을 키울 수 있는 한 방법이다(Cooper, 2000).

또한 다문화 교육은 학교에서의 교육과정을 다문화적 시각으로 다양하게 조명할 필요가 있다. 즉, 하나의 사건 혹은 현상에 대해 다양한 집단의 사람이 얼마나 다른 시각과 관점으로 해석할 수 있는지를 알게 하는 것이 다문화 교육의 한 목적이다(Cooper, 2000; McCarthy, Giardina, Harewood, & Park, 2005). 학급환경을 학급 학생의 다문화적 요인에 맞추어 다양하게 조성하는 것도 한 방법이 될 수 있다(Cooper, 2000).

다문화교육은 사회정의의 차원에서 접근될 필요도 있다. 인종, 민족, 지역, 종교, 언어, 성별, 계층, 특수성, 성 정체성 등을 기준으로 볼 때 거부되고 차별받은 집단이 어떠한 집단이었는지, 그들이 어떠한 억압과 불평등을 경험하였는지, 그리고 그 차별과 불평등은 공정한 것이었는지, 해결 방안을 어떻게 모색할 수 있는지를 인식시킨다. 그리하여 다양한 구성원이 서로 이해하고 수용하는 가운데 긍정적인 관계를 형성함으로써

다문화 교육의 접근 방법

- **보수적 다문화주의**(conservative multiculturalism) : 서구 문화의 우월성을 인정하며, 문명화의 중요 요인도 서구 문화임을 주장한다. 다문화주의를 서구 문명 보급의 걸림돌로 인식하며, 서구 문화에 동화시키는 방향으로 교육이 이루어진다.

- **자유주의적 다문화주의**(liberal multiculturalism) : 인종, 계급, 성별에 관계없이 인간은 모두 평등하며 공통된 인간성을 가지고 있다. 여러 가지 요소에 의한 기회의 불평등은 극복해야 할 문제이다. 다양한 배경 요인을 가진 개인이 직면하는 문제는 사회적으로 구조화된 역경이기보다 개인의 문제이다.

- **다원주의적 다문화주의**(pluralistic multiculturalism) : 각 문화와 사람들의 특성 및 차이점을 규명하고 교육 속에 이러한 관점들이 공평하게 포함되도록 한다.

- **좌향적 본질주의적 다문화주의**(leftist-essential multiculturalism) : 인종, 계급, 성별은 변화하지 않는 본질이다. 압제당한 사람들만이 특정 집단에 대한 특정 이슈에 대해 발언할 수 있다.

- **비판적 다문화주의**(critical multiculturalism) : 학교와 교육이 학생들을 분류하는 과정, 그리고 권력이 교육과정에 연루되는 맥락, 인간 의식을 형태화하는 방식에 대한 이해를 촉구한다. 근본적으로 인간 평등주의에 근거하며 중립성에 대해 회의적인 시각을 가진다.

(Steinberg & Kincheloe, 2001)

평등하고 정의로운 사회 구현을 위해 함께 노력하도록 지도한다(Cooper, 2000). 뿐만 아니라 다문화교육은 문화적 편견을 담은 내용이 어떤 과정과 절차를 거쳐 지식으로 구성되고, 학생에게 교육과정으로 제공되는지, 각종 차별을 정당화하는 정책과 제도가 어떤 과정을 거쳐 고착되었는지를 확인시키고 그에 대한 개선 방안을 제도적으로 모색하게 한다(Tartwijk, Brok, Veldman, & Wubbels, 2009).

3) 지식의 폭증과 교육의 변화

(1) 지식의 폭증

포스트모더니즘 사회는 지식과 정보의 폭증을 특징으로 한다. 과거에는 소수의 지식인과 전문가가 정보를 창출하였지만 오늘날에는 불특정 다수의 일반인이 정보 창출자로 함께 기능한다. 뿐만 아니라 창출된 정보가 과거에는 제한된 지역에 머물렀다면 오늘날에는 과학 기술의 발달에 힘입어 전 세계에 동시에 유포된다. 과거 사회가 소수의 보편적이고 안정된 지식과 신념 체계의 단일성을 특징으로 했다면, 포스트모더니즘 사회는 정보와 지식의 홍수 속에서 다수의 특이하고, 요동치고, 변화하는 지식과 다차원의 신념 체계를 지닌 사회로 변화하고 있다.

(2) 비판적 사고력

범람하는 정보와 지식은 수많은 전문가를 만들어 내지만 이들의 주장과 이론은 일치하지 않는다. 이들의 주장은 서로 모순되기도 하고 상호 경쟁적인 성격을 띠기도 한다. 따라서 무엇이 사실이고 사실이 아닌지를 구별하기 힘든 불확실한 시대에 우리는 살고 있다. 이러한 불확실성은 종교 및 도덕적 가치, 신념 체계에도 마찬가지의 모습으로 나타난다. 무엇보다도 사회 및 자연 세계에 존재하는 보편적 사실과 원리를 실증적 방법에 의하여 밝혀냈던 과학 연구 결과들도 상반되는 논리를 전개함으로써 대중의 신뢰를 상실하고 있다(Hargreves, 1994).

　이러한 불확실한 상황은 교사로 하여금 학생에게 비판의식을 키우도록 요구하게 한다. 과학 지식의 생명력을 장담할 수 없고 지식의 신뢰성이 저하된 상태에서 교육과정을 타당성 있게 받아들이기 곤란하다. 그러므로 학교에서는 학생이 지식 자체를 비판의식을 가지고 검토하고, 지식이 생성되기까지의 탐구과정을 면밀히 분석하며, 관련 자료 및 정보를 수집하여 다양한 시각을 견지함으로써 지식에 대한 균형 잡힌 시각을 가지게 할 필요가 있다(Nelson, Palonsky, & McCarthy, 2007).

(3) 학습자 중심 교육

지식과 정보의 폭증은 교사와 학습자 관계의 변화도 요구한다. 오늘날 사회에서 학교가 차지하는 지식 전달 기능은 계속해서 줄어들고 있다(Sockett, 1993). 이러한 변화는 교사의 위상, 그리고 교사와 학생의 관계 변화를 요구한다. 과거에는 교사가 유일한 지식의 정보원이었다. 학생은 수업시간에 교사의 설명을 귀담아 듣고, 교사로부터 전수받은 지식을 잊어버리지 않기 위해 끊임없이 반복하여 암기하며, 자신의 지식으로 내면화해야 했다. 교사는 대단한 영향력을 가지고 있었으며 수업은 자연히 교사 중심이 될 수밖에 없었다.

하지만 오늘날 우리 사회에서 교사는 더 이상 지식의 유일한 원천이 아니다. 학생은 언제든지 넘쳐나는 교육 자료와 방송매체, 사회 각 교육 관련 업체 등을 통해 학교와 교사의 도움을 받지 않고서도 학습하고 지식을 습득해 나갈 수 있게 되었다. 학교와 교사를 거부하고 자가 학습, 홈스쿨링(home-schooling) 등이 늘어나는 것도 이러한 사회의 변화와 무관하지 않다.

교사의 영향력이 축소된 상황은 교육의 중심을 교사에서 학습자에게로 옮길 것을 요구한다. 즉, 학습자가 스스로 지식을 습득하고 이해하여 구성해 나갈 수 있도록 교사가 안내자, 조력자의 역할을 하도록 요구한다(Sockett, 1993). 학습자 중심 교육이 원활히 이루어지기 위해서는 교사 자신의 아동관, 교육관을 아동 중심적으로 변경할 필요가 있다. 또한 교수 방법을 교사가 주도하는 교수 중심에서 학생이 주도하는 활동 중심으로 변화시킬 것을 요구한다. 각종 교수매체, 교육 자료를 풍부하게 제공하여 학생의 흥미를 높이고 스스로 학습해 나가도록 지원할 필요도 있다. 학교 현장에서는 이러한 여건 조성을 위하여 노력해야 할 것이다.

교사와 교직

교육은 교육자 없이 이루어지지 않는다. 교육자는 바람직하게 설정된 목적을 향해 교육 대상자를 이끌어 줄 수 있는 모든 사람을 지칭한다. 자기교육에서는 교육 대상자가 동시에 교육자가 되어 스스로를 채찍질해가며 목적 달성을 위해 노력한다. 가정의 부모는 최초의 교육자이다. 학교에서는 교사가 교육자로 역할을 수행한다. 또한 사회 안에는 인간의 행동을 변화시킬 수 있는 많은 사람이 있다. 이들은 개념의 차원에서 보면 모두 교육자에 해당된다. 교육자는 남녀노소를 가리지 않는다. 과거에는 교육하는 사람이 주로 연장자였지만 현대 사회에서는 어린 사람이 나이 든 사람을 교육하는 기회도 비일비재하다. 한 예로 컴퓨터를 잘하지 못하는 할아버지를 손자가 가르친다고 하면 손자는 교육자가 되고 할아버지는 교육 대상자가 된다. 오늘날 연령과 세대에 따른 교육자와 교육 대상자의 역전 현상은 전자 기기를 다루는 영역에서 특히 두드러진다.

이처럼 가정, 학교, 지역사회 등 각 집단마다 교육자가 있을 수 있지만 우리 사회의 가장 대표적인 교육자는 각종 학교의 교사이다. 교사를 교육자라고 할 수 있지만 교육자를 교사라고 하지는 않는다. 우리는 교사의 직업을 교직이라고 말한다. 교직은 학교에서 교육하는 직업이다.

1. 교사의 개념

교사는 흔히 스승, 선생, 교원 등의 용어와 혼용된다. 이들 용어는 학교에서 교육을 담당하는 사람을 지칭할 때 모두 사용될 수 있지만 그 사이에는 미세한 차이가 존재한다(정영수 등, 1998). 첫째, 우리 사회에서 선생은 스승과 같은 의미를 지닌다. 스승은 인격적 감화를 주는 사람, 즉 사부(師父)를 뜻한다. 선생과 스승이라는 말 속에는 단순히 학술이나 기예를 전수하는 것을 넘어서 사람됨의 길인 도(道)를 가르침으로써 인격으로 감화를 주는 사람이라는 의미, 즉 인생의 길잡이, 사람됨의 길잡이로서 존경의 의미가 담겨 있다.

우리나라 위인 중에서 특히 후학 양성을 위해 공헌한 소수만이 선생으로 호칭된다. 도산 안창호 선생이나 남강 이승훈 선생 등이 좋은 예이다. 오늘날에도 어느 한 분야에서 남다른 업적을 쌓았을 뿐 아니라 인격으로 혹은 걸어온 인생에서 후진에게 여러 가지 교훈이나 용기를 주는 사람을 선생이라고 부르는 경우를 종종 본다.

직업으로 볼 때 선생으로 호칭되는 사람들은 의료직에 종사하는 사람과 교직에 종사하는 사람뿐이다. 의료직에 종사하는 사람은 인간의 생명을 구해 주는 데 따른 감읍의 결과로 선생이라는 호칭을 얻었다고 보인다. 그리고 교직에 종사하는 사람은 자라나는 어린 사람을 가르치고 지도하여 지적·인격적으로 성숙해지도록 인도하는 사람이므로 감사와 존경의 의미로 존칭되는 것이다. 따라서 학생을 지도하고 가르치면서 사회 구성원으로부터 선생이라는 용어로 호칭된다는 것은 대단한 일이다.

둘째, 교사는 전문 직업인으로서의 개념이다. 사전적 의미로 교사란 '유치원, 초·중·고등학교 등에서 일정한 자격증을 가지고 학생을 가르치는 사람'으로 정의된다. 즉, 교사는 교사교육 과정을 거쳐 교사의 자질을 갖추고 일정한 자격증을 소지한 후 학교에서 학생을 대상으로 교육활동을 함으로써 보수를 받아 생계를 유지해 가는 사람을 말한다. 이러한 개념 속에는 인격을 감화시키는 스승의 의미보다는 교사가 되기 위한 자격 요건, 근무처, 그리고 근무 후의 물질적 보상 등 전문 직업인으로서의 의미가 더 강하게 내재되어 있다.

셋째, 교원은 법적 용어이다. 교원은 학교 기관에서 가르치는 모든 사람을 집단적으로 통칭하여 쓰는 말이다. 교원은 갑오개혁으로 근대적 공교육 체제가 도입되어 교사에 대한 자격 요건 및 양성 법제가 정비되어 가면서 법제상에 등장한 용어이다. 교원이라는 용어는 1895년 4월 16일에 공포된 한성사범학교 관제(칙령 제79호)에서 처음으로 나타났으며, 한성사범학교 부속 소학교 아동의 교육을 담당하는 사람을 법적으로 지칭하였다.

광복 후 1949년 현대적 교육법 체제가 마련되면서 교원의 법적 대상이 확대되었다. 현재 초·중등교육법 제19조에 의하면 교원은 유치원의 원장, 원감, 수석교사, 교사, 그리고 초등학교, 중학교, 고등학교, 공민학교, 고등공민학교, 고등기술학교, 특수학교 및 각종 학교의 교장, 교감, 수석교사, 교사를 포함한다. 고등교육법 제14조에도 대학의 교원은 총장, 학장, 교수, 부교수, 조교수, 강사를 포괄하는 것으로 나타난다(2012.1. 26. 개정, 2018. 1. 1.부터 시행 예정). 따라서 유치원 및 초등학교, 중학교, 고등학교, 대학, 대학교 등에 이르기까지 교육에 종사하는 모든 사람은 교원으로 지칭된다. 우리 사회에서 교원은 교육을 담당하는 사람을 아우르는 가장 포괄적인 개념이다.

2. 교직 선택의 동기

1) 직업 선택 이론

사람은 직업을 통해 생계를 유지한다. 사람은 직업을 통해 사회적으로 명성과 권력을 추구하기도 한다. 사람은 직업을 통해 타인을 위해 봉사하기도 하고, 자신의 능력을 계발하기도 하며, 자아실현을 달성하기도 한다. 사람이 가진 다양한 욕구는 직업의 선택과 밀접한 관계가 있다.

직업의 선택에 관한 특성 이론은 개인의 특성이나 직업의 성격 같은 정적이고 구조적인 요인을 분석함으로써 직업 선택의 요인을 찾고자 한다. Herzberg, Mausner, Synderman(1959)은 고용자의 근무환경 중 어떠한 요인이 만족과 불만족을 초래하는지 분석하기 위해 고용자들을 면접·조사하였다. 그리고 그 결과로 동기·위생 이론(motivation-hygiene theory)을 설명하였다. 동기는 직무 만족 요인으로서 성취감, 인정, 직무 그 자체, 책임감, 승진, 성장의 순서로 설정된다. 동기는 인간 내부적 요인이며 동시에 심리적 요인이다. 반대로 위생은 직무 불만족 요인으로서 회사 정책, 감독, 관리자와의 관계, 근무환경, 봉급, 동료들과의 관계의 순서로 나타난다. 위생이라는 용어는 불만족을 회피하기 위해 유지시켜야 할 요인이지만 그 자체가 만족을 제공하지 못한다는 의미에서 붙여졌다. 위생은 외재적인 요인이면서 생존하기 위해 필요한 생리적인 요인이다.

만족과 불만족은 서로 반대의 개념이 아니다. 만족의 반대는 만족이 없는 것이며, 불만족의 반대 역시 불만족이 없는 것이다. 위생 요인은 단기간의 성공을 가져올 수 있다. 하지만 보다 근본적인 만족은 직무 그 자체에서 온다. 동기·위생 이론은 엄밀한 의미에서 직업 만족·불만족 요인에 대한 내용이므로 직업 선택의 동기나 생산성과는 무관하다고 비판받기도 한다. 하지만 직업을 선택하는 데 내재적 요인이나 외재적 요인의 영향에 대한 시사점을 찾아낼 수 있다.

Holland 등(1969)의 인성 이론은 인간의 성격, 인성 특성이 직업 선택에 관련됨을 주장한다. 인간은 자신의 능력과 기술을 발휘하고, 가치를 표현하며, 자신의 성격에 맞는 역할을 수행할 수 있는 직업을 선호한다. Holland가 제시한 인간의 성격 유형은 도구나 기계로 일하는 실제적(realistic) 유형, 추상적 생각이나 이론 등의 정보로 일하는 탐구적(intellectual or investigative) 유형, 창조적인 예술적(artistic) 유형, 다른 사람을 돕는 사회적(social) 유형, 사람을 이끄는 기업가적(enterprising) 유형, 자료를 정리하고 조직하는 것을 좋아하는 관습적(conventional) 유형 등이다.

이를 두문자 RIASEC로 표현하며, 육각형의 모형 속에 시계 방향의 순서로 제시하였다. 육각형 안에서의 인접 영역은 비슷한 성격 유형을 나타낸다. 이를 일관성(consistency)이라고 한다. 마주 보는 영역은 반대의 성격 유형이다. 사람들은 이 유형들 중 어느 하나를 두드러지게 나타내어 변별성(differentiation)이 뚜렷할 수도 있고 여러 유형을 골고루 나타내어 변별이 어려울 수도 있다. 변별성이 뚜렷하지 않은 경우 직업 선택이 힘들어진다. Holland는 여성의 경우 예술형, 사회형, 사무형의 특성을 주로 나타내어 소위 여성 중심의 직업에 종사하는 경향이 있음을 연구하였다. 이 점은 여성 차별적이라는 비판을 받기도 한다.

지금까지 자신의 성격과 일치되는 환경에서 일할 때 직업 만족도가 높아질 것이라는 가정하에 많은 연구가 이루어져 왔다. 최근 일치성(congruence)과 직업 만족도의 관련성에 대해 약간의 검증이 이루어지긴 했으나 일치성을 측정하는 방법과 성격, 성취에 관련된 변인이 다양한 관계로 일률적 결론을 내리기 어려운 상황이다(Sharf, 2008).

발달 이론은 전 생애에 걸쳐 나타나는 인간 발달과 더불어 진로 발달 혹은 직업 선택의 변화를 규명하고자 한다. Super는 인간의 능력, 흥미, 인성이 제각각 다르며, 종국에는 자신의 특성에 맞는 직업을 선택한다고 주장한다. 자아 개념과 마찬가지로 직업 자아 개념 역시 유아기부터 형성되면서 사망할 때까지 계속 발달한다. 직업 자아 개념은 신체와 정신의 성장 및 성숙, 일에 대한 관찰, 성인에 대한 동일시, 일반적 환경, 경험 등의 영향을 받아 발달한다. 청년기 이후의 진로 발달은 큰 변화가 없는 것이 특징이다.

성장기(growth, 4~14세)에는 미래에 관심을 가지고 잘하는 일과 그에 관련된 태도를 습득한다. 직업을 모색함에 있어 환상과 욕구가 지배적이다. 점차 사회 참여와 현실 검증을 통해 흥미와 능력의 중요성을 깨달아 간다. 탐색기(exploration, 15~24세)는 자신의 직업을 구체화하고 명확화하여 실행하는 단계이다. 처음에는 욕구, 흥미, 능력, 가치, 주어진 직업 기회 등을 고려하여 잠정적으로 진로를 정하지만 점차 현실 요인을 중요시한다. 이 시기에 취업을 하거나 취업에 필요한 교육과 훈련을 받는다. 정착기(establishment, 25~44세)에는 자신에게 적합한 일을 발견하여 안정감을 가지고 업무를 수행해 나가며 지위를 향상시킴으로써 직업에서의 위치를 공고히 한다. 유지기(maintenance, 45~64세)에는 직업을 유지하고 지탱하며 발전해 가려고 노력한다. 쇠퇴기(decline, 65세 이후)에는 은퇴하여 다른 활동을 탐색한다. Super의 진로 발달 이론은 연령이 증가함에 따라 직업을 선택하는 데 환상, 흥미, 능력, 현실 요인이 점진적으로 추가됨을 시사한다(Super, 1953; Super, 1990; Super & Bachrach, 1957).

이외에도 직업의 선택을 설명하는 여러 가지 관점이 있다. Osborn의 의사결정론은 사람은 직업을 선택함에 있어 각 직업이 가져다주는 성과나 보상, 그 직업의 유인가 같은 요인을 곱해서 최고의 점수를 나타내는 직업을 고르게 된다고 주장한다. Osipow의 사회 문화적 영향론은 사회적 배경, 부모의 직업, 지리적 위치, 사회 맥락 및 문화와 같은 과거와 현재의 환경이 직업 선택에 영향을 준다고 언급한다(이승계, 2007).

2) 교직 선택의 동기

세상에는 수도 없이 많은 직업이 있으며 지금도 새로운 직업들이 계속 출현하고 있는 상황이다. 2017년 한국직업사전에 등재된 우리나라 직업명은 15,715개에 이르고 해마다 증가하고 있다(고용노동부 워크넷). 이렇게 다양한 직업 중에서 교직에 특별한 관심을 가지고 이에 종사하려는 사람은 어떠한 동기를 가지고 교사가 되고자 하는지를 성찰해 볼 필요가 있다.

미국교육연합회(National Education Association)에 의하면, 미국의 경우 교사가 되고자 결정한 사람들이 교직 입문의 이유로 가장 빈번하게 지적하는 항목의 순위가 어린 사람과 일하고 싶은 열망, 교육의 사회적 중요성에 대한 인식, 과목에 대한 흥미, 초 · 중등학교 교사의 영향, 혹은 가족의 영향으로 나타났다. 이러한 경향은 1970년대부터 2000년대에 이르기까지 큰 변화 없이 유지되어 왔다(Cooper, 2000).

우리나라의 경우 초등교사는 대부분 전국의 교육대학교를 통해서 배출되고 있으며, 교육대학교를 졸업한 다수의 학생이 교직에 입직하고 있다. 따라서 교육대학교의 진학 동기는 곧 교사 및 교직 선택의 동기라고 할 수 있다.

교육대학교에 진학한 첫 번째 동기는 교직에 대한 내재적 동기를 가지고 있는 경우이다. 이 경우 교직에 대한 소명 의식을 가지고 아동에 대한 사랑과 가르치는 기쁨으로 교직을 선택하고자 한다.

두 번째는 교직을 선택함에 있어 외재적인 동기가 큰 경우이다. 교직 활동 자체에 대한 매력보다는 교직이라는 직업의 조건에 의거하여 교직을 선택하는 경우이다. 적지 않은 보수가 주어지고, 방학이 있으며, 출퇴근이 비교적 정확한 교직은 임금이나 근무 여건 및 환경 면에서 좋은 직업으로 인식된다. 특히 여성의 경우 고용, 업무, 승진 등에서 남녀 차별이 비교적 적은 대표적인 직종이므로 교직을 선호하는 경향이 있다.

세 번째는 주변 사람의 권유나 영향에 의하여 교직을 선택하는 경우이다. 교사나 부모, 친 · 인척 등이 모델이 되어 성장과정 중에 자신도 모르는 사이에 영향을 받기도 하고, 이들이 적극적으로 교직을 추천하고 권장했을 수도 있다.

네 번째는 수능성적에 맞추어 진학할 대학을 탐색한 결과 교육대학교가 가장 적합하

교육대학교 학생들의 교직 선택 동기

초등학교 교사가 되고 싶었던 이유는 어린이들의 웃음이 너무 좋아서이다. 때 묻지 않은 순수한 어린이들이 너무 보기 좋다. 흔히 말하길 어릴 적 교육이 정말 중요하다고 한다. 그런 중요한 교육을 내가 할 수 있다는 것만으로도 설레고 긴장되지만 한편으로 뿌듯하다. 그래서 지금 이 자리에 있는 나는 정말 행복하다.

저는 아이들 속에서 아이들을 바라보고 있을 때 행복감을 느낍니다. 그렇기 때문에 나는 진심으로 평생을 아이들과 살 수 있는 선생님이 되고 싶습니다.

저는 사람들 앞에서 이야기하는 것을 좋아하고 제가 가지고 있는 지식을 전달하는 것도 좋아합니다. 이러한 점을 고려해 볼 때 저에게 제일 적합한 직업은 선생님이라고 생각했습니다.

저는 아직 선생님이 되고 싶다는 확신이 서지 않습니다. 저는 원래 공대를 지원할 생각을 고등학교 내내 가지고 있었습니다. 교대의 장점이라고 생각한 것이 적당한 보수와 많은 여가 생활입니다.

처음에 교대를 생각하게 된 것은 안정성과 다른 부가적 혜택 때문이기도 했다. 사실 아직도 내가 교사의 적성에 적합한 사람인지는 잘 모르겠다. 그래서 원서를 쓰고도 고민도 많이 하고 내 결정이 옳은지 갈팡질팡했다.

아빠가 교사이신 관계로 어려서부터 교사라는 직업을 친근하게 받아들였고 당연히 나도 커서 선생님이 되어야 하는 줄 알았다. 그래서 초등학교, 중학교 시절 장래 희망 칸에 줄곧 선생님만 썼다.

지금은 대답을 미루고 싶다. 솔직히 수능시험 점수에 맞춰 대학에 입학하게 되었고 내가 누군가를 가르치게 될 거란 생각은 해 보지도 않았다. 교대를 다니면서 많은 생각을 한 후 대답하겠다.

사실 제가 교대에 온 동기는 약간 불순합니다. 이태백(20대 태반이 백수)이라는 말이 생겨날 정도로 취업난이 심각한 사회 현실 속에서 교사라는 직업은 매우 안정적이고 여성 차별이 거의 없다고 생각했습니다.

여 선택한 경우이다. 또는 경우에 따라 가정 형편, 통학 거리, 거주 지역 등 여러 가지 요인이 누적되어 선택이 이루어진다.

다섯 번째 유형은 직업 안정성의 가치를 부각시키는 최근 우리 사회의 영향으로 인해 교직을 선택하는 경우이다. 특별한 문제가 없는 한 정년이 보장되는 교직은 안정성 면에서 가장 매력이 있는 직종 중 하나로 부상하고 있다.

3) 교직 동기의 특성

교사가 되고자 교육대학교에 입학할 당시의 동기는 매우 다양하다. 경우에 따라서는 교사가 되는 것에 대한 진지한 생각 없이 외압에 밀려 교사교육 기관에 들어온 사람들도 있다.

다양한 동기 중에서 어느 것이 더 낫거나 못하다고 속단하기는 매우 어렵다. 내재적 동기가 강할 경우 앞으로 교직 생활의 의미가 크겠지만 외재적 동기 역시 한 인간으로서 생존해야 하는 교사에게 대단히 중요하다. 사실 교사가 되고자 하는 동기는 인위적으로 분류하는 것처럼 명쾌하게 구분되지도 않는다. 교사가 되고자 하는 많은 사람들의 동기는 두 가지, 세 가지, 혹은 그 이상의 요인으로 복잡하게 얽혀 있다. 얽혀 있는 조합의 양상도 다양하지만 조합 속에서 각 요인이 차지하는 정도도 개개인마다 다르다. 게다가 교사교육을 받는 과정 중에 예비교사의 동기는 계속 변화한다. 설령 내재적 동기를 가지고 교육대학교에 진학하였어도 심경의 변화가 생겨 다른 직종을 선택할 수도 있으며, 외재적 동기에 의하여 교육대학교에 진학하였다고 할지라도 교직의 매력에 점점 빠져들 수도 있다.

교육대학교에 진학할 당시의 동기보다 중요한 것은 졸업하고 실제로 교직에 입문하게 될 때의 동기이다. 적어도 교직에 첫발을 들여놓을 때의 교사의 동기가 외재적 동기에만 머문다면 교직 생활은 교사의 생계를 위한 방편밖에 되지 않을 것이다. 학교 현장에서 교사는 아동을 사랑하고 가르치는 일 자체를 즐길 때 직무 만족도 더 높아진다. 비단 교사 개인뿐 아니라 교직에 대한 교사의 내재적 동기는 학생들에게도 긍정적인 영향을 미친다. 교직은 다른 직업과 달리 학생들과 정신적이고 정서적인 교감 하에 교육을 수행해야 하므로 사무적인 태도로 교직에 임할 경우 학생들은 교육적으로 좋은 영향력을 받지 못한다. 자신들을 사랑하고 가르치는 것을 즐거워하는 교사의 교육은 학생들에게 기쁨을 주고 학생들의 발달도 촉진시킨다.

교사교육 과정 속에서 예비교사는 새롭게 마음을 가다듬고 자신을 지속적으로 성찰하며 내재적 동기를 신장시킬 필요가 있다. 교직 생애를 성공적으로 영위하기 위해서는 교직에 입문할 당시부터 균형 잡힌 교직 동기를 가져야 한다.

3. 전문직으로서의 교직

1) 전문가, 전문성, 전문직의 개념

사람들은 저마다 생존, 생활과 자아실현을 위해 다양한 직업 분야에서 일한다. 어느 분야의 직업이든 그 직업에 능숙하고 탁월한 업적을 내놓는 사람이 있는가 하면 초보자 (amateur)가 있다. 초보자와 비교하여 뛰어난 능력을 보이는 사람을 그 분야의 전문가 (expert)라고 한다. 전문가는 그 분야에서 최상의 활동을 수행하며, 또한 최상의 활동을 일회가 아니라 계속해서 수행하는 사람들이다(Morris, 2004).

전문가가 보이는 특성은 전문성(expertise 혹은 professionalism)이다. 전문성은 한 분야에서 최고의 경지에 이른 사람의 특성으로서 그 분야에 대한 노련함과 숙련됨을 의미한다(Sockett, 1993). 초보자는 다년간의 교육과 훈련에 더하여 개인적으로 각고의 노력과 시간을 들임으로써 전문성을 갖출 수 있다. 음악이나 체육 같은 예술 분야의 전문성은 조기교육, 집중 훈련, 장기간에 걸친 훈련 및 교육, 그리고 평생교육에 의하여 길러진다 (유정애, 2000).

어느 분야의 직업이든 그 분야에 정통한 전문성을 지닌 전문가가 있다. 그러나 전문성을 가진 전문가라고 해도 모두 전문직(profession)에 종사한다고 말하지는 않는다. Freidson(1986)은 전문직에 종사하는 전문가를 프로페셔널(professional)이라고 구분하여 지칭한다. 16세기 전문직이 태동했던 당시, 전문직은 성직자, 의사, 변호사 같은 직업에 종사하는 귀족에게 부여된 일종의 신분적 상징으로서의 지위 전문직(status profession)이었다. 당시의 전문직은 일반적인 직업을 가리키는 약간은 비천한 용어이기도 하였다. 오늘날의 직업적 전문직(occupational profession)은 19세기 자본주의 산업화와 더불어 많은 중간층 직업들이 생겨나고 이 직업들이 저마다 전문직 칭호를 얻고자 노력하면서 영국과 미국을 중심으로 나타나기 시작하였다(Freidson, 1986). 그리고 이러한 노력은 제2차 세계대전 이후 급증하였다.

현대 사회에서 일반적으로 호칭되는 전문직은 직업 입문부터 모든 종사자가 전문가이기를 요구하는 직업이다. 예를 들어 대표적 전문직으로 인정되어 온 의사, 변호사, 성직자는 업무 수행 시작부터 전문성을 가질 필요가 있다. 이들의 업무는 가장 중요한 인간의 생명, 자유, 영생을 다루기 때문이다. 전문직에 종사하는 사람은 누구나 입직 초기부터 전문가이고 전문성을 발휘할 것을 요구받으므로 장기간의 교육과 훈련은 기본이다. 각 분야에서 최고의 경지에 오른 전문가는 전문성으로 인해 인정과 존경을 받지만, 처음부터 전문가로 구성되는 전문직의 경우에는 그 직업 종사 자체만으로도 사회적 인정을 받게 된다(김은주, 2009a).

2) 전문직의 성립 요건

전문직의 성립 요건에 관한 전문직 이론에는 특성 이론, 과정 이론, 권력 이론이 있다(박종우, 1997). 첫째, 특성 이론(traits theory)은 전문직의 성립 요인을 구조적으로 파악한 대표적인 이론이다. Flexner(1915)는 전문직의 특성으로 광범위하면서 개인 책임을 수반하는 지적 활동, 과학과 학습에 근거를 둔 활동 자료(raw material), 실제적이고 명확한 목표를 달성하기 위한 활동, 교육적으로 의사소통할 수 있는 기술, 자체 조직, 이타적인 동기를 제시하였다. Turner와 Hodge(1970)는 전문직의 특성으로 지식과 기술, 업무에 대한 독점, 외부 인정, 조직력의 정도를 제시하였다. 한상훈(1997)은 일곱 명의 학자들이 제시한 전문직 기준을 정리하였다. 이 중 가장 많이 지적된 기준은 전문지식과 기술, 동직자 단체, 자율성, 봉사성 등이었다. Greenwood(1981)는 전문직의 특성을 보다 압축 요약하여 인지적 요인, 규범적·봉사적 요인, 독점적 요인으로 정리하였다. 인지적 특성은 항상 새롭게 충전될 수 있는 이론과 원칙이다. 규범적·봉사적 특성은 자신의 이익이 아니라 고객에게 최선의 균등한 서비스를 제공하는 것이다. 독점적 특성은 특정 분야에 대해 지역사회로부터 부여받은 합법적이고 배타적인 그 분야의 독점권이다. 이 특권에 의해 신규 인력을 보충하고 교육하며, 전문학교를 인가하고, 자격증 요건을 통제하며, 구성원의 행동을 규제·평가·질책하게 된다. 다른 특성들은 이 세 가지 특성에 의해 파생된다.

둘째, 과정 이론(professionalization theory)은 직업이 전문직으로 발전해 나가는 과정을 분석한다. 과정 이론의 대표적인 학자인 Wilensky(1964)는 전문 직업화의 첫 단계로 시간제 근무와 비교되는 직업의 전업화(full-time)를 제시한다. 두 번째 단계로, 전업화가 이루어지면 전문성을 육성하기 위한 학교의 설립을 강하게 추구한다. 초기에는 직업에 입문한 종사자나 일반 대중, 혹은 전문직 협회가 학교 설립을 주도해 나간다. 나중에는 막 전문가로 발돋움한 직업 종사자가 대학과 접촉하고, 지적 기초를 확장하기 위해 연구과정, 학위, 프로그램 등을 지속적으로 발전시킨다. 세 번째, 전문가를 육성해 내는 교육자도 필연적으로 동반자가 된다. 이미 전문 직업화가 많이 진행된 상황일 경우에는 직업 협회가 훈련학교 설립을 위해 나서는 것이 아니라 오히려 훈련·교육 기관이 전문직 협회의 결성을 촉구한다. 네 번째, 훈련·교육 기관을 추진하고 완성시키는 일은 전문직 협회의 결성과 밀접하게 연합되어 있다. 업무 영역이 명확하게 독점적으로 규명되어 있지 않을 경우, 직업에 대한 법적 보호를 위해 전문직 협회를 중심으로 정치적인 선동이 지속적으로 진행된다. 업무 영역이 명확해지면 자격을 갖추지 못한 사람들의 업무 수행은 범죄로 선포된다. 다섯 번째, 무자격자를 축출하기 위한 규칙을 제정하면서 내부 경쟁을 완화하기 위한 규칙이 만들어진다. 고객 보호 및 서비스를 강화하기 위한 일련의 윤리 강령도 선포된다.

셋째, 전문직에 대한 권력 이론(power approach)은 전문직의 획득이 직업과 직업 사이의 권력 투쟁과 그 투쟁에서 승리한 결과라고 주장한다. 권력 이론을 주장한 대표적인 학자는 Freidson(1986)이다. 그는 전문직이 권력 투쟁에서 특정 영역에 대한 배타적 권리를 획득한 집단이고, 배타적 권리는 이권과 밀접한 관련성을 가진다고 하였다. 지식은 고등교육 체계 속에서 이론화되고 추상화된 형식적 지식으로서 상식적 지식과 구별되는 특별한 지식이며 독점화를 위한 근거로 이용된다. 배타적 권리, 즉 독점권의 획득은 자격증 체계를 바탕으로 전문직 협회에 의하여 추진된다. 전문직 협회는 전문 직업인의 배출 인원에도 관여하여 독점권의 범위와 영역을 조절한다. 전문직 협회는 구성원 간의 지나친 가격 경쟁을 제어하기도 한다. 그리고 안으로 윤리 강령과 이타성에 근거한 사회봉사 정신을 강화하고 경우에 따라서는 비윤리적인 구성원에게 제재를 가함으로써 사회적인 신망을 다진다. 또한 독점권의 범위와 영역을 놓고 타 직업 집단과 경쟁, 갈등을 일으킬 경우 조직 구성원의 결속을 다지고, 이를 기반으로 조직적이고 정치적인 투쟁을 감행한다. 전문직 협회는 이 모든 일을 사회적인 인정 속에서 추진하기 위해 합리적 명분을 개발하고 직업 이념을 개발하여 확산시킨다(Deschamps, Ducharme, & Regnault, 1979; Freidson, 1986).

이상의 이론을 바탕으로 보면, 특성 이론에서 제시하는 전문직의 성립 요건은 지식과 기술, 독점성, 윤리성 등으로 요약된다. 또한 과정 이론은 특성 이론에서 제시한 지적·독점적·윤리적 특성이 교육 및 자격 체계와 연결되면서 전문직 협회를 중심으로 어떻게 성립되어 가는지의 과정을 설명한다(Turner & Hodge, 1970). 그리고 권력 이론은 전문 직업화되는 과정 중에서 특히 전문직 단체를 중심으로 독점화를 위해 전개하는 각종 정책 및 전략, 정치적인 투쟁의 부분에 초점을 두었다(김은주, 2009a).

3) 초등교직의 전문직 성립 요건

Gray(2006)는 영국의 교직이 전문직 측면에서 다소 아노미적 양상을 보인다고 지적한다. 우리 사회의 교직도 전문직 성격이 강한 부분도 있고 약한 부분도 있어 전문직성을 한마디로 규정하기가 어려운 상황이다. 초등교직은 전문직의 성립 요건을 제대로 갖추고 있는지를 전문지식과 기술, 독점성, 윤리성 측면에서 살펴볼 수 있다.

첫째, 우리 사회 많은 사람들은 10여 년 이상 장기간에 걸쳐 그것도 매일매일 반복적으로, 적게는 하루 중 6분의 1, 많게는 절반 이상을 학교에서 보낸 경험을 가지고 있다. 우리 사회 구성원의 경험 중에서 교육만큼 남녀노소 가리지 않고 대다수가 공유하는 공통분모는 없을 것이다. 교육은 거의 일상적이라고 할 수 있을 만큼 사회 구성원 대다수의 생활 속에 녹아든 부분이다. 따라서 우리 사회 구성원들은 교육에 관한 한 모두 전문가라고 착각한다(김은주, 2008). 허병기(1994)는 이를 교육의 대중화로 표현한다. 교육의 대중화는 사회 구성원으로 하여금 교직의 전문적 지식과 기술을 가볍게 생각하도록 만든다. 특히 초등교직을 바라볼 때 일반인은 교육의 내용 면으로 접근한다. 누구나 잘 아는 쉬운 내용을 다룸에 있어 특별한 전문적 지식이 과연 필요한지에 대해 사회 구성원은 의구심을 가진다.

하지만 교육은 교과내용에 대한 전문적 지식과 더불어 교육방법에 대한 전문지식 및 기술 등을 바탕으로 이루어진다. 안양옥(2002)은 이를 교과 명제적 지식과 교과교육적 지식으로 표현한다. 교과 명제적 지식은 교육내용에 관련되는 지식이고, 교과 교육적 지식은 교육방법에 관한 지식이다. 초등교사는 교육내용면에서 볼 때 초등학교의 10개 교과를 모두 가르친다. 10개 교과를 모두 가르쳐야 함은 한 분야에 대해 깊이 있는 지식을 습득하는 데 걸림돌이 될 수도 있지만, 다방면에 대한 폭넓은 지식을 골고루 얻게 하는 데 도움이 될 수도 있다. 다양한 지식은 역설적으로 초등교사의 지식을 특성화함으로써 초등교사만의 전문성이 될 수 있다. 사회 구성원 중 초등교사만큼 모든 교과에 능통하여 잘 가르칠 수 있는 사람은 없다. 이 사실은 초등교직을 다른 직업과 구별 지으며, 같은 교직 안에서도 중등교사와 차별화할 수 있는 요인이 된다.

교사에게 교과내용의 숙지도 필요하지만 교사의 전문성을 가름할 수 있는 가장 중요한 특성은 교과교육적 지식 및 교수와 직결되는 능력이다. 교사는 누구보다도 가장 잘 가르치는 사람이다. 아무리 많이 알고 있어도 가르치는 일에 실패하면 교직의 업무를 제대로 수행했다고 할 수 없다. 특히 초등교사는 어린 아동을 가르치는 사람이다. 초등교사는 어린 아동의 발달 수준에 맞추어 용어를 선택하고, 내용을 이해할 수 있는 수준으로 재조직해야 한다. 더군다나 초등교사는 다수의 어린 아동을 관리하면서 질서를 유지하고, 동기 유발시켜 가면서 교육해야 한다. 한 아동도 가르치기 쉽지 않은데 많은 아동을 가르친다는 것은 아무나 할 수 있는 일이 아니다. 초등교육에 대한 전문적 지식과 기술이 없다면 다수의 어린 아동을 대상으로 10개에 이르는 교과를 가장 효과적이고 효율적으로 잘 가르칠 수는 없을 것이다. 초등교육에 대한 전문성을 가진 사람은 초등교사 이외에는 없다(이주연, 정혜영, 2003).

둘째, 현재 우리 사회의 초등교사는 목적형으로 육성되고 있다. 초등교사는 전국의 10개 교육대학교 및 제주대학교 교육대학, 한국교원대학교 초등교육과, 이화여자대학교 사범대학 초등교육과에서만 실질적으로 양성되며, 초등교사 자격증을 취득한 후에야 초등교사 임용에 응할 수 있다. 그러나 초등교직의 이러한 독점성은 교직단체를 통한 교사들의 노력에 의하여 쟁취된 것이 아니라 초·중등교육법에 근거하여 국민과 국가로부터 부여받은 것이다.

이렇듯 초등교직의 독점권이 수동적으로 국가에 의하여 부여되다 보니 국가는 시대와 사회의 변화에 따라 초등교직의 독점권에 영향력을 발휘한다. 2000년대 초 교원 정년 단축, 학급당 학생 수 감축 등으로 인해 대규모 교사의 수요가 발생되었을 때 중등학교 교사 자격증 소지자를 단기 보수교육을 통해 초등학교에 임용했던 사례는 초등교직의 독점권이 국가의 정책에 의하여 흔들릴 수 있는 여지를 보여 준다(강원근, 2002). 동시에 최근 들어 논의되기 시작한 교육대학교와 사범대학의 통합 문제는 이 부분에 대한 불안정성을 예고한다(김신호, 전세경, 이명주, 2001).

셋째, 현재 교직은 한국교원단체총연합회, 전국교직원노동조합, 한국교원노동조합 등과 같은 교직단체의 주도하에 설정된 윤리 강령을 가지고 있다. 윤리 강령들은 아동과의 관계, 교사로서의 업무 자세, 교직 사회 및 일반 사회, 더 나아가 세계 속에서 취해야 할 교사의 행동과 태도 등에 대한 지침을 제시하고 있다. 대다수의 교사는 윤리 강령에 준하여 교육에 헌신하고 있다. 하지만 일부 초등교사의 비윤리적인 행동은 이따금 사회적 물의를 일으킨다. 소수 초등교사의 비윤리적인 태도는 교직 종사자 전체의 사회적 명예를 추락시킨다. 특히 우리 사회는 윤리적이고 교육을 위해 희생과 헌신을 마다않는 교사를 가장 선호하는 경향이 있다(이영미, 2001; 차령아, 1996). 이러한 사회적 분위기는 교사의 문제 행동에 대한 반향을 더욱 키워 실망감을 배가시키고 교직에 대한 존경심을 약화시킬 수 있다.

초등교직은 외형상 전문직으로서의 성립 요건을 두루 갖추고는 있으나 성립 요건에 있어 완벽성을 구비하지 못함으로써 전문직 위상이 공고하지 못했다. 김은주(2009a, 2009b)에 의하면 초등교사 대부분은 자신의 직업을 전문직으로 인식하고 있지만 사회구성원 중 특히 50세 이상의 일반인은 다른 연령층에 비해 초등교직의 전문직 위상을 낮게 인식하는 경향이 있다. 그러나 20대에서 40대에 이르는 일반인은 초등교직의 전문직 지위를 다소 높게 평가하는 경향을 보인다. 그 이유는 최근 직업의 안정성이 중요시됨에 따라 초등교직에 대한 일반인의 인식이 우호적으로 변화된 사실 때문으로 보인다. 초등교직이 전문직으로 자리매김할 때 초등교사는 직업적 자부심과 안정감을 가지고 교육에 보다 열심히 매진할 수 있다. 따라서 초등교육을 담당하는 대학, 그리고 교육행정기관, 각 급 학교의 초등교사가 협력하여 전문지식과 기술, 독점성, 그리고 윤리성에 대한 직업적 요인을 보다 확실하게 구축하여 초등교직의 전문 직업성을 공고히 할 필요가 있다.

4) 초등교직의 전문직 특성과 문제

교직은 때로 준 전문직(semi-profession)으로 인식되기도 한다. 그 이유는 교직이 다른 전문 직종처럼 전문직 성립 요건을 완벽하게 갖추지 못했다는 사실 때문이기도 하지만 직업의 성격, 업무의 특성이 기존의 전문직과 비교하여 독특하기 때문이기도 하다.

McNergney와 McNergney(2007)는 교직에 대해 다음과 같이 설명한다. 첫째, 엄격한 훈련을 거치지 않은 교사가 교직에 종사한다. 교사의 부족은 단기 양성과정 출신의 교사가 교직에 종사할 여지를 조성한다. 경우에 따라서는 최소한의 장학 지도도 받지 못했거나 아예 장학 지도를 받지 못하고 숙련되지 않은 교사가 교직에 종사하기도 한다. 이러한 요인이 교사 훈련과정의 가치를 평가 절하하게 만들고 결과적으로 교직의 전문성을 훼손하게 된다. 또한 학생이 학교에 다니지 않고 집에서 부모에게 교육받는 홈스쿨링도 교육 업무가 반드시 전문적인 능력을 필요로 하지는 않는다는 인식을 강화시킨다.

둘째, 다른 전문 직종과 달리 고용과 퇴임에 대한 교사의 통제력이 부족하다. 교사 고용은 주로 학교 행정가와 학교 당국에 의하여 이루어지며, 퇴임 역시 계약기간 종료와 함께 행정가가 관리한다.

셋째, 교사는 근무과정과 근무 부담에 대한 통제력을 행사하지 못하고 있다. 교사는 자신이 가르칠 아동을 선발할 권한이 없다. 미국의 경우 교사는 보통 1주일에 33시간 정도 학교에서 일하기를 요구받지만 실제적인 근무시간은 약 45시간에 이른다. 또한 일반적으로 주말마다 학생과 관련된 활동을 지도하는 데 12~13시간을 할애한다.

Hoyle(2001)은 교직이 최고의 전문직으로 인정받지 못하는 이유를 다음과 같이 설명한다. 첫째, 교사의 역할 수행 맥락이 주요 전문직과 구별된다. 주요 전문직은 해결해야 하는 특정 문제가 있는 개인을 개별적인 차원에서 고객으로 상대한다. 이에 반하여 교직은 일상적인 문제를 가지고 대집단으로 매일매일 업무를 처리해야 한다. 모든 구성원이 장시간 교사에게 노출된다는 사실은 전문적인 신비성을 훼손한다.

둘째, 교육의 목적은 다양하고 분산적이다. 주요 전문직이 업무의 특수성을 특징으로 하는 데 반하여 학력 제고, 인성 및 도덕성 계발 등을 포함하는 전인적인 목적을 추구해야 하는 교육활동은 교사의 업무를 다양하게 만들고 특별함을 절감시킨다. 또한 교사가 숙지해야 할 지식도 매우 다양하다.

셋째, 무엇보다도 교사의 고객인 학생은 비자발적인 의사로 학교에 오게 된다. 또한 학생이 만들어 내는 무질서는 교사로 하여금 끊임없이 관리 통제의 문제에 신경 쓰게 만든다. 이러한 측면은 다른 전문직에서는 볼 수 없는 문제로 교사의 직업 이미지를 낮추게 된다.

Leggatt(1970)는 교사 집단의 특성, 교사와 고객인 아동과의 관계, 그리고 교사의 업무 성격에서 전문직으로서 교직의 한계를 제시한다. 교사 집단으로 볼 때 교직은 소수 정예화된 다른 전문 직종과 달리 대규모 집단이고, 주로 여성으로 구성되어 있으며, 영국이나 미국의 경우 전통적으로 낮은 계층 출신이었고, 이직률이 높으며, 그러다 보니 긴밀한 조직 체계를 갖추지 못해 다른 전문직과 차별화됨을 지적한다.

또한 교사가 상대하는 고객은 정신적·육체적으로 미성숙한 아동이며, 이들은 개별적으로 서비스 받는 다른 전문 직종과 달리 대집단 속에서 교사로부터 교육을 받아야 한다. 교사와 아동의 관계는 강제적이고, 지속적이며, 감정적으로 유대가 강화되는 관계이다. 교사는 아동만 상대하는 것이 아니라 자녀의 교육을 위탁한 학부모, 더 나아가서는 국가를 상대함으로써 복합적인 고객 관리에 신경 써야 한다. 이러한 속성은 타 전문직과 다른 교직만의 특수성을 반영하기도 하지만 교직의 사회적 명예를 떨어뜨리는 부분이기도 하다.

업무 성격을 보면 교사는 지식을 창출하는 것이 아니라 주로 전수하는 데 집중되어 있다. 교사는 누구나 알 수 있는 단순하고 쉬운 용어로 학생을 지도하는데 이는 그 분야의 특수한 전문 용어가 있는 타 직종과 다른 점이다. 또한 업무의 전문성을 평가하기가 상당히 애매하다. 학생의 높은 학업 성취가 교사의 지도 덕인지 학생의 노력 때문인지 구분하기 어렵다는 것이다. 이러한 요인이 교사의 전문적 명망도에 흠집을 낸다고 Leggatt는 주장한다.

Perrenoud(1996)는 교직의 업무상 성격이 전문 직업화되는 데 걸림돌이 될 수 있음을 지적한다. 첫째, 교직의 업무는 팀워크에 의하여 이루어지기보다 교사 한 사람에 의하여 추진됨으로써 잘잘못을 고칠 기회가 상대적으로 적고, 다른 전문직의 고객보다 상대적으로 영향력이 작은 학생을 제외하고는 외부인에게 노출되지 않음으로써 책임의 문제가 모호하다. 이는 교사의 발전과 향상을 저해할 수도 있다. 둘째, 교사는 능력이 뛰어난 상위 직급자에 의해 체계적으로 지도 · 감독될 여지가 상대적으로 적다. 물론 교장이나 장학사, 혹은 장학관에게 장학 지도를 받지만 상대적으로 형식성과 조직성에서 강도가 약하다. 셋째, 교사는 고립된 공간에서 독자적으로 활동하므로 자질 관리의 문제에 대한 압박감이 덜하다.

교직에 대한 이러한 지적은 상당히 주관적이며, 편협하고, 보는 각도에 따라 달리 해석될 수 있다. 또한 준 전문직으로 보는 많은 기준이 시대 사회에 뒤떨어지거나 우리 사회에 맞지 않는다. 시대와 사회의 변화에 따라 교직의 특성도 변화, 발전하고 있으므로 과거의 시각이나 고정된 인식으로 교직을 폄하하는 것은 곤란하다. 일례로 과거에는 교사를 지식 전수자로 보았지만 최근에 와서는 교사를 지식 창출자로 보는 시각이 지배적이다. 즉, 교사는 현장 연구, 실천적 지식의 형성 등을 통해 현장에 뿌리를 둔 생생한 지식을 만들어 내고 있다. 일면 전문직으로서 교직의 한계에 대한 이러한 지적은 교직이 보다 높은 위상의 전문직으로 발전되어 갈 수 있는 지침과 방향을 제시해 준다.

4. 교직의 보람

교직의 보람에 대한 대답은 교사마다 다를 것이다. 교직의 보람은 외재적인 보상 측면에서 내재적인 보상 측면에 이르기까지 다양하게 나타난다. 직업에 있어 외재적 보상은 부, 권력, 명예와 같이 대중적이며 외면적인 유인 요인이다. 그리고 내재적 보상은 성취감이나 일 자체를 즐기는 것과 같은 내면적인 심리적 · 정신적 만족을 말한다(Cooper, 2000).

Cooper(2000)는 교사가 얻을 수 있는 외재적 보상으로 보수, 사회적으로 많이 공헌한다는 사회인의 인정, 학생과의 관계 및 학생의 학습에 미치는 영향력과 힘, 융통성이 있고 비교적 자율적으로 조정이 가능한 근무 일정, 다른 직업과 비교하여 상대적으로 낮은 근무 강도 및 방학을 제시하였다. 반면 내재적 보상은 학생들과 대화하고 상호작용하며 경우에 따라 힘겨루기 등을 하면서 함께 생활하는 것, 학생이 학습하고 성장하고 발달해 가는 것을 보는 것으로 나타난다. 내재적 보상의 요인은 중등학교 교사보다 하루의 일과 중 학생들과 더 많은 시간을 보내는 초등학교 교사에게 더 크게 나타난다. 교사는 자신의 활동이 사회에 유익하며 사회 발전에 공헌하고 있음을 자각함으로써 또한 내재적 보상을 받는다. 경쟁이 강한 다른 직종에 비해 교직은 교사들에게 상호 협동하고 정보를 공유하는 분위기를 허용한다. 이러한 과정에서 느끼는 깊은 동료애는 교사에게 또 다른 즐거움을 준다. 교수 내용을 구상하고, 교재를 준비하며, 학생들을 가르치는 일 등은 교사에게 주어진 큰 기쁨이다.

우리 사회를 돌아보면 어떤 교사는 교육활동을 통해 보수를 받고 생계를 유지해 가는 사실에서 교직에 종사하는 보람을 찾을지도 모른다. 어떤 교사는 가르친 제자가 자신을 잊지 않고 기억해 주거나 전화나 편지를 하고 찾아와 주며 선물을 주는 것 등에서 보람을 찾을 수도 있다. 어떤 교사는 자신이 교육시킨 제자 중 큰 인물이 배출되어 국위를 선양하거나 국가를 위해 공헌하는 모습에서 보람을 찾을 수도 있다. 어떤 교사는 제자들이 자라서 평범하지만 성실한 사회 구성원으로 바르게 살아가는 모습에서 보람을 느낄 수도 있다. 어떤 교사는 학생을 가르치고 학생의 능력, 재능, 인성, 성적 등이 향상되어 가는 모습을 지켜보면서 교직의 보람을 찾을 것이다. 어떤 교사는 어린 학생의 숨겨진 재능을 발견하여 신장시켜 주는 일에서 기쁨을 느낄 수도 있다. 어떤 교사는 잘못될 수 있는 제자가 바르게 성장할 수 있도록 지도하면서 보람을 느낄 수도 있다. 또 어떤 교사는 어린 학생과 함께 생활하는 그 자체를 즐겁게 생각하고 삶의 기쁨으로 여기면서 보람을 맛볼 수도 있다.

교사가 보람을 찾는 국면은 저마다 다르다. 보람을 어디에서 찾든 그 자체가 힘이 되고 원동력이 되어 교사로 하여금 자신의 업무에 최선을 다하게 하는 것은 교사 자신을 위하여, 학생을 위하여, 그리고 사회와 국가의 발전을 위하여 매우 필요하다.

5. 교직의 스트레스

교사에게 교직은 보람이 큰 직업이기도 하지만 그 못지않게 스트레스도 많이 받는 직업이다. 교사가 겪는 스트레스는 주로 직무를 진행하는 과정에서 발생한다. 김정휘(2007)

는 교직의 직무 스트레스를 교사의 직무 역할 수행 중 일과 업무 등을 매개로 하여 사람, 사물, 사건, 근무환경 및 조건 등과의 관련성 속에서 간헐적으로 반복하여 경험하게 되는 불유쾌한 정서적 영향과 생리적 반응으로 정의하였다(김정휘, 2007).

교직에 임하여 느끼는 스트레스는 유발 인자와 중간 매개자로서의 교사의 특성, 그리고 그 결과로 나누어 살펴 볼 수 있다. 먼저 교사에게 스트레스를 유발하는 요인으로는 직무상의 문제, 관계의 문제, 학교의 조직 풍토 및 직업 자체의 문제 등으로 나누어 볼 수 있다. 직무상의 문제는 학습지도 및 생활지도 등의 교육을 포함한 직무상의 어려움, 업무의 과다함, 행정 지원에 대한 불만 등이 포함될 수 있다. 관계의 문제는 학생, 동료, 학교 관리자, 학교 직원, 학부모 등과의 관계에서 발생한다. 학교의 조직 풍토로 인한 문제는 학교의 문화 및 관리자의 학교경영 방식의 비민주성 등을 포함하며, 직업 자체가 가지고 오는 문제는 시대 사회에 따른 각종 교육정책, 급여, 승진, 인사 등의 불합리성, 개인 성취감 부족, 낮은 대우와 교사의 권위 상실 등과 관련된다(권경, 2009; 김정휘, 2007; 김혜경, 2007; 옥성수, 2012; 전형준, 2014; 조성철, 2003).

조성철(2003)에 따르면 초등학교 교사의 스트레스는 생활지도 부분에서 가장 크게 나타났으며, 교사는 과다한 업무, 관료적인 학교운영 체계, 그리고 인간관계의 순으로 힘들어 하는 것으로 나타났다. 우주완(2016)은 대인관계 문제, 직무 요구도, 보상 부적절과 같은 요인 중 초등학교 교사가 직무 요구도로 인해 가장 스트레스를 많이 받고, 그 다음이 보상 부적절, 대인관계 문제로 스트레스를 느끼고 있음을 연구했다. 김보람, 박영숙(2012)은 직무 환경이 열악할수록 심리적 소진이 높아졌고, 직무환경이 좋을수록 직무 열의는 높아짐을 연구했다. 김혜경(2007)은 교장의 권위지향적 행동이 교사의 스트레스를 높이는 요인임을 연구하였다.

스트레스는 교사의 성별, 경력, 연령, 직급, 학급 및 학교 규모, 근무지역 등에 따라서도 다르게 나타날 수 있다. 권경(2009)은 초등교사의 성별, 연령, 경력, 직급, 학급 규모에 따라 스트레스가 어떻게 차이를 보이는지 연구하였다. 결과를 살펴보면 행정적 지원, 학생들과의 관계, 업무 과다에서 연령과 경력에 따른 차이가 나타났다. 주로 20대 교사와 경력이 5년 이하인 교사가 스트레스를 상대적으로 많이 받는 것으로 나타났고, 초등학교 교사의 성별, 직급, 학급 규모에 따른 차이는 나타나지 않았다. 신규교사나 연령이 낮은 교사는 경험 부족으로 업무를 처리하는 과정이 미숙하고 시간도 많이 지체되는 과정에서 스트레스를 더 많이 느끼는 것으로 보인다.

조성철(2003)에 의하면 생활지도 부분에서 남녀 교사의 스트레스 차이는 없었으나 경력에 따라서는 차이를 보였다. 10년 미만의 교사가 스트레스를 더 많이 겪었으며 20년 이상의 교사는 상대적으로 스트레스의 정도가 낮았다. 또한 농촌지역에서 생활지도로 인하여 겪는 스트레스가 더 높은 것으로 나타났다. 업무 과다에 의한 스트레스는 여교사가 남교사보다 더 높게 느끼고 있었으며, 20년 이상의 교사보다 10년 미만, 그리고 10~20년 경력의 교사가 더 높게 느끼는 것으로 나타났다. 관료적인 운영체계로 인한 스트레스는 남녀 교사의 차이는 없었으나 10년 미만의 교사가 상대적으로 더 높게 느꼈고, 20년 이상의 경력 교사는 스트레스가 더 낮게 나타났다. 또한 농촌지역 교사가 관료적 운영체계로 인한 스트레스를 더 많이 느끼는 것으로 나타났다. 인간관계로 인한 스트레스는 지역에 따른 차이가 나타났는데 농촌지역의 교사가 인간관계로 인한 스트레스를 더 많이 느끼는 것으로 나타났다.

같은 스트레스 요인이 있다고 하더라도 중간 매개자로서의 교사가 어떠한 특성을 가졌느냐에 따라서도 스트레스의 강도는 달라질 수 있다. 직무 스트레스가 낮은 상황에서는 교사의 직업 정체성이 높을수록 직무 스트레스는 약화되었다. 그러나 직무 스트레스가 높을 때는 직업 정체성이 조절효과를 발휘하지 못하였다(허난설, 2016). 교사의 도전적 대처방식도 직무 스트레스를 조절하는 효과를 보였다. 같은 직무 환경에서도 회피적 대처방식보다 도전적 대처방식을 사용하였을 경우 교사의 심리적 소진은 떨어지고, 직무 열의는 높아졌다(김보람, 박영숙, 2012).

직무 스트레스로 인해 교사는 개인적으로 심리적인 안정과 건강을 해치고, 직업인으로서의 자부심과 자존감을 상실하며, 직무 만족도가 떨어진다. 특히 교육과정 운영으로 인한 직무 스트레스가 클수록 직무 만족도는 낮아졌는데, 그 이유는 교육과정 운영에서 교사가 자율성을 발휘하지 못함으로써 성취감을 얻지 못한 데 있을 수 있다(권현정, 2002). 또한 교사의 직무 스트레스는 교사 효능감을 저하시킨다(전형준, 2014). 홍종택(2009)은 생활지도에서 겪는 교사의 좌절감이 스트레스를 유발하고 교사 효능감을 저하시킨다고 설명한다. 스트레스로 인해 교사는 직무 수행 능력의 저하, 그리고 책무성

약화를 경험한다(맹미경, 2003). 교사의 스트레스는 조직 몰입도를 떨어뜨리기도 한다. 특히 교장의 관료 지향적 행동, 교사의 방관적 행동이 직무 스트레스를 높이고, 조직 몰입도를 낮추는 것으로 나타났다(김혜경, 2007). 교사의 스트레스가 누적되고 심화되면 교사는 심리적 소진을 경험하게 되고(우주완, 2016), 결과적으로는 교직을 이직하게 되는 결과를 유발할 수도 있다.

교사 직무

교직에 임하여 교사가 수행해야 하는 직업적 임무는 매우 다양하다. 아침에 출근해서 퇴근하기까지 교사는 다수의 학생을 교육하고 함께 생활하면서 또한 수업 이전의 시간, 수업 사이의 시간, 수업 이후의 시간 등을 이용하여 여러 가지 업무를 동시다발적으로 처리한다. 하루 일과 속에서 교사가 처리해야 하는 업무는 매우 복잡하고 복합적이며, 교육, 경영, 행정, 연구와 같이 성격을 달리하는 업무이므로 노동 강도가 높을 수밖에 없다. 보다 구체적으로 박영숙, 신철지, 정광희(1999)는 초등학교 교사의 직무를 수업지도, 학생지도, 학급경영, 연수 활동, 학교 교육과정 운영, 행정사무, 지역사회 및 대외 협력으로 구분한다. 권혁운(2010)은 초등학교 교사들이 작성한 직무 기술서를 기초로 교사의 직무를 보다 세분화하였다. 교사의 직무는 수업 계획 및 준비, 수업, 수업 외 학생 과제 검사 및 평가, 수업 전후 학생 지도, 학생 생활 지도, 특별활동 지도, 학급경영, 학교 교육과정 운영 및 편성, 교무분장 업무 및 학교운영 관리, 학부모 관계, 대외관계, 교내연수 참여, 교외연수 참여로 구분하였다.

교사의 직무 중 가장 비중이 큰 것은 수업으로 하루 일과 중 36.9%를 차지하였으며 소요시간은 171.10분 정도로 나타났다. 그다음은 생활지도로서 14.1%였으며 67.14분을 할애하는 것으로 나타났다. 교사들은 교무분장 업무 및 학교운영 관리에 48.12분을 사용하였으며(10.1%), 특별활동 지도에 38.03분(7.98%), 수업 계획 및 준비에 37.23분(7.81%), 학급경영에 33.93분(7.11%), 수업 전후 학습지도에 28.37분(5.95%), 그리고 수업 이외의 학생 과제물 검사 및 평가에 25.03분(5.25%)을 소비하고 있었다(권혁운, 2010).

교사의 하루 일과는 수업 및 수업 관련 업무에 가장 많이 집중되어 있었고, 그 밖에 생활지도나 특별활동 지도, 학급경영 및 교무분장 업무가 교사의 주된 업무로 나타났다. 교사의 직무는 보직 여부, 담임 여부에 따라 약간의 차이를 보인다. 보직교사는 일반교사와 비교하여 학교 교육과정 편성, 학교운영 관리, 대외관계, 학부모 관계 등에 조금 더 많은 시간을 보내는 것으로 나타났다. 비담임교사는 담임교사에 비해 수업에 투

어느 화요일 두 교사의 하루 일과

교사 1 출근, 독서 지도, 한자 지도, 티타임(주 5일제 실시에 따른 가정통신, 가정학습), 1교시(방산 어린이 생활본 사용 안내 등), 우유 급식(각종 과제 검사), 2교시 긴급 부장회의(주 5일제 실시에 따른 교사 근무 배정 및 우유 급식 업체 선호도 조사), 3교시, 4교시, 점심시간, 5교시, 6교시, 청소, 전산 관련 회의(근무일지 사인, 컴퓨터 수리과정 점검, 기자재 구매 등), 동 학년회의(통지표 관련 수행평가 계획 및 제출 문제 논의), 업무 처리(전학 간 아동 서류 처리), 바이러스 백신 관련 프로그램 사용기간 연장 서류 작성, 결재 기다리다가 결재 못하고 퇴근

교사 2 출근, 공문함에서 공문 가지고 올라옴(현재는 온라인 *NEIS*로 모든 공문을 처리하고 있음), 아침자습 지도 및 확인, 다른 반에 진단평가 문제지 배부, 연구부 공문 확인하고 각 반 교실로 10개 공문 배부, 1교시(책상 배치 다시 하고 국어 진단평가 실시, 진단평가 동안 수행평가 기준안 출력, 표지 만들어서 담당계로 보내기), 2교시(수학 진단평가 실시), 3교시(학습지 정리를 위한 표지 나누어 주고 색칠하기), 점심시간(식사 지도–급식 순서 정해서 급식 실시), 청소(청소 지도–청소 지역에 가서 청소 살피기), 업무 처리(교사 개인 파일 표지와 옆면 표지 만들어 코팅 32개 만들기, 교육청 출장을 위한 근무 상황부 정리 결재), 교육청 출장, 다시 학교로 와서 학부모 면담, 퇴근(퇴근 이후 부장교사와 교감 환송 모임 참석)

(조덕주, 2006)

자하는 시간은 적었지만 상대적으로 학교 교무분장 및 운영 관리 업무에 많은 시간을 들이고 있었다(권혁운, 2010). 이러한 업무를 학급에서의 직무, 학교에서의 직무, 대외 관계 직무, 연수 관련 직무로 구분하여 살펴볼 수 있다.

1. 학급에서의 직무

1) 학습지도

(1) 수업 계획 및 준비

수업 계획 및 준비는 수업을 구상하고 일일·주간·월간 학습 계획안을 작성하는 일, 교재를 연구하는 일, 교수·학습 자료를 제작하고, 시청각 기자재나 컴퓨터, 디스플레이나 멀티미디어 등의 기자재를 점검하는 일, 그리고 기타 수업환경을 점검하는 일을 포함한다(권혁운, 2010; 박영숙, 신철지, 정광희, 1999). 교사는 수업을 계획하고 준비함에 있어 모든 부분에서 철저함을 기할 필요가 있다. 사전에 잘 준비된 수업은 교사에게 안정감을 주고 수업을 자신 있게 끌고 나갈 수 있는 힘을 준다. 특히 수학의 기초 개념 같은 것은 계열성이 높으므로 단계별로 확실히 이해하지 않으면 후속 학습이 어렵기 때문에 보다 많은 신경과 비중을 두어 준비할 필요가 있다. 또한 처음 나오는 개념이나 내용은 철저하게 준비할 필요가 있다. 교과 내용상 교사 중심의 수업이 이루어져야 할 부분과 학생 중심으로 이루어져야 할 부분이 있으므로 이를 잘 분별하여 준비하는 것도 필요하다.

(2) 수업 실시

수업은 보통 도입, 전개, 정착의 과정을 거친다. 도입은 새로운 학습으로의 안내 단계로서 학습목표를 명확히 인식하게 하고, 선수 학습과 관련지어 학습동기를 유발시키는 단계이다. 수업목표는 적절한 수준에서 명확하게 설정되어야 한다. 수업목표를 학생이 알아볼 수 있도록 쓰거나, 알아야만 하는 것 혹은 학습을 위해 할 수 있어야 하는 것이 무엇인지를 학생에게 알려 주고 같이 공유하는 일이 매우 필요하다. 매시간 습득해야 할 특정 목표에 대하여 교사가 명확하게 설명해 주면 학생의 학습동기 유발, 성취도 및 만족도가 높아진다(Cruickshank, Bainer, & Metcalf, 1995).

전개란 교수활동과 학습지도가 행해지는 과정이다. 오늘날 도시 소재 학교의 많은 학생은 사교육 등을 통하여 교과의 내용을 숙지하고 교실에 오는 경우가 종종 발생한다. 교사는 학교 밖 교육자와 교육을 수행함에 있어 차별화될 필요가 있다. 즉 교사는 성적 및 결과 위주의 기술 습득보다는 학교 밖에서 잘 다루지 못하는 교육내용에 대한 충분한 동기 유발, 교육의 과정과 흐름에 대한 이해력 증진, 교육내용이 실생활과 연계될 수 있는 적용 부분 등을 찾고 교육함으로써 학생에게 교육전문가로서 역할을 다하는 것이 필요하다.

또한 교사는 직접 교수, 조별학습, 토론, 관찰, 문제 해결, 실험, 실습, 역할극, 상황극, 개별학습 등 다양한 유형의 학습 방법을 활용한다. 일반적으로 학생들은 일제식 수업, 암기식 수업, 경쟁적인 수업보다 깊이 파고드는 심층적인 수업을 선호한다. 또한 학생은 능동적으로 참여하는 학습, 차원이 높은 이론과 원리를 제공하는 학습, 학습과정에서 자신이 주도권과 책임감을 가지는 학습을 선호한다. 협동학습, 협력학습, 그리고 발표와 토론식 학습도 학생이 좋아한다(허형, 2002).

이영미(2001)는 학부모가 기대하는 교사의 학습지도 방법을 조사하였는데, 대졸 학부모는 선생님이 아동 스스로 공부하도록 도와주는 것을 선호하는 반면 중졸 학부모는 아동이 쉽게 이해할 수 있도록 요점을 정리해 주는 선생님을 기대하고 있었다. 학력에 관계없이 학부모는 자세하게 설명을 많이 하는 선생님을 가장 선호하지 않는 것으로 나타났다.

교사가 학습방법을 고안함에 있어 중요한 것은 학습할 내용, 학생의 연령, 발달 수준, 특성 등을 고려하여 가장 적절한 방법을 선택해야 한다는 점이다. 예를 들어, 학생이 게임이나 역할극을 좋아한다고 해서 수학 개념을 이해하는 데 이러한 방법을 적용하는 것은 시간 낭비이며, 불필요한 힘을 엉뚱한 곳에 소모하는 결과를 낳는다(한국교육신문, 2010). 최근에 시청각 자료가 매우 다양하게 개발되고 초등교사에게 보급되고 있으므로 일부 교사는 키보드를 클릭만 하며 컴퓨터 뒤에서 수업을 진행하는 경우가 간혹 문제가 되기도 한다. 따라서 시청각 자료를 수업내용과 관련하여 가장 적절한 부분에서 분절 투입하고, 학생의 적극적 인지 활동을 촉구하는 것이 효과적이다.

교사가 수업을 전개할 때 어려운 요인은 한두 가지가 아니다. 대표적으로 교실 안의 무질서는 교사의 수업을 방해하는 최대의 걸림돌이다. 감각적인 시청각 자료에의 지나친 노출, 사전 학습으로 인한 학습 흥미 저하, 가정교육 부족으로 인한 예절 결여 등은 학생의 주의집중을 방해하고, 산만하게 하며, 교사의 지시에 순응하지 않도록 만들었다 (김은주, 2003a; 김은주, 2003b; 김은주, 2005a).

과밀학급도 교사의 학습지도를 힘들게 한다. 과밀 학급은 교사와 학생 개인의 개별적 상호작용을 어렵게 한다. 과밀학급은 학생의 수준 차이를 고려하여 맞춤형으로 지도하는 것을 어렵게 하며 전체식으로 지도하지 않을 수 없게 만든다.

> 3학년 음악 교과서에서 '잠자리'를 멜로디언으로 연주하기를 다루려고 하였을 때, 우리 반 학생들의 수준은 악보를 읽지 못하는 경우부터 체르니 40번의 수준에 이르기까지 천차만별이었다. 교과용 지도상의 수업시간을 다 활용한다고 해도 35명의 학생 1인당 부여되는 교사의 시간은 3~4분에 불과하다. 이 시간 동안 교사는 학생의 수준을 파악하고 그에 적합한 지도를 해야 한다. 그러는 사이에 지도를 받지 못하고 있는 학생들은 방치되거나, 또 다른 학습 활동을 하며 자신의 순서를 기다려야 한다(이승미, 2003).

학급 규모가 감축되면 교사가 학생 개인에게 할애할 수 있는 시간이 증대된다. 또한 학생 통제 및 관리에 시간을 소비하지 않다 보니 수업활동에 더 많은 시간을 쓸 수 있다. 교사가 학생에게 제시하는 질문이 보다 세밀해지고, 더 많은 시간 동안 학생의 대답을 기다릴 수 있으며, 숙제도 더 많이 부여할 수 있다(권기욱, 2003; Hattie, 2005). Hattie(2005)는 학생수가 30~40명에서 20명으로 축소될 때는 학업성취상 변화가 없지만 20명 이하로 적어질 때는 학업성취의 상승이 약간 일어난다고 연구하였다. Glass와 Smith(1980)는 미국에서 학급당 학생 수를 낮추었을 때 학업성취가 향상되었으며, 특히 학급 규모를 20명 이하로 낮출 때 이러한 현상이 나타남을 보고하였다. 이러한 효과는 12세 이하의 아동에게는 효과가 있었지만 18세 이상의 청소년에게는 효과가 나타나지 않았다. 따라서 초등학교 학생은 작은 학급에서 학습할 때 일정 부분 학업성취의 효과를 얻을 수 있다.

강원도 화천군 산양초등학교 1학년 소인수 학급 수업 모습(2007. 4. 19)

가르치기 위해 때로 교사는 연극배우가 될 수도 있다

언제인가 4학년 교실에서 미국 혁명에 대하여 공부하고 있었다. 나는 대도시 중심부의 저소득층 학생들이 그것을 잘 이해하지 못한다고 감히 말할 수 있다. Paul Revere, 민병(Minutemen, 독립전쟁 당시 즉시 동원 가능한 민병), 인지조례(Stamp Act, 영국이 식민지에서 시행함)에 대하여 읽을 때 학생들은 당황해하였다. 그래서 나는 순간 창의력을 발휘해야 했다. 나는 교실 여기저기를 돌아다니며 '말'에 올라타는 시늉을 하면서 Paul Revere에 대하여 이야기해 주었다. 그러고 나서 그들은 내가 민병처럼 "침대로부터 뛰어내렸다"와 "옷을 입었다"를 했을 때 시간을 재었다. 왜냐하면 붉은 코트(Red Coats, 미국 독립전쟁 당시의 영국군인)가 오고 있었기 때문이다. 한쪽 다리에 긴 구두를 신은 채 껑충껑충 뛰다가 내가 넘어질 뻔했을 때 학생들은 즐거워하였다. 그 상황은 한편으로는 "대표 없이는 세금도 없음"과 "우리 것−우리 것은 왕−왕에 속하지 않는다"를 내뱉듯이 말하게 하는 한편 소도구 담당자를 만들었고, 다양한 세금을 연출하게 하였다. 마침내 학생들은 역사의 한 부분을 이해하게 되었다. 어떤 사람에게는 이러한 상황이 미친 것처럼 보일지도 모른다. 그러나 이 상황은 내 학생들에게 실제처럼 만들기 위해 혁명을 연출하는 행위를 하게 하였다.

Kim Bridgers(4학년 담임교사)

(Kronowitz, 2008b)

수업이 진행된 후 학습활동이 학생 각자의 능력으로 자리 잡도록 정리하는 과정이 필요한데 이것이 정착이다. 보다 확실한 정착을 위하여 교사는 연습과 적용을 강화할 수도 있다.

(3) 수업평가 및 과제 검사

수업평가는 평가를 위한 각종 고사 및 문제 출제, 각종 검사 및 평가 실시, 검사 결과 관리 등을 포함한다(권혁운, 2010; 박영숙, 신철지, 정광희, 1999). 평가의 유형은 진단평가, 형성평가, 총괄평가, 수행평가 등이 있다. 진단평가란 본시 수업에 들어가기 전에 학습 수행에 필요한 개념이나 지식, 기능 등에 대한 학생들의 선수 학습 수준이 어느 정도인지를 파악하기 위한 것이다. 형성평가란 본시 수업을 통해 습득한 성과를 알아보기 위해 교수와 학습 중간에 검증하는 평가이다. 소단원이 끝난 후 혹은 한 단위의 학습시간이 끝날 때마다 형성평가를 행할 수도 있다. 한 단원에 대한 교수, 학습이 끝나면 교사는 단원 전반에 대한 학습 결과를 결산해 보기 위해 평가를 하게 된다. 이 평가는 진단평가나 형성평가와 구별하기 위해 총괄평가라고 한다. 총괄평가는 학습자의 최종적인 성적으로 기록되기도 하고, 교사는 자기 수업의 효과성을 검증하기 위한 자기 평가의 방법으로 삼기도 한다(김재우, 1996; Shaw, 1981). 수행평가는 지필검사로 측정하기 어려운 창의력, 응용력, 문제 해결력 등을 측정하기 위한 평가로서 학습과정을 관찰하거나 각종 활동 및 과제물 등을 통해 평가한다. 이러한 평가의 결과는 종합성적 일람표, 통지표 등 평가 자료로 정리되기도 하고 성적 사정 및 기록물 보존을 위해 전산 입력되기도 한다. 교사는 수업 평가 이외에도 쉬는 시간이나 방과 후 시간을 이용하여 학생의 숙제를 점검하고 과제물을 검사한다. 숙제나 과제물 점검 역시 교사의 많은 정성과 관심을 필요로 한다.

(4) 수업 전후 학습지도

진단평가 결과 학습 결손이 있는 것으로 판단되면 학습 결손에 대한 처치가 필요하다. 학습 결손이 집단 전체에게서 발견되면 정규 학습의 일환으로 결손 부분을 처치해야 할 것이다. 학습 결손이 소수의 학생에게서 나타나면 이들을 위해 특별지도를 해야 할 것이다.

형성평가 결과 불충분한 학습 부분이 있으면 보충학습이 주어지게 된다. 보충학습은 수업시간이나 수업 이외의 시간을 활용하여 이루어질 수도 있다. 반면 만족스럽게 학업 성취를 한 학생은 심화학습을 하게 된다. 보충학습이나 심화학습은 자율적인 학습, 협동학습, 개별학습 등의 형태로 이루어진다. 교사에 따라 아침 자습이나 방과 후 학습 지도를 하기도 한다.

2) 생활지도

생활지도란 학습지도와 더불어 교사가 감당해야 할 가장 중요한 교육활동이다. 학습지도가 교과적인 활동이라면 생활지도는 비교과적인 활동이다. 초등학교 교사의 생활지도는 구체적으로 기본 생활습관 지도, 교우관계 지도, 예절 지도, 재활용품 활용·관리 지도, 상담 및 진로 지도, 안전사고 및 폭력 예방 지도, 성교육을 포함한 건강 및 보건 지도, 교외생활 지도 등을 포함한다(권혁운, 2010; 박영숙, 신철지, 정광희, 1999).

최근에는 학교폭력 및 집단따돌림 같은 교우관계 생활지도가 교사에게 매우 중요한 문제로 부각되고 있다. 과거에는 학생 사이의 문제가 발생했을 경우 교사의 지도 소홀로 책임을 묻는 경향이 있었다. 문책성 비난은 교사로 하여금 학생 간 문제를 은폐하고 축소하게 만들기도 하였다. 하지만 교사가 아무리 지도를 잘한다고 하여도 학생 사이의 문제는 발생할 수밖에 없다. 문제 발생이 문제가 아니라 발생된 문제를 어떻게 교육적으로 그리고 생산적으로 처리하느냐가 중요하다. 이러한 인식의 전환과 함께 최근에는 학교폭력 지도를 교사의 실적으로 인정하기에 이르렀고 승진할 때도 이러한 점수를 반영하게 되면서 교사의 적극적인 개입과 지도가 이루어지고 있다(김은주, 2012; 김은주, 2013a; 김은주, 2013b).

학생의 생활지도를 하기 전에 이전 담임선생님이나 담당 선생님으로부터 학생에 대한 여러 가지 정보를 얻을 수 있다. 이러한 정보는 학생의 지도에 도움이 되기도 하지만, 자칫 잘못하면 학생에 대한 편견이나 선입견으로 작용하기도 하므로 주의할 필요가 있다. Hargreves, Hester, Mellor(1975)에 따르면 교사가 학생의 문제행동이라고 판단하여 개입하는 수준은 저마다 다르다. 이 사실은 한 교사에게 문제아였던 학생이 다른 교사에게는 전혀 문제아로 보이지 않을 수도 있음을 말한다. 따라서 이전 담임선생님 등으로부터 얻게 되는 정보는 학생을 잘 지도하기 위한 참고사항이며 절대적인 사실이 될 수 없음을 인식할 필요가 있다(김은주, 1990).

새 학기가 시작되면 교사는 3월 한 달 동안 수업을 진행하기보다 기본생활 훈련을 철저하게 실시하는 데 시간을 모두 보낸다고 해도 과언이 아닐 정도이다. 학생을 잘 지도하기 위해서는 Montessory의 운동 절약과 운동 분석의 원리를 적절하게 활용할 필요가 있다. 운동의 절약이란 꼭 필요한 정선된 동작을 말하며, 운동의 분석이란 일련의 정선된 동작을 순서에 따라 하나하나 분석하여 정확하게 익힘을 말한다(프뢰벨사, 1987). 학교의 일상생활이 절차화되고 과정 하나하나를 숙지시킬 때 혼란과 무질서가 훨씬 줄어들 수 있다.

기본 생활습관은 등교 후 할 일, 질서 있는 교실생활, 복도 걷기, 신발장 정리, 급식 중 태도, 급식 후 태도, 화장실 사용, 특별실이나 운동장 혹은 체육관 이동 방법 등을 포괄한다. 그 밖의 교우관계, 예절 지도 등 모든 상황에서 교사는 학생들이 해야 할 일을 정선하여 그 절차와 과정을 세밀하게 지도해야 한다. 이러한 지도는 학생들이 익숙해질 때까지 1주일 혹은 한 달, 경우에 따라서는 학기 내내 반복될 필요도 있다(권현진 등, 2002).

생활지도를 할 때 교사의 직접적인 지도도 필요하지만 궁극적으로는 학생 스스로 자신의 문제를 해결해 나갈 수 있도록 힘을 길러 주는 데 초점을 둘 필요가 있다. 아동과 청소년은 경험도 부족하고 사고가 아직 미성숙하므로 문제를 해결해 나가는 데 서투르고 여러 가지 어려움을 겪는다. 교사는 이러한 학생을 대상으로 자신의 문제를 인식할 수 있는 능력과 자기지도력을 키워 주기 위해 전문적으로 조언하고 상담하며 인도하는 역할을 하게 된다. 학생이 전인적 발달을 도모하고, 유용한 사회인으로 성장하며, 궁극적으로 자아를 실현하게 하는 것이 생활 지도의 목적이다(김재우, 1996; Shaw, 1981).

교사가 자신과 학생에 대해 어떠한 관점과 신념을 가지느냐에 따라 생활지도의 효과가 달라진다. 만약 교사가 학생을 통제 대상으로 생각한다면 교사의 행동은 권위주의적이고 독단적이 된다. 권위주의적인 태도는 학생에게 회피, 불안, 위선, 포기 등의 태도를 유발시킬 수 있다. 교사가 학생에 비해 우월한 존재라고 생각하면 학생을 과잉보호하거나 학생에게 모욕을 줄 가능성이 있다. 이러한 교사의 행동은 학생을 의존적으로 만들거나 학생이 교사를 비난하게 만들 수도 있다. 완벽성을 추구하는 교사는 학생의 결점을 찾아내는 데 집중하며 이로 인해 학생은 좌절하게 된다. 이러한 교사의 신념은 생활 지도에 비효과적이다.

그에 반하여 효과적인 교사의 신념은 학생이 결정을 할 수 있다고 믿으며, 자신과 학생이 동등하다고 믿고, 상호 존중감을 믿고, 자신도 때로는 불완전한 인간임을 믿고, 자신을 포함한 모든 사람이 중요하다고 믿는 것이다. 이러한 교사의 행동은 허용적이고, 학생을 인간적으로 자신과 동등한 인격체로서 받아들이고 상호 존중하며, 상대방의 장점을 보고 격려할 수 있도록 해 준다. 교사의 지도하에 학생은 자신감을 가지고, 다른 사람을 존중하며, 스스로 결정하는 능력과 독립심을 향상시킨다. 또한 학생은 겸손함을 배우고 다른 사람에게 관대해진다(Dinkmeyer, Mckay, & Dinkmeyer, 1998).

교사가 생활지도를 할 때 고려할 사항은 첫째, 학생의 성격과 능력, 가정환경 등을 고려하여 학생의 특성에 맞게 융통성을 발휘하여 지도해야 한다. 둘째, 학생이 문제를 해결하도록 장기적인 계획 하에 지속적으로 지원하고 지도할 필요가 있으며, 이 모든 과정은 과학적이고 객관적인 자료와 전문적인 이론 하에 이루어져야 한다. 셋째, 생활지도는 치료보다는 예방에 주력해야 한다. 즉, 사실적인 치료보다는 예방적인 지도가 학생, 교사, 그리고 사회적인 측면에서 보다 용이하고 정신적·물질적 소모도 줄여 준다. 넷째, 문제 발생 시에는 처벌보다는 선도에 역점을 두고 지도가 이루어져야 한다. 생활지도의 본질은 학생으로 하여금 문제를 스스로 해결하도록 하여 바른 성장을 유도하는 것이므로 신상필벌은 원래의 취지와 거리가 멀다. 처벌을 하여 일시적인 가시적 효과를 꾀하기보다는 근본적으로 학생 자신의 변화를 통해 문제를 해결할 수 있도록 선도한다. 다섯째, 생활지도는 개인적으로 이루어질 수도 있고 집단적으로 이루어질 수도 있다. 특히 개별적으로 이루어진 생활지도는 학생의 개인적인 비밀을 보장해 줄 필요가 있다. 교사가 학생의 개인적인 신상이나 가정배경 등에 대해 알게 된 비밀은 공개해서는 안 된다(김재우, 1996). 여섯째, 생활지도는 교사만의 노력으로는 역부족이다. 가정과 사회가 학교와 공동보조를 취함으로써 협동하여 지도하도록 한다(권현진 등, 2002).

과밀 학급은 학습지도와 마찬가지로 생활지도에 영향을 준다. 이승미(2003)는 학급당 학생 수가 35명을 초과하는 과밀학급에서는 학생의 생활지도가 매우 어려워진다고 말한다. 과밀학급에서는 교사가 학생들과 일대일로 세밀하게 상호작용하지 못하고 개인 대 집단으로 접촉하다 보니 안전사고의 문제가 상존함을 지적하였다. 권기욱(2003)은 25명을 기준으로 그 이하인 학급에서는 학생들 간의 공격적 행위, 갈등, 의존성 등이 줄어들었고 학생 상호 간의 관계가 보다 증진되었음을 지적하였다. 즉, 학생 집단의 축소는 집단의 응집성을 높이고, 상호 우호적으로 만들며, 불화와 적개심을 줄여 결과적으로 학급 분위기가 좋아진다.

3) 학급경영

학급경영은 교사가 인적 · 물적 자원을 총동원하여 학급의 목적을 달성하려고 노력하는 경영 활동이다. 인적 자원은 교직원, 학생, 학부모를 말하며, 비인적 자원은 건물, 시설, 설비와 같은 물질적 자원, 운영비와 같은 금전적 자원, 그리고 지식, 정보, 시간, 노력 등과 같은 교육 자원으로 구성된다. 교사는 인적 · 비인적 자원을 확보 · 배분하고 활용하면서 학급목적을 달성하기 위한 각종 활동을 기획하여 조직 · 추진하며, 이 과정에서 학생들을 지도 · 조정 · 통제하기도 하고 자발적 활동을 촉진하기도 하며 협동을 구하기도 한다(기순신, 2001).

초등학교 교사의 학급경영은 구체적으로 일련의 학급행사 및 학급활동과 이에 따른 주간 · 월간 · 연간 활동 계획, 조례 및 종례, 학급 내 청소 지도, 학급환경 정리, 학급시설 및 비품 관리, 학급 관련 사무, 학급회의 지도 등으로 나타난다(권혁운, 2010; 박영숙, 신철지, 정광희, 1999).

(1) 학급행사 및 학급활동의 주간 · 월간 · 연간 활동 계획

학급경영을 하기에 앞서 교사는 우선 학생 개개인에 대하여 신상 조사를 해야 한다. 학생뿐 아니라 보호자에 관한 사항과 아울러 가정환경에 관한 사항도 반드시 파악해야 한다. 또한 신체 장애아나 특수 질환 보유자, 신체 허약자, 생활보호 대상자, 혹은 결손 가정의 아동과 같이 특별히 지속적으로 관찰하고 지도해야 하는 학생의 현황에 대하여 조사해야 한다.

그다음 교사는 자신의 교육적 신념, 교육철학, 개인적인 경험, 학급 상황, 지역사회의 요구 등 각종 맥락을 고려하여 경영 방침을 세우고, 이를 학급 생활 속에서 실천해 나간다. 교사의 교육철학과 학급경영 방침은 학급특색활동으로서 수업이나 학생 생활

학급특색활동의 한 사례

교육 목표 : 사랑이 많은 어린이
경영 목표 : 교사와 학생 간의 유대감 강화
실천 방안 : 선생님과 함께하는 점심 나들이

설정 이유
요즈음 부모의 맞벌이, 이혼으로 인하여 아이들이 부모에게 받아야 하고 느껴야 할 사랑을 충분히 받지 못하는 경우가 많이 있다. 그래서 요즈음 아이들은 사랑과 정에 목말라 있다. 하루 중 많은 시간을 보내는 학교에서 아이들의 부모는 담임교사이다. 이렇게 사랑과 정에 목마른 아이들을 교사가 일대일로 품어 주고, 짧은 시간이지만 아이들과 개인적인 대화를 나누면서 마음을 주고받을 수 있을 것이다. 이런 활동을 통해 받게 될 느낌은 아이들이 사랑과 정을 나누어 줄 수 있는 사람으로 성장하는 원동력이 될 것이다.

활동 진행과정
- 학생 수에 맞게 제비뽑기를 할 종이를 준비한다.
- 제비뽑기 용지 안에 학급 아이들의 번호를 써 넣는다.
- 학생들이 뽑은 숫자는 교사와 점심 나들이를 하는 순서가 된다.
- 점심시간에 점심을 먹고 난 후 남는 자투리 시간을 이용하여 1번 학생부터 하루에 1명씩 교사와 나들이를 한다.
- 장소는 학교 안 어디든 괜찮다.
- 나들이 중에 학생과 편안한 마음으로 여러 가지 이야기를 나눈다.
- 나들이를 마친 후 함께 사진을 찍는다.
- 교사는 사진과 더불어 학생과 함께 한 시간에 대한 기쁨과 즐거움을 표현하는 간단한 글을 적어서 준다.
- 교사는 나들이 과정에서 나온 이야기를 필요할 경우 상담일지에 기록한다.

활동 효과
- 교사와 아이들의 사이가 가까워지고 상호 신뢰가 형성된다.
- 아이들이 정서적 만족과 안정감을 느낄 수 있다.
- 아이들이 학교생활을 보다 즐겁게 할 수 있다.

(춘천교육대학교 학생)

지도를 포함한 학급생활 전반에 반영되지만, 특히 각종 학급행사 및 활동으로 구현되기도 한다. 독서 지도, 운동 지도, 악기 지도, 한문 지도, 영어 학습, 글쓰기, 일기 쓰기, 학급신문 만들기, 학급문집 만들기, 학급 학예회, 1인 1화분 가꾸기, 종이접기, 일일 반장제, 생일 파티, 마니또 활동 등은 이러한 활동의 예이다. 이러한 학급 행사 및 활동은 주간·월간·연간 계획으로 추진될 수도 있다.

(2) 조례 및 종례

교사는 하루의 일과를 시작하면서 가장 먼저 출석한 학생을 점검할 필요가 있다. 학생이 결석하거나 지각하는 경우 사전에 학부모에게 이에 대한 사정을 전화나 전자 우편, 편지 등의 방법으로 알려 줄 것을 통보해야 한다. 학생의 조퇴를 허락할 때에도 반드시 부모나 신뢰할 수 있는 보호자임을 직접 눈으로 확인하고 인계해야 한다. 오늘날 여러 가지 범죄와 사고가 잇따르고, 특히 어린 초등학생의 경우 무방비로 이러한 위험에 노출되어 있는 상황이므로 각별한 주의와 경계가 요구된다.

출·결석 처리에 있어 폭설, 폭우 같은 기상이변이나 법정 전염병으로 인해 결석하는 경우는 결석으로 처리를 하지 않을 수 있다. 학교장의 허가를 받고 학교를 대표하는 각종 경기나 경연대회에 참여하는 경우도 결석 처리가 되지 않으며, 교육과정 이수에 지장이 없는 범위 안에서 현장체험, 친인척 방문, 고적답사 및 향토 행사에 참여하는 경우에도 학교장의 승인 통보를 받으면 결석으로 처리하지 않는다(김상돈, 김현진, 2012).

또한 조례는 하루의 일정과 절차를 알려 줄 수 있는 좋은 기회이다. 학생이 하루 동안 진행될 활동에 대해 사전에 인식하고 있을 경우 불필요한 혼란을 줄이고 시간을 효율적으로 사용할 수 있다. 교사에 따라서는 이러한 내용을 칠판에 판서하여 학생이 숙지하도록 하기도 한다. 조례는 교실생활을 위한 각종 규칙에 대한 교육, 교사로서의 훈화, 학교 차원의 각종 공지사항 등이 전달되는 시간이기도 하다.

종례는 하루의 학습내용을 총 정리하여 학생에게 성취감을 줄 수 있는 시간이다. 동시에 일과를 반성함으로써 문제점을 수정하고 개선해 나갈 수 있는 시간이다. 종례시간에는 학급 및 학교 차원에서 이루어지는 각종 공지사항의 전달과 함께 숙제와 준비물을 확인한다. 동시에 하교지도까지 이루어져야 한다. 초등학교 학생에게 가장 중요한 문제는 안전이다. 도시나 농촌이나 하굣길에 각종 위험이 도사리고 있으므로 이에 대한 교육과 지도가 필요하다.

(3) 청소지도

학급 내 청소는 단순히 교실을 청결하게 하는 데 그치는 것이 아니다. 청소는 자신의 물건을 정리하는 과정에서 물건의 소중함을 인식하며, 학교생활 중 몸을 움직여 일을 하는 시간으로서 노동의 가치를 깨닫고, 또한 학급구성원 다수가 협력하여 청소함으로써 공동체 의식을 키울 수 있는 활동이다. 잘못된 행동에 대한 벌로 청소를 부과하는 것은 청소가 가진 노동의 신성함을 훼손시키게 된다. 외부의 손님이 방문할 경우 단장의 가시적 효과를 위해 청소에 지나치게 신경 쓰는 것도 교육상 학생에게 바람직하지 못하다(권현진 등, 2002).

청소의 실행은 교사에 따라 다양하게 이루어진다. 학생을 소집단별로 구성한 후 교대로 청소를 하게 하는 것은 전통적인 방법이다. 경우에 따라 교사는 교실의 전 구역을 학생 개개인에게 분담하여 책임을 지고 그 구역을 청소하도록 지도하기도 한다. 방과후 바쁜 요즈음 학생의 사정을 고려하여 점심시간이나 하루의 일과 중 일부 시간을 할애하여 학급 전체 학생이 자신의 주변을 청소하게 함으로써 일과 종료 전에 청소를 완료하게 하는 교사도 있다.

그 밖에도 청소 요일을 각자가 선택하기, 5분의 제한 시간을 두고 비와 쓰레받기로 자기 주변을 청소하도록 하면서 분단별로 릴레이 게임 하기, 청소가 끝난 후 청소검사를 교사가 하기보다 청소 당번이 청소 평가표를 가지고 스스로 점검하게 함으로써 자율성과 자기 반성적 사고를 신장시키는 방법 등이 활용될 수 있다(권현진 등, 2002).

(4) 학급환경 정리

교사는 우선 교실 내 생활환경을 관리해야 한다. 채광, 조명, 통풍, 난방, 냉방, 방습, 방음 등의 관리를 통해 학습하기에 적절한 분위기를 조성할 필요가 있다.

처음 발령이 났던 학교는 아파트 단지 바로 옆에 위치하고 있었다. 수업을 하다 보면 교실 창문을 통해 베란다에 나온 학부형과 눈이 마주칠 정도였다. 학부형과 교사가 모두 불편한 것은 당연한 일이었다. 그래서 나는 교실 높은 곳에 위치한, 채광과 환기의 구실을 잘 못하는 창문의 유리에 한지를 붙여 교실 분위기를 아늑하게 꾸몄다(권현진 등, 2002).

학급 내 비품 배치는 구조적인 환경 정리이다. 교사의 책상을 어디에 놓을 것이며, 학생의 좌석, 멀티미디어 책상, TV, 전자 피아노, 사물함, 청소 도구함 등을 어떻게 배치할 것인지에 대한 고민이 필요하다. 학생의 생활공간을 최대화하기 위해 자신의 책상을 구석에 배치하는 교사도 있다.

학급환경의 조성은 학생 작품, 학습물, 시사 자료, 행사 내용, 교실 규칙, 공지사항 등의 내용물을 벽면 등에 게시하여 환경을 꾸미는 것을 말한다. 교실의 네 벽면뿐 아니라 천장, 바닥까지도 환경을 조성하는 공간으로 삼을 수도 있다. 보통 교실 앞면을 지나치게 요란스럽게 꾸미는 것은 좋지 않다. 수업을 할 때 학생의 주의를 분산시키기 때문이다. 앞면에는 교실규칙, 청소나 봉사활동을 위한 역할 분담표, 시간표, 기타 교실관리를 위한 상벌 내용물 등을 게시한다. 교실 뒷면에는 주로 학습 자료, 학생의 작품 등을 게시한다. 교실 옆면에도 앞면과 뒷면에 게시하지 않은 자료들을 게시한다.

환경을 조성할 때 주의할 점은 학습내용과 계절 등에 따라 수시로 변화시킬 수 있어야 한다는 것이다. 보통 학급환경을 조성한 후 두세 달을 보내면 학생은 환경에 무감각해지고 만다. 그렇다고 1주일 단위로 전면 교체하는 것은 매우 번거로우므로 지속적인 부분 교체를 통해 생동감과 신선한 자극을 줄 필요가 있다. 창의력에 중점을 둔 학생의 작품은 학생 모두의 작품을 게시하는 것이 좋으나 실력과 정성을 요하는 작품의 경우에는 잘된 작품을 선정하여 안목을 높일 수 있는 기회로 삼는다. 가능하면 학생이 주도권을 가지고 자율적으로 환경을 꾸밀 수 있도록 기회를 줄 필요도 있다(권현진 등, 2002).

(5) 학급시설 및 비품 관리

학급 시설물은 칠판, 유리창, 방송시설, 냉·난방시설 등을 말한다. 비품은 컴퓨터, TV, 전자 피아노, 책상과 걸상, 교사 책상, 멀티미디어 책상, 음료대, 교수용품, 화분, 휴지통, 청소용구 등을 포함한다. 교실마다 컴퓨터, TV 등 다양한 시청각 기자재로 인해 많은 전선이 노출되어 있다. 학생이 전선에 걸려 넘어지거나 전선이 꼬여 접속 불량이 되지 않도록 전선을 묶어서 가급적 벽 쪽으로 배치할 필요가 있다(권현진 등, 2002).

(6) 학급회의 지도

학급회의는 학생 스스로 학급생활을 잘 운영해 나가기 위한 자치 기구이다. 학급회의를 통해 학생은 민주 시민의 정신을 익히고, 민주적 절차와 과정을 배우며, 합의에 의해 결정된 사항을 준수함으로써 민주사회의 질서를 확립하는 경험을 하게 된다.

학급회의를 주도하기 위해서는 우선 학급 임원을 선정해야 한다. 학급 임원은 학교에 따라 반장, 부반장, 혹은 회장, 부회장 등으로 불린다. 학급 임원을 선출하기 위해서는 먼저 학급 임원에 선출되고자 하는 학생에게 학급을 위한 공약을 준비하도록 한다. 그리고 후보자의 연설을 통해 공약을 발표하도록 한다. 이 과정에서 선물이나 간식을 제공하는 등의 행위는 공정치 못함을 주지시켜야 한다. 공약 발표가 끝난 후 무기명 투표나 거수투표 등의 방법을 통해 반장을 선출한다. 학급에 따라 후보자 수에 관계없이 가장 많은 지지를 받은 후보를 반장으로 선출하기도 한다. 하지만 다수의 후보 중 거수로 3명을 선별한 후 무기명 투표를 실시하여 1차 투표에서 과반수를 넘게 득표한 후보, 그런 후보가 없을 경우 최소 득표 후보를 제외하고 2차 투표를 실시하여 다수결로 임원을 결정하기도 한다. 부반장은 반장 투표에서 2등을 차지한 학생을 자동으로 선정하기도 하고, 반장 투표와 같은 방법을 단계적으로 거쳐 선출하기도 한다. 그 밖에 총무부, 학습부, 미화부, 보건부, 도서부, 행실부 등의 부서장을 선거로 선출하기도 하고 교사가 임명하기도 한다(권현진 등, 2002).

학급 임원을 선출하는 방법은 교사마다 다를 수 있다. 기존의 경험과 배치되어 발생할 수 있는 혼란을 예방하기 위해 이 모든 절차와 과정을 반드시 학생과 사전 협의하고 상호 동의하에 결정할 필요가 있다. 이러한 과정이 생략될 경우 교사와 학생 사이에 불필요한 오해와 감정 대립이 유발되기도 하고 학부모와의 갈등을 불러일으킬 수도 있다. 일단 학급 임원진이 구성되면 회의 진행 절차 및 순서, 규칙 등을 숙지시킬 필요가 있다. 또한 회의에 사용되는 동의, 재청, 수정동의, 제안 설명, 질의, 토론, 표결 등의 용어도 이해시켜야 한다.

(7) 학급 관련 사무

교사의 학급 관련 사무는 학사물 관리, 학습지도에 관련된 사무, 아동 기록물 관리, 가정 연락물 관리, 각종 잡무로 분류된다. 학사물 관리에는 입학 및 전학 처리 등이 포함된다. 학습지도에 관련된 사무에는 학급경영록 작성, 수업연구안 작성, 연수물 기록, 학습지도안 작성 등이 있다. 아동 기록물은 학급일지, 회의록, 관찰일지 등이다. 가정 연락물 관련 사무는 통지표 작성, 가정통신문 작성, 가정환경 조사표 관리 등이다. 기타 각종 잡무에는 각종 조사 및 통계 처리 등이 있다.

2. 학교에서의 직무

1) 학교 교육과정 편성 및 운영

학교 교육과정이란 교장과 교직원이 협력하여 학교 차원에서 교육목적과 경영목표를 설정하고, 구체적인 세부 계획을 세워 이를 실천하며, 결과에 대해 평가를 실시하여 이를 다시 목적이나 목표를 설정할 때 반영하는 순환적 활동을 총괄적으로 지칭한다(Shaw, 1981).

학교 교육과정의 편성은 학교의 교육목적을 설정하는 일로부터 시작된다. 학교의 교육목적은 국가의 지침이나 교육청의 상위 목적을 반영하면서 지역사회의 특성 및 교육적 요구를 감안하고, 학생들의 특성, 시설, 교직원들의 교육철학, 신념과 지향하는 가치 등을 반영하여 설정한다. 학교의 교육목적이 수립되면 이를 달성하기 위해 경영상의 기본 방향이 설정되어야 하는데 이것이 학교 경영목표이다. 경영목표는 학교장의 교육철학이나 경영관, 학교의 전통 등에 기초하여 구상되지만 교직원의 집단적인 사고를 거쳐 수정되고 보완된다(표 3-1 참조).

일단 학교 차원의 교육목적 및 경영목표가 설정되면 이에 따라 세부적인 활동 계획이 세워진다. 활동 계획을 세울 때는 교육의 내용 및 수준을 학생의 능력, 적성 등을 고려하여 적절하게 조정할 필요가 있으며, 교육방법을 다양하게 설정하고 활동의 편성과 운영에 있어 자율성과 융통성을 확대한다. 수립된 활동 계획을 효율적으로 집행하는 모든 활동을 실천이라고 한다. 이러한 실천은 주간ㆍ월간ㆍ연간 단위로 계획되어 추진될 수

표 3-1 2002학년도 강원도 동해시 청운초등학교 학교 교육목적 및 경영목표

교육목적	경영목표	세부활동
1. 민주시민의 기본 생활습관을 가진 어린이(도덕인)	가. 실천적인 인성교육의 강화	• 가치관 정립 3운동 생활화 • 청운 어린이 생활본 구안 활용 • 자원 인사 초청 훈화 • 강원의 얼 선양교육 실천 • 나의 명함 제작 활용
	나. 더불어 사는 공동체의식 함양	• 나눔의 3운동 실천 • 장점 찾아 칭찬하기, 기쁜 일 축하하기, 어려운 일 서로 돕기 • 학교경영 공개의 날 운영 • 다양한 삶의 체험학습 강화－도·농 교환 교류학습 • 토론 발표회 개최
2. 꿈을 갖고 스스로 공부하는 어린이 (자주인)	가. 자기 주도적 학습력 배양	• 7차 교육과정 편성 운영의 충실 • 수준별 교육과정 운영 • 기초, 기본 학력의 책임 지도 • 주간 학습 예고제 실시 • 평가의 다양화 및 투명성 제고
	나. 꿈을 이루고자 노력하는 태도 함양	• 특기, 적성교육활동의 활성화 • 자기 표현 기회의 확대－각종 공모전 응모 • 독서가 꽃피는 교실 운영 • 학교신문 및 사이버 신문 발간
3. 창의적으로 생각하고 실천하는 어린이(창조인)	가. 다양한 교수·학습방법 실천	• ICT 활용 능력 향상 교육 • 주제 탐구, 조사, 협동 프로젝트 학습 실시 • 정보 통신 기술 활용 능력 배양－재량활동 운영 • 기본 4능력 신장지도－발표력, 대화력, 서사력, 문장력
	나. 지식 정보화 사회 적응력 신장	• 학생의 정보 윤리교육 강화 • 홈페이지 활용을 통한 디지털 활동능력 신장－E mail 갖기 • 컴퓨터 교실 운영의 충실-교사, 학생 통신교육 실시
4. 몸과 마음이 튼튼하고 자신감을 갖는 어린이(건강인)	가. 기초체력교육의 충실	• 기초체력 향상－1인 1운동 익히기 • 육성 종목의 내실화－육상, 농구 • 생애 건강을 위한 보건교육의 강화 • 심신 단련활동 참가－수련활동
	나. 친환경교육 강화	• 아나바다 생활화 • 우리 고장의 관광 자원 교육 • 쓰레기 처리 3운동 생활화(안 버리기, 분리 수거, 재활용) • 보건 위생교육 및 위생적인 급식 관리 • 내 고장 환경 가꾸기 교육

있다. 또한 이에 맞추어 부서별·학년별 학사 일정을 계획하고 관리할 필요가 있다(부록 1 참조).

학교 교육과정에는 학교목적에 근거한 활동 이외에도 창의적 체험활동이나 방과 후 활동 등이 포괄된다. 전교 어린이회의와 같은 학생 자치 활동에 대한 지도도 학교 수준에서 이루어지는 교육활동으로 간주한다(권혁운, 2010; 박영숙, 신철지, 정광희, 1999).

김경희(2004)에 의하면 일부 책임교사와 관리자를 제외한 대다수의 교사들은 학교의 경영과정에 대하여 관심도 없고 참여 의지도 빈약한 것으로 나타난다. 학교 교육과정 편성 및 운영 방안의 경우 전 교사가 모두 참여하여 결정해야 하나 초등교사들은 '편함'을 추구하는 경향이 있었다. 초등교사들은 대체로 교육과정에 참여하려는 의지도 없고 이에 무관심하였다. 교사들은 '학교 교육과정을 편성하는 일은 연구부장의 일이고 교사의 일이 아니다'라고 인식하는 모습을 보여 주었다. 또한 '시키는 대로 따라 하겠다'는 생각을 가지고 있었다. 이러한 모습은 학교경영상 바람직하지 않으므로 교사들의 참여 의식을 높이기 위한 방안의 모색이 요구된다.

2) 교무분장 업무

교무분장 업무는 교육 조직의 원활한 업무 수행을 보조하기 위한 업무이다. 교무분장 업무는 내용상 교무(학생의 학적 관리, 전·입학 및 그 외 교무에 관한 업무), 체육(학생의 체육·보건·안전 교육에 관한 업무), 과학(학생 과학교육 지도 및 과학교육에 관한 제반 업무), 연구(학교 교육과정 수립 및 추진, 연구 계획, 연구 수업, 연구 발표 등 연구에 관한 업무), 윤리(국민정신, 이념, 사상, 반공 및 안보에 관한 교육 및 국민교육헌장의 이념 구현에 관한 업무), 환경, 정보, 학년(동 학년 간의 업무 조정, 교육과정 진도, 학년 행사 등 동 학년에 관한 제반 업무), 학생(학생 표창, 징계, 교내 생활지도에 관한 업무), 교도, 실과 등으로 구분된다. 이 중 학생, 교도, 실과는 중등학교에 설치된다(김창걸, 1992; 문락진, 1994). 2006년부터는 초등학교에 방과 후 학교가 시작되면서 방과 후 부장이 새로 추가되었다.

학교마다 교무 조직의 종류와 수, 업무분장이 달라지며, 학급 수에 따라 학교의 장이 이를 결정한다. 분교장의 경우에는 교무부장 1인을 둘 수 있다. 각 부서는 부장교사의

표 3-2 2003학년도 강원도 춘천시 조양초등학교 교무분장(7학급 규모)

이름	학년	사무	세부 분장
1		통괄	총괄
2		총무	인사 관리, 교원 복무, 교직단체(교총, 전교조)
3	전담	교무	교무 업무 및 기획, 교육과정 운영, 학교 행사 주관, 재적 관리, 도·농 교류, 교육 계획 추진, 출석부, 월중 행사 계획, 포상 관리, 어깨동무학교 운영
4	3	연구	학력 관리, 학습 부진아 지도 계획, 평가, 특기·적성교육, 강원교육 새바람, 강원의 얼 선양 교육, 교원연수, 교실 수업 개선, 수업연구, 영어교육
5	1	환경	환경교육 업무, 폐품 수집, 이웃 돕기, 자연 보호, 애향교육, 봉사 활동, 현장체험 학습, 인성교육, 경제교육(저축 관리), 어머니회
6	2	체육	체육 업무 및 체육 행사, 체육 기구 관리, 육성 종목 지도, 체육 연수, 체력 검사, 평생교육
7	4	과학	과학실 운영, 과학 행사, 방송 기자재 및 교구 관리, 과학 및 학습자료 운영, 시청각 기자재 관리, 학교 방송, 과학 교육, 과학 보조 관리, 과학 상설반 운영
8	5	생활	어린이회 조직 및 지도, 통일 교육, 수련 활동, 생활 도우미 활동 계획, 민주시민교육, 교통안전 및 교내외 생활 지도, 어린이 소방대 운영, 학교폭력 예방
9	6	정보	행정시스템 관리, 컴퓨터(실) 관리, 네트워크 관리, ICT 교육, CD 관리, 멀티자료 관리, 전입학 관리
10	특수	도서	독서 관련 업무, 도서관리 및 행사, 독서교육, 어린이 신문 관리(보조 김선정), 학교 신문 제작, 학교 문집, 앨범 정리, 아동 도서 관리
11		보건 급식	보건실 운영, 보건 교육, 성교육, 환경 정화, 건강기록부 관리, 학생 체질·체격 검사, 먹는 물 관리(정수기 관리)
12	유치원	유치원	유아교육, 유치원 아동 지도, 유치원 관련 제반 업무, 홍보, 게시
13		서무	재산 관리, 보안 업무, 제 증명 발급, 공문서 관리, 당직 배정, 유치원 세입 관리, 소방 업무, 직장 훈련, 학교 회계 관리, 세입·세출 외 현금 관리, 물품 관리, 학생 안전공제회, 문교 통계, 민원 업무, 회의 서류, 연료 수불, 봉급, 재물 조사, 물품 수급, 학교 운영위원회 전반, 교과서
14		운전 2	차량 관리, 차고 관리, 아동 통학, 학교내외 관리
15		방호 2	학교내외 관리, 체육 창고 및 기구 관리, 개나리관 관리, 폐·휴지 관리, 화분 수목 관리, 야외 급수대 관리, 이면지 관리, 사진 촬영, 화장실 관리, 분리 수거
16		과학 보조	과학실 운영 보조, 실험실습 보조, 내빈 접대(자판기 관리), 과학실 및 교무실 정리 정돈, 문서 작성 보조, 컴퓨터실 관리 보조, 어린이 신문 보조, 게시물 부착
17		행정 보조	문서 수발 업무, 행정 보조, 이면지 관리, 간식 관리, 복도 현관 관리

주도하에 조직원인 평교사의 협력으로 업무를 처리한다. 부장교사는 보직교사라고도 한다.

관리자는 업무를 분장할 때 업무를 담당할 교사의 능력과 희망, 업무의 분량에 따라 합리적이고 민주적이며 인간적인 방식을 두루 고려하여 분장한다. 합리적인 방식은 관리자가 원칙을 가지고 업무를 배정하는 것, 민주적인 방식은 교사의 의견을 두루 수렴하여 추진하는 것, 인간적인 방식은 교사 개인의 사정과 상황을 고려하여 업무를 나누는 것을 말한다(김경희, 2004).

관리자는 주로 교사들 간의 인간관계, 학교 안에서의 경력, 승진 순위, 개인 상황 및 희망 등을 고려하여 인간적인 방식으로 업무를 분장하는 경향이 있다. 교사가 희망하는 부서는 주로 승진하는 데 유리한지, 편하게 학교생활을 할 수 있는지 등에 초점을 두는 것으로 나타났다. 경우에 따라 업무 배정이 지나치게 인간적으로, 그리고 교사의 개인적인 이기심에 의하여 이루어지는 경향이 있으므로 학교현장에서는 보다 합리적이고 민주적인 원칙하에 업무를 배정할 필요가 있다(김경희, 2004).

우리 학교에는 소신은 없고 오로지 입장에 따른 끈끈한 유대만 있다. 행정적인 업무와 진급으로 연결된 사람들과의 관계가 더 우선시되는, 이해할 수 없는 이 현실이 안타깝다. 학년 초에는 전출 · 전입 교사가 있게 마련인데 2월 말이 되면 남아 있는 교사가 모두 유리한 업무를 독식하게 된다. 새로 발령이 나면 하루라도 빨리 착임 신고를 해야 한다. 나는 발령받은 학교의 교장, 교감에게 인사하고 착임 신고를 하면서 학년, 업무에 대해 희망서를 쓰고 나왔다. 그러나 그러한 일은 모두 형식적일 뿐 기존의 교사들이 모두 유리한 부서를 차지하고 나의 능력 및 특기, 전문적인 것 등과는 상관없이 업무를 배정받아 1년을 힘들게 보냈다. 사무를 처리할 때에는 대부분 잘 알고 지내는 교사에게 물어서 업무를 처리하게 되었다. 그러다 보니까 일의 처리도 미흡하고 더디며 항상 많은 시간과 노력이 요구되었다(김경희, 2004).

도심지의 규모가 큰 학교보다 농어촌에 있는 작은 학교의 경우 교원이 소수이다 보니 교사 한 사람당 맡게 되는 업무가 매우 다양하고 과중하다. 다양한 업무의 처리는 교사로 하여금 복합적인 업무를 파악하고 수행할 수 있는 능력을 함양시키기도 하지만 과중한 업무로 인해 학생들의 교육에 전념하지 못하게 한다(춘천교육대학교 학생지원상담소, 2010).

교육의 목적은 대체로 장기적이고, 교육의 효과 역시 단시일 안에 가시화되어 나타나지 않는다. 그에 반해 교무분장의 업무는 정해진 시간 안에 처리되어야 하는 경우가 비일비재하고, 그 결과가 가시적이다. 교육현장에는 교육 지도력보다 교사의 행정적 업무 처리 능력을 교사의 능력으로 오인하는 분위기도 일면 자리 잡고 있다. 이러한 이유로 교사들 중에는 교육을 뒤로 미루고 수업시간에도 교무분장 업무 처리에 힘과 열정을 더 쏟는 경우도 있다(김갑용, 2005). 따라서 교사가 교육에 매진하기 위해서는 교육 외적인 잡무와 업무를 대폭 경감시킬 필요가 있다.

3) 학교운영 관리

학교운영 조직은 학교 안의 모든 조직을 조성·조정하며, 여러 문제를 협의·의결하고, 다른 조직의 자문에 응하는 조직이다. 운영조직으로는 모든 교직원이 참여하는 교직원회의가 있고 부장회의, 동 학년회의, 운영위원회, 기획위원회, 교과협의회, 생활지도위원회 등 각종 위원회가 있다.

학교운영위원회는 초·중등교육법 시행령 제58조에 따라 학교 학생 수가 200명 이하일 경우 학교운영위원 수를 5~8인, 200~1,000명 미만인 경우 9~12인, 1,000명 이상인 경우 13~15인을 두도록 규정하고 있다. 이 중 교직원 30~40%(학교장은 당연직위원), 지역사회 인사 10~30%, 학부모 40~50%로 운영위원을 구성하도록 되어 있다. 운영 조직은 교사뿐만 아니라 학교 외 인사로 하여금 학교경영에 참가할 기회를 제공하며, 의사결정 과정에 기여하도록 하는 참모 성격을 가진 조직이다.

특히 학교경영에 학부모가 참여하게 된 것은 교육 지원을 위한 후원자의 입장에서 학교경영 전반에 대한 참여자로 학부모의 위치를 변화시킴으로써 학부모의 수단적, 소극적 입지를 본질적, 적극적 입지로 변화시킨 긍정적 의미를 담고 있다. 뿐만 아니라 학부모의 학교경영에의 참여는 학교와 학부모 상호 간의 교육에 대한 이해와 더불어 의사소통의 증진, 지역사회와 학교의 연계성 강화와 같은 효과를 가져올 수 있다. 하지만 학부

학교폭력 사건 조치의 과정

학교폭력 전담기구(학교장은 교감, 전문상담교사, 보건교사, 학교폭력문제 담당 책임교사 등으로 전담기구를 구성한다. 학교폭력 예방 및 대책에 관한 법률 제14조 3항)

1. 학교폭력 사건 발생 인지 : 교사, 학부모, 학생이 학교폭력 전담기구에 신고
2. 신고 접수 및 학교장 보고 : 신고사항 접수 대장 기록 및 학교장, 담임교사에게 보고 후 피해·가해 학생 보호자에게 통지
3. 즉시 조치(즉시 격리 등)
4. 사안 조사(피·가해 학생 면담, 주변 학생조사, 설문조사, 객관적인 입증 자료 수집 등 사전보고서 작성)
5. 관련 학생/보호자 면담(조사결과에 대해 부모님께 알리고 향후 진행절차 등에 대해 통보) 및 사전보고(가해 및 피해 사실 여부에 관하여 종합적으로 정리하여 학교의 장 및 학교폭력대책자치위원회에 보고)

학교폭력대책자치위원회(위원장 1인을 포함하여 5인 이상, 10인 이하의 위원회를 구성하며, 해당 학교 교감, 생활지도 담당교사, 학부모 대표, 법조인, 경찰공무원, 의사 등이 포함된다. 학교폭력 예방 및 대책에 관한 법률 제12조 1항, 학교폭력 예방 및 대책에 관한 법률 시행령)

1. 개최 알림
2. 자치위원회 개요 안내
3. 사안 보고
4. 피해측 확인
5. 가해측 확인
6. 질의응답
7. 피해 학생 보호 조치, 가해 학생 선도 교육 조치 논의
8. 조치 결정
    피해자에 대한 조치 유형
    1) 심리 상담 및 조언
    2) 일시 보호
    3) 치료 및 치료를 위한 요양
    4) 학급 교체
    5) 기타 피해 학생 보호를 위해 필요한 조치

가해자에 대한 조치 수준 : 학교폭력의 심각성, 지속성, 고의성, 가해자의 반성 및 선도 가능성, 가·피해 학생 및 부모 간의 화해 정도, 피해 학생이 장애 학생인지 여부 등을 고려하여 결정

1) 피해 학생에 대한 서면 사과

2) 피해 학생 및 신고 고발 학생에 대한 접촉, 협박 및 보복 행위의 금지

3) 학교에서의 봉사

4) 사회봉사

5) 학교 내의 전문가에 의한 특별교육 이수 또는 심리치료

6) 출석 정지

7) 학급 교체

8) 전학

9) 퇴학 처분(초·중학생은 제외)

9. 결과 통보

징계의 내용은 생활기록부에 기록되며 가해 학생에 대한 조치 중 1호, 2호, 3호, 7호 조치사항은 졸업과 동시에 삭제되지만 4호, 5호, 6호, 8호는 2년이 지난 후에야 삭제된다. 단 학생의 반성 정도와 긍정적인 행동 변화의 정도를 고려하여 졸업하기 직전에 학교폭력대책자치위원회의 심의를 거쳐 졸업과 동시에 삭제될 가능성이 있다.

출처 : 교육부 학교폭력/성폭력 상담 http://kin.naver.com/profile/mestcon; 학교폭력 예방 및 대책에 관한 법률; 학교폭력 예방 및 대책에 관한 법률 시행령

모의 학교경영 참여는 학부모의 학교에 대한 지나친 개입, 그로 인한 학교교육의 자율성 침해와 갈등을 증폭시킬 수 있는 문제도 있다(이혜정, 2012). 최근 학교폭력이 극심해지면서 학교폭력대책자치위원회가 새로 설치되었고, 학부모의 참여를 50% 이상 규정하고 있다.

학교운영의 책임은 학교장에게 있다. 하지만 여러 가지 영역에 걸쳐 교장 혼자 운영에 대한 결정을 내리기가 힘들다. 이러한 현실 속에서 교사는 학교 업무의 의사결정과 집행을 감당하면서 학교운영에 참여하게 된다(김윤태, 2001; 김재우, 1996).

4) 학교행사 지도

학교행사는 교과 이외의 활동으로 전인인간을 육성하기 위해 학교가 계획, 실시하며, 학생 집단이 실천하는 교육 종합 활동이다(두산백과, 조동섭 외 6인, 2014). 교사는 학

교에서 이루어지는 각종 행사를 기획하고, 홍보하며, 학생을 지도하고, 준비시켜 학교 행사에 참여하게 한다. 김대현, 이도영, 이상수(2014)의 연구에 의하면 1년 동안 잡혀진 공식적 학교행사가 40개 이상인 경우도 있다.

2015년 개정 교육과정은 종래의 재량 활동과 특별 활동을 통합하여 창의적 체험활동을 제시하였다. 창의적 체험활동은 교과 이외의 활동으로서 자율 활동, 동아리 활동, 봉사 활동, 진로 활동으로 구성된다(국가교육과정 정보센터). 창의적 체험활동은 주로 교사 주도로 학급 차원에서 이루어지지만 학년 혹은 학교 차원에서 진행되기도 한다. 자율 활동에는 자치, 적응, 행사, 창의적 특색 활동 등이 들어가고, 동아리 활동에는 예술 체육 활동, 학술, 문화 활동, 실습 노작 활동, 청소년 단체활동 등이 들어간다. 봉사 활동에는 이웃돕기 활동, 환경 보호 활동, 캠페인 활동 등이 포함된다. 진로 활동에는 자기 이해 활동, 진로 탐색 활동, 진로 설계 활동 등이 있다. 창의적 체험활동에는 저학년은 안전지도 64시간을 포함한 336시간, 그리고 중학년과 고학년은 204시간이 배정되어 있다. 창의적 체험활동은 교사가 수업시간 중 교과와 연계하여 진행할 수도 있고, 영역별로 연계, 통합하여 주제 중심으로 진행할 수도 있으며, 한 주제에 집중하여 진행할 수 있다.

학교행사는 창의적 체험활동 중 자율 활동에 해당되며 주로 학교 차원에서 이루어지는 의식행사 활동, 학예행사 활동, 보건 · 체육행사 활동, 현장체험학습 활동 등으로 구분된다(두산백과).

의식행사 활동은 국가적 행사와 학교 자체 학사행사 의식, 그리고 학교 교육과정에 의하여 의도된 행사 의식 등이 있다. 구체적으로 의식행사 활동은 시업식, 입학식, 졸업식, 종업식, 기념식, 경축일 등을 포함한다. 의식행사는 의례적이기보다 행사를 통해 학생들이 애국심, 애향심, 애교심 등을 높일 수 있도록 행사의 취지를 사전에 교육하는 것이 필요하다.

학예행사 활동은 재능을 발표하는 학예회, 발표회, 경연대회, 실기대회, 그리고 학습결과물을 전시하는 전시회로 구분되는데 가급적이면 전 학년, 전교생이 모두 참여할 수 있도록 기회의 장을 열어 줄 수도 있다. 학생 수가 많아 일시적으로 행사를 진행하기 어려운 경우에는 학년 단위, 혹은 저 · 중 · 고 학년 단위로 나누어 일주일 정도의 시간을 통해 순차적으로 행사를 진행할 수도 있다(김영기, 1986; 김은주, 2011)(부록 1 참조). 만약 학교의 형편과 사정으로 일부 학생이 참여할 경우에는 학생으로부터 신청서를 작성토록 지도하여 자발적인 참여를 유도할 필요가 있다.

보건 · 체육행사 활동에는 학생 건강 체력 평가, 체격 및 체질 검사, 체육대회, 친선 경기대회, 안전생활 훈련 등이 있다. 이 행사는 체력을 단련하고 단체활동을 경험하며 학부모들도 참여하여 학교와 지역사회와의 화합을 이루는 행사이다. 학교 사정에 따라 학예행사 활동과 함께 격년제로 열기도 한다. 보통 전체가 참여하는 대운동회 행사는 약 1개월 전부터 준비된다. 학년별로 의견을 수렴하여 종목을 정하고 종목별 계획서를 작성하고 종목별 준비물을 신청하며, 학년별로 연습하고, 학부모 안내장 발송, 종목별 방송 멘트 준비 전체 리허설, 운동장 라인 폴 보완 및 본부석과 만국기 설치 등으로 행사의 준비가 완료된다. 학년별로 개최되는 놀이마당은 민속놀이나 구기놀이 등을 중심으로 이루어진다(조동섭 외 6인, 2014).

최근에는 창의적 체험활동을 장려하는 분위기로 현장체험학습 활동을 많이 하고 있다. 현장체험학습 활동은 학교 밖에서 자연, 지역, 지리, 역사 현장, 문화재, 자연물 등을 실험, 관찰, 조사, 실측, 수집, 노작, 견학하게 하는 활동이다. 현장체험학습 활동은 수련 활동, 현장 학습, 수학여행, 학술조사, 문화재 답사, 국토순례, 해외문화 체험 등으로 실행된다(조동섭 외 6인, 2014). 현장체험학습을 갈 때는 먼저 체험할 현장을 두세 군데 물색한 후 학부모의 동의와 더불어 의사를 물어 선택할 필요가 있다. 또한 사전 답사를 통해 필요한 비용과 준비물, 기타 유의사항에 대해 점검할 필요도 있다. 체험학습을 할 장소가 결정되면 학부모에게 공지하고, 학생에게는 체험학습을 하는 목적과 체험 내용에 대한 사전 정보를 충분히 제공하여 의미를 갖도록 지도하는 것이 필요하다. 체험학습을 가기 전에 교사는 구급약 세트를 준비하여 혹시 모를 사태에 대비할 필요가 있으며, 학부모의 전화번호를 사전에 점검하여 응급 사태나 귀가시간 등을 알려 주는 것도 필요하다(이보경, 2014). 또한 무엇보다도 중요한 것은 안전지도이므로 현장상황에 대한 안전점검과 학생지도, 교통수단을 이용할 경우 승차 안전지도, 그리고 숙식할 경우 숙박지에서의 안전지도를 실시하여 사고를 예방할 필요가 있다. 갑작스러운 재난이나 교통사고 혹은 학생 실종과 같은 사고가 발생할 경우 지도교사 및 인솔 책임교

사는 신속하게 학교장, 119 구급대, 그리고 인근 경찰관서에 연락하여 구호를 요청해야
한다(조동섭 외 6인, 2014).

3. 대외 관계 직무

1) 대외 관계

교사의 대외 관계는 지역사회 및 기타 대외 봉사 활동, 시범학교 운영 보고회 및 공개수
업 참관, 지역 교육청 방문 및 협조, 교외 행사 참여, 각종 설문조사 참여 및 관리 등으
로 나타난다. 특히 교사가 지도하고 인솔하는 교외 행사로는 각종 체육대회, 경연대회
및 경시대회 등이 있다. 교사는 체육대회에 대비한 선수의 훈련 및 참가 선수 인솔, 과
학실험 경연대회, 수학 경시대회, 요리 경연대회, 무용 경연대회, 합창 경연대회, 사생
대회 등에 대비하여 학생을 지도하고 인솔하는 업무를 수행한다.

2) 학부모 관계

교사와 학부모의 관계는 학부모 총회, 학부모 상담, 학부모 대상 공개수업을 통해 이
루어진다. 이 중 교사가 가장 힘들어 하는 업무 중 하나는 학부모의 민원 해결이다. 교
사는 학부모와 상담할 때 학생의 실수를 부모 탓으로 돌리지 말고, 학부모가 학생의 실
수에 초점을 맞추기보다 향상된 점에 관심을 가질 수 있도록 노력한다. 교사가 상담 도
중 학부모와 논쟁을 할 경우 상담에 도움이 되지 못하므로 유의한다. 교사는 학부모에
게 학교에서의 학생의 행동이나 학습에 대해 조정하도록 요청하지 말아야 한다. 학생은
스스로 문제를 해결해 나갈 수 있는 힘을 기를 필요가 있기 때문이다. 교사나 학부모는
학생의 조력자일 뿐이다. 또한 학부모가 상담 후 자녀를 꾸중하게 만들지 말아야 한다
(Dinkmeyer, Mckay, & Dinkmeyer, 1998).

교사가 상담하면서 학부모의 협조를 얻기 위해서는 평소에 학생에 대한 개별 기록장
을 준비하여 상세하게 학생의 모든 생활태도를 기록하는 것도 좋은 방법이다. 학생의
특기, 장점, 단점, 친구관계, 성격, 학습능력, 학습태도 등에 관하여 누가적으로 관찰 기
록해 놓을 경우 이는 훌륭한 상담 자료가 될 뿐 아니라 학생의 평가 자료로 활용될 수도

한 초임 교사(4학년 담임)의 3월 업무

- 각 학년과 반의 담임과 교실을 배정받으면 교실을 정리하고 학생들의 사물함을 옮기며 키에 맞추어 책상과 걸상 정리
- 업무와 관련해서 자신이 맡은 업무에 어떠한 일들이 있는지 파악하며, 그간의 공문을 살펴보고 업무 파일 만들고 한 해 동안의 업무 계획 수립
- 5학년과 6학년으로 학교생활을 이끌고 저학년을 돕는 도우미 조직
- 각 학년과 반의 특별실과 특별 구역 청소 계획
- 특기 적성 활동 희망 조사
- 학생들의 의견과 선생님들의 의견을 종합하여 계발 활동 부서 조직
- 학부모 총회
- 학생들의 가정환경, 교육 여건, 생활수준, 부모의 직업, 형제 등 학생과 관련된 많은 사실을 알기 위한 학생 실태 조사
- 특별활동의 자치활동을 위한 학급 어린이회, 전교 어린이회의 조직
- 한 학급을 경영하는 데 필요한 모든 자료와 평가 기록, 각종 조사표, 수업 계획 등 모든 내용이 들어가는 경영록을 협의하고 만들기
- 여름방학, 겨울방학, 가정학습의 날, 체험학습, 견학, 소풍, 운동회, 학예회 등의 날을 포함하여 한 해 동안의 모든 학교 행사를 협의하기 위한 학교 교육 계획 협의
- 학생 가구 수 조사
- 환경 구성은 누가 무엇을 어떻게, 예산은 얼마로 할 것인지 협의
- 학교 내규 협의
- 학교운영위원회에 나갈 교원위원 선출
- 교육부, 도교육청, 군 교육청의 교육 계획 안내와 지침에 따라 학교 교육과정을 편성하고 그것을 토대로 학년 교육과정 편성, 전담교사의 시간표가 정해지면 그것과 중복되지 않게 학급 시간표 작성, 학년 교육과정에 따라 각 과목별 수업 계획을 나타내는 연간 진도표 작성, 진도표를 토대로 자세한 평가 계획(평가 시기, 방법, 내용, 준거 등) 수립, 주안 작성
- 학급 및 학교 환경 정리

(김영천, 2005)

있다. 학부모와 상담할 때 막연하게 전체적인 경향을 이야기하면 학부모의 궁금증 해소에 도움이 되지 못한다. 꼼꼼하고 상세한 정보를 담고 있는 자료는 학부모에게 자녀에 대한 구체적인 사항을 알려 주며, 함께 의논하고 보다 잘 협력할 수 있게 만든다.

또한 학부모와의 상담 시 사전에 약속시간을 정하고 상담이 어느 정도의 시간 동안 진행될 것인지에 대해서도 알려드리는 것이 좋다. 상담이 무한정 지속되면 교사의 업무를 방해할 수도 있기 때문에 제한성을 둘 때 교사도 업무에 방해받지 않고, 부모 역시 일상 활동 및 개인생활에 지장을 받지 않으면서 효율적으로 상담에 임할 수 있기 때문이다. 또한 상담 내용이 무엇인지를 확인하여 그에 맞추어 자료를 준비하면 교사의 심리적 안정감도 높아질 수 있다. 자료를 준비하지 못한 상태에서 갑작스럽게 상담이 이루어질 경우 가능하면 학부모의 의견을 경청하는 것이 좋다. 섣부른 대답이나 일상적인 답변은 오히려 신뢰감을 떨어뜨릴 수 있기 때문이다(권현진 등, 2002).

최근에는 학부모의 학력이 높아지고, 교사보다 더 많은 학식과 전문적 능력을 가진 학부모도 많다. 이러한 경우 교사가 위축될 수도 있지만 학생과 장시간 시간을 보내면서 비교적 객관적이고 종합적인 시각으로 학생의 면면을 파악하는 사람은 교사이다. 교사가 전문적 식견이나 설득력 있는 언술로 상담하는 것도 중요하지만 가장 중요한 것은 아이에 대한 깊은 관심과 사랑이다. 학부모는 교사의 전문성도 기대하지만 교사의 학생에 대한 진정성과 순수성을 높이 평가하므로 초등교사가 상담할 때 이러한 자세를 기억할 필요도 있다(이보경, 2014).

4. 연수 관련 직무

1) 교내연수 참여

교내연수의 형태는 동료 교사의 수업 참관, 장학지도 협의 및 평가, 교과협의회, 학급경영 방안 협의, 업무분장에 따른 부서별 연수, 직원연수 등으로 나타난다. 교사들은 지명식 직무연수보다는 10여 명 정도를 대상으로 15시간 정도의 단위로 이루어지는 소규모 학교 자율연수를 선호하는 경향이 있다. 이에 따라 교육 마술을 이용한 학생들의 학습동기 유발 방법, 학부모 상담방법 등 교사가 선호하는 다양한 주제로 학교 자율연수가 이루어지고 있다.

2) 교외연수 참여

교외연수는 교육청, 연수기관, 사설기관 등 학교 외부에서 주관하는 연수에 참여하는 형태로 나타난다. 학회에 참여하거나 각종 협의회 및 교과연구회에 참여하는 것도 교외 연수에 포함된다. 교사가 개별적으로 받는 원격연수도 이에 속한다.

교사 자질

교 사가 수행해야 하는 일은 참으로 많고 다양하다. 다양한 직무를 성공적으로 수행하기 위해서 교사가 갖추어야 할 비교적 영속적인 개인 특성 및 교직에 대한 태도를 교사의 자질이라고 정의한다(김봉수, 1993). 교사의 자질은 교육하는 사람으로서 가져야 할 인격적 특성과 교사라는 직업인으로서 가져야 할 전문적 특성으로 구분된다. 인격적 특성은 교사에게 요구되는 인성과 품성, 투철한 교육관, 아동관, 그리고 이에 기초하여 나타나는 선생님 혹은 교육자로서의 소명 의식, 행동 및 태도 등을 포함한다. 교사로서의 인성과 품성, 가치관 및 태도, 행동 등은 비가시적이고 잠재적이다. 인격적 자질은 장기간에 걸쳐 수양과 내면적인 수련을 통해 갈고닦아지는 자질이다. 그리고 전문적 특성은 전문 직업인으로서 교사가 갖추어야 할 지식과 기술이라고 할 수 있다. 전문지식과 기술은 가시적이고 표면적이다. 이러한 자질은 상대적으로 단기간 안에 훈련을 거쳐 습득할 수 있다.

교사는 인격적 특성과 전문적 특성, 이 두 측면의 자질을 모두 갖추어야 한다. 교사로서의 인성과 품성은 교사의 전문지식과 기술을 뒷받침하고, 이 두 측면의 자질은 서로 조화를 이루면서 교사의 교육력을 좌우한다. 교육의 질은 교사의 수준을 넘지 못한다는 말은 너무나 잘 알려져 있다. 교사가 뛰어난 자질을 가지고 있을 때 좋은 교육을 펼칠 수 있다. 교사의 자질은 비교적 영속적인 특성이기는 하나 시대와 사회에 따라 그 강조점이 변화한다. 시대와 사회의 요구를 살펴보는 것은 교사가 시의적절한 자질을 갖추기 위해 필요한 일이다.

1. 바람직한 교사

1) 바람직한 교사상

'바람직한 교사상'이란 용어에서 '바람직한'의 언어적 의미는 '좋다고 여길 만한', '바랄 만한 가치가 있는'이다(이희승, 2001). 따라서 바람직한 교사상은 좋다고 여길 만한 교사의 모습, 바랄만 한 가치가 있는 교사의 모습이다. 양상명(1980)에 의하면 바람직한 교사상으로 일반 사회인의 59%가 사랑과 열성이 있는 교원이라고 응답하였으며, 17.5%는 연구 의욕이 왕성한 교원, 16.5%는 실력 있는 교원이라고 응답하였다. 한국교육개발원의 연구보고서(1981)에 의하면 한국인(교사, 학부모, 학생)은 이상적인 교사상으로 교육자로서 신념을 지닌 교사, 학생에게 깊은 관심과 사랑을 지닌 교사, 인생에 대한 자세를 가르쳐 주는 교사라고 생각하고 있으며, 담당 교과에 뛰어난 실력을 지닌 교사, 예절과 질서를 중시하는 엄격한 교사, 요령 있게 수업 지도를 하는 교사를 이상적인 교사로 생각하는 사람은 소수였다(정태범, 2003, 재인용).

　바람직하게 생각하는 교사상은 응답자의 신분, 학력 등에 따라서 다르게 나타나기도 한다. 차령아(1996)는 서울시내 5, 6학년 학생과 학부모를 대상으로 연구하였는데, 학생들은 교과에 대해 풍부한 지식을 가지고 있는 교사를 바람직하게 생각한 반면, 학부모들은 사명감을 지닌 헌신적인 교사를 선호하는 것으로 나타났다. 이영미(2001)는 학부모의 학력에 따라 적절하다고 생각하는 교사의 성격이 다르게 나타났음을 연구하였다. 경기도 평택시의 학부모 300여 명을 대상으로 조사한 자료에 따르면 학부모들은 '교육적 애정이 풍부한 선생님'을 가장 바람직한 자질을 가진 교사로 인식하였다. 학력에 따라서는 대졸 이상의 학부모들이 '교육적 애정이 풍부한 선생님'을 바람직한 자질을 가진 교사로 인식한 반면, 중졸 학력의 학부모들은 '학습 지도력이 뛰어난 선생님'

혹은 '풍부한 경험을 갖춘 선생님'의 항목에 상대적으로 높은 반응을 보였다.

우리나라와 비교하여 다른 나라 사람들이 생각하는 이상적인 교사의 모습은 또 다른 양상을 보여 준다. 정태범(2003)의 연구에는 캐나다와 한국의 학생이 생각하는 이상적인 교사상이 제시되어 있다. 캐나다 학생은 교과목에 대한 지식을 갖추고 효율적으로 수업을 지도하는 교사를 이상적으로 생각하였고, 학생에 대한 관심은 그다음이었다. 그에 반해 우리나라 학생은 학생에게 깊은 관심과 사랑을 가진 교사, 교육자로서의 실력을 지닌 교사(교육자로서의 신념 등을 의미), 인생 자세를 지도하는 교사를 이상적인 교사로 인식하였다.

Arends(2004)는 19세기에는 아동을 사랑하고 윤리적·도덕적인 품성을 갖춘 교사가 이상적인 교사였다면, 21세기에는 훌륭한 교육력을 갖춘 교사가 이상적인 교사라고 주장하였다. 21세기의 효과적 교사(effective teacher)는 학생과 신뢰 있는 관계를 형성하며, 교수·학습에 대해 과학적인 지식을 가지고 있고, 가장 훌륭한 교육력을 발휘하기 위해 다양한 교수전략에 대한 풍부한 정보를 갖추고 있으며, 돌발적 상황에서 반성적 사고와 문제해결력으로 사안을 잘 처리할 수 있는 교사를 말한다.

Grant와 Gillette(2006)는 1950년대 이전에는 효과적 교사의 자질로 윤리성과 도덕성을 강조하였으나, 1960년대 와서는 교실관리 및 학생지도 능력을 중시하였고, 1970년대에는 교과 및 교육에 대한 지식을 교사의 중요한 자질로 간주하였음을 지적한다. 그러나 최근에는 인종, 성별, 국가, 계층, 특수 아동, 성 정체성 등과 관련하여 아동의 다문화적 요인을 세밀하게 고려할 수 있는 교사의 인성 및 인격적 자질을 주목하고 있다.

이러한 내용을 살펴보면 선진 외국의 경우 전문 직업인으로서 교육을 잘할 수 있는 교사를 이상적으로 생각하다가 최근 들어 아동을 공정하게 지도하는 인성적 요인을 강조하는 성향을 보인다고 하겠다. 우리나라에서는 일반적으로 사람됨의 도리를 깨우쳐 주는 스승으로서의 교사를 이상적인 교사로 보는 경향이 있으며, 교사의 인격적 특성에 더 많은 비중을 두고 있다(부록 2 참조).

2) 바람직한 교사의 특성

바람직한 교사의 특성은 구체적으로 교사에게 기대되는 특성을 의미한다. 이러한 특성은 교사의 인격적 특성과 전문적 특성을 모두 망라하고 있다. 김종철 등(1994)은 2000년대의 이상적인 교사의 특성으로 다음과 같은 사항을 열거한다. 첫째, 교사는 가르치는 교과에 대하여 넓고 깊은 지식을 지니고 실력이 있어야 하며, 또한 자기가 가르치는 교과를 좋아해야 한다. 둘째, 교사는 학생을 사랑하고 학생 개개인의 개성, 능력, 적성에 대하여 바르게 이해하고 있어야 한다. 셋째, 교사는 자기 스스로 품성과 자질, 능력 계발을 게을리 하지 말아야 한다. 또한 학습 지도 면에서나 품성 지도 면에서 본보기가 될 수 있도록 늘 솔선수범해야 한다. 넷째, 교사는 교직에 보람과 긍지를 가지고 또한 맡은 바 책임을 완수해야 한다. 다섯째, 교사는 교육 혁신과 문화 창달을 추진하고 실천하며 변화를 촉진해 나가는 자세를 취해야 한다. 여섯째, 교사는 세계화 추세에 걸맞은 넓은 시야와 안목을 가짐으로써 자라나는 세대를 이끌 수 있어야 한다.

강기수(2002)는 바람직한 교사의 특성을 다음과 같이 제시한다. 첫째, 교사는 아동을 선하고 무한한 발전 가능성이 있는 존재로 볼 수 있어야 한다. 둘째, 교사는 긍정적으로 사고하고 가르치는 일을 보람으로 여길 수 있어야 한다. 셋째, 교사는 인간을 좋아하고 사랑하는 사람이어야 한다. 넷째, 교사는 부단히 노력하고 솔선수범하는 사람이어야 한다. 다섯째, 교사는 원만한 인간관계의 소유자여야 한다. 여섯째, 교사는 해당 교과에 대하여 폭넓은 지식과 안목을 갖추어야 한다. 일곱째, 교사는 솔직하고 진실한 사람이어야 한다. 여덟째, 교사는 아동을 이해하고 공감해야 한다. 아홉째, 교사는 신체적·정신적으로 건강해야 한다.

이병진(2003)은 21세기의 바람직한 초등교사의 특성으로 첫째, 초등교사는 원숙한 인간성을 지녀야 함을 강조한다. 원숙한 인간적 자질은 정상적이고 긍정적인 정서, 원만한 인간관계 형성, 안정된 성격, 여유 있는 자세, 한국인으로서의 품성과 정서, 아동에 대한 사랑과 교직에 대한 사명감 등 투철한 교직 윤리 의식, 그리고 부단한 연구와 연수를 통해 교육적 정신을 높여 나가는 전문적 자세 등을 포괄한다. 둘째, 초등교사는 통합적 교육 지도자로서의 자질을 필요로 한다. 초등교사는 시대와 사회의 변화를 인식하고 통찰할 수 있어야 하며, 동료 교사와 상호 협력할 수 있어야 하고, 학교장, 학부모, 지역사회 관계자들과 협력하여 학교 운영 및 지역사회 교육활동에 참여하는 동업자로서 활동해야 하며, 학급에서 적절하게 문제를 해결하고 효과적으로 학급을 관리할 수 있어야 한다. 셋째, 초등교사는 현장 교육연구자로서 활동해야 한다. 초등교사는 초등교육을 보다 전문화하기 위하여 수업 및 학교생활에서 나오는 현장 자료를 채록·분석·구성·종합하는 교육연구자로서의 특성을 가져야 한다. 넷째, 초등교사는 아동 전문가로서 자질을 갖추어야 한다. 즉, 아동이 무엇을 좋아하는지, 아동에게 필요한 것이 무엇인지, 그것에 접근해 가는 방식 등에 대하여 전문적으로 탐색할 수 있는 안목이 필요하다. 이러한 특성은 중등교사와 초등교사를 가름할 수 있는 중요한 기준이다.

홍생표와 김진희(2004)는 교사의 자질로 교사가 가장 중요하게 생각하는 요인이 교육에 대한 사명감(47.2%)이었으며, 학생에 대한 헌신(39.7%)이 그다음으로 나타났다. 교수능력이나 교과 전문성 및 연구 개발, 그리고 도덕성과 윤리의식은 상대적으로 약하게 나타났다.

이처럼 바람직한 교사의 특성에 대하여 학자마다 다르게 주장하지만 공통적으로 강조되는 것은 아동에 대한 사랑, 가르치는 것을 좋아하는 성품, 교과에 대한 깊은 지식, 지속적으로 연구하는 자세, 학교 및 사회 구성원과 협력할 수 있는 태도 등으로 나타난다.

2. 교사의 자질

1) 교사의 인격적 특성

교사의 인격적 자질은 상당히 다양하게 표현되어 왔다. 끝없이 나열되는 온갖 미사여구는 오히려 교사에게 꼭 필요한 인성과 태도가 무엇인지를 인식하기 어렵게 만든다. 교사의 인격적 특성을 보다 일목요연하게 이해하기 위해서는 교사의 자질에 대한 이해가 왜 필요한지를 생각해 볼 필요가 있다.

교사의 자질이 논의되어야 하는 이유는 교사가 주어진 업무를 잘 수행하도록 하기 위해서이다. 그리하여 학생을 잘 교육하고 지도해야 하기 때문이다. 교사의 직무는 수업지도, 생활지도, 학급경영, 학교 교육과정 편성 및 운영, 교무분장, 학교운영 관리, 학교행사 지도, 대외 관계, 연수 활동 등으로 나눌 수 있다. 수업지도 및 생활지도, 학교 교육과정 편성 및 운영 등은 교육자로서의 역할에 해당된다. 학급경영 및 교무분장, 학교운영 관리, 대외 관계 등은 경영자로서의 역할이다. 학교 행사지도는 교육과 경영을 모두 종합하여 학교 차원에서 수행하는 교사의 업무이다. 연수는 연구자로서 교사의 자질을 필요로 한다.

이처럼 교사에게는 교육자로서의 자질, 경영자로서의 자질, 연구자로서의 자질이 동시에 요구된다고 할 수 있다. 이와 관련된 구체적인 내용을 살펴보는 것은 교사의 자질을 보다 조직적으로 이해하기 위함이다. 그러나 교사의 자질에 대한 인위적인 분류는 사실상 학교의 일상에 적용되기 힘들다. 교육과 경영, 연구는 학교 현장의 모든 부분에 복잡하게 얽혀 있으며 교사는 직무를 수행할 때 교육자, 경영자, 연구자로서의 자질을 동시에 발휘해야 한다. 따라서 교사에게 복합적인 자질이 동시에 요구된다고 볼 수 있다.

(1) 교육자로서의 교사

교육자로서의 교사는 첫째, 무엇보다도 학생을 사랑하고 좋아하는 품성을 가지고 있어야 한다. 학생을 사랑하는 모습은 교육을 행하는 데 가장 본질적으로 요구되는 교사의 특성이다(Parkay & Standford, 2004)(부록 2 참조). 하지만 교사가 모든 학생들을 똑같이 사랑하기는 매우 어려운 일이다. 교사도 인간이므로 더 사랑스러운 학생이 있을 수 있고, 말썽을 부리거나 힘들게 하는 학생에게는 소원한 감정을 가질 수 있다.

보다 중요한 사실은 교사가 학생을 공정하게 대해야 한다는 것이다. 모든 학생은 여러 가지 특성을 가지고 교사 앞에 나타난다. 성별, 계층, 지역, 인종, 출신 국가, 외모, 지적 능력, 학업 성취, 성격, 심리적·신체적 특수 요구, 성 정체성 등에 있어 학생은 저마다 다른 특징을 가지고 있다. 교사가 이러한 차이를 그 학생만이 가지고 있는 특별함으로 인정하고 수용할 수 있을 때, 학생에 대한 인간적 존중과 더불어 공정함을 실천할 수 있다(Apple, 2005; Cooper, 2000).

학생은 교사의 선호, 편견, 혐오 등을 민감하게 지각한다. 이에 근거한 교사의 편애와 차별은 특별한 취급을 받는 학생과 불공정한 대접을 받는 학생 모두에게 정신적·신체적으로 깊은 상처를 남긴다. 편애를 받은 학생은 자신에게 주어진 특혜에 대해 양심의 가책을 느끼고 비굴해지거나 우쭐하여 친구들 위에 군림하려는 태도를 보일 수 있고, 차별을 받은 학생은 분노와 증오심을 키운다. 차별과 편애로 인해 교사와 학생의 상호 존중과 신뢰가 훼손되면 교육의 효과를 기대하기 어렵다(김은주, 1990; 김은주,

1991; 김은주, 1995; 김은주, 1996).

때로 학생의 특성은 역차별의 기준이 되기도 한다. 역차별은 소외받아 왔던 학생에게 교사의 배려와 관심이 집중됨으로써, 그동안 주로 교사의 사랑과 관심의 범주 안에 있었던 학생이 역으로 소외되는 현상을 말한다. 교사는 부족하고 소외되어 왔던 학생에 대해 개인적인 철학, 정의감, 교육적 소명 의식에 따라 특별한 교육적 애정을 가질수 있다. 이러한 교사의 태도와 행동은 어떤 측면에서는 칭송받아야 마땅한 일이다. 그러나 교사의 이러한 배려가 지나침으로써 또 다른 학생이 소외되고 고통을 당하게 되는 역차별 역시 교육적으로 바람직하다고 보기 어렵다(이경화, 2007).

> 교사도 물론 사람이기에 모든 아이들을 정말로 똑같이 사랑하고 관심을 가질 수는 없다. 그러나 노력할 수는 있다. 그 노력의 방향을 그동안 소외되었던 아이들에게로 돌리는 것은 좋다. 그런데 그 이면에 다시 소외받는 아이가 생기면 그것은 옳은 일이 아니다. 지금껏 늘 사랑과 관심을 받아 왔던 아이가 단지 그 이유로 선생님의 인정을 받지 못하는 상황이 되는 것, 그것은 역차별이다.
>
> 교사는 아이들을 있는 그대로 인정하고 격려해야 한다. 너는 많이 가졌으니까 조금만 양보하렴, 너는 적게 가졌으니 조금 더 받으렴, 이런 식으로 구분 짓고 선을 나누는 순간 다시 차별이 시작된다. 한 사람을 살리기 위해 한 사람이 죽어야 한다면 그것은 옳은 방법이 아니다. 우리는 둘 다 살려야 한다. 잘하는 아이를 더 잘하게 하고, 못하는 아이는 잘할 수 있게 해야 한다(춘천교육대학교 학생).

학생은 공부를 잘하나 못하나 학생이다. 또한 부유한 가정의 학생이나 가난한 가정의 학생이나 모두 교사의 사랑과 인정을 갈망하는 순수한 학생이다. 학생이 가지고 있는 조건에 따라 왜곡되고 편향된 시각으로 그들을 대할 것이 아니라, 교사는 학생 자체의 특성을 있는 그대로 존중하고 사랑하는 마음으로 대할 필요가 있다.

둘째, 교사는 가르치는 것을 좋아해야 한다. 한마디로 훈장 기질이 필요하다. 교사의 훈장 기질에는 인내심과 자제력이 포함된다. 학생이 교사의 가르침을 늘 재빠르게 받아들이는 것은 아니다. 이해하고 받아들이는 데 시간이 걸릴 수도 있고, 여러 번 반복해야 하는 경우도 빈번하다. 특히 어린 아동, 지적으로 결손이 있는 학생, 성격적으로 문제가 있는 학생의 경우는 교사의 더 많은 인내심을 요구한다. 교사가 인내심을 가지지 못한 다면 학생을 가르치는 것은 매우 어려운 일이 될 것이다(Parkay & Standford, 2004).

가르치는 일은 또한 자제력을 필요로 한다. 자신이 가르치는 대로 학생이 받아들이지 않는다고 해서 감정적으로 행동하거나 폭력을 사용할 수는 없다. 또한 자신의 사사로운 감정이나 기분을 교육활동에 개입시키는 것도 곤란하다. 교사도 평범한 한 인간이므로 감정적 기복이 있을 수 있다. 그러나 교사가 사사로운 감정 변화를 여과 없이 교육 현장에서 드러낸다면 학생은 불안해지고 교사를 신뢰할 수 없게 된다. 교사는 학생을 자신의 기분 풀이 대상으로 취급할 권리가 없다. 학생은 안정된 교사에게서 좋은 교육을 받을 권리를 가지고 학교에 온다. 교사는 자신의 감정을 제어하고 자신을 조정할 수 있는 힘이 있어야 교육적 역량을 제대로 발휘할 수 있다. Cooper(2000)는 이를 위해 교사가 스스로에 대해 잘 알고 있을 필요가 있음을 주장한다. 자신의 욕구와 분노 및 불안의 원인, 그리고 자신의 행위와 반응 패턴을 알고 있을 때 교사는 자신의 감정을 훨씬 잘 통제할 수 있다. 수업의 참여 관찰을 통해 자신의 기록과 다른 사람의 기록을 비교해 보는 것은 교사의 습관적 사고와 지각의 주관성을 깨달을 수 있게 한다. 이로써 교사는 스스로를 더 잘 알 수 있다.

셋째, 교사가 학생을 잘 교육하기 위해서는 계획성이 필요하다. 교사는 학습과 활동의 진행 상황뿐 아니라 그에 수반되고 필요한 교재와 교구를 사전에 철저하게 준비해야 한다. 교사의 치밀한 계획과 준비는 교육하는 과정에서 정신적·심리적으로 여유를 주고 융통성을 발휘할 여지를 주며, 학생을 가르치는 데 열정을 집중하고 전력투구할 수 있게 한다. 제대로 계획되어 있지 않을 경우 교사는 수업을 진행하는 과정에 대해 불안해하고, 이어서 수행되어야 할 과제를 구상하느라 바쁘며, 필요한 자료와 교구를 준비하는 데 시간을 보내게 된다. 수업의 진행과정 및 절차에 대한 준비 부족은 수업에 집중해야 할 시간을 허비하게 만든다. 교사가 늘 허둥지둥하고 진행과정에서 실수와 착오를 반복하면 수업의 흐름이 끊어지며 교실 분위기도 어수선해지고 교실관리도 어려워진다. 교사의 시행착오를 지켜보면서 학생의 태도와 행동이 영향을 받아 학생도 학교생활을 하면서 일상적으로 실수를 하고 방심하게 된다.

(2) 경영자로서의 교사

초등학교 교사는 한 학급을 담당하면서 학급경영자로서 기능하며, 또한 학교에서는 각종 업무를 처리하고 회의에 참여하며 대외 관계를 주도하는 학교경영자로서 기능하게 된다. 따라서 교사가 되려면 훌륭한 경영자로서의 자질도 필요하다.

이를 위하여 교사는 첫째, 카리스마를 가진 지도자임을 잊지 말아야 한다. 경영은 지도자로서 교사가 지도력을 제대로 발휘할 때 잘 이루어진다. 지도력이 없으면 학생을 지도하는 것이 아니라 학생에게 끌려가게 됨으로써 교육력을 제대로 발휘할 수 없다. 지도력이 있기 위해서는 학생을 조리 있게 설득하고 합리적으로 조정할 수 있는 능력을 갖춰야 한다.

둘째, 경영자로서 교사는 민주적이어야 한다. '민주(民主)'란 말 그대로 '백성이 주인'이라는 뜻이다. 학급 및 학교의 주인은 곧 학생이다. 따라서 교사는 경영에 임하여 강압적이고 명령을 일삼기보다 늘 학생의 의사를 존중하고 따라야 한다.

셋째, 경영자로서의 교사는 무엇보다도 늘 긍정적인 방향을 제시하고 매사를 긍정적으로 처리해야 한다. 특히 불안한 상황이나 좌절감이 큰일에 부딪혔을 때 지도자가 비관적이거나 부정적인 시각을 가지고 일을 처리하면 구성원 모두가 방향을 잃고 불안해하며 불만이 높아지게 된다. 불안한 상황이 발생하면 교사는 상황에 대한 객관적인 인식과 함께 학생으로 하여금 사태를 정확하게 파악하도록 해야 한다. 그다음 상황의 어려움을 극복할 수 있는 대안을 제시하거나 상황을 다르게 볼 수 있는 보다 긍정적인 방향을 제시함으로써 학생이 용기와 희망을 가지고 건설적으로 행동할 수 있도록 유도할 필요가 있다. 학생이 무서움이나 실망스러움에 직면할 때 즐거운 것에 초점을 맞추게 함으로써 스트레스원으로부터 멀어지게 하거나 학생의 주의를 돌리게 하고 스트레스 원인을 만족스러운 방식으로 재해석하게 하는 인지적 전략을 활용하는 것은 학급을 원활하게 경영하기 위해 교사가 갖추어야 할 중요한 경영 전략이기도 하다(Shaffer, 2005). 지도자로서 교사가 긍정적인 방향을 제시하려면 교사 스스로 자신을 긍정적으로 인식하는 자아정체감을 가져야 하며, 또한 매사에 긍정적이고 적극적이어야 한다.

넷째, 경영자로서의 교사는 사회성이 원만해야 한다. 교직이라는 직업 자체는 사회의 다른 어떤 직종보다 더 철저한 사회 관계를 바탕으로 한다. 교사는 학생과 사랑과 존경의 관계를 맺어야 하지만 동료 교사 및 학교 행정가와도 협조와 상호 존중의 관계를 가질 필요가 있다. 학교 구성원 사이의 지나친 경쟁, 불화나 반목, 갈등은 근무 의욕을 떨어뜨린다. 동료 교사 및 학교 행정가와의 협조는 여러 가지 정보를 공유하고 도움을 주고받아 교육을 원활히 수행하게 하며, 학교의 다양한 업무를 효율적으로 추진하게 한다. 교사는 학부모와도 원만한 관계를 맺어야 한다. 교육하고 학급과 학교를 경영함에 있어 그 효과를 극대화하기 위해서는 학부모의 협조와 지원이 필수적이다. 교사가 지나치게 권위주의적인 태도를 취하면 학부모로부터 신뢰와 존경을 얻을 수 없고 상호 협조의 관계를 유지하기 곤란하다. 따라서 교사 자신이 원만한 인품의 소유자로서 학부모와 긴밀한 유대 관계를 맺어야 한다(Cooper, 2000).

(3) 연구자로서의 교사

연구자로서의 교사는 첫째, 창의성이 있어야 한다. 교사는 늘 교육 상황을 정교하게 분석하고 성찰하며, 발전할 방향을 모색하기 위해 다양한 문제의식을 가지고 있어야 한다. 또한 진단된 문제를 해결하는 데도 능숙하게 다양한 대안을 검토해야 하며, 융통성이 있으면서도 경우에 따라 획기적으로 새로운 방안을 검토함으로써 상황을 발전시켜 나갈 필요가 있다. 이 모든 과정은 정교성, 유창성, 융통성, 독창성에 기초한 창의적인 사고를 요구한다.

현장의 교사나 학교의 책임자인 교장 선생님은 자신의 학급 혹은 학교에 문제가 있다고 이야기하기를 매우 꺼려한다. 학급 혹은 학교에 문제가 있다고 인정하면 이 사실은 결국 교사나 교장 자신이 교육 및 경영에 소홀했음을 드러내는 것이라고 생각하기 때문이다. 하지만 문제가 없다고 주장하는 교실 혹은 학교야말로 정말로 문제가 많은 곳이다. 문제가 없는 곳은 없다. 설령 가시적인 사고 없이 모든 교육 상황이 잘 이루어진다고 해도 교사는 늘 개선할 점이 없는지를 연구할 필요가 있다. 현 상황에 안주하지 않고 보다 높은 고지를 향해 도약하려는 창의적인 교사의 눈에는 항상 문제가 보인다.

둘째, 연구자로서의 교사에게는 논리성이 필요하다. 교육과 학급 및 학교 운영에 참여하면서 문제 상황을 진단하고, 문제를 발굴하며, 문제에 대한 해결책을 강구함에 있어 원인, 과정, 결과의 인과성을 차분하게 논리적으로 분석해 나갈 힘이 필요하다.

초등학교의 경우 대단히 분산적이고 복합적인 교육목적을 지향하고 있다. 또한 교육이나 학급 및 학교 운영에 접목할 수 있는 가치 있는 전략이 넘쳐 나고 있다. 이러한 상황에 떠밀리면 교사는 포괄적이고 광범위한 가치에 매몰될 가능성이 있다. 다양성을 지향할 수는 있으나 교육 및 운영 상황에서 깊이가 없고, 체계적이거나 논리적이지 못하며, 분산적이고, 표피적인 성향을 드러낼 수 있다. 따라서 연구자로서의 교사에게는 교육, 학급 및 학교 운영 상황을 깊이 있게 통찰하고, 그 과정을 논리적으로 풀어내며, 심층적으로 문제 해결 전략을 강구해 낼 것이 요구된다.

2) 교사의 전문적 특성

(1) 전문적 지식

교사에게는 인격적 특성 이외에도 전문적 특성에 해당되는 자질이 필요하다. 교사로서 자신의 교육 역량을 제대로 잘 발휘하려면 여러 가지 전문적 지식과 기술을 가지고 있어야 한다. 곽병선(2001)은 Grossman의 주장을 바탕으로 교사에게 필요한 전문적 지식을 제시하고 있다. Grossman은 교사가 수업을 잘 수행하기 위해 갖추어야 할 전문적 지식을 세 영역으로 제시하였다. 일반 교육학 지식과 교과 지식, 교수 내용 지식, 수업의 배경을 이루는 주변 상황에 대한 지식이 그것이다. 일반 교육학 지식과 교과 지식, 교수 내용 지식이 교육자, 연구자로서 교사에게 필요한 지식이라면 주변 상황에 대한 지식은 경영자로서 교사에게 보다 필요한 지식이다.

첫째, 일반 교육학 지식에는 학습자와 학습에 관한 지식, 학급 경영에 관한 지식, 교육과정 및 수업에 관한 지식, 교육철학과 교육사회학에 관한 지식 등이 포함된다. 그리고 교과 지식은 교과 내용에 관한 지식, 교과 영역의 핵심 구조에 관한 지식, 교과의 문장 구조에 관한 지식으로 나누어지는데, 교과 내용에 관한 지식은 교과 영역에서 다루는 지식 체계, 개념과 개념들 간의 관계에 관한 지식이다. 핵심 구조에 관한 지식은 교과 영역에서 탐구 문제를 제기하는 형식이나 지식을 조직하는 방법에 관한 지식이다. 또한 문장 구조에 관한 지식이란 교과 영역 안에서 지식임을 입증하는 증거를 이해하고 증명하는 지식을 말한다.

둘째, 교수 내용 지식은 교사가 일반 교육학 지식과 교과 지식을 사용하여 수업을 전개할 때 교과의 특수성을 반영하여 교과 지식을 학생이 쉽게 이해할 수 있도록 교과를 구성하고 제시하는 방법에 관한 지식이다. 즉, 교과의 특정 내용을 학습할 때 무엇이 쉽고 어려운지에 대해 알고 있는 지식이다. 교사가 가장 자주 다루는 교과 주제, 아이디어의 제시 방식, 유추, 삽화, 보기, 설명, 시범 등은 교수 내용 지식과 관련되는 것들이다. 교수 내용 지식은 학년 수준에 따른 교과 교육에 대한 목적, 신념, 학생의 이해 수준에 대한 사전 지식, 교육과정에 관한 지식으로 수업에 동원할 수 있는 교육 자료가 무엇인지, 학생의 능력에 따라 적합한 자료가 무엇인지, 직전 학년이나 학교에서는 무엇을 배웠는지, 교과 간의 관계가 무엇인지 등에 관해 알고 있는 지식, 특정 내용을 가르치는 데 유용한 수업 전략이나 제시 방법이 무엇인지를 알고 있는 지식, 그리고 하나의 주제를 효과적으로 가르칠 수 있는 방법에 관한 지식으로 구성된다.

셋째, 상황 지식은 수업을 보다 의미 있게 전개해 나가기 위해 학교가 속한 학군, 지역사회의 요구와 기대, 한계, 학교 문화, 학부모의 사회·경제적 배경, 장점과 약점 등에 관하여 알아야 할 지식이다(곽병선, 2001).

(2) 전문적 기술

교사에게는 전문지식뿐 아니라 전문 기술도 요구된다. Grant와 Gillette(2006)는 교사에게 필요한 기술로 교수 기술, 공학적인 기술, 교실관리 기술, 상호작용하고 조정할 수 있는 기술, 성찰할 수 있는 기술을 제시한다. 교사에게 필요한 기술을 교육자, 경영자, 연구자의 관점에서 볼 때 교육자로서 교사에게는 교수 기술, 공학적인 기술, 그리고 교실관리 기술이 필요하다. 첫째, 교수 기술은 성공적으로 수업을 잘 진행시켜 나갈 수 있는 기술이다. 교수 기술은 교과 내용에 대한 지식뿐 아니라 학생의 특성, 지역사회의 특성 등에 대한 많은 지식을 기반으로 한다. 이는 장기적인 교육 계획을 세우고 이러한 지식을 분절시켜 매일의 일상 속에서 실현 가능한 수업으로 전환시킬 수 있는 조직성과 치밀성을 요구한다. 어떠한 활동을 할 것인지, 그 활동에 어떠한 자료가 필요한지 등 하루의 일과에 대한 명확한 조직도를 교사가 미리 머릿속으로 그려 보면 수업이 물 흐르듯이 매끄럽게 진행될 수 있다. 교수 기술은 또한 학생을 수업으로 이끌 수 있는 동기유발적 전략을 바탕으로 한다(유한구, 2001).

둘째, 교사에게는 공학적인 기술이 필요하다. 현대 사회는 눈부시게 발달한 기술 공학을 특징으로 하며, 교실도 이러한 시대의 발전을 반영하여 다양한 기자재를 갖추고 있다. 학생도 대부분 기술 공학적 도구가 생활화된 환경 속에 살고 있으므로 이들의 흥미를 유발하기 위해 기술 공학적인 접근은 매우 적절하다고 할 수 있다. 따라서 교사는 다양한 기자재를 능숙하게 사용할 수 있는 능력을 갖추어야 한다.

셋째, 교실관리 기술은 교사가 수업을 비롯하여 하루 일상을 매끄럽게 잘 진행시켜 나갈 수 있는 기술이다. 수업시간 중 학습을 잘하도록 학생을 독려하는 행동이나 수업 이외의 시간 중 학생의 일상적 생활습관 및 태도에 대해 지도하는 것은 모두 하루 일상을 교사의 목적대로 진행시켜 나가기 위한 교실관리 기술에 해당된다. 교실관리는 학생의 태도 및 행동 변화에 관련되므로 교실관리는 경영자로서 교사에게 필요한 기술이기도 하지만 근본적으로는 교육자로서 교사가 갖추어야 할 기술이다. 아무리 전문지식을 잘 갖추었다고 할지라도 학생들을 관리하는 데 실패하면 교육을 수행할 수 없다. 교실관리 기술은 교사의 철학, 교육관, 아동관에 따라 달라질 수 있다. 교실 안에서 직면하는 여러 유형의 문제를 잘 관리하기 위해서는 교실관리의 다각적인 시각을 적용시킬 필요가 있다.

교사가 경영자로 기능할 때는 상호작용과 조정의 기술이 필요하다. 교육활동은 인간관계를 전제로 한 활동이다. 학생과 교사의 관계는 교육에서 절대적인 요소이다. 뿐만 아니라 교사와 학부모의 관계 역시 교육에서 매우 중요하다. 교사와 학부모는 학생을 가장 잘 이해하는 사람들이며, 학생의 교육을 함께 의논할 수 있는 가장 많은 정보를 가진 사람들이고, 학생의 교육을 위해 함께 협력해야 할 사람들이다. 그럼에도 불구하고 교사는 학생 및 학부모와 의사소통을 잘하지 못한다. 교육과 관련된 많은 문제는 부적절한 상호작용 및 의사소통의 부재로 인해 발생된다고 해도 과언이 아니다. 따라서 교사는 대인관계에 관련된 여러 가지 상호작용 기술을 갖출 필요가 있다. 상담과 관련된 여러 가지 기술, 즉 적극적으로 경청하기, 명료화하기, 요약하기, 공감하기, 따뜻하게 직면하기, 긍정적으로 피드백하기, 지금-여기에서 반응하기 등은 학생 및 학부모와의 갈등과 문제 해결에 도움을 줄 수 있다(Yalom, 2005).

교사가 연구자로서 역할을 수행할 때 필요한 기술은 성찰기술이다. 성찰할 수 있는 기술은 교육을 보다 바람직한 방향으로 개선하기 위해 현재 일어나고 있는 문제를 진단하고 그 문제를 해결하기 위한 방안을 강구할 수 있는 기술을 말한다. 성찰적 실천가로서의 기술은 문제 규명하기, 문제에 해당되는 전문 문헌자료 검토하기, 문제를 진단할 수 있는 증거자료를 질적·양적으로 수집하기, 현재의 문제를 개선하기 위해 해결 방안 개발하기, 개발된 문제 해결 방안을 실천에 옮기고 그 결과를 평가하기와 같은 기술들이다. 일련의 모든 과정은 느낀 점, 아이디어, 자신과 학생의 반응 등과 함께 기록된 후 교사 자신의 추후 교직활동과 연구활동을 위해 자료로 보관될 수 있다. 성찰할 수 있는 기술은 사회과학자의 연구 기술과 동일한 것으로 우수한 교사에게서 나타나는 전형적인 증거이기도 하다.

교사에게 필요한 다양한 기술을 교육자, 경영자, 연구자로 인위적 구분을 하였지만 사실 교사는 교실상황 속에서 다양한 역할을 동시에 수행하는 경우가 대부분이다. 따라서 교사에게 필요한 기술을 인위적으로 구분하여 행사하기보다 융합적으로 수행할 필요가 있다.

교사의 대화 기술 : 감정 조절 지도

감정을 조절하는 방법으로 Gottman에 의하여 개발된 감정코칭은 감정을 이해하고 감정에 건강한 방식으로 대처하는 법을 가르치기 위한 것이다. 감정코칭은 교사에게도 학생들과 대화할 때 어떻게 접근해야 하는지에 대한 충분한 시사점을 제공한다. Gottman은 학생의 문제 상황에 임하는 대응방식을 네 가지로 구분하였다. 축소 전환형(dismissing)은 학생이 느끼는 감정을 무시하거나 대수롭지 않게 생각하는 유형이다. 억압형(disapproving)은 학생이 느끼는 감정이 잘못된 것이므로 표현을 못하게 한다. 방임형(laissez faire)은 감정을 모두 받아 주지만 행동의 한계를 정해 주지 못함으로써 자기 조절력을 키워 주지 못하는 유형이다. 감정코칭형(emotion coaching)은 감정을 받아 주면서 동시에 조절하는 법을 가르쳐 주는 유형이다. 감정코칭은 다시 다섯 단계로 구성된다.

1단계는 '감정 인식하기'이다. 자신과 아이의 감정에 동조하는 단계이다. 행복, 슬픔, 분노와 같은 자신의 감정에 주의를 기울이며, 감정이 생활에서 자연스럽고 가치 있는 것임을 이해한다. 그리고 관찰하고, 주의 깊게 들으며, 아이가 다양한 감정을 표현하도록 학습시킨다. 특히 얼굴 표정, 몸짓언어, 자세, 음조 등에서의 변화를 주시한다.

2단계는 '감정적 순간을 아이와 연결될 기회로 삼기'이다. 아이의 감정에 주의를 기울이고, 이를 무시하거나 회피하지 않으며, 그 순간을 가르칠 수 있는 기회로 본다. 아이로 하여금 자신의 감정을 인식하고 이야기하도록 격려하며, 문제가 커지기 전에 지도에 들어간다.

3단계는 '주의 깊게 경청하면서 아이의 감정을 존중하기'이다. 아이의 감정을 진중하게 받아들이며 아이의 감정에 공감을 해 준다. 아이의 감정을 판단하거나 비판하지 않도록 한다.

4단계는 '아이가 자기감정을 표현하도록 돕기'이다. 아이의 취해야 할 감정을 말해 주기보다 아이가 경험하고 있는 감정을 그대로 인정한다. 감정을 표현하도록 하면 아동을 진정시키는 데 도움이 된다. 부모가 감정 표현하는 모델링을 시도한다. 아이가 다양한 어휘로 감정을 표현하도록 돕는다.

5단계는 '아이 스스로 문제를 해결하도록 하거나 함께 문제 해결책을 모색하기'이다. 문제가 있는 아동에게 이제는 무엇을 해야 하는지를 지도한다. 문제에 봉착했을 때 아동으로 하여금 감정을 표현하도록 돕고, 그 행동이 왜 부적절한지 설명하며, 그 행동에 명확하게 한계가 있음을 말해 준다. 그 다음 문제 해결책을 생각하도록 돕는다. 너무 많은 것을 너무 빨리 이루도록 기대하지 않는다. 아이가 상황을 설정하도록 돕고 제대로 실행하게 하며 격려해 준다. 그다음 가능한 한 즐겁게 장난감 놀이 같은 활동을 함께 한다(Gottman을 Kangas, 2005에서 재인용; 김은주, 2012).

3. 교사의 전문성

교직이 전문직이고, 전문직 종사자가 전문가이며, 전문가의 특성을 전문성이라고 한다면 교사는 전문가로서의 전문성을 교직 출발 순간부터 갖추어야 할 필요가 있다. 전문성은 전문가의 특성으로서 한 분야의 업무를 최고 수준에서 장기적이고 지속적으로 처리할 수 있는 능력을 말한다. Tan(1997)은 전문성이 장기간에 걸쳐 강도 높게 습득된, 특정 영역에 관한 광범위한 지식과 기술을 필요로 한다고 주장한다. 이러한 지식은 복잡하면서도 정교하게 구조화되어 기억된 지식이기도 하다. 전문성은 또한 풍부한 정보를 요구하며 오랫동안 이러한 정보를 내면화하고 있을 것을 요구한다. 전문성은 결정적인 작은 단서나 정보를 놓치지 않고 이를 예리하게 지각하고 이로 인해 상황을 예측할 수 있다. 문제가 발생할 경우 전문성을 가진 사람은 문제의 핵심과 본질에 대해 철저히 분석할 수 있으며, 신속하게 문제를 해결할 수 있다. 전문가는 이러한 행동을 거의 무의식적이면서도 자동적으로 한다. 전문성은 문제 해결에 실패했을 때 실패의 원인과 자신의 결점에 대해 정확하게 성찰하고 분석하는 탁월한 자아 관리 능력을 요구한다.

이를 교사의 전문성과 연관 지어 본다면, 교사는 교육에 대한 광범위한 지식과 기술,

그리고 교육에 관계된 풍부한 정보를 내면화하고 있을 뿐더러 이를 장기적으로 기억하고 있음으로써 전문성의 기반을 확립하게 된다. 이러한 교사의 지적 기반은 정교하게 잘 조직화되어 있어 교육활동 및 상황에서 신속하게 활용될 수 있다. 전문성을 갖춘 교사라면 교육에 관계된 작은 단서나 실마리를 놓치지 않고, 이를 근거로 교육에 관계된 미래 상황을 긍정적으로 혹은 부정적으로 예측할 수 있다. 교사의 전문성은 교육 문제가 발생할 경우 핵심 원인을 정확하게 진단하여 근원적으로 문제를 해결할 수 있게 한다. 전문성이 뛰어난 교사는 이러한 모든 활동을 거의 무의식적이고 자동적으로 행한다. 또한 전문성이 뛰어난 교사는 자신의 교육활동을 늘 성찰하여 개선하고 발전해 나가는 교사이다(김은주, 2009b).

Hoyle(1980)은 전문가로서 교사의 유형을 두 가지로 구분하였다. 제한된 전문가(restricted professional)와 확장된 전문가(extended professional)는 관심사에서 서로 상이한 경향을 보이며 이들의 관심사는 개발할 전문성 영역의 차이를 초래한다. 제한된 전문가로서의 교사는 관심이 교실에 국한되며 교수방법이나 교훈적 행위, 과목의 내용 등에 집중하는 경향을 보인다. 확장된 전문가로서의 교사는 교실에서의 교수 행위를 보다 거시적인 교육적 맥락에서 조명하며, 전문적인 협력과 공조에 관심을 두고, 사회구성원의 일원으로서 기능하는 것을 중시한다. 특히 전문적인 협력과 공조는 학교 조직에서의 활동을 원활하게 할 뿐만 아니라 교사의 직업 만족도와 동기 수준을 높여 준다.

김경옥(1998)은 교사의 전문성에 대한 연구 동향을 역사적으로 설명하고 있다. 1920년대의 교사 효과성 연구는 학생의 학업 성취를 높이고, 교사의 직무 만족도가 높으며, 장학관에게 가장 좋은 평가를 받을 수 있는 교사의 특성을 조사하는 방향으로 이루어졌다. 주로 이 연구들은 효과적인 교사의 일반적 능력, 인성, 태도, 사회적 계급 등을 찾는데 중점을 두었다. 그러나 이러한 연구는 통계적으로 유의미한 결과를 낳지 못했고 교사의 교수 행위를 제대로 관찰하지도 않았으며, 교사의 효과성을 검증하는 데 적절한 준거를 사용하지 못한 한계점을 지닌다.

1950년대부터 1970년대에 걸쳐 행동주의 패러다임의 영향으로 과정 산출 연구가 시도되었다. 이러한 연구는 교사의 특성을 전조 변인으로, 교실에서 관찰된 교사와 학생의 행동을 과정 변인으로 간주하고, 이 변인이 투입되어 그 결과 학업 성취, 교과목 관련 태도 면에서 어떠한 변화를 가져오는가를 연구하였다. 그러나 이러한 연구도 이론적 원리의 부재, 교사와 학생의 일방향적 인과관계, 인간 행동의 이면에 놓인 의도, 의사결정, 신념 등을 고려하지 못한 한계점을 지닌다.

1970년대 초반부터 행동주의 패러다임의 대안으로 인지주의 패러다임이 대두되었다. 인지주의적 접근은 교사의 행동만을 연구 대상으로 하지 않고 교사의 판단, 의사결정, 사고, 지식, 정의적 특성을 연구 대상으로 하였다. 인지주의 패러다임의 연구는 '교사의 의사결정이 교사의 행동을 결정짓는다'는 가정하에 의사결정에 영향을 주는 단서를 분석하는 데 초점을 두었다. 또한 교사의 지각, 귀인, 사고, 판단, 반성적 사고, 평가 등 다양한 교사의 사고를 연구하는 경향으로 확대되고, 교사의 행위 이면에 놓여 있는 지식과 신념을 탐구하는 경향으로 발전하였다. 어떠한 교사가 보다 유능한 교사인지를 찾고자 하는 이러한 연구 동향은 교사의 자질 계발과 연결됨과 동시에 교사의 전문성 향상을 위한 방향을 시사한다고 하겠다.

4. 교원능력개발평가

2010년 4월부터 교원의 전문성을 향상시켜 공교육에 대한 신뢰를 회복하기 위한 차원에서 교원능력개발평가가 전국적으로 전면 실시되었다. 평가 대상은 국·공·사립, 초·중·고 및 특수학교 재직 교원(보건·영양·사서·상담 등 비교과 교사 포함, 계약제 교원 포함)이다. 전입한 지 2개월 이하인 교사는 교원평가에서 제외된다.

교원능력개발평가는 동료 교원평가, 학생 수업 만족도 평가, 학부모 수업 만족도 평가로 이루어진다. 동료 교원평가에는 교장과 교감 둘 중 1인 이상, 수석교사와 부장교사 중 1인 이상, 동료 교사 포함하여 총 5인 이상의 교원이 참여한다. 평가문항은 10개 이상의 평가지표 중 12개 이상의 문항으로 구성된다(표 4-1 참조). 소규모학교의 경우에는 전 교원이 참여할 수 있다. 학생 수업 만족도 평가는 4학년 이상으로 직접 지도를 받은 학생 전체가 참여하되 초등학교 학생은 서술형 3문항 이상의 자기 성찰적 의견조사에 응하고, 그 이상의 학년은 5개 문항 이상의 교사 대상 만족도조사에 참여한다. 단 2개월 미만 재학 중인 학생은 제외된다. 학부모 교원 만족도 평가는 학부모로서 교장과

표 4-1 2013년 교원능력개발평가

구분			주요 내용		
목적			교원 전문성 신장을 통한 공교육 신뢰 제고		
평가 대상			국·공·사립, 초·중·고 및 특수학교 재직 교원		
평가 종류/ 평가 참여자		동료 교원평가	교장, 교감, 수석교사, 교사가 평가함(교장, 교감, 수석교사는 본인을 제외한 소속교원 전원으로부터 평가받음; 교사는 교장과 교감 중 1인 이상, 수석교사나 부장교사 중 1인 이상, 동료 교사를 포함한 5인 이상으로부터 평가받음)		
		학생 만족도 조사(초등 : 자기 성찰적 의견조사)	초4-고3 학년은 지도받은 담임교사, 수석교사, 교과(전담)교사, 비교과 교사를 평가함.		
		학부모 만족도 조사	초1-고3 학부모는 교장과 담임 외 1인 포함 3인을 의무평가, 교감, 수석교사, 교과(전담)교사, 비교과교사 중 선택평가		
평가시기			매년 1회 이상(평가 종료 시기 11월까지)		
평가시행 주체(주관)			단위학교장이 소속 수석교사, 교사에 대하여 실시		
			교육부장관, 교육감 위임 교육장이 교장·교감·순회·파견교사에 대하여 실시		
평가 영역 · 요소 · 지표	교사	학습지도	수업준비, 수업실행, 평가 및 활용 등 평가 요소		교수·학습전략수립 등 8개 지표
		생활지도	상담 및 정보제공, 문제행동 예방 및 지도, 생활습관 및 인성지도 ※ 비교과교사의 경우, 담당직무를 영역으로 '학생지원'을 평가요소로 함		심리상담 등 7개 지표
	수석 교사	교수·연구 활동지원	수업지원, 연수·연구 지원 ※ 학습지도 및 생활지도 영역은 일반교사의 요소와 지표와 동일		상시 수업공개 등 6개 지표
	교장 교감	학교경영	학교교육계획, 교내장학, 교원인사, 시설관리 및 예산운용 ※ 교감은 시설관리 및 예산운용 지표 제외		학교경영목표관리 등 8개 지표
평가문항			평가 종류별 평가문항 참여자별 의견 수렴 및 사전공개 동료교원평가는 10개 이상 평가지표 중심 12문항 이상 학생·학부모 만족도조사는 평가요소별 평가지표 중심 5문항 이상 (초등학생 자기 성찰적 의견조사는 서술형 3문항 이상) 담임교사와 교과(전담)교사의 평가문항 주요 구성 차별화 강화		
평가방법			5점 척도 체크리스트와 자유서술식 응답 병행 학부모 참여방식 선택권 보장(온라인평가시스템 및 종이설문지) 학생에 대한 사전 연수·홍보 의무적 실시(평가관리자가 직접 실행)		
결과 통보			교육감·학교장은 개별교원에게 평가 종류별 결과표, 개인별 합산표 통보, 열람 신청 시 원자료(평가 종류별 척도단위 결과 및 자유서술식 내용 포함) 열람		
결과 활용			시·도교육청의 평가결과 및 기초통계자료 제출, 평가결과에 따른 맞춤형 연수 운영계획 및 대상자 선정 및 연수 실시(학습연구년 특별연수, 평가지표별 맞춤형 자율연수, 능력향상연수), 종합보고서 등 제출 의무		
평가관리 기구			시·도교육(지원)청 및 학교에 교원능력개발평가관리위원회 설치(교원, 학부모, 외부전문가 등 5인 이상 11인 이내로 구성)		

출처 : 교원능력개발평가 실시에 관한 훈령(2016. 1. 1.)

담임교사 외 1명 합 3명 이상을 평가한다. 문항의 수는 5개 문항이며 교육정보시스템을 활용하여 평가한다. 다만 학부모는 종이 설문지를 활용할 수 있다. 역시 2개월 미만 재학 중인 자녀의 학부모는 평가자에서 제외된다. 평정 시기는 매 학년도마다 실시하며 11월 말까지 종료한다. 학교장은 평가 실시에 앞서 교원, 학생, 학부모를 대상으로 하여 평가운영 전반에 대한 연수, 교육, 홍보를 실시한다.

평정 영역은 교사의 경우 학습지도 및 생활지도이며 평정 방법은 절대평가로서 5단계 평정식 평가와 자유 반응식 평가를 병행한다. 동료 교원평가, 학생 수업 만족도 평가, 학부모 수업 만족도 평가 결과와 개인별 합산표를 개별적으로 통보한다. 결과에 이의가 있을 때, 교사는 결과를 통보받은 지 1주일 이내에 평가 원자료의 공개를 요구할 수 있다. 평가 결과 우수교사는 학습연구년 특별연수를 받을 수 있으며, 일반교사는 평가지표별 맞춤형 자율연수를, 지원 필요 교사들은 능력향상연수에 대한 지원을 받는다 (표4-2 참조).

교원능력개발평가는 평가의 주체를 다양화함으로써 공정성 문제를 어느 정도 해결했다고 볼 수 있다. 교원은 각자의 지위와 입장에 따라 다양한 관점에서 평가하고 평가받을 수 있으므로 평가의 편파성이나 주관성으로 인한 문제가 축소되었다.

하지만 평가자가 모두 평가에 대해 전문성을 가지고 있는 것은 아니므로 평가에 대한 신뢰성이 문제가 된다. 물론 사전 연수를 받는다 해도 학부모의 평가는 일회적으로 공개수업을 참관하거나 간접적인 정보에 의존할 수밖에 없으므로 공정하게 평가한다고

표4-2 교사의 교원능력개발평가 평가영역 · 요소 · 지표

평가 영역	평가 요소	평가(조사) 지표	
학습지도 (3요소, 8개 지표)	수업 준비	• 교과내용 분석	• 수업계획 수립
	수업 실행	• 학습환경 조성 • 교사 · 학생 상호작용	• 교사 발문 • 학습자료 및 매체 활용
	평가 및 활용	• 평가내용 및 방법	• 평가결과의 활용
생활지도 (3요소, 7개 지표)	상담 및정보 제공	• 개별학생 특성 파악 • 진로 · 진학 지도	• 심리상담
	문제행동예방 및 지도	• 학교생활적응 지도	• 건강 · 안전지도
	생활습관 인성지도	• 기본생활습관 지도	• 인성지도

보기 어려운 점이 있다. 더구나 학부모가 특수교사, 보건교사, 양호교사 등에 대해 잘 알지 못하는 상황에서 만족도를 평가하기란 사실상 어려운 일이기도 하다. 학생의 경우에는 교육의 본질과 무관한 단순한 흥미, 교사의 인기, 개인적인 감정 등에 영합하여 주관적으로 평가할 가능성이 있다. 동료 교사의 평가도 어려움이 있다. 초등교사는 주로 교실에서 독자적으로 교육에 종사하고 동료 교사와의 교류는 주로 동학년 위주로 이루어지므로 다른 학년의 교사에 대해 세밀하게 정보를 가지지 못한다. 학교의 규모가 클 경우에는 이러한 문제점이 더 커진다. 이러한 상황에서 동료평가를 하게 되면 단순히 평소에 보아온 이미지 위주로 평가할 가능성이 커진다(김태수, 신상명, 2011).

이경호(2010)는 교원능력개발평가가 법적 근거 없이 전국 시 · 도 교육청의 교육 규칙에 의해 시행되고 있으므로 향후 법적 위상을 정립함으로써 교원의 전문성 신장에 실질적으로 기여할 수 있는 행 · 재정적 지원 체계를 구축할 필요가 있음을 지적했다. 이 부분은 2011년 교원 등의 연수에 관한 규정에 제4장 교원능력개발평가가 제시되고 법적 근거가 만들어짐으로써 해결되었다. 또한 평가 기준이 학년별, 수준별, 환경적, 지역적, 학교 급별 특성을 고려하지 않고 일률적이며 교육적으로나 교사 개별적인 특수성을 고려하지 못했다는 점도 지적된다. 예를 들어 초등학교 전담교사의 경우에는 전담한 과목에 관련된 내용을 평가할 수 있는 항목이 제시되어야 하나 그러하지 못하며, 학급을 담임하지 않은 교사에게도 학급 담임과 동일한 기준으로 생활지도 등을 평가하므로 이에 따른 교사의 불만이 제기되는 상황이다(김태수, 신상명, 2011). 따라서 평가 기준은 교육과정의 본질에 초점을 두되 상황적 특수성을 고려할 수 있는 여지를 둘 필요가 있다. 또한 평가 기준이 교사보다는 교육에 초점을 두고 구성될 필요도 있다.

이러한 문제점에도 불구하고 학생과 학부모의 평가는 교수에 대한 교육수요자의 직접적인 반응으로서, 교사로 하여금 자신을 성찰하고 반성할 수 있는 기회를 제공하여 교수 개선을 위한 적절한 자료로 인정되고 있다.

교실관리 05

1. 교실관리의 개념과 필요

초등교사의 하루 일상은 매우 다양하고 복잡하다. 학습지도와 더불어 생활지도, 학급경영 업무, 각종 학교 업무 처리, 학부모 상담, 지역사회 행사 참여 등으로 정말 정신없이 하루가 지나간다. 더구나 다수의 어린 학생과 함께 생활하는 것은 교사에게 더 많은 인내와 관심과 보살핌을 요구하므로 업무가 과중하다.

교사의 다양한 하루 업무 중 가장 중요한 것은 학생에 대한 교육이다. 교육은 학습지도와 생활지도, 창의적 체험활동 등을 통해서 이루어진다. 또한 교사가 학급을 운영하고 학교운영에 참여하는 과정에서도 학생의 교육이 직·간접적으로 이루어진다. 학교에서의 모든 활동 그리고 교사의 모든 업무는 궁극적으로 학생의 교육과 연계된다. 교육을 제외하고 교사의 업무와 역할을 논할 수 없다. 교육을 잘하고 못하고는 교직 생애의 성패를 좌우할 만큼 중요한 일이다.

교사가 교육을 잘하기 위해서는 교사 나름대로의 자질 계발과 끊임없는 연구가 요구된다. 예를 들어 학습지도를 위해서는 사전에 학습내용을 충실히 연구하고, 수업 자료를 다양하게 준비하며, 흥미로운 교육방법을 연구하는 등 교사 스스로의 노력이 전제되어야 한다. 생활지도를 위해서도 학생의 심리를 이해하고, 학생과 적절하게 의사소통하는 법을 익히며, 문제가 발생하였을 때 상담 심리적인 기법을 발휘하는 등 교사 나름대로의 준비가 필요하다. 하지만 교사 스스로 아무리 노력해도 학생이 교사의 지도와 가르침을 수용할 준비가 되어 있지 않으면 교육효과가 나타나지 않는다. 교육효과가 제대로 나타나기 위해서는 교사의 노력도 중요하지만 무엇보다도 학생의 호응이 뒤따라야 한다.

학생이 교사의 교육 지도에 호응하도록 통솔하고 관리하는 방법, 즉 학생을 통솔하여 수업 및 하루의 일과가 물 흐르듯이 매끄럽게 잘 진행되도록 만드는 교사의 능력과 활동을 교실관리(classroom management)라고 한다(Grant & Gillette, 2006). 교실관리가 이루어지지 않으면 교사는 교육을 수행하기가 아주 어렵다. 특히 학생은 자발적으로 학교에 오는 것이 아니므로 학교의 교육활동에 대해 처음부터 내재적인 동기를 가지고 있는 것이 아니다. 이러한 학생을 학교 및 교실의 각종 교육활동에 적극적으로 참여시키고, 교사의 지도를 수용하도록 동기화시키는 것은 여간 어려운 일이 아니다. 따라서 교실관리의 중요성은 그만큼 크고 힘들다고 할 수 있다. 아래의 예는 교사가 교육을 제대로 진행하기 위해 교실관리가 얼마나 중요하고 어려운지를 보여 준다.

단지 이론적으로만 학생을 인간으로 존경하는 것이 가능합니다. 만약 하루 동안만이라도 초등학교에서 시간을 보낸다면 당신은 도덕적 교훈과 설득을 통해 학생을 교육하는 것이 얼마나 쓸데없는 일인가를 알 수 있을 것입니다. 그들은 마치 동물과도 같습니다. 당신은 인간에 대한 매우 기계적인 이해를 가질 수밖에 없게 될 것입니다(4학년 조 선생님)(김영천, 2002).

자유, 창의성, 합리성 등의 교육 목표가 아니라 우선 교실의 학생들을 조용히 시키는 것이 가장 급선무였다. 학생들은 발표자가 되기 위하여 계속 소리를 질렀고 일부 학생들은 나에게 관심조차 없었다. 몇몇 학생들은 내 허락도 없이 말을 하기 시작했다. 첫 번째 할 일은 학생들이 마음대로 입을 열지 못하게 막아서 반을 조용하게 만드는 것이었다. 내 목소리는 점점 더 커지게 되었고 계속적으로 '바른 자세'라는 말을 되풀이했다. 수업을 진행해 나가는 것(학생들에게 의견과 대답을 요청하는 것)과 교실의 질서를 유지하는 것의 두 가지 목표를 유연하게 달성하기는 무척 힘이 들었고 마침내 막대기로 교탁을 쳤다. 나는 "떠드는 학생은 발표시키지 않을 거예요.", "시끄러운 학생은 교실 밖으로 내쫓을 것이다."와 같은 위협적인 말들을 사용했다(김영천, 2002).

교실관리가 교육의 실제적인 진행을 위해 결정적이고 중요함에도 불구하고 많은 교사들은 교실관리에 대한 풍부한 정보를 가지고 있지 못하다. 특히 초임교사는 학생을 잘 관리하지 못함으로써 수업을 진행하는 데 곤란을 겪는 경우가 빈번하다(Jong, 2005; Tartwijk et al., 2009). 한 초임교사는 첫 과학 수업을 하기 위해 직전교육에서 배운 대로 구조적으로 수업을 잘 계획하였다. 체계적으로 노트 정리를 하였고, 주의 깊게 과학 실험에 대해 설명했으며, 학생에게는 실험 내용을 기록하도록 요구하였다. 이러한 과정을 통해 학생은 과학의 구조를 학습하도록 기대되었다. 하지만 학생은 교사의 수업에 흥미를 보이지 않았다. 교사는 질서를 유지하고, 학생을 관리하며, 숙제를 해 오지 않은 학생을 야단치느라 시간을 모두 보내 버렸다. 교실관리의 문제는 초임교사가 직면하는 가장 근본적인 문제였지만 이에 대해 준비되지 않은 초임교사는 몹시 절망하였다(Anderson, 1997).

Nuthall(2004)은 교사가 현장에서 알기를 원하는 지식은 학생의 행동과 동기에 관한 것, 교육활동과 자료를 관리하는 일, 주어진 시간 안에 활동을 마치는 일에 관한 것이라고 하였다. Rushton(2004)의 연구에서도 교육현장에서 가장 어려운 문제는 학생의 행동을 통제하고 교실을 관리하는 일이라는 한 실습교사의 고백이 제시된다. 그리고 대학의 교사교육 프로그램에서는 이론과 기민한 아이디어만 얻을 수 있었지 이러한 내용을 가르치지 않았음을 지적한다. Black과 Halliwell(2000)의 연구에서도 통제되지 않는 한 아동으로 인해 고통받는 교사의 이야기가 제시되며, 교사에게 가장 필요한 것은 교육과정에 관한 지식이 아니라 학생, 부모, 동료 교사 등 사람들과의 관계에 대한 지식임이 강조된다. Mitchell, Reill, Logue(2009)도 초임교사가 직면하는 가장 어려운 문제는 학급관리, 학생의 다양한 개인차, 학생의 학습동기 유발, 학생의 행동 통제, 학부모 관리임을 제시한다. 이들 연구에서 한결같이 지적되는 어려운 문제는 교실에서 학생을 잘 지도하여 교육과 학습에 임할 수 있도록 만드는 일이다. 바로 교실관리에 대한 부분이다.

교실관리는 학습지도를 위해서 반드시 전제되어야 한다. 그러나 교실관리를 잘한다고 하여 수업이 이루어지는 것은 아니므로 교실관리는 학습지도를 위해서는 필요조건이다. 그러나 교실관리는 교사의 지도에 대한 학생의 태도 및 행동과 직결되므로 생활지도를 위해서는 충분조건이 된다. 근래 우리 사회의 초·중·고등학교에서 문제가 되었던 교실붕괴, 수업붕괴 등의 현상 역시 교사의 교실관리에 대한 지식과 정보의 부족 때문일 수도 있다.

2. 교실관리의 유형

교사의 교실관리 능력은 저마다 다르다. 어떤 교실에서는 교사가 학생의 교육에 매진하며 학생이 모두 학습에 열중하는가 하면, 소란스럽고 무질서하며 교육과 학습이 제대로 이루어지지 않는 교실도 있다. 교실관리 능력은 곧 교육의 성패를 좌우한다. 전문성이 높은 교사는 그렇지 않은 교사보다 학급을 유연하게 더 잘 진행시키는, 교실관리 능력이 우수한 교사라고 할 수 있다.

교실관리 능력은 교사마다 다를 뿐만 아니라 교실관리 양상도 교사에 따라 다르다. 학급을 자유롭게 운영하면서도 추구하는 교육목적을 충실히 달성하는 교사가 있는가 하면, 학급을 엄격하게 운영함으로써 소기의 목적을 달성하는 교사도 있다(Grant & Gillette, 2006). 교실관리 측면에서 보면 두 교사 모두 성공적으로 교실을 관리하고 있는 것이다. 이처럼 교사의 아동관, 교육관, 교육철학, 개별적인 성향, 교수 방식, 학생의 특성 등에 따라 교실을 관리하는 모습이 저마다 다르다.

교실관리의 양상을 다양하게 만드는 또 다른 요인은 시대와 사회의 변화에 따른 요구와 강조점의 변화이다. 1960년대, 1970년대, 1980년대에 걸쳐 교실관리는 훈육(classroom management as discipline)의 차원에서 조명되어 왔다. 1970년대 후반부터는 교실관리를 하나의 체계(classroom management as a system)로서 접근하려는 움직임이 있어 왔다. 또한 1990년대에는 교실관리를 교수 차원(classroom management as instruction)에서 이해하고자 하였다. 많은 연구자들은 이러한 흐름에 부응하여 갖가지 교실관리 전략을 제시하고 있다.

1) 훈육으로서의 교실 관리

1960년대의 교실관리는 훈육의 차원에서 조명되었다. 훈육으로서의 교실관리는 교실을 질서 있고 안전하게 만드는 일에 초점을 둔다. 훈육은 학교에서 질서를 유지하기 위해 규칙을 설정할 것과, 이에 기반하여 학생이 규칙을 준수하는 방향으로 행동하도록 돕는 활동으로 이해된다. 따라서 규칙을 준수하지 않는 잘못된 행동은 훈육의 대상이 된다. 교실관리의 가장 중요한 초점은 잘못된 행동을 예방하고, 이미 발생한 잘못된 행동을 훈육하는 데 둔다. 훈육은 주로 학생 개인을 대상으로 이루어지며 일벌백계의 효과가 있다 가정된다.

훈육으로서의 교실관리는 가장 단순하고 적용하기가 수월하므로 오늘날까지 많은 교사들은 이 방법에 의존하는 경향이 있다. 훈육으로서의 교실관리는 다음의 가정을 전제로 한다. 첫째, 교사가 교실을 통제하는 데 책임을 지고 있다. 둘째, 수업하기에 앞서 훈육이 전제되어야 한다. 셋째, 훈육은 부적절한 행동에 대해 가해져야만 한다(Hardin, 2004).

(1) 행동주의적 관리

Skinner의 행동주의적 관리(behavioral management)는 Pavlov의 조건반사설을 기반으로 하여 발전된 행동주의 심리학에 기초한다. 모든 행동은 강화와 벌에 의하여 학습되고, 유지되거나 소멸되며, 변화할 수 있다고 가정된다. 강화는 정적 강화(positive reinforcement)와 부적 강화(negative reinforcement)로 구분된다. 정적 강화는 바람직한 행동을 한 뒤 학생이 원하는 강화를 제시하는 것으로, 정적 강화를 통해 바람직한 행동이 더 많이 나타나게 된다. 부적 강화는 바람직한 행동이 나타날 때까지 혐오적 자극을 지속적으로 제공하는 것으로, 바람직한 행동이 나타나면 혐오적 자극을 소거한다.

행동의 변화를 유발하는 또 다른 요인으로 벌(punishment)이 있다. 벌은 좋지 않은 행동을 억제시키기 위해 내려지는 조치로 제시형 벌(presentation punishment)과 제거형 벌(removal punishment)이 있다. 제시형 벌은 좋지 않은 행동을 약화시키기 위해 불유쾌한 자극을 제공하는 것이고, 제거형 벌은 좋지 않은 행동을 약화시키기 위해 유쾌한 보상을 축소하는 것이다. 벌은 학생에게 긍정적인 변화보다 오히려 분노와 적개심, 반발을 초래할 가능성이 있다(Hardin, 2004). 아래의 사례는 그러한 학생의 모습을 보여준다.

> 오늘 학교에 준비물을 가져오지 않아서 학교 앞 문방구에서 그것을 샀어요. 그래서 조금 늦었는데 선생님은 저를 때리셨어요. 다시 자리로 돌아와서 선생님을 욕하기 시작했죠. '오늘 더럽게 재수 없네. 아휴, 총만 있으면 그냥 확! 가다가 자빠지기나 해라! 바람둥이같이 생긴 게 꼴값 떨고 있네! 조심해! 오늘 일을 꼬옥 갚고 말 거야! 오늘 밤 장난전화 걸어서 잠 못 자게 할 줄 알아!' 이런 생각을 하면서 혼자말로 "욕설 생략." 그랬죠 (4학년 학생)(김영천, 2002).

(2) 단호한 훈육

Canter의 단호한 훈육(assertive discipline)은 교실 밖에서 이루어진 이론에 의거한 것이 아니라 실제 교실 안의 문제를 해결하기 위해 연구된 모형으로 미국 전역에서 사용되어 왔다. Canter의 단호한 훈육은 교사의 권리를 특별히 강조한 모형이다. 이 모형에 의하면 교사는 교실 구조, 규칙, 절차, 과정(routine)을 설정하여 학생의 수용 행위의 한계를 설정할 수 있으며, 학생에게 적절한 행동을 규정하고 요구할 권리가 있고, 학부모 및 학교 당국에 협조를 요청할 권리, 하루의 일과와 학기 중 교사가 설정한 규칙과 지도를 학생이 따르도록 할 권리가 있다.

교사는 우선 훈육에 대한 계획을 세울 필요가 있다. 계획 없이 부적절한 행위에 직면하게 되면 교사는 비일관적으로 상황마다 다르게 처신할 수 있고, 학생에 따라서도 다르게 행동하여 공정성의 시비에 휘말릴 수 있다. 계획은 수업 첫날에 세워야 한다.

첫째 단계는 행정 당국의 승인을 얻고 학부모에게 공지하는 것이다. 이러한 조치는 행위 결과 처리 시 지원을 얻을 수 있으므로 매우 결정적이다.

둘째 단계는 규칙을 설정하는 것이다. 규칙의 실행 여부는 관찰될 수 있어야 하고, 하루 일과 중 일관성 있게 적용될 수 있어야 한다. 상황에 따라 달라지는 규칙은 혼란을 가중시키기 때문이다. 또한 규칙은 학생의 연령에 적합한 것이어야 하며, 전형적인 훈육 문제에 관한 것이면서 또한 적절한 교실 행동을 강화할 수 있는 내용이어야 한다.

셋째 단계에서는 규칙을 잘 준수하였을 경우 긍정적 강화를 제공한다. Canter는 구슬 주머니(marbles in a jar) 방법을 제시하였는데, 이는 학급 학생들이 적절한 행동을 할 때마다 교사가 구슬을 떨어뜨리며 구슬 주머니가 모두 채워졌을 때 학급 전체에 대해 보상을 주는 방법이다.

넷째 단계에서는 규칙을 위반한 학생에 대해 모종의 대가로 행위에 대한 결과(consequence)를 치르게 한다. 교사는 규칙 위반의 횟수에 근거하여 적절하면서도 위계적인 결과의 목록을 개발하고, 행위를 기록하기 위한 물증적 체계(tracking system)를 고안해야 한다. 적절한 결과는 학생이 싫어하는 것이어야 하지만 심리적·신체적으로 해로운 것은 안 된다. 칠판에 이름 적기나 이름 뒤에 체크하기 등의 방법은 가장 흔히 쓰이는 결과이다.

다섯째 단계는 심각성 계획(severity plan)이다. 학생의 행위가 교사를 위험에 빠뜨리거나 교수를 방해할 때 교사는 학생을 교실에서 나가게 하고 학교 당국에 이 사실을 알려야 한다.

1980년대 말과 1990년대에 와서 Canter는 규칙을 설정하여 적용하기에 앞서 교사와 학생 사이의 상호 존경과 신뢰를 구축하는 일이 중요하며, 규칙에 대한 이해의 부족으로 학생이 잘못된 행동을 할 수 있으므로, 학기 초에 교사는 규칙과 이행 절차를 교수할 필요가 있음을 주장하였다(Hardin, 2004).

(3) 긍정적인 교실 훈육

Jones에게 부각된 교실의 가장 큰 훈육 문제는 소수 학생들의 반항적 태도가 아니라 대다수 학생들이 서로 잡담을 나누면서 막대한 시간을 허비하는 현상이었다. 그는 이 문제가 교실 혼란의 80%를 차지한다고 하였다. 그다음 문제는 학생이 교실을 돌아다니는 것이며 이는 교실 혼란의 15% 정도로 나타난다. 이러한 문제는 크게 심각한 일은 아니지만 대다수 학생들이 이러한 행동을 할 경우 교사의 에너지와 노력의 고갈이 배가된다.

Jones의 긍정적인 교실 훈육(positive classroom discipline)은 행동주의 이론과 교실 관찰에 근거하여 구성되었으며, 부적절한 행동을 약화시키면서도 바람직한 행동은 강화되어야 함을 전제로 한다. 이를 위해 긍정적인 교실 훈육은 교실 구조, 제한 설정, 책임 훈련, 보완 체계의 네 가지 기본적인 구성 요소를 강조한다.

첫째, 교실 구조(classroom structure)는 교실관리를 위한 선결 조건이다. 교실구조는 가시적으로는 책상, 걸상, 교사의 책상 등 가구의 배열을 의미한다. 교사 책상 가까이에 앉은 학생은 가장 반듯하게 행동하는 경향이 있다. 교실 구조는 교사가 필요할 경우 학생들에게 신속하면서도 수월하게 접근할 수 있는 구조임을 의미한다. 이를 근접 통제 (proximity control)라고 한다.

비가시적인 교실 구조는 교실 규칙(rule)과 절차(procedure)이다. 규칙은 긍정적인 언어로 진술되어야 하며 5~8개 정도로 제한될 것, 신속하고 지속적으로 적용될 것, 단순하고 명확할 것, 모두가 볼 수 있도록 게시될 것 등을 요구한다. 절차는 등교하면서 하교할 때까지 하루의 일과를 예측할 수 있도록 만드는 과정이다. 학급을 잘 관리하는 교사는 학생들에게 학기 초 약 2주에 걸쳐 과정과 절차를 가르치는 데 대부분의 시간을 할애하는 경향이 있다.

둘째, 단순하게 규칙을 진술하기보다 제한 설정(limit setting)을 하는 것은 규칙을 준수하도록 돕는다. 제한 설정은 교사의 몸짓 언어(body language)에 의해 전달되는 것으로 처벌적이거나 공격적이지 않으면서 학생을 조용히 시키고 학습에 열중하게 만들 수 있다.

- 첫 단계는 머리 뒤의 눈(eyes in the back of your head)이다. 이는 교사가 학생들의 일거수일투족을 파악하고 교실 안의 모든 사건을 꿰고 있어야 함을 말한다. 문제가 발생하면 교사가 즉시 개입한다.
- 두 번째 단계는 교수 중단(terminate instruction)이다. 문제가 발생하면 교사는 즉시 수업을 중단할 필요가 있다. 만약 즉시 중단하지 않고 수업을 계속하면 학생은 교사가 수업을 중단하지 않을 수 없을 때까지 문제를 일으킬 것이다.
- 세 번째 단계는 돌아서고, 보고, 학생을 호명하는 것(turn, look, and say the

student's name)이다. 돌아선다는 의미는 부적절한 행위에 대한 교사의 정서적 반응이다. 교사는 숨을 고르게 쉬며 긴장을 풀고 편안하게 보이기 위해 손은 가지런히 내린 상태에서 학생을 정면으로 보면서 동요되지 않는 눈 마주침을 시도한다. 그리고 단호한 어조로 학생의 이름을 부른다. 이러한 침착함은 교사의 힘이다. 만약 교사의 반응에 순응한다면 학생은 얌전히 앉아 있을 것이다.

- 네 번째 단계는 학생의 책상으로 가기(walk to the edge of the student's desk)이다. 만약 학생의 행동이 교정되지 않으면 교사는 자신의 다리가 학생 책상에 닿을 정도로 가까이 다가가서 편안하고 침착하게 눈을 마주친다. 그리고 학생의 행동이 변화될 때까지 서 있는다. 학생이 다시 수업을 받을 자세가 되면 교사는 잠시 더 행동의 추이를 살펴보다가 고맙다는 인사와 함께 자리를 떠난다.

- 다섯 번째 단계는 주의(prompt)이다. 그래도 학생이 말을 듣지 않으면 교사는 한 손으로 책상을 짚은 상태에서 허리를 구부려 학생의 눈동자를 응시한다. 이것은 주의로서 학생이 말을 듣지 않을 경우 교실 앞에서 학습할 수도 있고, 주어진 과업을 마쳐야 함을 의미하기도 하며, 수업에 복귀하도록 언어적으로 지시할 수도 있음을 의미한다. 일단 학생이 순응하면 고맙다는 인사와 함께 자리를 뜬다.

- 여섯 번째 단계는 손바닥 짚기(palms)이다. 다섯 번째 단계에도 말을 듣지 않을 경우 교사는 양손으로 학생의 책상을 짚은 상태에서 적절한 행동을 할 때까지 학생의 눈동자를 들여다본다. 학생이 수업에 복귀하면 고맙다는 인사와 함께 자리를 옮긴다.

- 일곱 번째 단계는 앞에서 야영하기(camping out in front)이다. 교사는 학생이 순응할 때까지 절대로 자리를 떠나지 않는다. 학생이 수업할 자세를 갖추었다고 확신이 되면 자리를 떠난다.

- 여덟 번째 단계는 뒤에서 야영하기(camping out from behind)이다. 2명 이상의 학생이 떠든다면 교사는 뒤에서 돌아다니거나 학생들의 책상 사이로 돌아다닌다.

이러한 제한 설정은 학생들이 교사로부터 공간적 거리를 두고 싶어 하는 심리가 있으므로 효과를 볼 수 있다. 제한 설정은 일단 학생들이 규칙을 학습하고 나면 사용 빈도가 줄어든다.

셋째, 책임 훈련(responsibility training)은 일종의 집단 보상 프로그램이다. 책임 훈련은 학생들이 해야 할 일을 하고, 그 일을 마치고 나면 선호활동시간(preferred activity time, PAT)을 가질 수 있게 하는 것이다. 이를 위해 학생들은 서로서로 책임을 다해야 한다. 책임 훈련 프로그램은 "디저트를 먹기 전에 음식을 다 먹어야 한다." 하고 손자를 타이르는 할머니 같다고 하여 일명 '할머니의 규칙(grandmother's rules)'으로도 불린다. 만약 한 학생이 책임을 다하지 못할 경우 교사는 그 학생을 책임 훈련에서 제외시킨다. 그리고 그 학생은 생략 훈련(omission training)에 돌입한다. 이 명칭은 원하지 않는 행동이 생략되었을 때 보상하기 위해 붙여진 것이다. 만약 학생이 적절하게 행동하면 교사는 그 학생뿐 아니라 학급 전체에게 보상을 준다. 학생은 다른 학생들에 의해 재수용되며 학급은 이 학생이 새로운 행동을 잘하도록 돕게 된다.

넷째, 보완 체계(backup system)는 체계적이고 위계적인 부정적 제재의 조직이다. 나쁜 사건이 터지거나 파괴적인 일이 지속될 경우 보완 체계를 적용하게 된다. 보완 체계는 심각성의 정도와 전문가의 개입 정도에 따라 소·중·대 보완 체계로 구분된다. 소 보완 체계는 비공개적이며, 제재하기보다는 대화 수준의 제재이다. 중보완 체계는 공개적이고 보다 징벌적인 것으로 이름 적기나 타임아웃 코너에 보내는 등의 제재이다. 대 보완 체계는 교실 밖 전문가의 개입이나 도움을 요청하는 단계의 제재로 사무실에 보내거나 근신, 정학, 혹은 경찰을 부르는 등의 조치를 한다(Hardin, 2004).

(4) 논리적 결과

1960년대와 1970년대의 교사들은 Dreikurs의 논리적 결과(logical consequence)에 주목하였다. Albert는 Dreikurs의 논리적 결과에 대해 최신의 비법을 첨가하여 발전시켰다. 이들은 모두 학생이 왜 그렇게 행동하는지 그 동기에 주목하고, 교사가 그러한 동기를 이해함으로써 학생의 행동을 다룰 수 있는 전략을 개발할 수 있음을 설명한다. 이들의 입장은 학생을 통제하기보다는 돕기 위함에 초점을 두지만 잘못된 행동에 대한 적절한 결과의 필요성을 부정하는 것은 아니다.

Dreikurs의 이론은 Adler의 이론에 근거를 둔다. Adler에 의하면 모든 인간은 사회적 존재이며 집단에 소속되고 수용되기를 바란다. Dreikurs는 학생의 모든 행동도 교실의 사회적 구조 안에서 자신의 위치를 찾기 위한 목적을 가진 노력의 일환임을 설명한다. 다행히 집단에 기여하는 행동을 했을 경우 학생은 수용되지만, 많은 경우 주관, 편견, 부정확한 해석에 의거하여 집단 수용에 도움이 되지 못하는 행동을 하게 된다.

첫째, 잘못된 행동은 보통 주의 끌기(attention-seeking), 권력 추구하기(power-seeking), 복수하기(revenge-seeking), 실패 회피하기(failure-avoiding)의 네 가지 목적에 의하여 시도된다. 대부분의 학생들이 가장 일반적으로 추구하는 목적은 주의 끌기이다. 이것은 개인적인 권력을 고양시키려는 의도가 있는 것으로서 처음에는 다른 아이들의 모델이 되거나 교사에게 지나치게 아첨하는 형태로 나타나지만 정도가 심해지면 수업 방해, 쇼, 학급 광대의 역할을 자처하는 형태로 발전된다. 경우에 따라서는 벌이나 고통, 모욕까지 감수하기도 한다.

권력을 추구하는 행동은 교사가 학생의 행위를 중단시키려고 할 때 시작된다. 권력 추구 행동은 교사를 통제하려는 데 목적이 있다. 학생은 반박하고, 거짓말하고, 짜증내고, 교사의 능력에 회의를 나타내는 등의 행위를 보인다.

복수하기는 학생의 입장에서 볼 때 장기간에 걸친 좌절의 끝에 나타난다. 주로 가정 파괴, 부모 실직, 혹은 인종 편견과 같은 요인이 원인이 된다. 이들은 교사나 다른 학생이 자신에게 공정치 못하며, 자신의 감정을 고려하지 않고 상처를 준다고 생각한다. 결과적으로 교사나 일부 학생이 분노와 고통의 목표물이 된다. 이런 학생은 불량배가 되거나 경우에 따라서 불량배의 희생물이 되기도 한다.

실패 회피하기는 학생이 학업으로나 사회성 면에서나 실패할 것이라 예상하여 포기하고 위축되는 것을 말한다. 이들은 홀로 앉아 있거나 자거나 공상에 잠겨 있거나 교사의 도움을 무시한다. 이들이 학습을 할 수 없는 것인지 하기 싫은 것인지 교사는 가늠하기가 쉽지 않다.

둘째, 학생의 행동에 대해 교사는 행동 이면에 숨겨진 목적과 정말로 원하는 문제가 무엇인지를 파악하여 대응해야 한다. 먼저 주의 끌기에 대해 교사는 학생이 적절하게 행동할 때만 강화해 줄 필요가 있다. 또한 학생의 행동이 매우 성가신 것임을 환기시켜 주어야 한다.

권력 추구 행동에 대해서 교사는 그 싸움에 휘말리지 말아야 한다. 직접적인 대면이나 개입은 피할 필요가 있다. 이러한 문제는 개인적으로 다루어지는 것이 적절하다. 교사의 전문성이나 권위가 위협당할 경우 교사나 학생 모두에게 냉각기가 필요하다. 개인적 차원에서 대화를 할 때는 학생에게 이야기할 기회를 주는 것도 매우 중요하다. 교실 안에서 자신의 목소리를 낼 수 있고 선택권과 결정권이 있음을 인식하게 되면 학생은 자신의 힘과 책임을 의식하면서 파괴적인 방식으로 권력을 추구하려 들지 않는다. 복수를 추구하는 학생에 대해서 교사는 배려 있는 관계를 형성할 필요가 있다. 이를 위해서는 학생과의 대화가 우선되어야 한다. 이런 학생은 치유되고 제자리로 돌아올 필요가 있다. 실패를 회피하려는 행동에 대해서 교사는 그 문제의 원인을 파악해야 한다. 교사는 교수 방법을 변경시킬 수도 있으며 추가적인 학습 지원, 긍정적인 자기 대화(self-talk)를 격려해 줄 필요가 있다.

셋째, 잘못된 행동의 결과에 대해서 Dreikurs는 벌을 주기보다는 학생이 응분의 결과에 대해 책임을 지도록 하는 편이 낫다고 주장한다. 결과는 교실 안에서 규칙을 위반할 때 교사에 의하여 부가되는 것이다. Dreikurs는 자연 발생적으로 나타나는 당연한 결과(natural consequence)와 구별하기 위해 이러한 결과를 논리적 결과라고 하였다. 논리적 결과는 학생의 행동과 연결되며, 토론을 거쳐 학생이 이해하고 납득해야 한다. 만약 학생이 이해도 못하고 수용도 못하면 행위에 대한 논리적 결과는 벌이 되고 만다.

논리적 결과와 벌은 다음과 같이 구별된다. 벌은 교사의 권력과 힘에 의해 학생에게 부가되는 것이지만 논리적 결과는 규칙을 위반했을 때 한 사회 안에서 발생하는 실재(reality)를 명시한다. 즉, 행위와 사회 질서, 법의 생활화, 그리고 각 개인의 사회적 기능 등과 연계되어야 한다. 논리적 결과는 잘못된 행동과 직접적으로 연결되지만 벌은 그렇지 않다. 논리적 결과는 도덕적 판단을 요구하지 않지만 벌은 도덕적 판단을 요구한다. 논리적 결과는 지금 발생한 것에 국한되지만 벌은 과거까지 소급된다. 논리적 결과는 비위협적이지만 벌은 분노를 수반한다. 논리적 결과는 학생의 선택 사항이다. 즉, 학생은 부적절한 행동을 그만두거나 논리적 결과를 감수하는 선택을 해야 하지만 벌은 순응을 요구한다.

넷째, 학생들의 연결 돕기는 Albert에 의하여 개발된 것으로 Albert는 결과만으로는 학생의 행동을 교정하기 힘들다고 주장한다. 학생이 장기적으로 적절한 행동을 하도록 지도하려면 자존감을 가지게 하고 서로 협력하는 것을 배우도록 할 필요가 있다. 이를 통해 학생은 스스로 유능하다고 느끼며, 다른 학생들과 연결되어 있고 다른 학생들에게 기여한다고 느끼게 된다.

이를 위해 Albert는 학생의 다양성 허용하기, 교실 밖에서도 학생의 이야기를 들어주고 관심 가지기, 학생의 긍정적 성향 칭찬하기, 정서적 관계 형성하기, 전화하기, 부모에게 편지 보내기 등을 제시한다. Albert는 성인 주도의 규칙보다는 학생들이 교실 안에서 서로 어떻게 상호작용할지를 규정한 행위 코드(codes of conduct)를 제시한다. 또한 다양한 학생들을 통합시키고 민주적인 교실 분위기를 조성하는 것은 교사의 중요한 몫이므로, 학생들의 관계를 파악하기 위해 사회관계망(sociogram)을 그려 봄으로써 자리 배치, 집단 형성, 각종 위원회를 구성할 때 학급 안의 하위 집단 및 소외 학생을 통합시킬 필요가 있음을 주장한다(Hardin, 2004).

2) 체계로서의 교실 관리

1970년대 말에 훈육으로서의 교실관리를 반대하는 입장이 나타났다. 이 입장에서 보면 훈육은 조용하고 안전한 학습환경을 조성하는 데 도움이 되지 못한다. 훈육은 벌이나 위협 같은 역효과를 낳을 수 있는 방법에 의존하며, 일시적인 순응만 가져올 뿐 근본적인 효과가 없다. 또한 발생한 잘못된 행동에 대한 반응보다는 예방이 우선이다. 훈육상의 많은 문제는 학생이 수업에 열중하지 못해 발생하는데, 이것은 교사가 흥미가 없거나 부적합하거나 비합리적인 과업을 학생에게 요구한 결과일 수도 있다. 학생의 근본 욕구가 만족되고 흥미로운 수업이 제공되면 잘못된 행동이 줄어들 수밖에 없다. 훈육은 수업과 분리된 활동이 아니라 수업과 밀접하게 얽혀 있는 활동이다.

이러한 이유로 훈육에 의거한 교실관리를 반대하는 학자들은 교실관리를 학기 초부터 시작하여 1년 동안 지속될 수 있는 하나의 체계로서 다룰 것을 제안한다. 이 접근은 계획을 세워 질서 있게 활동을 진행시키기 위한 방법, 학생을 수업에 열심히 동참하도록 하거나 자리에 앉아서 활동시킬 수 있는 방법, 그러면서도 시끄럽거나 훈육적인 문제를 최소화할 수 있는 방법을 포함한다. 체계로서의 교실관리의 기본 전제는 다음과

교실의 규칙과 문제상황 발생의 해석적 과정

Hargreves, Hester, Mellor(1975)는 교실의 규칙과 더불어 문제가 발생하기까지 교사의 내면에서 일어나는 일련의 해석적 과정을 다음과 같이 설명한다. 먼저 문제가 발생했는지를 의심할 수 있는 근거로 규범 규칙(normative rule)과 기술 규칙(technical rule)이 있다. 규범 규칙이란 각기 다른 상황에서 사회적으로 승인된 태도로 다양한 임무를 수행하도록 요구하는 규칙이다. 기술 규칙은 규범 규칙의 원활한 준수를 위해 요구되는 행동 형태의 규칙이다. 단순히 규칙을 위반했다고 해서 문제의 발생을 단정 지을 수는 없다. 학생의 행위를 문제 행위 혹은 순응으로 파악하고 해석하기 위해서는 증거 규칙을 활용해야 한다. 증거 규칙이란 첫째, 한 행위가 어떤 종류의 행위인지를 이해하고 정의하는 규칙이다. 둘째, 인지된 그 행위가 현재 발효 중인 규칙에 어떻게 연결되는가를 이해하는 규칙이다.

Hargreves, Hester, Mellor는 시험시간이란 상황을 예로 들어 문제 발생을 파악하는 과정을 설명한다. 시험시간에는 보통 부정행위를 하지 말아야 한다는 규범 규칙이 발효된다. 부정행위 금지 규칙에 따라 학생들에게 다른 학생의 답안지를 보지 말아야 한다는 규범 규칙과, 다른 학생의 답안지를 베끼지 않기 위해서 시선을 자신의 시험 답안지에 고정시켜야 한다는 기술 규칙이 요청된다. 그러나 만일 어떤 학생이 다른 학생의 시험 답안지를 엿보았을 때, 교사가 '엿보는 행위'를 부정행위로 단정하며 '부정행위를 해서는 안 된다'라는 발효 중인 규칙에 '엿보는 행위'가 위배됨을 연결시킨다면 교사는 증거 규칙을 활용한 것이 된다. 증거가 모호할 경우, 교사는 증거를 더 많이 확보하기 위해 증거 전략(evidential rule)을 사용한다. "지금 무엇 하는 거예요?" 같은 질문은 의문을 나타내는 증거 전략의 예이다. 시험이 끝난 후 두 학생의 답안지가 같은지를 살피는 것도 증거 전략이다. 증거 전략을 사용한 결과에 따라 의심은 문제의 확신으로 변화되기도 하고 소멸되기도 한다. 이처럼 단순히 규칙을 위반했다고 해서 문제가 발생하는 것은 아니다. 우선 교사의 눈에 띄어야 하고 교사는 복잡한 해석과 판단 과정을 통해 문제 발생을 의심 혹은 확신하게 된다.

(김은주, 1983; 김은주, 1990; Hargreves, Hester, & Mellor, 1975)

같다. 첫째, 교실관리는 체계적이다. 둘째, 관리와 교수는 서로 얽혀 있다. 셋째, 학습 공동체를 만드는 것이 중요하다. 넷째, 계획은 필수적이다(Hardin, 2004).

(1) 존엄한 훈육

1988년 존엄한 훈육(discipline with dignity)으로 명성을 얻는 Curwin과 Mendler의 기본 전제는 학교 안의 모든 구성원이 존엄성을 인정받아야 한다는 것이다. 학생은 학교의 교사, 행정가, 직원과 마찬가지로 존엄성 있게 다루어져야 한다. 효과적인 훈육 역시 모든 상황에서 각 학생의 존엄성을 존중하는 방식으로 이루어질 때 가능하다.

학생을 존엄성 있게 다루는 핵심은 교사와 학생의 욕구가 만족되는 학교환경을 창조하는 것이다. 교사와 학생의 욕구는 다음 네 가지 범주의 욕구로 집약된다. 첫째, 긍정적인 자아 이미지를 통해 만족되는 개인 정체감(personal identity)이다. 둘째, 타인과의 긍정적인 관계를 통해 형성되는 유대감이다. 셋째, 자신의 삶에 대한 통제감을 가짐으로써 만족되는 힘이다. 넷째, 학문적으로 성취할 수 있음으로써 만족되는 성취감이다.

훈육 문제는 개인, 집단 혹은 교사의 욕구가 만족되지 못할 때 발생한다. 따라서 이러한 욕구가 교실 안에서 만족되면 훈육 문제는 예방될 수 있다. 학생들의 욕구를 만족시키기 위해 Curwin과 Mendler는 세 가지 단계를 제시한다.

첫째는 예방의 단계이다. 예방을 위한 선결 조건은 사회계약(social contract)의 설정과 이행이다. 사회계약은 교실의 가치 체계인 교실 원칙(classroom principle)을 설정하면서 시작된다. 교실 원칙은 교사가 학급을 어떻게 관리할 것인지, 학생을 어떻게 지도할 것인지 등에 대한 자신의 가치를 주의 깊게 분석하여 설정한다. 교실 원칙에 준하여 기 규칙(flag rule)이 교사에 의해 제시되면 학생들은 이 규칙에 대해 자신들과 교사에 대한 규칙을 만든다. 만들어진 각 규칙은 학생 투표에 부쳐 75%의 지지를 받아야 한다. 이러한 과정은 규칙에 대해 학생들이 주인 의식을 가지게 하는 데 중요하다.

그다음으로 규칙 위반 시 받게 될 결과의 범위(a range of consequence)를 설정하는 일이 필요하다. 부적절한 행위를 하게 될 경우 그에 따르는 제재가 있음을 상기시키기 위해 결과가 필요하다. 결과는 고의적인 경우보다 우발적인 경우, 그리고 반복적인 경우보다 일회적인 경우 더 가볍게 다루어질 수 있다. 결과는 명료하고 상세하고 넓은 대체 범위를 가지고 있으며, 자연스럽고 논리적이고, 학생의 품위를 유지시키며, 규칙과 관련되어 있어야 한다. 설정된 규칙과 결과는 부모와 행정가에게 공지되어야 한다. 또한 효과성 여부, 교실의 요구 사항 변화 등에 따라 개정될 여지를 가지고 있다.

둘째, 행동의 단계이다. 문제가 발생되면 결과를 집행해야 한다. 결과를 집행하기 위해서는 아홉 가지 원칙이 제시된다.

- 규칙을 위반할 때마다 일관성 있게 결과를 집행한다. 일관성은 교실 안의 질서와 예측 가능성을 높인다. 또한 교사가 사회계약을 존중한다는 의미를 가지고 있으며, 학생들에게 어떠한 행위를 기대하는지를 알려 준다.
- 학생에게 위반한 규칙을 상기시켜 주어야 한다. 훈계, 질책, 죄책감 주기 등은 불필요하며 이는 분노와 적대감만 키울 뿐이다.
- 교사가 그 학생 가까이 이동한다. 이것 자체만으로도 학생의 행동이 중단될 수 있으며 교사가 교실의 모든 상황을 파악하고 있음을 알리는 효과가 있다. 하지만 학생의 연령과 성향에 따라 근접성은 오히려 상황을 악화시킬 수도 있음을 주지할 필요가 있다.
- 결과를 적용할 때 직접적인 눈 마주침을 시도한다. 하지만 이때 문화적인 차이를 고려해야 한다.
- 부드러운 소리로 말해야 한다. 이는 소리치는 것보다 더 효과적이다.
- 적절한 행동을 인정해 줄 필요가 있다. 교사는 적절하게 행동하는 95%의 아동들에 대해 주목하지 못하는 경향이 있다. 이 학생들의 바람직한 행동을 인정해 주어야 한다.
- 동료들 앞에서 학생을 당황하게 하지 말아야 한다. 즉, 조용히 이야기하거나 교실 밖에서 이야기하는 것은 학생의 체면을 살려 주며 학생의 존엄성을 인정해 주는 일이다.
- 화가 났을 때는 결과를 적용시키지 말아야 한다. 공격적인 태도는 적대감, 원한, 두려움을 낳는다.
- 변명, 거래, 혹은 우는 소리를 수용하지 말아야 한다. 결과는 가능한 한 직접적이고 신속하게 실행시킨다.

셋째, 해결의 단계이다. 보통 학급에서 80%의 학생들은 거의 문제를 일으키지 않으며, 15%의 학생들은 규칙적으로, 그리고 나머지 5%의 학생들은 거의 만성적으로 문제를 일으키며 통제 불가능하다. 이를 80-15-5 원칙이라고 한다. 해결의 단계는 5%의 학생들에 대한 조치이다. 이런 학생들에 대해서는 개인 계약(individual contract)이 필요하다. 개인 계약은 학생 개인의 욕구가 무엇인지를 파악하고 이를 사회계약을 파괴하지 않는 방식으로 충족시킬 수 있는 방법을 모색하는 것으로서 학교 상담교사, 사회사업가, 행정가, 그리고 부모도 개입한다(Hardin, 2004).

(2) 공동체 형성

1991년 Kohn은 교육의 목적이 훌륭한 학습자를 만드는 것이 아니라 훌륭한 사람을 만드는 것임을 주장하였다. 칭찬과 체벌은 학생의 행위를 변화시킬 수는 있지만 학생을 변화시키지는 못한다. 상벌을 통한 행동적 조정은 자신과 타인을 배려할 수 있는 도덕적 인간을 만들지는 못한다. 도덕적인 인간은 상호 배려하고 존중하는 사람이다. 도덕적 인간은 배려하고 존중하는 관계 속에서 하나의 공동체를 형성할 수 있는 인간이다. 교실 공동체 형성을 위해 교사는 학생들과 상호작용하는 방식을 평가하고, 상벌에 대한 지나친 편향성을 제거하며, 전통적 처벌에 대한 대안을 탐색해야 한다.

첫째, 교사는 교사와 학생의 상호작용에 대해 생각해야 한다. 교사와 학생은 긍정적인 관계에 놓여 있어야 한다. 이러한 관계 위에서 학생들은 교사를 신뢰하게 된다. 교실 관리의 핵심은 교사의 자기평가이다. 교사는 교실에서 무엇을 중요하게 생각하는가, 학생들과 어떻게 상호작용하는가, 학생들에게 무엇을 하도록 요구하는가를 성찰할 필요가 있다. 문제가 발생하면 교사는 우선 자신을 돌아보기보다 학생들에게서 원인을 찾는 경향이 있다. 그러나 교사는 그러한 상황을 유발시킨 점에 대해 책임을 통감해야 한다. 교사는 우선 자신의 행위를 검토할 필요가 있다.

둘째, 교사는 상벌 사용을 금지해야 한다. 특히 성적, 칭찬, 가시적인 보상은 도덕적이고 책임감 있는 인간을 육성하는 데는 역효과적이다. Kohn은 상벌이 단기적인 효과만 있으며 상벌이 사라지면 바람직한 행동의 출현도 줄어듦을 지적한다. 또한 상벌을 사용하면 할수록 더 많은 상벌이 요구된다. 많은 학생들은 상벌로 인해 활동하며 학습의 진정한 의미를 모른다. 상벌로 인한 행동의 관리는 사실상 기만행위이다. 교사는 한 학생에게 상을 주면서 동시에 이 상황을 다른 학생을 간접적으로 비난하는 데 이용한다.

Ginnott는 Kohn과 달리 학생의 활동, 행동, 성취를 인정해 주는 칭찬은 학생의 인성이나 인격을 판단하는 것이 아니며 긍정적이고 생산적임을 지적한다. 그러나 학생의 인격을 판단하는 평가적 칭찬은 학생에게 위협, 불만족, 불안 등을 초래한다.

셋째, 교사는 처벌에 대한 대안을 찾아야 한다. 전통적인 훈육은 성인의 요구에 순응하며 일시적인 변화만을 가져올 뿐 인간의 사회적·도덕적 성장을 촉진하지 못한다. 성인을 즐겁게 하지 못하는 대가는 고통이다. 전통적 훈육 방식에 대해 새로운 훈육 방식이 대두되면서 학생의 행위를 처벌하는 것이 아니라 결과를 부여하기 시작했다. 그러나 결과는 결국 학생을 통제하기 위한 것으로 학생의 부적절한 행위에 대한 일종의 처벌이다. 학생은 교사가 원하는 것을 할 것인지, 아니면 결과를 감수할 것인지를 선택해야 한다. 결과는 학생의 행동을 통제하기 위한 처벌 아류이다.

전통적 훈육이나 새로운 비결을 첨가한 결과는 사실상 전통적 훈육에 지나지 않는다. 이들 방법은 모두 상대방을 배려하거나 온정적·도덕적 성향을 기르는 데는 실패하고 있다. 잘못된 행위를 하게 되면 학생은 다른 사람을 생각하기보다 자신에게 주어질 결과만을 생각한다. 또한 자신의 행위를 도덕적으로 생각하기보다 다른 사람의 인식 여부에 관심을 두게 된다.

넷째, 교사와 학생은 학급 공동체를 구성할 수 있다. 교사는 학생을 통제하기보다 학생들이 좀 더 온정적이고 책임감 있는 사람으로 성장하도록 도와야 한다. 이를 위해서는 교사의 행위 변화 그 이상이 필요하다. 학급 공동체를 구성하기 위해서는 교사는 학생을 존중하고 배려하고 학생들은 교사와 긍정적인 관계를 가질 필요가 있다. 학급 공동체는 하루 일과 중 학생들이 공동의 목표를 가지고 지속적으로 함께 활동하는 협동의 토대 위에서 가능하다. 학생들에게는 관점 이야기하기나 학급회의 같은 활동이 제공된다. 이 활동을 통해 학생들은 다른 사람의 시각을 배울 수 있으며, 지적 성장과 아울러 보다 윤리적·온정적인 품성을 가질 수 있다. 학생 수가 20~30여 명 되는 학급에서는 이견이 속출하고 갈등이 생겨날 수도 있다. 이러한 문제는 학생들의 문제 해결력을 기르고 도덕적·사회적 발달을 촉진할 수 있는 절호의 기회를 제공한다. 갈등이 다른 사람의 관점을 이해하고, 학급 전체의 필요와 어떻게 연계되는지를 이해하는 소재가 되는 상황에서는 학생의 부적절한 행동이 줄어들 수밖에 없다. 또한 이러한 과정에서 학생들은 경청하는 법, 분노를 통제하는 법, 다른 사람의 시각에서 조명하는 법 등을 배우게 된다(Hardin, 2004).

(3) 교실 조직과 관리 프로그램

COMP(classroom organization and management program)는 Evertson과 동료에 의하여 30여 년에 걸쳐 5,000시간 이상의 교실 관찰을 통해 개발되어 온 교실 조직과 관리 프로그램이다. 이 프로그램은 1989년 이후 6,200개 이상의 미국 학교에서 실행되고 있다. COMP는 교실관리를 하나의 체계로서 전체적(holistic)으로 접근한다. 교실관리는 곧 교사가 학습을 장려하기 위해 행하는 모든 조직 활동이다. 교실관리는 학습환경 구성, 시간 절약, 학생들의 학습 참여를 독려하는 교수 조직 활동을 포괄하는 것으로서 교사의 지속적인 선택과 행동을 요구한다. COMP는 교실 조직하기, 규칙과 절차 계획하고 가르치기, 학생의 활동을 관리하고 학생의 책임감 증진시키기, 학생의 좋은 행동 유지시키기, 교수 계획 및 조직하기, 교수 수행 및 추진력 유지하기로 구성된다.

첫째, 교실 조직하기는 교사에 대한 첫인상을 좌우한다. 가구 · 비품의 배치, 게시판, 벽 색깔, 잡동사니의 수납 방식 등은 말로 표현되지 않는 메시지를 전달한다. 예를 들어, 책상을 소집단 형식으로 배치할 경우 협동수업이 이루어질 것이고, 전통적인 방식으로 책상이 배열될 경우 개별학습을 할 예정임을 알 수 있다. 학습코너가 설치되고 컴퓨터 등이 비치되면 학생들에게 이를 사용하기를 권장한다는 것을 시사한다. 그러나 교실 조직이 교사의 의도에 부합하지 못할 경우 문제가 발생한다. 예를 들어, 책상을 소집단으로 배열하여 협력학습이 이루어지길 기대했으나 오히려 학생들의 잡담을 부추기면 전통적으로 책상을 배열하는 편이 나을 것이다. 교사는 보통 주어진 공간에 의무적으로 배치되는 경우가 다반사여서 교사의 철학과 가치를 담아 교실을 조직하는 일은 사실 흔치 않다. 그럼에도 불구하고 교사가 교실 공간을 조직할 때는 가시성, 접근성, 산만성 등을 염두에 둘 필요가 있다. 즉, 가시성은 교실 안의 모든 학생이 교사가 수업을 지도하는 것을 볼 수 있어야 함을 의미한다. 반대로 교사 역시 모든 학생을 한눈에 파악할 수 있어야 한다. 접근성이란 교사가 필요한 경우 다른 학생을 방해하지 않으면서도 즉시 학생에게 접근할 수 있어야 함을 의미한다. 또한 연필깎이가 있는 곳, 휴지통이 있는 곳, 혹은 물 먹는 곳은 혼잡하므로 분리하여 배치하는 것이 학생들의 접근성에 좋다. 산만성이란 학생의 주의를 분산시켜 수업에 집중하지 못하게 하는 물건의 배열을 말한다. 만약 그러한 요소가 있을 경우 제거해야 한다. 다른 사람에게는 아무 문제가 없으나 유독 한 학생의 주의를 분산시키는 요인이 있을 수도 있다. 이것 역시 제거할 필요가 있다.

둘째, 규칙과 절차를 계획하고 가르치기는 수업의 흐름을 원활하게 하기 위해 필요하다. 이는 시간의 낭비와 혼란 없이 학생으로 하여금 기대되는 행동을 하게 하며, 교사가 교육목적을 달성하도록 돕는다. 규칙은 학생의 행위에 대한 기대이다. 규칙을 제정할 때 교사는 자신의 철학, 학생의 성숙 수준 등을 반영하며 학생들을 동참시키기도 한다. 규칙은 설정의 근거가 같이 제시되어야 하며, 긍정적인 교실 분위기 조성에 도움이 되어야 하고, 가능한 한 많지 않아야 한다. 또한 규칙에 대한 예를 제시하는 것이 좋다. 절차는 규칙을 성공적으로 따르게 할 수 있는 단계이다. 규칙과 절차는 다른 교과 내용처럼 학생들에게 가르쳐야 한다. 특히 절차의 경우 일회적인 시연으로는 학생들이 이해하지 못하므로 반복시킬 필요가 있다.

셋째, 학생의 활동을 관리하고 학생의 책임감 증진시키기는 교실관리의 궁극적 목적이다. 즉, 교실을 관리하는 이유는 학생이 학습이나 자신의 행동에 대해 책임감을 가지도록 하기 위해서이다. 학생이 성공적으로 잘할 수 있도록 명확한 설명을 제공함으로써 책임감을 키워 줄 수 있다. 또한 교사는 학생들에게 반응하거나 성적을 주는 등의 행동에 일관성을 보임으로써 책임 있는 행동의 모델을 보여 줄 수 있다.

교사는 과제나 중요한 교수사항을 제시할 경우 학생의 책임감 증진을 위해 칠판이나 TV 화면으로 이를 명시할 필요가 있고, 과제의 경우 명확한 지침을 상세하게 제시한다. 교사는 과제나 교수사항에 대해 학생들과 의사를 교환함으로써 모든 학생이 이해하도록 돕는다. 또한 학생의 활동에 대해 조언하는데, 특히 어려움을 가진 학생에게 도움을 준다. 교사는 과제물을 제출하는 일정을 설정하고, 학생에게 규칙적으로 학업에 대해 반응해 주며, 결석한 학생을 위한 보충 활동의 일정을 설정한다.

넷째, 학생의 좋은 행동을 유지시키기 위해 교사는 결과, 개입 전략, 대화를 복합적으로 적용한다. 규칙과 절차에 대해 긍정적·교정적·부정적 결과를 합리적으로 적용하고 적절할 때 이를 일관성 있게 사용하는 것은 학생으로 하여금 교실에서 기대하는 행동이 무엇인지를 알게 하며, 또한 자기제어를 가능하게 한다.

결과에는 긍정적 결과, 교정적 결과, 부정적 결과가 있다. 긍정적 결과(positive

consequence)란 정서적·심리적·학업적인 외재적 자극이나 보상으로서 학생의 연령, 흥미, 성숙도에 따라 선택된다. 교정적 결과(corrective consequence)란 학생이 해야 할 바람직한 행동이나 절차를 의식하고 이행하도록 돕는 특수 전략이다. 이런 전략으로는 바람직한 행동을 할 때마다 스스로 기록하게 하는 자기기록과, 무엇을 해야 할지 언어로 이야기하게 하는 자기교수의 두 가지 방법이 있다. 부정적 결과(negative consequence)란 원하지 않는 행동을 제어하기 위한 것으로 행동 뒤에 따르는 바람직하지 못한 결과이다. 그러나 이 방법은 바람직한 행동을 가르치지도 못하고 그러한 생각을 심어 주지도 못하므로 반복적인 부적절 행위에만 사용한다. 특권 박탈, 고립, 근신, 학교 내 수업 정지 등의 방법이 이에 해당된다.

개입 전략은 학생의 잘못된 행동을 중지시키고 수업에 복귀하게 하며 그러면서도 학급 분위기를 해치지 않고 교수를 진행할 수 있게 한다. 구체적으로 눈 마주침, 근접 통제, 규칙 및 절차에 대한 환기, 행동에 대한 질문 등의 방법이 있다. 개입은 교사의 철학, 신념 등에 따라 개입 여부, 개입 시점, 개입 수준이 모두 달라진다.

다섯째, 교수 계획 및 조직하기는 교수와 관리가 밀접하게 연결되어 있음을 중시한다. 전통적인 교실관리는 교실관리를 교수를 위한 전제 조건으로 간주했지만 계획과 활동이 함께 이루어지듯이 교실관리도 교수내용과 함께 다루어지며 관리와 교수의 상호작용을 함께 고려하면서 계획을 세워야 한다. 학생은 학습해야 하는 것과 학습에 참여하는 방법까지 배워야 한다. 최근의 수업방식은 전통적인 교사 중심에서 벗어나 학생 중심, 학생과 교사 중심, 전체식 수업, 온라인 수업 등의 다양한 방식으로 전개된다. 교수 상황이 복잡해짐은 그에 따라 교실관리 역시 다양해져야 함을 말한다.

여섯째, 교수 수행 및 추진력 유지하기는 교실관리의 일관성을 유지하는 것을 말한다. 잠정적 문제 행동을 줄이고 학생이 교수에 몰입하도록 만들기 위해, 교사는 교수활동을 시작하면서 적절한 목표를 설정하고 학생이 학습할 내용의 관련성, 학생이 밟아 나가야 할 과정 및 절차를 명확하게 제시한다. 교사는 학생이 수행하고 있는 활동에 대해 이해하고 있는지를 확인한다. 또한 학생의 행동을 수시로 점검하고 조언해 준다. 시간 낭비나 학생의 과제 이탈 등은 활동을 이전하는 상황에서 발생하므로 순조롭게 다른 활동으로 이행할 수 있도록 교수 계획을 세밀하게 세운다(Hardin, 2004).

) 한 교사의 하루 일상

너무나 정신없는 하루다. 아침에 교실에 도착하자마자 아이들에게 잔소리를 시작한다.

"창문을 열어라."

"교실에 떨어진 쓰레기를 주워라."

"어린이 윤리교실(한자) 60쪽을 공책에 써라."

"어린이 윤리교실 다 쓴 사람은 질서에 대한 글쓰기를 해라."

아침 8시 10분에 교실 문을 들어섰지만 벌써 30분이다. 일기 검사와 어린이 윤리교실 검사, 받아쓰기 검사를 약 60권 넘게 하고 나니 9시가 넘어 버렸다.

(중략)

수요일에 있을 학부모 공개수업을 위한 교수 · 학습 지도안을 겨우 출력하여 3반 선생님에게 전해주고, 아이들이 제출한 호국, 보훈의 날 글짓기와 그림, 포스터를 검사하고 그중 잘된 작품을 2점씩 선별하여 글짓기는 영진이를 시켜서 6-3반 교실에, 포스터는 선경이를 시켜서 2-1반 교실에 갖다주라고 했다.

오늘도 여지없이 10여 명의 아이가 바쁜 나를 붙잡고 질문 공세를 한다.

"선생님, 공책 안 가져왔는데 집에 갔다 올까요?"

"선생님, 오늘 물을 안 가져왔어요. 정수기 물 마셔도 돼요?"

"지금 고무판화 파도 돼요?"

"화분에 지금 물을 줄까요?"

"선생님, 태욱이가 저를 아프리카 따따라고 놀려요."

"지금 음악 수행평가 검사해 주세요."

"축구해도 돼요?"

그들의 질문과 요청은 바쁜 아침시간에 나를 더욱 바쁘게 그리고 힘들게 한다.

월요일이라 직원 조회가 있어 교무실에 가야 한다. 아침 조회가 있어 운동장에 나갔다.

1교시 도덕 수업을 시작하였다. 시간의 중요성에 대해 설명하고 몇 명 발표를 하니 9시 50분, 1교시 마치는 종소리가 울린다. 우유를 가져오라고 말하고, 학급 프린터가 고장 나 다시 드라이브를 다운받아 설치하고 프린터 잉크가 다 떨어져 행정실에 가서 물품 구매 품의서를 작성하여 결재를 받았다.

(이영민, 2005)

3) 교수로서의 교실 관리

현대사회로 오면서 학생의 요구와 교실의 분위기는 보다 다양해지고 있다. 학생은 이전보다 더 강하게 자신의 욕구를 표출하며 이러한 욕구를 교육현장에서 충족시키기를 희망한다. 규칙, 상벌, 결과, 절차에 관심을 둔 기존 교실관리의 입장은 학생의 이러한 욕구를 간과하고 있다. 전통적인 훈육 방식의 교실관리는 더 이상 통용되기 어려운 상황에 놓여 있다. 따라서 교실관리 역시 규칙을 생성하여 학생의 잘못된 행동을 규제하는 방향에서 학생에게 자기규제의 기회를 제공하는 방향으로 선회하고 있다. 교실관리는 학생이 스스로 윤리적인 판단을 하고 결정을 내리도록 가르치는 교육으로의 전환을 모색하고 있다.

이 새로운 교실관리의 전략은 학생에게 친사회적인 기술, 갈등 중재, 협상 절차, 갈등 해소의 기술 등을 교육과정에서 교수하고 교실관리 차원에서 실행하도록 강조한다. 이러한 움직임은 교실을 넘어서 범학교 차원에서 실시되는 경우도 있다. 이는 다소 시간이 걸리고 교사나 학교 차원에서 위기를 감내해야 할 부담이 있기는 하나 잘못된 행동을 억제하는 데 보다 효과적이고 근본적인 예방책이다.

이 입장의 기본 전제는 다음과 같다. 첫째, 친사회적인 기술을 가르치는 데 초점이 있다. 둘째, 평화를 조성하는 습관을 형성하는 것이 목적이다. 셋째, 학교 차원의 프로그램은 갈등을 해소하는 기술, 동료 중재를 가르친다. 넷째, 교사는 학생이 윤리적 판단과 결정을 하도록 돕는다(Hardin, 2004).

(1) 내면적 훈육

Coloroso의 내면적 훈육(inner discipline)은 부적절한 행위에 대해 처벌하거나 결과를 부과하기보다 학생 스스로 자신의 행동 그리고 자신의 행동이 다른 사람에게 미치는 영향에 대해 생각하도록 하는 데 관심을 더 많이 가진다. 교사는 학생들에게 자기 스스로 결정하고 문제를 해결하며 선택에 대해 책임을 지도록 지도해야 한다. 이러한 과정을 통해 학생은 자신을 신뢰하며 자기훈육하는 법을 배우게 된다. 학생들에게 힘을 실어 주기 위해 교사는 무엇보다도 안전하고 안정적이며 보호할 수 있는 환경을 제공해야 한다.

Coloroso의 내면적 훈육을 살펴보기 위해서는 그녀가 제시하는 해파리 교실(jellyfish classroom), 벽돌 교실(brickwall classroom), 등뼈 교실(backbone classroom)에 대해 우선 이해할 필요가 있다. 해파리 교실은 교사의 기대가 수시로 변하고 처벌이 일관성 없이 제멋대로인 교실이다. 이러한 교실의 학생은 어떻게 반응해야 할지 갈피를 못 잡는다. 규칙이 있어도 '친절하라'와 같이 모호하여 명확한 의미를 파악할 수 없는 경우가 많다. 벽돌 교실은 규칙이 엄하고 완고한 독재주의의 교실이다. 교사는 마치 벽돌과 같이 굽히지 않는다. 결과를 부과할 때 학생의 요구나 동기는 고려 대상이 아니다. 규칙은 학생을 통제하기 위해 있는 것이며 체벌, 모욕, 유혹 등도 사용된다. 등뼈 교실은 융통성이 있으면서도 기능적인 조직이 있는 교실이다. 학생은 존중받고 존중하는 법을 배운다. 학생은 자신의 감정을 수용하는 법과, 그 감정에 근거해 이성적으로 행동하는 법을 배운다. 교사는 자신이 판단하지 않고 학생의 감정을 있는 그대로 인정하며 그 감정을 어떻게 적절한 방식으로 표현하는지에 대해 모범을 보일 필요가 있다. 실수는 학습을 할 수 있는 기회로 여겨진다. 교사는 행동하기 전에 학생에게 생각하는 법과 문제를 해결하는 법을 가르친다.

등뼈 교실의 훈육 방식은 다음과 같은 특성을 가진다.

첫째, 등뼈 교실에서는 훈육이 처벌과 다르다. 처벌은 성인 중심적이고, 판단을 요구하고, 권력에 의해 부과되고, 분노와 적개심을 불러일으키며, 갈등을 유발한다. 그러나 훈육은 무엇이 잘못되었는지를 학생에게 보여 주며, 그 문제가 학생의 문제임을 환기시키고, 문제를 해결할 수 있는 방법을 제시하며, 학생의 품위를 손상시키지 않는다.

학생에게 행위에 대한 결과를 부과할 때 교사는 결과가 합리적인가(reasonable), 단순한가(simple), 가치 있는가(valuable), 실질적인가(practical)(RSVP)를 고려해야 한다. 자신이 어지럽힌 책상을 정리하는 것은 합리적이지만 교실 전체를 청소하라고 하는 것은 벌이다. 학생이 숙제를 할 때까지 휴식시간이 보류되는 것은 단순한 일이지만, 일요일에 학교에 나오라고 요구하는 것은 비록 합리적이라고 할지라도 문제의 소지가 많다. 어지럽힌 책상을 치우는 것은 교훈이 있는 가치 있는 결과이다. 그러나 어지럽히지 않겠다고 100번 이상 쓰게 하는 것은 학습 효과가 적다. 지각한 학생에게 지각 사유를 쓰도록 교실 밖으로 내보내는 것은 학습 효과를 더욱 떨어뜨리며 실질적이지 못하다.

둘째, Coloroso는 규칙을 강조하지는 않았지만 규칙이 필요하다는 사실은 인정하였다. 그녀는 규칙이 단순하고 명확하게 진술되어야 하며 생활 속의 기대를 반영해야 한다고 하였다.

셋째, 등뼈 교실에서는 문제해결이 다음과 같이 이루어진다. Coloroso는 문제해결력 이야말로 내면적 훈육의 핵심이라고 강조하였다. 교사는 학생의 성숙 정도에 따라 문제해결 과정에 개입할 수도 있고 그렇지 않을 수도 있다. 또한 문제가 교사와 학생 사이에서 발생한 경우에는 교사가 반드시 개입하지만, 학생과 학생 사이의 문제일 경우 개입을 미루고 스스로 해결하도록 기회를 줄 수도 있다.

문제해결은 여섯 단계로 나타난다. 첫 번째 단계는 문제를 규명하고 정의하는 단계이다. 문제를 규명하는 과정 중 학생은 자신의 감정에 대해서도 토론하지만 특히 감정을 다루는 법을 배울 필요가 있다. 문제를 정의할 때는 문제의 근원을 파악해야 한다. 학생이 해결할 수 없는 문제일 경우 부모, 학교 행정가, 직원, 다른 학생이 함께 개입할 수 있다. 두 번째 단계는 가능한 해결책의 목록을 구상하는 것이다. 세 번째는 선택한 것을 목록화하고 예상되는 결과를 평가하는 단계이다. 학생은 선택한 해결책이 다른 학생에게 불친절한 것인지, 상처를 주는 것인지, 불공정한 것인지, 정직하지 못한 것인지 등을 고려해야 한다. 네 번째는 하나의 해결책을 선택하는 단계이다. 가능한 한 상대적으로 단시간 안에 해결될 수 있는 안을 선택하는 것이 좋으며 경우에 따라서는 복합적인 방법을 선택할 수도 있다. 다섯 번째 단계에서는 계획을 세운다. 만약 계획이 다단계일 경우 한 단계마다 그 결과를 기록하게 하면 문제 해결이 되지 않을 경우 수정이 용이하다. 여섯 번째는 문제와 학생을 재평가하는 단계이다. 이 단계에서는 문제의 원인, 문제 발생의 재현을 방지하는 방법에 대해 토론한다.

이 여섯 단계를 통해 학생은 화해적 정의(reconciliatory justice)를 구현할 수 있다. 이는 회복, 해결, 화해로 구성되는데, 회복은 재화에 대해 입힌 손실을 수리하는 것이고, 해결은 보다 깊이 있게 문제를 교정하는 것이며, 화해는 심리적인 상처까지 치유하여 관계가 회복되도록 돕는 과정이다.

넷째, 문제가 보다 복잡하거나 여러 사람에게 영향을 줄 경우 등뼈 교실에서는 학급회의가 개최된다. 학급회의는 민주주의를 배울 수 있는 귀중한 기회이다. 학급회의를 할 때에는 문제가 전 학급에 관련되는 중요한 것이어야 하며, 교사는 비판단적인 지도력을 발휘해야 하고, 학생이 자신의 감정을 안심하고 표현하며, 또한 기꺼이 문제를 공유하려는 분위기가 형성되어야 한다(Hardin, 2004).

(2) 친사회적 기술

Goldstein과 McGinnis에 의하면 학생이 부적절한 행동을 하는 것은 자기통제나 의지의 결여가 아니라 적절하게 처신할 수 있는 사회적 기술이 부족하기 때문이라고 한다. 즉, 학생들은 화가 났을 때 공격적 반응 이외의 대응 방법을 모른다. 또 사회적 인간관계의 상황에서 적절하게 반응하도록 교육을 받았어도 실행에 옮기는 적이 드물다. 학생들은 정서적으로 성숙되지 않았고 불안정하므로 효과적으로 반응하기 어렵다. 그리고 때와 장소를 가려 처신하는 법에 익숙하지 못하므로 행동의 유연성이 떨어진다.

친사회적 기술(skillstreaming)은 학교에서의 부적응, 비행, 따돌림, 인간관계, 불행감 등을 예방할 뿐만 아니라 인생 전반에 걸쳐 영향을 줄 수 있는 능력이다. 따라서 이러한 기술은 학문적 능력을 함양하듯이 체계적이고 계획적으로 가르쳐야 한다. 이러한 취지 하에 Goldstein과 McGinnis는 1970년 초기 심리학과 교육학에 토대를 둔 친사회적 기술을 개발하였다. 원래 이 프로그램은 성인을 대상으로 개발된 것이고 소집단 혹은 개개 교실에서 실행되었지만, 현재 미국에서는 수백 개의 학교와 지역사회 차원에서 시행되고 있다.

친사회적 기술의 특징은 다음과 같다. 첫째, 친사회적 기술은 네 가지 구성 요소인 모델링(modeling), 역할놀이(role play), 반응(feedback), 전이(transfer)를 말한다. 모델링은 교사나 학생, 혹은 기술 훈련가가 학생의 연령이나 성숙도를 고려하면서 상황을 설정하여 행위의 단계를 시연하는 것이다. 이때 이 기술이 필요한 이유와 사용 시기 등을 함께 토론한다. 역할 놀이는 단순히 관찰만 하는 것이 아니라 학생이 직접 실습하고 재현해 보는 것이다. 처음 할 때는 어색하고 부자연스러운 것이 보통이다. 따라서 물질적·사회적 강화와 자기강화 같은 반응이 필요하다. 반응을 할 때 학생들이 적절한 행위 단계를 얼마나 잘 시현했는가에 주로 관심을 둔다. 또한 반응은 가능한 한 즉각적으로 할수록 효과적이고 연중 비슷한 상황에서 지속적으로 할 필요가 있다. 전이는 학생이 학습한 기술을 그들의 일상생활 속으로 옮기는 것이다. 학교에서는 학교의 일상생활 속에서 친사회적 기술을 실천할 필요가 있다.

둘째, 친사회적 기술은 건강, 인간 발달, 인간 상호작용과 같은 주제와 관련지어 교사가 교과시간에 가르칠 수도 있다. 이 방법은 문제를 사전에 예방할 뿐더러 학급 분위기 진작에 도움이 되며, 경우에 따라서는 특별히 친사회적 기술이 부족한 5~8명의 학생들을 대상으로 소집단 형식으로 이루어질 수도 있다. 교사나 상담가, 혹은 훈련을 받은 부모 등 2명의 성인이 이 소집단을 이끌어 나가는 것이 가장 이상적이다. 또한 지도자들은 문화적 차이를 각별하게 신경 써야 한다. 문화에 따라 사회적 기술이 다르기 때문이다. 훈련은 1주일에 세 번 내지 다섯 번 정도 시도되어 학생이 실제 생활에 전이시킬 수 있도록 충분히 이루어질 필요가 있다. 저학년은 한 번 시행 시 20분 정도가 적당하며 고학년은 30~40분 정도가 적당하다.

셋째, 친사회적 기술의 구성 내용은 학교 및 교사에 따라 달라질 수 있으며 학생의 연령에 따라서도 차이가 난다. 초등학생의 경우 교실 생존 기술, 우정 형성 기술, 감정 다루기, 공격성에 대한 대체재, 스트레스 다루기가 제시된다. 이 중 특히 공격성에 대한 대체재는 학생에게 자기 통제력, 협상 능력, 다른 사람과 자신의 분노에 대한 대처 능력을 부여한다. 이러한 능력이 부족할 경우 학생들은 싸우거나 분란을 일으키고 열등감, 과민함, 과격함 등의 성향을 보인다(Hardin, 2004).

(3) 갈등 해결과 동료 중재

1990년대 미국 전역의 5,000여 개 학교는 교실문제를 해결하기 위해 갈등 해결과 동료 중재(conflict resolution and peer mediation)를 골자로 하는 프로그램을 시행하였으며 그 숫자는 계속 늘어나고 있는 추세이다. Crawford와 Bodine은 갈등 해결 프로그램을 개발한 대표적인 학자이다. 이들은 갈등이 사회생활뿐 아니라 학교생활에서도 피할 수 없는 요인임을 주장한다. 문제는 갈등을 어떻게 건설적으로 잘 해결하여 학생들의 성장과 학습에 기여하게 하는가이다. 과거의 전통적인 교실관리는 갈등을 파생시킨 문제를 조명하는 것이 아니라 갈등의 결과를 주로 다루었다. 학생의 입장에서도 갈등에 대해 처벌이라는 방법으로 통제되었을 뿐이다. 학생들은 갈등과 잘못된 행동을 다른 방식으로 해결하는 방법을 배우지 못했다.

갈등 해결의 기본 전제는 다음과 같다. 첫째, 교실 갈등의 원인도 사회 갈등의 원인과 유사하다. 갈등은 보통 욕구, 가치, 자원과 관련되어 발생한다. 교실의 많은 갈등은 힘과 세력에 대한 욕구, 우정과 소속의 욕구, 그리고 자존감, 성취감과 같은 가장 기본적인 욕구와 관련되어 발생한다. 갈등은 시간, 돈, 재화와 같은 제한된 자원과 관련되어 발생할 수도 있다. 신념, 우선시하는 것, 원칙과 같은 가치와 관련된 갈등은 해결하기가 더 어렵다.

교실에는 다양한 배경을 가진 학생들이 있다. 다양한 학생들을 대상으로 하는 교육은 의도, 감정, 행동, 욕구 등을 잘못 지각하고 해석하게 할 가능성이 있다. 그리고 이러한 오해는 편견, 적대감, 차별, 괴롭힘을 낳고 갈등을 유발한다. 또한 교사가 지나치게 경쟁적인 분위기를 조성하거나 특정 학생 또는 집단을 편애할 경우, 그리고 비이성적이고 불가능한 기대를 할 경우 학생들은 좌절하고 갈등하게 된다.

둘째, 갈등에 대한 반응에는 부드러운 반응(soft response), 단단한 반응(hard response), 원칙화된 반응(principled response)이 있다. 부드러운 반응은 평화를 유지하고자 하는 학생에게서 나타나는 반응이다. 이들은 쉽게 동의하고 협상한다. 회피와 적응은 부드러운 반응의 가장 대표적인 유형이다. 회피는 상황에 대한 위축, 갈등의 무시, 감정의 거부 등을 수반한다. 적응은 공격에 대해 방어막을 치는 또 다른 반응 방법이다. 이 둘은 모두 적대감, 환멸, 의심, 두려움, 분노를 키운다. 반대로 단단한 반응은 갈등의 상황에 대적하는 것으로 위협, 공격, 분노를 수반하며, 어느 하나가 승리하고 패배할 때까지 투쟁이 지속되거나 둘 다 패배하는 결과를 가져온다. 원칙화된 반응은 대화와 갈등 해결 기술을 발전시킨다. 그리고 상대방을 이해하려고 노력하며, 적극적이고 감정이입을 통해 상대방의 이야기를 들으려고 한다. 이들은 양쪽 모두가 이익이 되는 방향을 고려한다.

셋째, 관련 학생의 연령과 성숙도를 고려해야 한다. 어린 학생의 경우에는 교사의 개입을 필요로 하는데 개입을 할 때에는 시간과 장소를 적절히 고려한다. 즉각적으로 개입해야 하는 경우도 있고, 냉각기를 필요로 하는 경우도 있으며, 공개적인 방식으로 해결해야 하는 경우도 있다. 갈등의 유형이 대집단 문제일 때에는 집단 모임이 필요하지만 개별적일 경우에는 중재자나 학생별로 해결한다.

갈등을 해결하는 유형은 중재, 협상, 일치된 결정 내리기가 있다. 중재는 중립적인 제삼자의 도움을 받아 갈등을 겪는 학생들이 면대면으로 만나 문제를 해결하는 과정이다. 중재의 성공은 미리 규정된 단계를 잘 밟아 올라가도록 지휘하는 중재자에게 달려 있다. 중재자는 교사, 교장 선생님, 다른 성인이 될 수도 있지만 최선의 중재자는 훈련

받은 동료 중재자이다. 3학년 정도부터 동료 중재자로 기능할 수 있으며, 이 경우 성인의 도움 없이 문제를 해결함으로써 자신감을 얻을 수 있다. 협상은 갈등을 겪는 두 학생이 도움 없이 문제를 해결하기 위해 활동하는 것으로 학급 학생 전원이 갈등 해결 기술을 익힌 교실에서 매우 유용하다. 일치된 결정 내리기는 집단 갈등 해결 전략으로 갈등에 놓여 있는 집단들이 모두 지지할 수 있는 계획을 공동으로 구성하는 활동이다. 학급회의는 이를 위한 좋은 방법으로 교사는 문제가 되는 사안들을 목록화하여 제시하고 적법한 과정을 거쳐 합의점에 도달하는지 유의해서 관찰한다.

넷째, 갈등 해결과정은 여섯 단계로 제시된다.

- 첫 번째 단계는 무대 설정이다. 갈등을 해결하기 위해서는 당사자들이 일단 문제를 해결할 의사를 가지고 이를 위해 협력해야 한다. 또한 비밀을 요하는지도 살펴야 한다.
- 두 번째 단계에서는 모든 학생들이 자신의 의사를 이야기하고 경청해야 한다. 중재자는 갈등을 겪고 있는 각 학생의 관점을 번갈아 가며 요약하고 명료화한다. 그리고 참여 학생들이 관점의 문제와 감정의 문제를 다루도록 도와야 한다. 갈등은 상황을 어떻게 지각하고 정의하는가에 따라 파생되는 것이므로 서로의 입장을 이해하는 것은 갈등을 해결하는 지름길이다. 또한 서로의 감정을 규명하고 공감하는 것도 갈등을 해결하게 한다.
- 세 번째는 이익을 규명하는 단계이다. 중재자는 갈등 해결의 과정을 통해 무엇을 얻고 싶은지를 질문한다. 갈등의 당사자 모두 공유된 이익을 추구할 경우 문제 해결이 용이해진다. 그러나 상충되는 이해는 문제 해결을 어렵게 한다.
- 네 번째 단계는 선택안 만들기이다. 이 과정에서 학생들은 창조적 사고를 통해 여러 가지 선택안을 만든다.
- 다섯 번째 단계에서는 만들어진 선택안에 대해 평가한다.
- 여섯 번째 단계에서는 합의를 본다.

다섯째, 갈등 해결 교육에 대한 추가적 접근으로는 교육과정 접근(curriculum

approach), 평화로운 교실(peaceable classroom), 평화로운 학교(peaceable school)가 있다. 교육과정 접근은 매일의 일과 속에서 학생들이 교수과정의 일환으로 갈등 해결 교육을 받는 것이다. 평화로운 교실은 협력, 대화, 관용, 긍정적인 감정 표현, 갈등 해결의 학습 등을 특징으로 한다. 평화로운 학교는 평화로운 교실이 학교 전체 차원으로 확산된 것을 말한다. 이러한 학교에서는 학생과 교사 모두 서로 존중하며, 자긍심을 가지고 품위를 유지할 수 있다(Hardin, 2004).

(4) 사법적 훈육

Gathercoal은 정의와 평등을 구현할 수 있는 학습환경을 조성하기 위해 교실관리의 모형으로 사법적 훈육(judicious discipline)을 제시했다. 교사와 교육행정가는 학생을 시민으로서 존중함으로써 시민성을 길러 주는 것을 가르치는 중요한 이유로 생각한다. 시민성은 교사가 학생에게 그들의 권리를 가르칠 때, 그리고 학생이 학교 안에서 자신들의 권리를 행사할 수 있을 때 길러진다. 이 권리는 학생의 다양한 배경에 관계없이 평등하게 모두에게 주어지는 것이다.

교실관리 역시 어버이 입장에서 교사가 학생을 지도하던 방향에서 학생이 합헌적인 자신들의 권리를 가지고 그에 대해 책임을 지는 방향으로 선회하고 있다. 교실은 하나의 민주적인 공동체이며 교사는 민주적인 사회의 가치를 직접 실천하여 모범을 보이는 모델이다.

사법적 훈육의 기본 전제는 다음과 같다. 첫째, 사법적 훈육은 인간의 자유, 정의, 평등의 기본 가치를 중시한다.

둘째, 중대한 이익의 강조는 대다수의 요구와 이익을 반영하는 것으로 개인적인 권리와 요구를 제한하면서 양자의 균형을 가져온다. 대표적으로 개인과 국가 재산의 손실 및 침해에 대한 보호, 공립학교 학생의 건강 및 안전에 대한 위협 방어, 교사와 학교 당국의 정당한 교육목적, 교육과정에 심각한 혼란을 야기하는 학생의 권리를 거부할 수 있는 전문적 책임 등은 공공 이익에 부합하는 것으로 간주된다. 교사가 규칙을 제정하고 집행하는 권리, 학생의 개인적 권리를 거부할 수 있는 권한도 이에 준하여 가능해진다.

셋째, 개인의 권리와 중대한 이익 사이의 균형에 대해 배움으로써 학생은 자신들의 권리를 행사하는 시간, 장소, 방식에 적절성이 있음을 알게 된다.

넷째, 학생은 사고하고 적절히 행동할 수 있기 위해 학기 초에 자유, 정의, 평등에 대해 학습할 필요가 있으며, 이러한 개인적 권리가 공익으로 인해 학교생활을 하면서 제한될 수 있음을 이해해야 한다. 학급회의는 이러한 내용을 경험할 수 있는 중요한 활동의 장이다.

다섯째, 학생은 자신들의 권리와 책임에 대해 토론한 후 규칙을 개발할 수 있다. 규칙은 공공 이익을 반영한다. 그러나 학생이 바른 행동을 하도록 만드는 것은 규칙 자체가 아니라 철학과 태도이며, 교사는 이에 근거하여 규칙으로 학생을 지도한다.

사법적 훈육 모형은 처벌보다는 적절한 행동을 학생에게 가르치는 데 더 역점을 둔다. 만약 잘못된 행동이 나타나면 이를 교육적 기회로 활용한다. 교사는 학생에게 상황을 회상하고 자신의 관점에서 상황을 설명하게 하며, 앞으로의 상황을 예측하고 선택하게 한다. 규칙을 위반하면 '지금 우리는 무엇을 해야 하는가?'와 '이를 통해 우리는 무엇을 배울 수 있는가?'를 중심으로 토론이 이어진다. 결과는 잘못된 행위 뒤에 따른다. 이는 Dreikurs의 논리적 결과와 연합될 때 보다 성공적일 수 있음을 의미한다. 결과를 결정할 때는 문제의 본질적 성격과 학생의 정서, 정신, 신체적 조건의 개인적 차이를 고려한다. 따라서 결과 역시 다양해진다(Hardin, 2004).

3. 개인적인 교실관리

교실관리는 시대에 따라 여러 학자들의 입장을 포괄하면서 변화해 왔다. 발생한 잘못된 행동에 대해 처벌하고 제재를 가하는 형식으로 이루어져 왔던 초창기 교실관리는 잘못된 행동이 나타날 수 없도록 학교의 전반적 교육과정을 철저하게 체계화할 것을 요구하는 방향으로 발전되어 왔다. 최근 들어 교실관리는 학생이 규칙을 내면화하거나 통제함으로써 스스로 잘못된 행동을 하지 않도록 노력하게 하는 성향을 보이고 있다.

이러한 여러 가지 관점 중에서 교사는 자신의 교육철학과 인성, 교수 방식, 그리고 학생의 성향 및 학교의 상황, 지역사회, 학부모의 요구 등 각종 맥락을 고려하여 교실관리 전략을 개발하게 된다. 특별히 효과적이고 효율적인 교실관리 방법은 없다. 아무리 효과적인 교실관리 방법이라고 해도 절대적으로 모든 교실에서 효과를 발휘한다고 보장하지 못한다. 교사는 자신이 처해 있는 각종 맥락을 고려하면서 자신만의 효과적인 교실관리 전략 및 방법을 고안하고 구축해 나가야 한다. 또한 교사가 개발한 효과적인 교실관리 전략이라 할지라도 시대, 사회의 변화, 특수한 여건의 교육 상황에 따라 지속적으로 변화될 필요가 있다.

우리나라 교실현장에서는 다양한 교실관리 기법이 활용되고 있다. 단호한 훈육은 전통적으로 가장 많이 사용되어 온 방법이다. 2000년대 중반 이후 학교폭력이 사회적으로 큰 문제가 되면서 이에 대한 예방책으로 공동체 형성이나 언어 상호작용, 공감, 분노 조절과 같은 친사회적인 태도 형성, 갈등 해결 및 중재 등의 방법이 교육개발원에 의하여 개발되고 각 급 학교에 보급되었다. 김은주(2015)가 이 중 학교폭력을 줄이는 데 가장 효과적인 방법이 무엇인가를 알기 위하여 서울, 경기, 강원도의 학생이 인식하는 교실관리 방법을 중심으로 조사한 결과 언어 상호작용 프로그램과 공동체 형성이 가장 효과적인 것으로 나타났다. 이러한 이유는 학교폭력 중 가장 큰 비중을 차지하는 것이 언어적 폭력이라는 사실과 연관된다. 또한 초등학교가 교사와 아동이 같은 공간에서 장시간 시간을 보내는 특수성을 가진 만큼 공동체 의식이 서로의 유대감을 강화하여 폭력 예방에 효과를 발휘하는 것으로 해석되었다.

교사교육

06

1. 초등교사 교육 제도의 변천

1) 한성사범학교와 5년제 사범학교(1895~1945년)

우리나라의 교사교육 제도는 1894년 갑오개혁에 의해 근대적인 학부의 관제가 마련되면서 시작되었다. 고종은 1895년 4월 소학교령 반포(7월)에 앞서서 한성사범학교 관제를 공포하였다. 이에 따라 최초의 근대 교사교육 기관인 한성사범학교가 설립되었다. 한성사범학교는 소학교 6년과 중학교 6년을 마치고 진학할 수 있는 2년제 사범학교 본과, 혹은 중학교 7년을 마친 후 진학할 수 있는 6개월 과정의 사범학교 속성과가 있었다. 본과는 20~25세, 속성과는 22~35세가 입학할 수 있었다.

이후 1905년 을사늑약과 1910년 한국병합늑약을 거치면서 학제의 변화와 더불어 사범학교의 수업 연한 및 체제도 변화를 거듭하였다. 1906년 한성사범학교는 관립 한성사범학교로 개편되면서 보통학교 교사교육을 목적으로 하여 수업 연한을 3년으로 하는 본과와 1년으로 하는 속성과를 두었다. 입학 자격은 수업 연한이 4년으로 축소된 보통학교를 졸업한 남자였다.

1911년 8월 23일 칙령 제229호로 공포된 제1차 조선교육령에 의거하여 시세와 민도에 맞는 교육을 표방하면서 4-4-3제가 확립되었다. 또한 한성사범학교를 없애고 관립의 4년제 남자고등보통학교와 여자고등보통학교에 사범과와 교원속성과를 두어 초등교사를 교육하였다. 수업 연한을 사범과는 1년, 교원속성과는 1년 이내로 하였으며, 사범과의 입학 자격은 고등보통학교를 졸업한 자, 교원속성과는 16세 이상의 보통학교 고등과(속성 중학교 과정) 2년의 학력을 가진 자로 하였다. 여자고보에 설치한 사범과는 수업 연한이 1년, 입학 자격은 3년제 여자고보를 졸업한 자였다.

1920년에는 보통학교의 수업 연한이 6년으로 다시 증대되었으며, 일제는 1922년 4월 초등교사를 교육하기 위해 다시 경성사범학교를 시작으로 관립 또는 공립의 사범학교를 설치하였다. 사범학교의 수업 연한은 6년이었는데 보통과 5년 그리고 그 후 연습과를 1년 이수하도록 하였다. 여자사범학교는 보통과 4년, 연습과 1년의 과정을 두었다. 보통과는 소학교(일인)나 6년의 보통학교 졸업자가 들어갈 수 있었고, 연습과는 보통과를 수료한 자가 들어갈 수 있었다. 특별한 사정이 있을 경우 사범학교에 수업 연한 2~3년의 특과를 두게 하였는데, 특과의 입학 자격은 보통학교를 졸업한 후 2년제 보통학교 고등과나 고등소학교를 졸업한 자였다.

1929년 관립 사범학교제가 새로 정립되어 초등교사를 교육하기 시작하였다. 관립 사범학교는 보통과, 연습과, 강습과를 두었다. 사범학교의 수업 연한은 7년으로 보통과는 5년, 연습과는 2년으로 하였으며, 연습과는 보통과 수료자가 수학하였다. 관립 사범학교는 1929년 경성, 평양, 대구에 세워졌으며, 취학 인구의 향학열이 높아지자 1935년 경성여자사범학교를 신설하였다. 1936년부터는 각 도에 하나씩 증설하여 전주사범학교(1936), 함흥사범학교(1937)가 세워졌다.

1938년에는 사범학교의 보통과를 심상과로 개칭하였다. 심상과의 수업 연한은 5년이었으며, 여자사범학교는 4년으로 하였다. 사범학교에는 심상과 이외에도 1년제의 강습과를 두었다. 심상과 입학 자격은 보통학교 6년을 졸업한 남자였으며, 강습과는 중학교 5년을 졸업한 남자였다. 이에 따라 광주사범학교(1938), 공주여자사범학교(1938), 춘천사범학교(1939) 등이 세워지고, 진주사범학교(1940), 청주사범학교(1941), 신의주사범학교(1942), 대전ㆍ해주ㆍ청진사범학교(1943), 원산여자사범학교(1944)가 설립되었다. 1945년 광복 당시에는 전국 13개도에 각 1개 교의 남자사범학교와 경성, 공주, 원산의 3개 여자사범학교를 포함하여 16개의 관립 사범학교가 있었다.

한편 사범학교 강습과의 경우 해당 인적 자원의 부족으로 운영이 어려워지자 1940년 전국 사범학교에 특설강습과가 설치되었다. 입학 자격은 보통학교 고등과나 중학교 3년 이상의 학력을 가진 자로 하였다. 하지만 강습과, 특설강습과 모두 부족한 교사를 충당하기 위한 일시적인 제도였다. 춘천사범학교의 경우 1946년까지 심상과 출신이 246명이었으나 강습과 계통 출신 교사는 1,011명이었다.

제2차 세계대전이 막바지에 이르자 일제는 전국의 학교를 전시교육 체제로 전환하였고 초등학교부터 대학까지 학도 근로 동원을 촉구하였다. 많은 젊은이들이 징병, 징용으로 끌려 나간 터라 일손이 부족하였으며, 물자가 모두 전쟁 지원에 공출되었으므로 사범학교의 학생들도 예외 없이 자급자족을 위하여 또는 사회봉사 지원을 위하여 혹사당했다. 식량 자급을 위한 농경지 경작은 물론 연료까지 해결해야 했고, 저수지 쌓기, 모심기, 전쟁 수행을 위한 송탄유 채취, 군수공장 지원 등 동원된 작업이 헤아릴 수 없이 많았다(강원근, 2002; 고재천 등, 2007; 김경식 등, 2001; 김영우, 피정만, 1995; 김은주, 2008; 박남기, 1997; 이시용, 2000; 춘천교육대학, 1989).

2) 3년제 사범학교(1945~1961년)

1945년 광복이 되자 미 군정 하에 설치된 교육심의회는 미국식의 학제를 도입하였다. 그리하여 6-6-4제 혹은 6-3-3-4제를 채택하였다. 사범학교는 5년제에서 6년제로 개편되었고, 1949년 12월 건국 후 최초로 공포된 우리나라 교육법에 의거하여 3년제 병설 중학교와 3년제 사범학교(사범과)로 다시 분리되었다. 이 새 학제는 1946년 9월부터 남한에 있는 청주·공주·대전·전주·광주·진주·춘천사범학교에 적용되었다. 광복 이후 국민학교 교사의 40%에 달하던 일본인 교사들이 귀환하고 교사 수가 급격히 부족해지자 군정 당국은 1946년 충주·군산·목포·순천·부산·강릉사범학교, 경기사범학교(1946년 5월 개교, 1949년 서울사범학교로 교명 변경), 개성사범학교(1946년 11월 개교, 1952년 인천사범학교로 교명 변경)를 새로이 증설하였다. 1947년에는 안동사범학교가 설립되었고 1950년 3월에는 대구사범학교가 문을 열었다. 한편으로 1946년 광복 이전의 강습과, 특설강습과와 성격을 같이하는 임시교원양성과가 단기적으로 세워졌다. 수업 연한은 1년, 입학 자격은 고등과 2년 졸업자였다.

1950년 6 · 25 전쟁이 발발하면서 사범학교 학생은 정규교육을 받을 수 없었지만 부산 등 피란지의 사범학교에서 위탁교육을 받으며 향학열을 불태웠다. 1953년에는 제주사범학교가 개교함으로써 1950년대 초 18개의 사범학교가 전국에 존립하게 되었다. 6 · 25 전쟁 후에는 초등교사가 더욱 부족하였으므로 임시교사 양성과정으로서 사범학교에 연수과를 설치하였다. 연수과는 고등학교 3학년을 졸업한 자를 입학 자격으로 하여 수업 연한 1년 과정으로 운영되었다. 동시에 고등학교에도 교직과정을 설치하여 이수자에게 초등학교 준교사 자격증을 수여하기도 하였다.

1957년에는 이화여자대학교 사범대학이 교육학과에 초등교육 전공을 두어 초등교사를 육성하였다. 당시 사범학교는 고등학교 수준에 해당되는 학교임에 반하여 대학 수준에서 초등교사를 교육하기 시작했다는 것은 의미가 컸으며, 향후 초등교사 교육

1954년 춘천사범학교 천막교실. 6. 25 동란 직후 본관 건물이 건축되는 동안 학생들은 운동장 천막교실에서 공부하였다(춘천교육대학, 1989, 춘천교육대학 50년사 1939~1989).

기관이 대학으로 승격하는 모본이 되었다(강원근, 2002; 고재천 등, 2007; 김경식 등, 2001; 김영우, 피정만, 1995; 김은주, 2008; 박남기, 1997; 이시용, 2000; 춘천교육대학, 1989).

3) 2년제 교육대학(1962~1980년)

고등학교 수준의 사범학교를 졸업한 학생은 교육관, 아동관이 정립되지 못한 미숙한 청년이었다. 또한 고등학교 수준의 교육기관에서 교사를 육성하기에는 교육기간이 너무 짧았다. 따라서 1950년대 중반 이후부터 3년제 고등학교 수준의 사범학교를 2년제 초급대학 수준으로 승격시키려는 시도가 있었다.

정부는 1962년 3월 1일을 기해 각 시·도별로 10개의 2년제 교육대학을 설치하였다. 서울·인천·춘천·청주·공주·대구·전주사범학교가 교육대학으로 개편되었으며, 뒤이어 1961년에 신제 사범대학으로 개편되었던 부산과 광주의 두 사범대학(2년제)도 교육대학으로 재개편되었다. 제주사범학교는 제주대학 교육과로 개편되었다. 그러나 사회가 안정되면서 아동 수가 급증하고 이에 따라 초등교사에 대한 수요가 계속 증가되자 1963년에는 진주, 안동, 군산, 목포에 교육대학을 증설하고, 1969년에는 강릉과 마산에 교육대학을 신설하였으며, 제주대학 교육과를 제주교육대학으로 개편하였다. 따라서 1969년 당시 전국적으로 16개의 교육대학이 존립하였다.

취학 아동 수가 기하급수적으로 증가하여 교사가 부족해진 데 반해 산업의 발달로 새로운 직종이 대두되면서 교직의 이직률이 1960년대를 기점으로 지속적으로 심화되었다. 초등학교 교사의 부족은 심각한 문제였다. 이에 교육대학 정원을 계속 증원하는 한편 중등교원 자격증 소지자를 초등교사로 대치 임용하기도 하였다.

1959년 폐지하였던 임시초등교원양성소를 1966~1967년에 걸쳐 전국적으로 다시 설립하여 필요한 교원을 충당하였으며, 이는 1971~1972년까지 지속되었다. 처음에는 초급대학 졸업 이상의 학력 소지자를 대상으로 18주간의 교사교육을 실시하여 초등학교 2급 정교사로 임용하였고, 응급 대책으로 초급대학 졸업 이상의 학력자를 임시 강사로 임용하여 현직에 복무하는 도중에 교육소에 입소시켜 자격증을 취득하게 하였다. 1969년 이후 초등교원의 수가 더욱 부족해지자 문교부는 1969년 임시교원양성소 규정을 개정하여 고등학교 졸업자까지도 양성소에 입소시켜 18주간의 교육을 받으면 준교사 자격증을 주고 교사로 임용하였다. 춘천교육대학의 경우 1967~1972년에 임시교원양성소에서 배출된 교사의 수가 총 1,139명에 달하였다. 같은 기간 춘천교육대학 졸업생은 1,609명이었다. 광주교육대학은 1966~1971년 임시교원양성소에서 총 3,961명의 교사를 교육하였다.

이러한 응급조치는 교직의 위상을 떨어뜨리는 요인으로 작용하였다. 교직의 위상 하락은 교육대학에 대한 유인가를 저하시켜 1960년대 말 다수의 교육대학은 입학 전형 미달을 경험하였고, 2, 3, 4차까지 모집을 하면서도 정원을 채우지 못하는 사례도 있었다.

1968년 8.8%에 이르던 초등교사 퇴직률이 1973년에 3.9%로 낮아져 이때부터는 교육대학 졸업자도 임용 대기 상태에 들어갔다. 그러자 문교부는 1974년부터 교육대학 정원을 연차적으로 감축하였으며, 1977년에는 강릉·마산·안동·군산·목포교육대학을 일반대학으로 개편하였다. 따라서 전국에 세워졌던 16개 교육대학 중 11개 교육대학만이 남게 되었다(고재천 등, 2007; 김경식 등, 2001; 김영우, 피정만, 1995; 김은주, 2008; 박남기, 1997; 춘천교육대학, 1989).

4) 4년제 교육대학교(1981년~현재)

1980년대 들어 경제가 급성장하고 국민의 교육 수준이 향상됨에 따라 초등교육의 전문성에 대한 논의가 보다 활발하게 이루어졌다. 초등교육의 중요성에 비추어 볼 때 무엇보다도 교사의 질을 향상시킬 필요가 있다는 인식과 함께 1981년 교육대학의 수업 연한을 2년에서 4년으로 연장하였다. 이는 초등교사의 사회적 지위나 직업인으로서의 자긍심을 높이는 데 기여하였을 뿐 아니라, 초등교사가 될 예비교사가 보다 장기적인 훈련과 자기 계발을 함으로써 초등교육의 전문성을 높일 수 있는 중요한 계기가 되었다.

1993년에는 국립학교 설치령이 개정되어 교육대학을 교육대학교로 교명을 변경하였고, 학장을 총장으로 개칭하였다. 1996년부터는 제주를 제외한 10개의 교육대학교 내에 교육대학원이 설치되었다. 그리고 2000년에는 제주교육대학교에도 교육대학원이 개원하였다. 따라서 많은 초등교사의 교육대학원 진학이 가능하게 되었고, 교육대학교는 명실상부한 초등교사 교육 기관으로 발돋움하였다. 2013년부터는 서울교육대학교와 경인교육대학교에 교육전문대학원이 신설됨으로써 석사학위 소지자뿐 아니라 박사학위 소지자를 배출할 수 있는 역량을 갖추게 되었다.

현재 초등교사를 배출하는 대학은 전국의 10개 교육대학교(서울, 경인, 춘천, 청주, 공주, 전주, 광주, 대구, 부산, 진주)와 제주대학교 교육대학(2008년에 제주교육대학교가 제주대학교에 통합됨), 1984년 종합적인 교사교육 기관으로 개교한 한국교원대학교의 초등교육과, 이화여자대학교 사범대학 초등교육과이다. 1972년에 설립된 방송통신대학에서도 초등교사 교육 기능을 상당 기간 수행해 왔지만 1992년부터는 초등교육과가 폐지됨으로써 교육 기능이 정지되었다(고재천 등, 2007).

2. 초등교사 교육과정

1) 교육과정의 방향

(1) 교양교육의 방향

교사교육 기관의 교육과정은 전문적 자질이 뛰어난 교사를 육성하는 데 초점이 맞춰져 있다. 교사교육 기관의 교육과정은 교양, 전공, 자유선택으로 구성된다.

교양교육은 전공 분야와 함께 대학교육의 주요한 교육 분야이다. 교양교육의 방향을 어떻게 설정하느냐에 따라 그 성격이 달라진다. 첫째, 교양교육은 자유교육과 일반교육 중 어느 하나에 더 많은 비중을 둘 수 있다. 자유교육은 정예주의를 지향하는 교육으로서 각 분야에서 엄격하게 선발된 소수의 대상에게 차별화된 질 높은 교육을 제공하고 전문적 기량을 향상시키려는 교육이다. 반면에 일반교육은 광범위한 영역의 대중들에게 특정한 전공에 관계없이 교양 수준의 내용을 제공하는 교육으로서 범용주의에 기초하고 있다. 둘째, 교양교육은 풍부한 인간성을 함양하는 데 초점을 두고 구성될 수도 있고, 깊이 있게 어느 한 분야를 심화하여 연구함으로써 고등 지식을 습득하게 하는 학문성을 지향할 수도 있다.

박창언과 이종원(2002)은 교육대학교의 교양과정은 자유주의 방향과 인간성을 촉진하는 방향으로 설정될 필요가 있음을 주장하였다. 즉, 교육대학교는 이미 초등교사를 교육하는 특수 목적 대학으로서의 성격을 지니고 있으므로 자유주의에 근거한 교양교육이 적합하다고 한다. 이질적이고 다양한 내용보다는 교사로서의 자질을 향상시킬 수 있고 전문성 함양에 부합되는 방향으로 교양 내용을 구성하는 것이 바람직하다는 것이다. 또한 교육대학교의 교양과정은 학문성보다는 인간성을 함양하는 데 역점을 둘 필요가 있음을 제시하였다. 그 이유는 초등학교 교사는 어린 아동을 대상으로 교육해야 하기 때문이다. 어린 아동은 다른 사람보다 헌신적인 봉사를 더 많이 필요로 하는 존재이다. 교사는 어린 아동의 정서와 발달 상태를 고려할 줄 알고, 그들을 이해하는 가운데 교육하고 지도해야 한다. 이를 위해 교사는 풍부한 인간성과 자질을 지녀야 한다는 것이다.

> 일단 교대는 교사교육이 목표이기 때문에 모든 과정이 그 목표를 향해 맞춰져 있는 것 같다. 그래서 일반대학과 비교하는 것 자체가 무리일 수 있지만 타 대학들과 비교했을 때 교양과목이 부족한 것 같다. 대학에 올 때 내심 교양과목에 대해 많이 기대하고 있었는데 그 점이 아쉽다. 또한 교대의 목적에 맞게끔 교과과정이 짜여 있어서 그 목적 하나만을 위해 집중되어 있으므로 자칫 그 이외의 것에 대해서는 무심해지거나, 세상을 살아가는 데 꼭 필요한 것인데도 모르게 되는 경우가 생길 수 있을 것이라고 생각한다(춘천교육대학교 학생).

(2) 초등교육학의 방향

교육대학교의 모든 학생은 초등교육학을 전공으로 한다. 초등교육학의 방향을 학문 추구로 설정할 것인가 혹은 교육 추구로 설정할 것인가는 전공 내용을 구성하는 데 영향을 미친다. 박창언과 이종원(2002)은 교육대학교의 전공을 교육적인 면에서 더욱 강조할 필요가 있음을 주장하였다. 교육대학교의 목적은 초등교육을 훌륭하게 책임질 수 있는 교사를 교육하는 것이니만큼 학문적 심오함을 가르치는 것도 중요하지만 현장에서 교육할 수 있는 교육 능력을 키워 주는 쪽으로 전공 내용이 강조되어야 한다는 것이다.

이혁규(2003)는 오늘날 중등교사교육기관의 가장 큰 문제점 중 하나는 교육성을 소홀히 하는 것이라고 지적하였다. 사범대학의 경우 현장 수업과 관련된 교육성을 가르치기보다 교과와 관련된 내용학을 주로 강의하는 경향을 문제로 드러낸다. 따라서 사범대학 학생이 내용학을 배운 연후에 그것을 교실 상황에서 어떻게 변환해야 하는지 알지 못한 채 순전히 개인적인 시행착오로 현장에서의 교육력을 신장시키고 있음을 지적하였다. 이러한 현상은 초등, 중등을 떠나서 교사의 전문성을 약화시킨다.

초등교육학의 방향을 교육성으로 설정하는 것은 교사의 주된 업무가 교육이므로 합당하다고 보인다. 교육성을 제외하고 교사의 전문성을 논의하기가 매우 어렵기 때문이다. 하지만 아무리 교육성이 뛰어나다고 해도 아는 것이 없으면 가르칠 수 없다. 따라서 학문성도 교육성 못지않게 중요하다. 더군다나 학생의 학력 수준은 시대와 사회의 변화에 따라 계속 신장되고 있다. 교사도 이에 걸맞게 학문적인 면에서 깊이 있고 심층적인 지식을 연마할 필요가 있다. 또한 최근 교사교육 기관에 입학하는 우수한 인재는 교육과정이 교육성에만 치중될 경우 지적 성취감을 느끼지 못할 수도 있다. 교사교육 기관이 교육성에 지나치게 비중을 두다 보면 지성인을 육성하는 대학이기보다 기능인을 키워 내는 양성소에 머물 수도 있다. 따라서 교사교육 기관은 전공과정을 운영할 때 교육성과 아울러 학문성 또한 조화롭게 신장시킬 필요가 있다.

2) 교육과정의 내용

(1) 5년제 사범학교 교육과정

사범학교의 교육목적은 소학교 교사로서 갖추어야 할 덕성 함양이다. 1939~1942년의 교육과정은 수신, 공민, 교육, 국어, 한문, 역사, 지리, 수학, 이과, 직업, 체조, 도예, 수공, 음악, 외국어로 구성되었다. 1943~1945년의 교육과정은 국민과, 교육과, 이수과, 직업, 체조, 예능, 외국어과로 구성되었다. 하지만 실제적으로 강독, 작문, 문법 등 표기상 국어로 되어 있는 일본어 교육에 역점을 두고 수업이 이루어졌으며 교련과 무도 등을 통해 일본 혼을 주입시키려 하였다(춘천교육대학, 1989).

(2) 3년제 사범학교 교육과정

광복 이후 1954년에 이르러서야 문교부령 제35호로 교육과정 시간 기준령이 공포되어 1963년까지 적용되었다. 교육과정의 내용은 교육 및 철학과 함께 국어, 사회, 수학, 과학, 체육, 교련, 실업 및 가정, 음악, 외국어, 특별활동으로 구성되었는데 이 과목들은 모두 필수로 행해졌다. 선택과목은 국어, 사회생활, 수학, 과학, 외국어, 음악, 미술, 수공, 심리, 실업 등이 있었으나 미술로 일괄 선택하게 함으로써 필수와 같은 성격으로 이수되었다. 이외에도 교육실습이 필수로 행해졌으며 실시 일수는 최소 30일에서 최대 70일까지 융통성 있게 운영되었다. 교육과정 중 교련은 남학생에게만 해당되었으며 여학생은 이 시간 수에 해당되는 만큼 체육, 실업 및 가정, 음악, 미술 중 두 과목 이상을 선택하여 이수하도록 하였다(춘천교육대학, 1989).

(3) 2년제 교육대학 교육과정

고등학교 수준의 사범학교에서 초급대학 수준의 교육대학으로 전환된 이후 교육과정은 수차례의 개정을 거쳐 1974년 무렵부터 4년제로 승격되기 전까지 교양, 교직으로 구성된 교육과정을 실시하였다. 교직은 다시 필수와 선택으로 구분되었다. 교양은 국민윤리, 국사, 국어, 수학, 사회과학, 자연과학, 체육, 교련, 외국어로 구성되었다. 교직 필수는 교육 기초, 아동 발달, 교육과정, 학교와 사회, 도덕과 교육, 국어과 교육, 사회과 교육, 산수과 교육, 자연과 교육, 체육과 교육, 음악과 교육, 미술과 교육, 실과 교육, 교육실습으로 구성되었고, 교직 선택은 교육연구, 시청각 교육, 도서관 운영, 학교행정, 교육특강, 각 과 선택(도덕, 국어, 사회, 수학, 과학, 체육, 음악, 미술, 실과)으로 구성되었다.

(4) 4년제 교육대학교 교육과정

4년제 교육대학교의 교육과정은 교양과 전공으로 구성되어 있다. 전공은 다시 교육학과 교과교육, 실기, 창의적 체험 활동으로 구성되며 그 이외에 심화과정, 교육실습, 졸업논문 등이 있다. 교양은 인문과학, 사회과학, 자연과학, 체육·예술, 생활정보과학, 외국어 등의 영역으로 구성된다.

교육학은 철학, 심리학, 사회학, 사학, 행정학 등의 학문적 기초하에 교육 현상을 분석하여 지식을 창출하고, 또한 학교 현장에 응용될 수 있는 지식, 이론 및 실제적 방법을 모색하는 종합 학문이다. 교육학적 이론과 시각은 다양한 관점에서 교육 관련 현상을 진단하고 분석하며 해결책을 모색할 수 있는 능력을 키워 준다. 또한 교육 대상이 되는 아동을 이해하고 지도하며 발달시키기 위한 여러 가지 지식과 방법을 제공한다. 교육학은 각 과 교육을 진행해 나가는 데 필요한 교육 원리와 방법에 대한 기초를 소개하는 영역이기도 하다. 교육학은 교양 영역과 연계되어야 할 뿐 아니라 교과교육학의 기초가 되도록 구성되어야 한다.

교과교육은 교육학적 시각과 원리에 근거하면서 동시에 모학문의 지식과 사고 양식 및 연구 문제를 탐구하는 이론과 실천의 영역이다. 초등 교과교육은 초등학교 교육과정에서 다루는 전 교과를 두루 포괄해야 하는 특수성을 가진다. 전 교과를 섭렵한다는 것은 한 영역에 대해 중등교육만큼의 심화된 지식과 기술을 가질 수 없게 하므로 예비교사의 지적 갈급성을 촉발시키는 측면도 있다. 하지만 이 부분은 여러 교과를 광범위하게 모두 다룰 수 있는 능력과 기술을 익힐 기회를 제공하며 동시에 초등교사의 다재다능한 재질의 근원이 된다. 또한 역설적으로 모든 교과를 다룰 수 있는 능력과 기술은 다른 직업의 업무와 구별되는 초등교육의 전문성이자 차별성이기도 하다. 실기는 음악, 미술, 체육, 영어, 컴퓨터 등과 같이 각 교과를 잘 가르치기 위해 필요한 기능과 기술을 연마하는 과목이다. 그리고 창의적 체험 활동은 초등학교 현장에서 시행하는 교과 관련 체험 활동 및 자율, 봉사, 진로 등의 내용으로 구성된다.

이외에도 각 교육대학교는 심화과정을 운영하고 있다. 심화과정은 각 교과 및 교육학과 연계하여 구성된다. 각 심화과정에서는 해당되는 교과나 관련되는 교과의 모학문 등에 대해 보다 깊이 있게 연구할 수 있도록 다양한 과목을 개설하고 있다. 심화과정은 모든 교과를 두루 연구해야 하는 교육대학교의 특수성, 그리고 그로 인해 심층 지식을 취득하기 어려운 교육대학교의 구조적 결함을 보완하기 위해 개설된 과정으로서 특정 분야에 대해 보다 전문화된 지식을 탐구하고 연구방법을 익히도록 배려한 과정이다. 또한 심화과정은 초등ㆍ중등 통합학교의 근무와 한편으로 교과 전담제에 대비한 과정이기도 하다.

실습은 참관실습, 실무실습, 수업실습 등으로 구분되며 최근에 와서는 자율봉사실습이 추가되었다. 참관실습은 관찰자의 신분으로 교실생활 및 교사의 교육활동을 견학하는 실습이고, 실무실습은 학교 및 학급에서 처리해야 할 각종 행정적 업무와 사무를 익히는 실습이다. 수업실습은 학생들을 대상으로 여러 가지 교재와 교육활동을 고안하여 직접 교수 경험을 하는 실습이다. 또한 자율봉사실습은 재학기간 동안 일정한 시간 이상을 초등학교 등의 현장에서 여러 가지 형태로 봉사하게 함으로써 현장에 대한 이해를

표 6-1 전국 교육대학교 교육과정 학점 및 수업시수 배당(2017년)

영역 / 학교		경인	공주	광주	대구	부산	서울	전주	진주	청주	춘천	범위
교양과정		31	40	35	44	31	34	38	30	32	34	30~44
전공과정	교육학	20	18	20	18	20	18	20	18	18	19	18~20
	교과교육	47	51	49	48	44	50	45	59	44	49	42~59
	실기 실험	21	11	6	6	13	12	10	11	16	12	6~21
	심화과정	18	21	20	21	22	20	21	20	18	21	18~22
	교육실습	4	4	4	4	4	4	4	4	4	4	4
	창의적체험활동 · 특별활동및재량활동운영 · 통합교과및특별활동	1	2	3	2	4	2	7	3	3	2	1~7
졸업논문		P/F	P/F	P/F	P/F	P/F	P/F	P/F	P/F	P/F	P/F	P/F
교직 적인성 검사		P/F		적격판정		P/F					P/F	P/F
졸업자격인증(영어능력인증, 한자능력인증)		P/F										
교육 · 사회봉사		P/F	P/F	P/F	P/F	P/F	P/F		P/F	P/F		
예비교사 고전 읽기 인증			P/F									
인성교육						P/F						
수업실기능력인증제									P/F			
응급처치 및 심폐소생술 실습(2회)		P/F		적격판정							P/F	P/F
총계		142	147	137	145	134	140	145	145	135	141	134~147

높이고 현장 적응 능력을 향상시키기 위한 실습이다. 실습은 예비교사가 연마한 각종 지식과 기술을 현장에 적용해 볼 수 있게 함과 동시에 부족한 점을 발견하고 이를 보완할 수 있는 기회를 제공한다. 또한 교사로서 교단에 서기 전에 학교 현장의 문화를 익히며, 학생을 지도하고 상호작용하면서 교사로서의 인성 및 자질을 함양시키는 계기가 되기도 한다.

졸업논문은 4년간의 대학 생활을 결산하면서 자신이 연구하고 싶은 주제를 중심으로 작성하나 예체능 심화과정에 속한 학생의 경우에는 실기나 연주, 전시회, 작품 발표회 등으로 대체하기도 한다. 최근에는 심화과정의 성격에 따라 답사 보고서, 실험실습 보

표 6-2 춘천교육대학교 교육과정(2017년)

구분			교과목명 및 학점	
교양과정 34 (34)	인문과학 (10/10)		철학의 이해 3	
			우리말과 표현 3	
			현대사회의 윤리 2, 사이버문화와 윤리 2, 통일문제 연구 2, 다문화주의 연구 2	택 1
			어린이 문학의 이해 2, 교육연극의 이해 2, 언어의 이해 2, 문학의 이해 2, 북한말 글의 이해 2	택 1
	사회과학 (6/6)		한국 역사와 문화 2, 동양문화의 이해 2	택 1
			인간과 역사 2, 서양문화의 이해 2, 다문화 사회와 교육 2, 인간과 환경 2	택 1
			생활과 정치 2, 현대사회와 경제 2, 인간과 사회 2, 법과 인권 2	택 1
	자연과학(6/6)		수학의 기초 2, 물질과 생명현상의 이해 2, 생활과 역사 속의 과학 2	
	체육,예술(6/6)		음악의 기초 이론 2, 조형의 세계 2, 건강과 스포츠 2	
	생활정보 과학(4/4)		미래 사회와 컴퓨터 2	
			현대인의 식생활 2, 농업과학의 이해 2, 가정문화와 생활환경 2, 기술과 발명교육 2, 다문화 교육과 건강가정 2, 양성평등과 가족 2	택 1
	외국어(2/2)		영어발음 및 말하기 연습 2	
전공과정 107 (116)	교직이론(13/13)		교육사 · 교육철학 2, , 교육사회학 2, 교육심리학 2, 교육과정과 수업 2, 교육행정학 2	
			교육연구방법과 연구윤리 3, 미래교육탐구 3, 교육평가 3, 교육방법과 교육공학 3, 교육법 3, 작은 학교 창의적 체험 활동 이론 3, 작은 학교 초등교육의 이해 3, 생활지도 및 상담 3	택 1
	교직소양(6/6)		교직과 교사 2, , 학교폭력 예방 및 학생의 이해 2, 특수교육의 이해 2	
	교육실습(4/8주)		참관실습 1, 수업실습 1, 종합실습 2, 교육봉사활동 P/F.	
	교과 교육학 (49/49)	이론 (24/24)	통합교과교육론 2, 초등도덕교육I 2, 초등국어교육I 2, 초등사회과교육I 2, 초등수학교육I 2, 초등과학교육I 2, 초등실과교육I 2, 초등음악교육I 2, 초등미술교육I 2, 초등체육교육I 2, 초등영어교육I 2, 초등컴퓨터교육 2.	
		실제 (25/25)	초등도덕교육II 2, 초등국어교육II 3, 초등사회과교육II 2, 초등수학교육II 3, 초등과학교육II 3, 초등실과교육II 3, 초등음악교육II 2, 초등미술교육II 2, 초등체육교육II 2, 초등영어교육II 3	
	실기 12(21)		음악실기 I 1(2), 음악실기 II 2(3), 미술실기 I 1(2), 미술실기II 2(3), 체육실기 1(2), 체육실기II 2(3), 교실영어실기 I 1(2), 교실영어실기II 1(2), Computational Thinking을 활용한 문제해결 1(2)	
	창의적 체험 활동(2/2)		긍정심리 프로젝트 2, 인성교육과 생활예절 2, 리더십과 봉사체험 2, 어린이 독서토론 교실 2, 어린이 문학 창작 교실2, 작은 학교 교육연극 교실수업 2, 어린이 고전교육 2, 인성교육 2, 체험 수학 2, 수학마술 2, 다문화 수학 2, 과학창의 놀이활동 2, 환경교실 2, 융합과학교실 2, 가정 원예 2, 아동요리교실 2, 작은 학교를 위한 발명 체험교육 및 방법 2, 화통, 소통 전통가락 2, 음악만들기 2, 다양한 악기의음색탐험 2, 미술관 여행 2, 전통미술 문화여행 2, 디자인과 생활 2, 스키 2, 야영 2, 테니스 2, 영미 아동문학연구 2, 어린이 영어캠프지도 2, 영어 인터뷰 기술 2, 아동 코딩 교육 2, 프리젠테이션 자료 제작 2, 컴퓨터 활용 실기 2	택 1

(계속)

표 6-2 춘천교육대학교 교육과정(2017년)(계속)

구분	교과목명 및 학점
심화과정(21)	윤리교육 21, 국어교육 21, 사회과교육 21, 교육학 21, 수학교육 21, 과학교육 21, 실과교육 21, 음악교육 21, 미술교육 21, 체육교육 21, 영어교육 21, 컴퓨터교육 21 12개교과중 택1(필수 및 선택)
졸업논문	P/F제
교직 적인성검사	P/F제
응급처치 및 심폐소생술 실습(2회)	P/F제
총계	141(150)

고서, 수업 분석 보고서, 졸업시험, 토익, 토플, 텝스 등의 각종 영어 능력 시험, 정보처리기사 자격증, 한자능력검정, 각종 대회 입상성적 등으로 갈음하기도 한다.

전국 교육대학교의 졸업 이수 학점은 134~147학점이다. 이수 학점의 비율은 각 대학에 따라 차이가 있는데 대체로 교양과정은 30~44학점의 범위이다. 전공 중 교육학 기본과목은 대체로 18~20학점, 교과교육 및 특별활동은 41~62학점, 실기 · 실험은 6~21학점, 심화과정은 18~22학점, 교육실습은 4학점으로 구성되며, 졸업논문은 P/F제로 운영된다.

> 지난 학기는 정말 숨 쉴 틈 없이 바쁘게 지낸 것 같다. 늘 불어닥치는 과제 바람과 리포트 제출, 시험. 더군다나 발표 수업이 있는 날이면 교구를 만들고, 수업 예행연습을 해보고, 미술이 있는 날이면 밤 새워 작품을 만들고. 시작하기 전에는 늘 막막하고 해낼 수 없을 것만 같았는데 한 사람도 빠짐없이 모두들 해내는 것이 신기했고, 내가 할 수 있었다는 것이 뿌듯하다(춘천교육대학교 학생).

> 솔직히 부푼 마음을 갖고 첫 학기를 시작했다. 그러나 미술, 음악, 체육과 같은 과목 수업을 받고 어려움을 느끼면서 '아! 정말 힘들다. 선생님이 되는 길이 이렇게 다재다능한 요소를 필요로 하는 건가. 난 능력 부족이고 실전에 나간다면 얼마나 힘들지 앞이 막막하다'는 생각이 든다(춘천교육대학교 학생).

3. 외국의 교사교육

1) 영국

영국에서 초등학교 교사교육은 매우 다양하게 이루어진다. 대표적으로 사범대학이나 일반대학 교육학과를 중심으로 이루어지는 직전 교사 훈련과정이 있다. 사범대학에서는 4년간 훈련을 받은 다음 교육학 학사 학위(Bachelor of Education, B. Ed)를 취득할 수 있다. 교육학 학사 학위과정은 1+3 유형, 즉 1년간의 일반과정 후 3년의 교직 전문과정을 이수하거나, 혹은 3+1 유형, 즉 3년간의 교직 전문과정 후 1년간의 일반과정을 이수하는 형태가 있다.

일반 종합대학교의 교사 훈련과정에서는 일반학과를 3년 전공하여 이학사 학위(Bachelor of Science, B. Sc)나 문학사 학위(Bachelor of Arts, B.A.)를 받은 뒤 교직 전문과정인 1년제 대학원 과정을 이수하여 석사(Postgraduate Certificate in Education, PGCE)를 취득함으로써 교사 자격을 얻게 된다. 영국 초등교사의 50%는 PGCE의 과정을 통하여 교육된다.

초등교사가 되기 위한 교육과정은 교과교육 영역(초등), 교육학 및 교직 영역(전문과정), 교육실습 등의 영역으로 구성되어 있다. 초등학교 교육과정의 경우 영국 교육고용부에서 1988년 '국가 공통 교육과정'을 마련한 이래 이를 기준으로 삼고 있으므로 초등교사의 교육도 이에 준하여 교육과정을 운영하고 있다. 교과교육 영역에서는 초등교사의 경우 한 교사가 모든 교과를 담당하는 것을 원칙으로 한다. 교과교육 영역은 국가 공통 교육과정 교과목으로 제시된 것으로서 핵심교과인 영어, 수학, 과학, 그리고 기초교과인 정보통신, 설계기술, 지리, 역사, 음악, 미술과 디자인, 체육을 포함한다. 이 중 핵심교과인 영어, 수학, 과학은 각각 150시간 정도를 이수해야 하는데, 대략 60~70시간은 대학교에서 교과를 수강하고 35시간은 개별 과제를 수행하며 나머지 50시간은 실제 수업 실습시간을 뺀 해당 과목 실습시간에 투입된다.

교육학 및 교직 영역에서는 초등교육학 개론, 교수·학습 이론, 통합교과, 초등교육 쟁점 분석, 특수아 교육법을 다룬다. 교육학 및 교직 영역은 B. Ed 과정의 경우에는 60~180시간, PGCE는 86시간 정도를 할당하고 있다. 교육실습은 B. Ed 과정의 경우에는

80~100일, PGCE는 70~90일 정도 하도록 되어 있다. 교사 자격을 취득하면 정식 교사가 되기 전에 1년간의 수습기간을 거친다. 수습기간을 성공적으로 마치지 못하면 공립학교에서 교사 생활을 할 수 없다.

초등교원과 중등교원의 교육기관은 분리되어 있지 않으며 동일한 기관 내에 교육과정을 동시에 개설하여 선택하도록 하고 있다. 보통 초등 저학년(3~7세), 초등 중학년(7~11세), 초등 중등(7~14세) 과정이 개설된다. 기관에 따라서는 고등과정까지도 개설할 수 있으며 선택적으로 이들 과정 중 일부만 개설할 수도 있다. 학생들은 첫 학기 참관실습 후에 이 가운데 하나를 선택하게 된다. 1998년 9월부터는 모든 예비 초등교사들에게 교과 전담 교사과정이라고 하여 한 과목 이상 부전공을 하도록 하고 있는데, 이는 우리나라의 심화과정과 유사한 과정이다. 3~7세 초등 저학년 과정을 전공하고자 하는 학생들은 유아교육을 심화과정으로 선택해야 하고, 초등 중학년과 초등 중등 과정을 전공하고자 하는 학생은 핵심 과목과 나머지 과목들을 이수하면서 그중 하나를 심화교과로 선택하여 그 부분에 대한 전문성을 키우게 된다(경상대학교 사범대학 중등교육연구소, 2000; 고경석 등, 2003; 고재천 등, 2007; 김신호, 전세경, 이명주, 2001; 김은주, 2008; 안창선, 남경현, 이욱범, 1999).

2) 미국

미국의 초등교사 교육은 주에 따라 다양하나 대체로 종합대학교 내의 4년제 교육대학 학부에서 교육되는데(약 70%) 이는 전통적인 교사교육 프로그램에 해당된다. 이외에도 비전통적인 교사교육 프로그램이 있는데 대개 일반 학부를 졸업하고 석사 수준의 교육과정을 거쳐 초등교사가 되는 길(20%)과 교사교육 프로그램을 대폭 축소한 속성과정으로서의 대안 프로그램이 있다(10%). 즉, 기본적으로 학사 학위를 취득한 후 1년 동안 추가로 교사교육을 집중적으로 받는 이러한 비전통적인 교사교육 프로그램은 1983년에 시작되어 1990년대 중반에는 39개 주로 확산되었다.

어떤 과정이든 교사교육을 위한 교육과정은 교양교육, 교직교육, 전공교육, 실습으로 구성된다. 이수 형태는 각 주의 교육 제도에 따라 다양하다. 첫째, 4년 동안 대학에서 세 영역의 구분 없이 골고루 이수하는 유형이 있다. 둘째, 4년 가운데 2년은 교양을 공부하고 나머지 2년 동안 교직과 전공 영역을 학습하는 유형이 있다. 셋째, 4년 동안 교양교육과 전공교육을 받은 후 5년째 과정에서 교직교육을 집중적으로 이수하는 유형이 있는데 이를 '5학년 프로그램(fifth year program)'이라고 한다. 넷째, 대학 3학년부터 3년 동안 교사교육을 받는 프로그램이 있는데 이를 '5년제 프로그램(five year program)'이라고 한다(나동진, 1998).

주에 따라 차이가 있기는 하나 전통적 교사교육 프로그램을 통해 초등교사가 되고자 하는 학생들은 1~2학년에는 교양과정을 이수한다. 교사교육 프로그램은 대체로 2학년 2학기부터 시작되는데 평균성적이 2.5 이상 되어야 이수할 수 있다. 교육과정은 주로 교양교육, 전공교육, 교직교육, 실습으로 구성되며 120학점을 이수하면 졸업할 수 있다. 미국에서도 실습이 강조되어 실습기간이 12~16주에 이른다. 이 기간 동안 학생들은 주 5일을 실습학교에서 보내며 실습에 관한 세미나를 위하여 1주일에 한 번 정도 대학에 나오게 된다.

미국의 경우에도 초등과 중등의 교사교육 기관이 분리되어 있지 않다(경상대학교 사범대학 중등교육연구소, 2000; 고경석 등, 2003; 고재천 등, 2007; 김신호, 전세경, 이명주, 2001; 김은주, 2008; 박남기, 2002; 안창선, 남경현, 이욱범, 1999).

3) 독일

독일은 16개 주의 문화주권에 따라 주마다 학교 및 교사양성제도를 달리하고 있다. 따라서 최소한의 공통선을 유지하기 위해 주 문교장관회의에서 협의를 하고 있다(김상무, 2017). 독일은 목적 대학으로서의 교육대학을 설립하여 교사를 교육해 왔으나 16개 주 중 14개 주에서 교육대학들이 동일 지역 내의 학술종합대학과 통합함으로써 현재는 교육대학과 학술대학, 예술대학, 음악대학의 교육과정에서 교사를 교육하고 있다.

초등교사 교육기간은 4년 6개월~5년 6개월로 이 중 1단계인 3년~3년 6개월(6~7학기)동안 대학교육을 받고, 2단계인 1년 6개월~2년 동안 수습근무를 하게 된다. 수습기간은 1년 6개월이기도 하지만 대부분 2년이다. 1단계 교육과정은 교육학 영역과 전공 영역으로 구분된다. 교육학 영역에는 교육학 분야의 과목이 포함되며 전공 영역에는 독일어, 수학 등의 과목과 선택과목 중 2개 혹은 3개를 전공한다. 1단계 교육과정을 이수한 이후에 1차 국가교사자격시험을 치르고 합격하면 수습교사의 자격을 얻는다. 튀링겐 주의 경우 초등교사가 되기 위한 1차 국가시험의 내용에 교육학, 초등교육(독일어, 수학, 향토정보, 사회 및 자연 등 수업 교과목 기초 포함), 선택과목(영어, 윤리, 불어, 미술교육, 음악, 종교[신교], 종교[가톨릭], 러시아어, 원예, 체육, 공작 등에서 선택), 중점과목(독일어, 수학, 혹은 원예와 공작을 제외한 선택과목)이 포함된다.

1차 국가교사자격시험에 합격하면 2단계인 수습근무를 하게 된다. 수습근무 기간에는 학교에서 실습수업과 실습 세미나를 한다. 실습수업은 주당 12시간에 걸쳐 참관을 하거나 수업을 실시하는 것이며, 수업은 교육기간 동안 모든 학년에 걸쳐 이루어진다. 실습 세미나는 1차 시험 교과목을 중심으로 일반 세미나와 두 과목의 전공 세미나를 하게 된다. 수습기간에는 한시적인 국가공무원 신분으로 급여도 받는다.

수습근무 2년차가 되면 모든 실습생은 자신이 선택한 교과목에 대한 연구 과제를 받는다. 2차 국가교사자격시험은 2차 연도가 끝날 때 연구 과제를 제출하고 이어서 자신이 선택한 두 과목에 대한 연구 수업과 60분간 계속되는 구술시험으로 이루어지는데, 2차 국가교사자격시험에 합격해야 정교사 자격증을 취득할 수 있다(경상대학교 사범대학 중등교육연구소, 2000; 고재천 등, 2007; 김신호, 전세경, 이명주, 2001; 김상무, 2015; 김은주, 2008).

그러나 유럽연합의 출범에 따라 대학생의 국가 간 이동을 제고하고, 독일의 교사교육 기간이 상대적으로 길며, 그동안 시행해 온 2단계의 교사교육 제도가 단계 간 조율 및 연계성이 부족하여 적절치 않다는 비판이 있어 독일은 교사교육 제도의 개혁을 추진하였다. 따라서 2005년부터 독일은 교사교육 제도를 학사학위 과정과 석사학위 과정으로 제도화하였는데 이 제도의 도입의 여부는 주에 따라 다르게 나타난다. 초등교사의 경우 학사학위 과정은 3년, 석사학위 과정은 1년이다. 김나지움이나 직업학교의 석사학위 과정은 2년이다. 이 제도는 단계형 모델과 통합형 모델로 나눠지는데 단계형 모델은 학사학위 과정에서는 전공 수업만을 진행하고, 석사학위 과정에서는 교육학과 교수법을 집중 교수하는 과정이다. 반면 통합형 모델은 학사학위 과정에서 전공과 교육학을 모두 하고, 석사학위 과정에서 이를 심화하여 학습한다. 주에 따라 다르지만 통합형이 더 많이 채택되고 있다. 석사학위는 1차 국가교사자격시험을 대신한다. 수습교사기간은 학사와 석사학위 과정에서 실습을 하므로 18개월도 단축되었지만 주에 따라 12~24개월로 기간의 증감이 나타난다. 수습교사교육기간을 마치면 2차 국가교사자격시험을 통해 정식 자격증을 취득한다(김상무, 2015).

4) 프랑스

프랑스에서는 1989년 7월 10일 교육지침법을 제정한 이래 다원화하여 교사를 교육하던 것을 단일화하여 IUFM(Instituts Universitaires de Formation des Maitres)이라는 대학원 수준의 종합 교사교육 기관에서 전적으로 담당하고 있다. IUFM의 입학 자격은 학사학위 이상 소지자이며 이들을 대상으로 대학원 이상의 전문 교육을 시행한다. 프랑스에서 교사가 되기 위해 훈련받는 기간은 학부 3년, IUFM의 교육기간 2년을 합쳐서 최소한 5년이다.

IUFM의 입학은 서류전형과 면접고사, 그리고 최근에 추가된 필답고사를 중심으로 이루어진다. IUFM 1년차는 학생 신분으로서 다면 교과교육 380시간, 특정교육 132시간, 교양교육 40시간 등 552시간을 이수해야 한다. 초등교사가 되고자 할 경우 1차 연도에 전체 교육시간 중 60%를 교과교육에 치중하게 된다.

IUFM 1년차 교육을 마치고 IUFM 2년차에 등록하기 위해서는 초등교사 자격 시험에 합격해야 한다. 자격 시험은 적격자 예상 시험과 적격자 승인 시험으로 구분되는데, 적격자 예상 시험은 모국어인 프랑스어 필기시험과 수학 필기시험 두 과목이다. 또한 적격자 승인 시험은 첫째, 교직 구술시험, 둘째, 생물과 지학, 역사와 지리, 물리와 기술 가운데 한 과목을 선택하는 1차 선택 필기시험, 셋째, 외국어, 음악, 조형예술 가운데 한 과목을 선택하는 2차 선택 구술시험, 넷째, 체육 구술시험이 있다.

IUFM 2년차는 연수교사 신분으로서 국가로부터 급여를 받으며 학교에 다닌다. 이때 다면 교과교육 332시간, 모듈교육(학습자의 필요에 따라 교과를 선택함으로써 자신의 교과를 스스로 조절함) 162시간, 연수논문 25시간, 교양교육 60시간 등 총 589시간을 이수하게 된다.

IUFM 교육을 성공적으로 마치면 학구장의 책임 아래 구성되는 사정위원회에서 교육 결과를 점검한다. 검토 자료는 2년 동안의 교육과정에 대한 학생의 자료와 교육대학장의 의견서이다. 교육 현장에서의 학생의 능력 평가는 사정위원이 직접 수습교사가 실시하는 수업을 참관하고 면담한 이후에 사정위원회에 판정 자료를 제출하면 사정위원회가 토론과 의결과정을 거쳐 합격자를 결정한다. 불합격자의 재심 요구는 1차에 한하여 허용한다. 교사는 교원 자격을 취득함과 동시에 공무원 지위를 부여받게 된다.

프랑스의 IUFM 기관은 유치원부터 대학 교원의 교육까지를 모두 담당하는 교육기관으로서 국가가 교사교육을 직접 관리하여 질적인 수월성을 촉진할 뿐 아니라, 유치원, 초등, 중등 교사교육의 연계성을 강화할 수 있는 효과를 가지고 있다(경상대학교 사범대학 중등교육연구소, 2000; 고재천 등, 2007; 김신호, 전세경, 이명주, 2001; 김은주, 2008).

5) 일본

대부분의 일본 초·중등교사는 각 시·도의 1개 국립대학 학부 4년에 걸쳐 교육된다. 일부는 교사교육을 인정받은 4년제 사립대학이나 사립전문대학에서 교사교육과정을 이수하는 경우도 있다. 한 대학에서 유치원, 초·중등, 특수, 양호 교사를 모두 교육하는 교육종합대학의 형태가 있고, 우리나라 종합대학교 내의 사범대학처럼 종합대학 내에 교육학부가 있어 교사를 교육하기도 한다. 이 교육학부도 각종 교사교육 프로그램을 동시에 개설하여 운영하고 있다(박남기, 2002).

일본에서 교사가 되기 위해서는 도교육위원회에서 수여하는 교원 면허를 취득해야 한다. 1988년에는 자격증법이 대폭 개정되어 대학원 수료의 학력을 갖춘 경우에 1종 자격증보다 한 단계 높은 전수자격증을 주는 제도가 신설되었다. 교원 면허는 전수면허장, 1종 면허장, 2종 면허장으로 나누어진다. 전수면허장은 대학원(교원교육대학원) 석사 학위 소지자가 취득할 수 있으며 1종 면허장은 4년제 대학 졸업자, 2종 면허장은 전문대학 졸업자가 취득할 수 있다. 유치원, 소학교, 중학교는 세 가지 면허장 소지자를 모두 임용하지만 고등학교의 경우에는 전수면허장이나 1종 면허장 소지자만을 임용하고 있다.

4년제 대학의 초등교사 교육과정은 일반교육과목과 전문교육과목으로 구분된다. 일반교육과목은 인문, 사회, 자연의 세 계열, 전문교육과목은 교직에 관한 전문과목과 교

표 6-3 선진국들의 초등교원양성 및 임용체제 비교

구분＼국가	한국	미국	영국	독일	프랑스	일본
교육관리	국가수준	주정부수준	국가수준	국가수준	국가수준	국가수준
교육형태	목적제	개방제	절충제	절충제	목적제	절충제
교육관리	교육대학	종합대사범대학 교육대학원 문리대교육학과	사범대학 일반대학의 교육학과	교육대학 일반대학 교원 교육과정	IUFM (종합교육기관)	국립대학 사립대학 사립전문대학
교육기간	4년	4년제 5년제 석사학위과정	3년제 4년제	5년반	5년	4년
교육과정 (학점 또는 시간수)	교양교육 교직교육 교과교육 심화교육 교육실습 (130~150학점)	교양교육 교직교육 전공교육 (120학점)	교과교육 교직교육 교육실습 (440~ 505시간)	교육학교육 전공교육 (160학점)	교과교육 특정교육 교양교육 (559시간)	공통교육 전공교육 교직교육 자유선택 (129학점)
수습기간 또는 교육실습	일반실습 7주 (참관실습1주, 실무실습 2주, 수업실습4주)	일반실습100시간 집중실습 8시간 수습계약(1~3년)	집중실습 13주 수습 1년	일반실습 68주 집중실습 4~12 주 수습 2년	일반실습 9주 (243시간) 집중실습 8주 (216시간)	일반실습 3주
자격취득	무시험	주정부 교원자격시험	무시험	국가교원 자격시험	교원선발 시험 2회	무시험
임용	시·도 교육위원회	주정부 교육위원회	LEA(지역교육 위원회)	주정부	국가	도교육위원회
유·초·중등 교원교육	분리교육	통합교육	통합교육	통합교육	통합교육	통합교육

출처 : 김신호, 전세경, 이명주(2001). 초등교원 양성 체제의 문제점과 개선 방안. 초등교육연구, 14(3), 101.

과에 관한 전문과목 2개 영역으로 구성되어 있다. 동경학예대학 초등교사 교육과정을
보면 공통과목 22학점, 교직과목 42학점(교육실습 6학점 포함), 전공과목 45학점, 자유
선택과목 20학점 등 총 129학점을 이수하도록 하고 있다(고재천 등, 2007; 김신호, 전
세경, 이명주, 2001; 김은주, 2008; 안창선, 남경현, 이욱범, 1999).

4. 초등교사 교육의 발전 방안

1) 교사교육의 형태

우수한 교사를 육성하기 위해 교사교육의 형태에 대한 논의가 계속되고 있다. 교사교육의 형태는 목적형, 개방형, 절충형으로 구분된다. 목적형은 교사를 육성할 목적으로 설립된 교육기관에서만 교사를 교육하는 체제이다. 개방형은 일정한 조건을 갖출 경우 모든 교육기관에서 교사를 교육할 수 있으며, 재학 중 법에 규정된 교사 자격증 취득 조건을 충족시키면 본인의 신청에 의하여 교사 자격증을 획득할 수 있는 체제이다. 절충형 체제는 목적형 체제와 개방형 체제의 특성을 모두 가지고 있는 혼합 유형이다.

목적형 체제는 국가가 교사교육을 관리할 수 있다는 장점이 있다. 시대와 사회의 변화, 그리고 국가가 지향하는 국민 교육의 방향에 따라 교사교육 과정 및 내용에 대한 조절이 가능하다. 최근 교육대학교에 도입된 특수교육의 의무적 이수는 이에 대한 좋은 예이다. 하지만 목적형 체제로 인해 교사교육의 내용이 획일화될 수 있는 가능성은 단점으로 지적된다.

목적형 체제는 교사 수급에 관해서도 장기적인 계획을 수립할 수 있다는 장점이 있다. 국가는 수급 연동제를 통해 시대와 사회의 변화를 면밀하게 분석하면서 교사의 수급을 조절한다. 하지만 급격한 사회 변화로 교사의 수요가 급증할 경우 체제의 폐쇄성과 경직성으로 인하여 유연하게 대처할 수 없다는 어려움도 있다. 교사가 공급 과잉이 될 경우에도 마찬가지이다. 교사 수급의 비탄력성으로 인한 문제를 해결하기 위해서는 보다 장기적인 차원에서 과학적인 대비가 필요하다.

반면 개방형 체제는 교육기관의 특수성과 독자성을 바탕으로 다양한 가치관과 태도를 지닌 교사를 육성할 수 있다는 장점을 지닌다. 또한 국가의 통제력이 완화되므로 교육기관의 자율성과 자주성을 강화하여 융통성과 다양성을 발휘할 수 있는 여지가 있다. 하지만 교육기관의 질을 국가가 관리할 수 없으므로 교사의 자질을 수준 이상으로 일정하게 유지할 수 없다는 제한점을 가진다. 또한 수급을 고려하지 않고 교사를 양성함으로써 공급 부족이나 공급 과잉과 같은 문제를 유발할 수 있다(남정걸, 2001).

교육대학교는 초등교사를 육성할 목적으로 세워진 특수 목적 대학이다. 초등교사는 거의 대부분 교육대학교를 통해 배출되므로 우리나라의 초등교사 교육 형태는 목적형에 해당된다고 할 수 있다. 우리나라의 초등교육은 의무교육이고, 국민 생활에 필요한 기본교육이며, 전 교과와 생활 지도를 함께 실시하는 균형교육이면서 동시에 전인교육이다. 또한 상위 학습을 위한 기초교육이기도 하다. 초등교육의 이러한 성격은 우리나라 어느 지역에서나 비슷한 수준의 기초 보통교육이 이루어져야 함을 뜻한다. 따라서 초등교육은 전국적으로 교육의 내용이나 질이 비슷한 기준과 수준으로 시행될 필요가 있다. 김신호, 전세경, 이명주(2001)는 초등교사를 교육하는 교육대학교의 교육과정은 전국적으로 어느 정도 공통성에 기초할 필요가 있고, 따라서 교육대학교가 개방형보다는 목적형의 성격을 유지할 이유가 있음을 역설한다. 조동섭(2004)도 교육대학교가 목적형 체제를 유지하면서 취업과 직업의 안정성을 비교적 높게 보장하므로 유능한 인재가 입학하고 있으며, 아담한 학교에서 교수와 학생 간의 친밀한 교육적 만남을 통해 오히려 정서적으로 안정되고 인격적으로 원숙한 자질을 지닌 교사를 교육할 수 있음을 지적하였다.

우리나라의 중등교사는 국·사립 사범대학(2013년 기준 46개), 국·사립 일반대학 교육학과(58개) 및 일반대학 교직과정(156개), 국·사립 교육대학원(108개)에서 교육되고 있다. 사범대학은 중등교사를 육성할 목적으로 설립된 대학이므로 목적형 성격을 다분히 가진다. 교육학과나 교육대학원 역시 교사 육성 및 교사의 전문성 향상이라는 고유의 설립 취지를 가지고 있으므로 목적형에 가깝다. 그러나 각 대학 혹은 대학교에 개설되어 있는 교직과목 이수 프로그램은 전공과 관계없이 누구나 교직 이론 영역 18학점, 교육실습 2학점의 이수 요건을 갖추면 중등교사 자격을 취득할 수 있도록 개방되어 있다. 따라서 중등교사의 육성은 목적형 체제와 개방형 체제를 동시에 가지고 있는 절충형이라고 할 수 있다.

현재 중등교사교육/체제는 중등교사의 공급 과잉이라는 문제를 초래하고 있다. 1995년 중등 2급 정교사 자격증을 획득한 사람은 25,340명이었으나 이 중 임용된 인원은 4,968명으로 20% 정도만이 교단에 섰다(강원근, 2002). 2001년에 배출된 중등교사 자격증 소지자는 25,453명이었으나 4,135명만이 신규 임용됨으로써 16.2%의 임용률을 보였다. 이렇듯 중등교사 자격 소지자의 적체율이 매년 늘어남으로써 심각한 인력 낭비를 초래하고 있다. 교육 인력의 적체 현상은 우수한 인재가 교직을 기피하게 만드는 원인으로 작용한다. 또한 교사의 공급 과잉으로 졸업 후 진로가 분명하지 않기 때문에 중등교사 교육기관의 학생이 교직보다는 다른 직업을 준비하는 경우가 더 많다. 교사교육자도 교육과정에서 교사의 전문성에 관련된 내용과 사도 정신을 강조하기가 어렵다. 이것은 전반적으로 중등교사 교육과정의 운영상 부실화를 초래하고 형식적인 교육으로 치우치게 함으로써 교육 수준과 질을 저하시킨다.

이에 교육과학기술부(현 교육부)는 2008년부터 교직과정 이수 인원을 현행 과별 입학 정원 30%에서 10% 이내로 축소하였다. 2012년부터 교직과정 이수에 의한 교사 자격증 취득자 수는 2006년 15,379명이었던 것에 비해 5,400명 정도로 감소될 전망이다. 또한 부전공과정으로 30학점을 이수하여 교사 자격증을 취득하던 요건도 강화하여 2008년부터는 복수 전공으로 42학점에 해당되는 교사 자격증 관련 학점을 취득하도록 자격증 취득 요건을 강화하였다.

우수한 교사를 육성함에 있어 목적형과 개방형, 혹은 절충형 중 어떠한 유형이 더 적합한가에 대한 논의는 분분하다. 일부는 중등학교 교사의 경우처럼 개방형 혹은 절충형의 형태로 가용 자원을 풍부하게 육성한 후 치열한 경쟁을 통해 선발해야 보다 우수한 교사를 충원할 수 있다고 주장한다. 하지만 또 한편에서는 치열한 경쟁이 지식이 뛰어

우수한 교사는 목적형 체제에서 육성되는가, 개방형 체제에서 육성되는가?

물론 경쟁을 통해 우수한 교사를 임용할 수도 있다. 하지만 이럴 경우 우수한 교사란 임용고시에서 고득점을 얻은 사람을 뜻한다. 과연 시험에 의해 매겨진 점수가 교사에 대한 모든 것을 판단할 수 있을까? 만약 교사를 개방형 체제로 육성한다면 사명감이 적은, 경제적 논리나 취업 때문에 교사가 되는 사람이 많아질 것이다(춘천교육대학교 학생).

치열한 경쟁을 통해 교사를 교육하는 제도는 적절하지 않다고 본다. 재학생들은 치열한 경쟁에서 살아남기 위해 교사가 필수적으로 갖추어야 할 인격, 품행, 자기 계발에 관심을 가지지 않을 것이다. 그리고 윤리적 태도와는 거리가 먼 학점, 평가, 시험에만 매달릴 것이다. 진정으로 우수한 교사는 정서적으로 안정된 상태에서 인격적으로 원숙함이 넘칠 때 나오는 것이다(춘천교육대학교 학생).

난 교사를 가려내는 데는 도움이 될지 모르지만 과연 그러한 과정에서 교사로서의 사도 정신과 인격적 자질을 함께 기를 수 있을지는 의문이라고 하기도 한다. 오히려 목적형 체제에서 교사로서의 정신과 마음가짐을 철저히 다지면서 소수 정예화된 인원을 교사로 키워 내는 것이 우수한 교사를 확보하는 데 도움이 된다고 주장한다.

오늘날 초등교사의 교육 형태도 이러한 논의에서 자유롭지 못하다. 사회와 국가의 발전을 위해 우수한 교사를 길러 내는 것은 매우 중요한 일이다. 따라서 어떠한 체제가 우수한 교사를 육성하는 데 유리한지는 앞으로도 계속 고민해야 할 문제이다(김은주, 2008).

2) 교사교육 기간

초등교사의 전문성을 향상시키기 위해 선진국의 경우 교사교육 기간을 5년 이상의 대학원 수준으로 증대시켜 오고 있다. 이와 관련하여 국내에서도 교사교육 기간과 연한을 현재보다는 더 늘릴 것을 전제로 하여 6년제 모형, 4+2제 모형, 2+4제 모형, 복합 모형을 제시하고 있다(김신호, 전세경, 이명주, 2001).

6년제 모형은 현행 교사교육 기간을 6년으로 연장하는 방안이다. 4+2제 모형은 교사교육 대학 4년 과정을 이수하여 교사 자격을 가지고 임용고시에 합격한 사람이 수습교사로 1년 근무하면서 동시에 대학원 2년 과정을 이수하여 석사 학위를 받도록 하는 제도이다. 혹은 현재의 일반대학 4년 과정을 이수한 사람이 교과내용학에 대한 엄격한 시험을 거쳐 교육에 관련된 대학원 과정(2년)에서 교사로 교육되는 제도이다. 2+4제 모형은 학부 1, 2학년 과정과 교육전문대학원 4년 과정의 체제를 말한다. 즉, 일반대학에서 1, 2학년을 마친 학생들이 다시 교육전문대학원에 입학하여 4년간의 과정을 거쳐 교사로 교육되는 제도이다. 학부에서는 기초 교양과목, 소속 대학의 기초 전공과목, 기초 교육학 탐색과목을 이수한다. 그리고 교육전문대학원에서는 교과내용학 관련 과목, 교과 교육학 관련 과목, 일반 교육학 관련 과목을 배우고 실습 등을 한다. 교육전문대학원 2년 과정 후에 교사가 되기를 원하지 않는 학생들에 한하여 원소속 대학의 졸업장을 취득할 수 있는 경로를 열어 둔다. 복합 모형은 4년제, 6년제, 4+2제 모형을 복합 운영하면서 6년 과정 이수자에게는 석사 학위와 1급 정교사 자격을 수여하는 방안이다.

2007년 대통령자문교육혁신위원회는 교육전문대학원 제도하에 교사교육을 시행할 방안을 구상하였다. 이 방안에 따르면 현재 초등교사를 길러 내는 교육대학교는 대학 간 통합의 방향으로 개편되며 장기적으로는 교육대학교와 사범대학을 모두 폐지하고 교육전문대학원 체제로 개편되는 방향을 제시하고 있다. 이러한 개편의 취지는 교사교육 기간이 늘어나는 세계적인 추세에 따르고 다양한 전공 인력이 교직에 종사할 수 있도록 제도를 유연화하는 데 있다.

교사교육 기간을 연장하자는 이러한 방안은 연한의 증대를 통해 교사의 전문성을 심화시킬 수 있고 교사의 사회적 권위를 증진시킬 수 있다는 점에서는 일면 수긍할 만하다. 그러나 교사교육의 내용과 방법의 획기적인 변화 없이 기간만 연장한다고 해서 교사교육의 전문성이 향상되는 것은 아니다. 또한 교직에 대한 사회·경제적인 보상이나 자율성 신장과 같은 전문직 위상과 요건을 높이지 않은 상태에서 연한만 증대한다면 오히려 교육비용이 증가하고 시간과 노력을 더 많이 들여야 하므로 교직에 대한 유인가가 떨어질 수도 있다(김은주, 2008).

3) 초·중등 교사교육의 통합

선진국에서는 사범대학에 유치원, 초등, 중등 교사의 전공과정을 모두 개설하여 운영하고 있다. 현재 초등교사를 길러 내는 유일한 사립 사범대학인 이화여자대학교의 경우에도 사범대학 안에 이 모든 과정이 함께 개설되어 있다. 유치원과 초등, 중등 교사를 분리하여 육성해 내는 사례는 전 세계적으로 찾아보기 힘들 정도이다. 따라서 우리나라에서도 다른 나라와 마찬가지로 교사교육을 통합시키고자 하는 시도가 이어지고 있다. 특히 초등과 중등 교사교육의 체제를 단일화하려는 노력과 주장이 계속 제기되고 있는 상황이다.

초등교사와 중등교사교육 체제를 통합하면 교육의 연계성을 높일 수 있다는 장점이 있다. 교육과정의 운영에 있어서도 전 방위에 걸친 교육적 전문성을 집중 제고할 수 있다. 운영 면에서는 영세한 교육대학교의 인력과 재정으로 인한 어려움을 줄일 수 있고, 대학시설의 활용을 극대화함으로써 효율성을 높일 수 있다는 점이 찬성의 이유로 거론된다. 또한 교사가 되고자 하는 학생은 자신의 교직 적성을 재점검하여 진로를 용이하게 변경할 수 있는 제도적 지원하에 놓이게 된다. 복수 전공의 길도 열려 학생의 선택 폭이 넓어지고, 보다 자율적이면서 융통성 있게 장래를 준비할 수 있다.

하지만 초등교사와 중등교사교육을 통합하려는 시도는 특히 초등교사 교육 기관 관련 구성원의 강력한 반대에 직면해 있다. 교육대학교는 거의 60~70여 년 이상에 걸친 장구한 역사와 전통을 가지고 있으며 배출해 낸 졸업생이 전국의 초등학교에 포진해 있는 상황이다. 따라서 사범대학과의 통폐합은 고유한 전통과 문화를 독자적으로 견지해 온 교육대학교의 정서나 문화적 측면에서 매우 껄끄러운 문제이다. 대학의 특성화를 지향하는 것이 시대적 조류이므로 교육대학교의 존립은 이에 잘 부합한다. 또한 교육대학교는 지금까지 목적형 체제하에서 적절한 태도와 인성을 갖춘 교사를 성공적으로 육성해 왔으며, 정부의 빈약한 재정 지원에도 불구하고 대학 운영을 효율적으로 시행해 온 모범 사례에 속한다는 것이 교육대학교 측의 항변이다.

사범대학과 교육대학교를 통합할 경우 나타날 문제점도 제기되었다. 첫째, 초등교사로서의 사도 정신을 집중 고취시키기 어려우며 교육내용과 지도 역시 교육대학교의 특수성을 십분 살리기 어려운 상황이 된다. 둘째, 사범대학과 통합되면 종합대학교 안에 자리 잡게 되는데 대학 운영자의 관심과 행정이 교사교육에만 집중될 수 없는 것은 불문가지이다. 따라서 초등교사 교육과정의 내실화를 꾀하기 어려워진다. 셋째, 캠퍼스를 그대로 두고 물리적으로 통합하면 대학 본부의 행정·재정 지원이 더욱 소홀해질 가능성이 높다(고재천 등, 2007; 김신호, 전세경, 이명주, 2001).

이러한 반대의 입장을 감안하여, 교육대학교와 사범대학의 통합이 필요하다면 교사교육이라는 특성을 살려 사범대학이 종합대학에서 독립하고 교육대학교를 중심으로 통합되는 방안이 제기되고 있다. 교육대학교 중심의 통합이 성사되면 첫째, 교육과정, 시설, 행정·재정상의 대학 경영을 교사교육에 집중시킴으로써 교사교육의 효율화를 기할 수 있다. 둘째, 현재 국립 사범대학과 교육대학교가 도 단위로 골고루 안배되어 있으므로 이들 대학이 통합되면 지역적인 형평성을 꾀할 수 있다. 셋째, 지역적으로 안배된 통합 교사교육 기관은 현장의 초·중등교육과 밀접한 관련성을 맺을 수 있는 조건이 되며 이를 기반으로 교사연수, 교육 현장 연구, 현장 추수 지도 등을 통해 현장교육의 발전을 균형 있게 선도할 수 있다. 넷째, 정부가 초등·중등 교사교육의 발전을 위하여 효율적으로 기획 · 지도 · 감독할 수 있다(고재천 등, 2007; 김신호, 전세경, 이명주, 2001; 김은주, 2008).

초등 · 중등 교사교육의 통합에 대한 교육대학교의 입장이나 교육대학교 중심의 통합안은 나름대로의 설득력을 가진다. 하지만 초등 · 중등 교사교육의 통합을 주장하는 정부나 외부의 주장도 수긍할 만한 면이 있다. 초등 · 중등 교사교육의 통합 문제는 여전히 교육계의 불씨로 남아 있으며, 관련자에게 많은 진통과 갈등을 불러일으키는 원인이 되고 있다.

4) 교사교육의 방향 : 실천적 지식의 도입

그동안 교사의 전문성 육성은 교사교육 기관의 몫으로 여겨져 왔지만 최근 교사교육과 관련하여 현장교사의 주도성을 강조하는 목소리가 높아지고 있다. 교사의 실천적 지식(practical knowledge)을 교사교육 과정에 접목시키려는 이러한 입장은 직전교육과 현장교육의 괴리와 그에 대한 문제 인식에서 발생한다. 교사교육 기관에서 제공하는 교육의 이론 및 기술은 이상성을 추구하고(Kuzmic, 1994), 어떤 교육 상황에나 적용할 수 있는 일반성을 특징으로 한다(Beijaard & Verloop, 1996). 학교의 일상은 보통 정해진 절차와 일정대로 움직인다. 따라서 교사교육의 이론적 지식과 기술은 학교 현장에 투입되어 효용성을 발휘할 수 있는 여지를 분명히 가지고 있다(Nuthall, 2004). 하지만 각 학교 현장은 교육을 위한 이상적 제반 조건을 갖추지 못한 경우가 대다수이다. 또한 각 학교는 저마다 일반성을 적용할 수 없는 학교 나름의 독특성을 가지고 있다. 뿐만 아니라 학교의 일상은 예측 불허, 동시 다발성, 연속성의 측면을 분명히 가지고 있다(Cochran-Smith & Lytl, 1993). 따라서 이상적이고 일반적인 직전교육의 내용은 현장교육에 완벽하게 접목되기가 매우 어렵다.

직전교육에서 배운 교육 이론 및 지식과 학교 현장의 이러한 괴리는 교사를 당혹스럽게 하고 불안하게 만든다(노경주, 2009). 특히 초임교사는 현장의 현실적이고 특수하며 우발적인 상황을 지각 · 예측하기 어려워 문제를 예방하지 못하며, 문제 해결도 힘들어한다. 학교 현장에서의 곤혹스러움은 직전교육에 대한 회의와 의심으로 이어진다.

이러한 상황에서 실천적 지식은 직전교육과 현장교육의 간극을 메워 주고 이어 줄 수 있는 대안으로 인식되고 있다. 실천적 지식은 교사의 가치, 신념, 철학, 개인적인 경험을 바탕으로 교사가 현장의 반복적인 경험 속에서 자생적으로 체득하고, 창출하고, 누적시킨 교사 고유의 지식을 말한다(서경혜, 2005; Cornelly, Cladinin, & He, 1997; Elbaz, 1981; Grimmett & MacKinnon, 1992; Schön, 1983). 실천적 지식은 맥락 부가적이어서 독특하며, 암묵적이고 구체적이고 통합적인 지식이다. 실천적 지식은 현장에서 실천과 경험을 통해 형성된 지식이므로 교사가 교육을 실제로 진행하는 과정에서 보다 유용하고 적합하게 활용할 수 있는 지식으로 평가된다(이선경 등, 2009; Black & Halliwell, 2000).

실천적 지식을 통해 교사는 특이한 현장의 작은 단서나 징후 등을 보다 용이하게 예단할 수 있다. 교사는 교실 안의 교육 상황을 보다 적절한 맥락에서 해석하고, 이유와 원인 등에 대해 더 논리정연하게 가설을 세우며, 더 해석적이고 풍부한 아이디어를 제시하고, 또한 관점 및 시각의 변화에도 더 유연하고 융통성이 있어 문제를 잘 처리할 수 있다(Krull, Oras, & Sisask, 2007).

구원회(2007)는 실천적 지식의 이해가 이론 중심의 교사교육과 현실적인 교육 현장의 괴리를 막아 줄 수 있음을 제시한다. 따라서 실천적 지식을 교사교육에 도입하기 위한 다양한 방안이 모색되고 있다. 최근 능력이 뛰어난 숙련된 교사의 실천적 지식의 실체를 확인하고 이를 교사교육에 접목시키려는 움직임이 활발해지고 있는 상황이다(고미경, 2001; 고미경, 2004; 김경희, 2004; 김두정, 2009; 김자영, 2003; 김혜숙, 2006; 김희정, 2005; 노경주, 2009; 유영옥, 2008; 이춘자, 2003; 최인자, 2006; Beijaard & Verloop, 1996; Cornelly, Cladinin, & He, 1997; Golombek; 1998; Johnston, 1994; Krull, Oras, & Sisask, 2007; Meijer, Zanting, & Verloop, 2002; Rovegno, 1992; Rushton, 2004). 또한 일부 학자는 실천적 지식을 체계적으로 성문화하여 교사교육 과정에 포함시켜야 할 것을 주장한다(Hiebert, Gallimore, & Stigler, 2002; Meijer, Verloop, & Beijaard, 2001). 실천적 지식을 직전교육 과정에 있는 예비교사에게 소개하는 것은 현장을 이해하고 들여다볼 수 있는 여러 가지 시각을 제공하므로 현장 이해 능력을 증진시키는 데 매우 유용하다. 또한 실천적 지식의 공개와 공유는 현장에 있는 교사들 상호 간에도 자극과 참조가 되므로 교사의 전문성 발달에 기여하는 바가 크다.

그러나 실천적 지식은 하나의 참조 대상일 뿐임을 분별하여 지도할 필요가 있다. 실천적 지식은 진리가 아니다. 같은 교사라 할지라도 해마다 다른 특성을 가진 학생들과 새로운 교육환경 속에서 교육을 수행해야 하므로 참조로 한 실천적 지식을 바탕으로 새로운 실천적 지식을 개발해야 한다. 실천적 지식을 진리로 받아들여 모든 교실 현장에 무분별하게 도입하는 것은 일반적 교사교육의 이론과 마찬가지로 개개 교실의 특수성을 고려하지 못한 처사이며 효용성 역시 보장할 수 없다(Schön, 1987).

또한 실천적 지식을 교사교육에 접목시킴에 있어 실천적 지식 자체의 문제점을 진단할 필요가 있다. 이론적 지식에 결함이 있듯이 실천적 지식에도 한계가 있다. 실천적 지식 그 나름대로의 문제가 있음을 인식하고 이를 수정해 나가는 것은 중요한 일이다(김은주, 2010b). 첫째, 실천적 지식은 교육 현장이 이상적인 상황에서는 바람직하고 합리적으로 형성될 수 있다. 현장의 특성이 이러한 조건을 뒷받침하지 못할 경우 비합리적이거나 비교육적인 실천적 지식이 생성될 가능성도 있다(김영천, 2002; 최인자, 2006). 둘째, 실천적 지식 자체가 교육내용에 대한 이해 부족, 교육목적 및 내용에 대한 잘못된 해석에 근거하여 교육을 오도하는 경우도 있다. 또한 교육의 효과를 달성하는 데 적절하지 못한 실천적 지식도 있다. 즉, 교육목적을 성취하는 데 부적합한 실천적 지식이 문제가 될 수 있다(Hiebert, Gallimore, & Stigler, 2002). 셋째, 실천적 지식 자체 안에서 모순과 충돌이 일어날 가능성도 있다(김혜숙, 2006; Johnston, 1994). 넷째, 더 이상 변화되기를 거부하는 고착화된 실천적 지식도 있다(고미경, 2001; 이춘자, 2003; Beijaard & Verloop, 1996). 변화를 거부하는 실천적 지식은 발전이 아니라 퇴보를 초래한다.

무엇보다도 실천적 지식은 교사의 전문성을 향상시킬 수 있는 능동적 주체가 교사임을 강조한다. 실천적 지식은 교사에 의하여 생성되며 교사는 능동적 지식의 창출자로서 인정받고 있음에도 불구하고, 우리 사회의 실천적 지식의 탐색은 아직까지 주로 교사가 아닌 대학의 연구자들에 의해 시도되고 있다. 여전히 교사는 연구의 객체로 남아 있다. 따라서 실천적 지식 역시 교사에 의하여 탐구될 필요가 있다. 이를 위해 실천적 지식을 형성하는 방법을 교수하는 것은 교사교육의 또 다른 방향이기도 하다(김은주, 2010a). 이를 위한 한 방법으로 배소연(1993)은 교사교육에서 직접 아동을 관찰할 기회를 제공하고, 가상적인 교수 상황 및 문제 상황을 제시하여 현실에 준하는 실전 경험을 제공하며, 전문가의 지도하에 실습시간 중 실천적 지식을 형성하도록 경험시키고, 실천적 지식을 형성할 수 있는 능력을 키워야 함을 언급하였다. 이지현(2009)은 예비교사 스스로 국내외 교육 현장의 사례를 발굴하게 한 후 이를 이론과 연계하여 해석·분석·비판하게 하였다. 예비교사는 실제 사례와 이론적 지식을 연계하는 과정에서 이론적 지식을 더 깊이 이해하기도 하였고, 이론과 실제의 괴리를 경험하기도 하였다. 또한 교육실습으로 익힌 직·간접적인 경험에 근거하여 실제 맥락에서 파생되는 문제를 해결하기 위해 여러 가지 대안을 구상하였다. 일련의 활동은 교과서 분석, 현장 학교 방문, 관찰, 일선교사와의 면담과 더불어 이루어졌으며, 심화 활동 탐구팀, 팀 구성원, 전체 학우, 교사교육자와의 소통을 통해 반성하는 기회가 주어졌다. 이러한 활동은 현장의 사례를 통해 가상적으로 현장에 있다고 가정하고 그에 직면하여 실천적 지식을 형성해 나가는 과정을 간접적으로 체험시킨다고 할 수 있다. 나동진(1998)은 교사교육이 직접 교수하는 법을 가르치는 방향에서 이제는 문제해결 중심의 적응적 수업체계를 이끌어 갈 수 있는 방향으로 선회되어야 함을 주장했다. 의사들이 오랜 시간 지식을 쌓고 수련기간을 가지는 것은 오로지 환자를 잘 치료하기 위해서이듯이 교사교육도 예비교사로 하여금 현장에 적용할 수 있는 지식과 능력을 키우도록 강화될 것이 요구된다. Levin(2002) 역시 예비교사에게 딜레마 상황에 근거한 여러 가지 사례에 대해 기록하고 글을 쓰는 과정 속에서 예비교사가 문제 분석 및 문제 해결을 위한 반성적 사고력과 비판력을 키울 수 있음을 말하였다.

5) 교육실습의 확충 : 수습교사제

교육실습은 예비교사가 교육 현장에서 학생을 직접적으로 교수하면서 다양한 학교 업무 처리를 배우고, 학생과 학교 현장을 이해하여 현장 적응력을 키우는 매우 중요한 활동이다. Rots 등(2007)의 연구에 의하면 교직 입문을 결정하는 데 관련되는 변인은 실제적인 교수 경험이고, 실습 지도교사가 교수 경험에 대해 내리는 명확한 평가적 지원이 교수 경험에 직접적으로 영향을 주었음을 밝히고 있다. 예비교사는 실습 지도교사의 지도 조언으로 자신의 교수 능력을 되돌아볼 수 있고 이를 바탕으로 교수에 대한 자신감을 고양시킬 수 있었다.

선진국에서는 현재 우리보다 더 장기적이고 강화된 교육실습을 시행하거나 수습교사제를 채택하고 있다. 선진국의 수습교사제는 최소한 1년 이상 현장에서 근무하는 것을 전제로 한다. 수습교사제는 교수 경험을 집중적으로 할 수 있으며, 직전교육에서 미흡할 수밖에 없는 실무 훈련을 보완하고, 초임교사의 현장 적응력 문제를 해소하며, 교직 부적격자를 사전에 가려낼 수 있다는 장점을 가지고 있다.

이러한 장점을 고려하여 우리의 교사교육 과정에도 수습교사제를 도입해야 한다는 주장이 있다. 이러한 주장의 공통점을 살펴보면, 수습기간은 1년으로 하며 수습기간 동안 정교사에 준하는 보수(80%)를 지급하고, 수습결과에 대해 '수습교사 평가위원회'가 평가하는 것을 골자로 한다. 수습교사 평가위원회는 관할 지역 교육청의 장학사, 교사교육 대학의 교수, 수습 학교의 장, 부장교사, 지도교사를 중심으로 편성된다. 임용권자는 수습교사에 대한 평가를 참고하여 정식 임용 여부를 결정짓는다(김신호, 전세경, 이명주, 2001). 하지만 정규교사로서의 임용과 면직을 판가름할 교직 적격성 평가가 과연 공정성, 객관성, 신뢰성을 확보하고 있는지와 더불어 불안정한 신분은 수습교사의 불안을 가중시킨다는 점이 문제로 지적된다(김신호, 전세경, 이명주, 2001).

2010년에 실시된 충남교육청의 수습교사제는 이러한 문제에 대한 해결점을 시사한다. 2010년 3월부터 충남교육청은 9억 원의 특별 예산을 확보하여 전국 최초로 '초등 수습교사제'를 실시했다. 내용을 보면 초등교사 임용고시 합격자 선발 시 수습교사 후보를 위해 30명을 증원하여 선발한 후 이들을 각 지역 교육청에 1년간 소속시킨다. 이들의 근무기간은 호봉과 교육 경력에 반영되며, 급여는 기간제 교사의 수준으로 책정되었다. 수습교사는 소속 교육청에서 업무도 지원하고 교재 연구를 하다가 현장 학교의 교사가 연가, 병가, 연수 등의 이유로 한 달 미만 자리를 비워 결원이 발생할 경우 즉시 현장에 투입된다. 이로 인해 초등학교 학생은 수업 결손의 방지로 학습권을 보장받을 수 있다. 또한 수습교사는 수업 경험, 학생 지도 경험을 통해 학교 적응력을 높이며 현장교사는 복리 증진, 업무 경감 측면에서 도움이 된다. 지역 교육청은 기간제 교사를 채용해야 하는 어려움을 해소할 수 있다. 사회적으로는 적체된 초등교사 자격증 소지자에게 임용의 기회를 확대시킴으로써 인력의 낭비를 줄이는 효과를 가져온다(박재용, 2010; 이수섭, 2010; 이애진, 2010). 하지만 이 제도는 2014년 초등현장교육지원 교사제로 명칭을 변경하였다가 이후 법적 근거가 미약하고, 수습교사로 채용된 교사의 학교 간 이동 수단이 곤란하며, 학생을 단기간만 접촉하여 수습교사제의 의미를 살리기 부족하다는 판단하에 폐지되었다.

수습교사제 이외에도 현장 적응력을 높이기 위해 각 교육대학교는 예비교사의 실습 기간을 확대하고 있으며, 자율봉사실습을 새로 도입함으로써 부족한 실습 기간을 보충하였다. 춘천교육대학교의 경우 1~4학년에 걸쳐 50시간의 자율(교육)봉사실습을 하도록 규정하고 있다. 예비교사는 현장의 보조교사, 방과 후 활동 지원, 학교 도서실 관리, 학교 현장의 각종 업무 지원, 기타 사회의 여러 교육기관에서 학생을 지도하는 등의 경험을 쌓음으로써 실제적인 교수 경험의 기회를 증대시키며, 현장과 학생에 대한 이해의 폭을 넓히고 있다.

앞으로도 우수한 초등교사를 교육하기 위한 다양한 제도의 검토와 이와 관련된 논의는 활발하게 이루어져야 할 것이다. 또한 현 교육과정상의 문제가 지속적으로 개선되고 해결되어야 할 것이다. 하지만 제도나 운영상의 개선이 급격하게 이루어지기보다 충분한 논의와 검토 위에서 계획적으로 이루어져야 할 것이고, 무엇보다도 현실적인 우리의 여건과 사회적인 분위기를 고려하여 진행되어야 할 것이다(김은주, 2008).

교원 자격

07

1. 교원 자격의 필요성

자격이란 일정한 신분이나 지위를 가지거나 일을 하는 데 필요한 조건이나 능력을 말한다. 교원의 자격은 교원으로서의 신분과 지위, 그 신분과 지위에 임하여 업무를 수행할 수 있는 최소한의 능력을 보장할 수 있는 조건, 그 조건을 만족시킬 수 있는 기준을 포괄한다.

교육 조직 안에서 교원의 신분과 지위는 다양한 용어로 지칭된다. 먼저 교원은 학교에서 원아, 학생을 교육하는 자를 말한다. 여기에서 학교란 유아교육법 제2조, 초·중등교육법 제2조, 고등교육법 제2조에 규정된 유치원, 초등학교, 중학교, 고등학교, 특수학교, 공민학교, 고등공민학교, 고등기술학교, 대학, 산업대학, 교육대학, 전문대학, 방송통신대학, 기술대학 등 각종 학교를 말하며, 국·공·사립의 모든 학교를 포함한다. 사설 강습소나 직업훈련원 같은 기관은 학교에 포함되지 않으며 교원의 자격 기준이 적용되지 않는다.

일반적으로 교원이라고 할 때에는 국·공·사립학교에 근무하는 교원이 모두 포함된다. 교원의 종류는 각 급 학교별로 약간의 차이가 있다. 유치원의 경우 유치원 교사, 수석교사, 원감, 원장이 있고, 초·중등학교에는 교사, 수석교사, 교감, 교장이 있다. 대학교에는 강사, 조교수, 부교수, 교수, 학장, 총장이 있다(고등교육법 제14조 2항, 2019년 1월 1일 시행).

국·공립학교의 교원은 공무원의 특정직 공무원 중 교육공무원에 해당된다(국가공무원법 제2조). 교육공무원은 교육기관에 근무하는 교원 및 조교(교육공무원법 제2조 1항의 1) 이외에도 교육행정기관, 교육연구기관에 근무하는 교육전문직 종사자를 포함한다. 교육전문직 종사자는 장학사 및 교육연구사, 장학관 및 교육연구관 등이 있다(교육공무원법 제2조). 사립학교 교원은 교육공무원에서 제외된다. 각 시·도 교육감은 각 지방자치단체의 선거에 의하여 취임하므로 정무직 지방공무원에 해당된다(지방공무원법 제2조). 교원과 교직원이라는 용어도 구별할 필요가 있다. 교직원은 교원과 학교 운영을 담당하는 행정직원과 조교를 모두 총칭하는 말이다. 행정직원은 기술, 연구, 행정 일반을 담당한다(국가공무원법 제2조, 고등교육법 제14조).

우리나라의 교원 자격은 법정주의에 근거하여 부여된다. 따라서 무자격자는 교원이 될 수 없으며, 자격을 가졌다 할지라도 교원으로 임용되지 않은 사람은 교원이라고 할 수 없다. 이처럼 교원 자격 제도를 설정하고 있는 이유는 첫째, 자격의 질 제고를 통해 교직의 전문성을 보장하기 위해서, 둘째, 교직의 사회 공신력을 높이기 위해서, 셋째, 교원의 신분을 보장하기 위해서이다.

2. 교원의 자격 기준

교원의 자격과 자격 기준은 유아교육법 제22조, 초·중등교육법 제21조, 고등교육법 제16조, 교육공무원법 제3장에 규정되어 있다. 유치원, 초등학교, 중등학교 및 특수학교 교원의 자격에는 준교사, 2급 정교사, 1급 정교사가 있고 수석교사, 원감, 원장 혹은 교감, 교장이 있으며 자격 기준이 다르다. 학교에는 전문상담교사, 사서교사, 보건교사, 영양교사도 있다. 종래의 교도교사는 전문상담교사로 자격명을 변경하였고 양호교사도 보건교사로 명칭을 변경하였다. 전문상담교사, 사서교사, 보건교사, 영양교사는 모두 종전과 달리 1급과 2급으로 나누어 전문적 특성을 강화하였다.

1) 유치원 교원의 자격 기준

(1) 원장의 자격 기준
- 유치원의 원감 자격증을 가지고 3년 이상의 교육 경력이 있으며 소정의 재교육을 받은 자
- 학식, 덕망이 높은 자로서 대통령령이 정하는 기준에 해당한다고 교육부장관의 인정을 받은 자

(2) 원감의 자격 기준
- 유치원 1급 정교사 자격증을 가지고 3년 이상의 교육 경력이 있으며 소정의 재교육을 받은 자
- 유치원 2급 정교사 자격증을 가지고 6년 이상의 교육 경력이 있으며 소정의 재교육을 받은 자

(3) 수석교사의 자격기준
- 교사 자격증을 가지고 15년 이상의 교육경력이 있으며 교수·연구에 우수한 자질과 능력을 가진 자로서 교육부장관이 정하는 연수 이수 결과를 바탕으로 자격증을 받은 자

(4) 1급 정교사의 자격 기준
- 유치원 2급 정교사 자격증을 가지고 3년 이상의 교육 경력이 있으며 소정의 재교육을 받은 자
- 유치원 2급 정교사 자격증을 가지고 교육대학원 또는 교육부장관이 지정한 대학원의 교육과에서 유치원 교육과정을 전공하여 석사 학위를 받은 자로서 1년 이상의 교육 경력이 있는 자

(5) 2급 정교사의 자격 기준
- 대학에 설치된 유아교육과를 졸업한 자

- 대학(전문대학 및 이와 동등 이상의 각종 학교 포함) 졸업자로서 재학 중 일정한 보육과 교직 학점을 취득한 자
- 교육대학원 또는 교육부장관이 지정한 대학원의 교육과에서 유치원 교육과정을 전공하고 석사 학위를 받은 자
- 유치원 준교사 자격증을 가지고 2년 이상의 교육 경력이 있으며 소정의 재교육을 받은 자

(6) 준교사의 자격 기준
- 유치원 준교사의 자격검정에 합격한 자

2) 초등교원의 자격 기준

(1) 교장의 자격 기준
- 초등학교 교감 자격증을 가지고 3년 이상의 교육 경력이 있으며 일정한 재교육을 받은 자
- 학식, 덕망이 높은 자로서 대통령령이 정하는 기준에 해당한다고 교육부장관의 인가를 받은 자
- 특수학교의 교장 자격증을 가진 자
- 공모 교장으로 선발된 후 교장의 직무수행에 필요한 교양과목, 교직과목 등 교육부령으로 정하는 연수과정을 이수한 자

(2) 교감의 자격 기준
- 초등학교 1급 정교사 자격증 또는 보건교사(1급) 자격증을 가지고 3년 이상의 교육 경력이 있으며 일정한 재교육을 받은 자
- 초등학교 2급 정교사 자격증 또는 보건교사(2급) 자격증을 가지고 6년 이상의 교육 경력이 있으며 일정한 재교육을 받은 자
- 특수학교의 교감 자격증을 가진 자

(3) 수석교사의 자격 기준

- 교사 자격증을 가지고 15년 이상의 교육경력이 있으며 교수 · 연구에 우수한 자질과 능력을 가진 자로서 교육부장관이 정하는 연수 이수 결과를 바탕으로 자격증을 받은 자

(4) 1급 정교사의 자격 기준

- 초등학교 2급 정교사 자격증을 가지고 3년 이상의 교육 경력이 있으며 일정한 재교육을 받은 자
- 초등학교 2급 정교사 자격증을 가지고 3년 이상의 교육 경력이 있으며 방송통신대학 초등교육과를 졸업한 자
- 초등학교 2급 정교사 자격증을 가지고 교육대학원 또는 교육부장관이 지정한 대학원의 교육과에서 초등교육과정을 전공하여 석사 학위를 받은 자로서 1년 이상의 교육 경력이 있는 자

(5) 2급 정교사의 자격 기준

- 교육대학교를 졸업한 자(한국교원대학교 초등교육학과 포함)
- 사범대학 졸업자로서 초등교육 과정을 전공한 자
- 교육대학원 또는 교육부장관이 지정한 대학원의 교육과에서 초등교육과정을 전공하고 석사 학위를 받은 자
- 초등학교 준교사 자격증을 가지고 2년 이상의 교육 경력이 있으며 일정한 재교육을 받은 자
- 중등학교 교사 자격증을 가지고 필요한 보수교육을 받은 자
- 전문대학 졸업자 또는 이와 동등 이상의 학력이 있다고 인정되는 자를 입소 자격으로 하는 임시교원 양성기관을 수료한 자
- 초등학교 준교사 자격증을 가지고 2년 이상의 교육 경력이 있으며 방송통신대학 초등교육과를 졸업한 자

(6) 준교사의 자격 기준

- 초등학교 준교사 자격검정에 합격한 자
- 고등학교 졸업자 또는 이와 동등 이상의 학력이 있다고 인정되는 자를 입소 자격으로 하는 임시교원 양성기관을 수료한 자
- 방송통신대학 초등교육과를 졸업한 자

3) 중등교원의 자격 기준

(1) 교장의 자격 기준

- 중등학교의 교감 자격증을 가지고 3년 이상의 교육 경력이 있으며 일정한 재교육을 받은 자
- 학식, 덕망이 높은 자로서 대통령령이 정하는 기준에 해당한다고 교육부장관의 인가를 받은 자
- 교육대학, 전문대학의 학장으로 근무한 경력이 있는 자
- 특수학교의 교장 자격증을 가진 자
- 공모 교장으로 선발된 후 교장의 직무수행에 필요한 교양과목, 교직과목 등 교육부령으로 정하는 연수과정을 이수한 자

(2) 교감의 자격 기준

- 중등학교 1급 정교사 자격증 또는 보건교사(1급) 자격증을 가지고 3년 이상의 교육 경력이 있으며 일정한 재교육을 받은 자
- 중등학교 2급 정교사 자격증 또는 보건교사(2급) 자격증을 가지고 6년 이상의 교육 경력이 있으며 일정한 재교육을 받은 자
- 교육대학의 교수·부교수로서 6년 이상의 교육경력이 있는 자
- 특수학교의 교감 자격증을 가진 자

(3) 수석교사의 자격 기준

- 교사 자격증을 가지고 15년 이상의 교육경력이 있으며 교수·연구에 우수한 자질과 능력을 가진 자로서 교육부장관이 정하는 연수 이수 결과를 바탕으로 자격증을

받은 자

(4) 1급 정교사의 자격 기준

- 중등학교 2급 정교사 자격증을 가지고 교육대학원 또는 교육부장관이 지정한 대학원 교육과에서 석사 학위를 받은 자로서 1년 이상의 교육 경력이 있는 자
- 중등학교 정교사 자격증을 가지지 않고 교육대학원 또는 교육부장관이 지정한 대학원 교육과에서 석사 학위를 받은 후 교육부장관으로부터 중등학교 정교사(2급) 자격증을 수여받은 자로서 3년 이상의 교육 경력이 있는 자
- 중등학교 2급 정교사 자격증을 가지고 3년 이상의 교육 경력이 있으며 일정한 재교육을 받은 자
- 교육대학, 전문대학의 교수, 부교수로서 3년 이상의 교육 경력이 있는 자

(5) 2급 정교사의 자격 기준

- 사범대학 졸업자
- 교육대학원 또는 교육부장관이 지정한 대학원 교육과에서 석사 학위를 받은 자
- 임시교원 양성기관을 수료한 자
- 대학에서 설치한 교육과 졸업자
- 대학, 산업대학 졸업자로서 재학 중 일정한 교직과 학점을 취득한 자
- 중등학교 준교사 자격증을 가지고 2년 이상의 교육 경력이 있으며 일정한 재교육을 받은 자
- 초등학교 준교사 이상의 자격증을 가지고 대학을 졸업한 자
- 교육대학, 전문대학의 조교수로서 2년 이상의 교육 경력이 있는 자

(6) 준교사의 자격 기준

- 교육부장관이 지정한 대학(전문대학 제외)의 공업, 수산, 해양 및 농·공계 학과를 졸업한 자
- 중등학교 준교사 자격검정에 합격한 자
- 중등학교 실기교사로서 5년 이상의 교육 경력이 있으며 대학 관련 학과를 졸업한 자

4) 특수학교 교원의 자격 기준

(1) 교장의 자격 기준

- 특수학교 교감 자격증을 가지고 3년 이상의 교육 경력이 있으며 일정한 재교육을 받은 자
- 초등학교 또는 중등학교의 교장 자격증을 가지고 필요한 보수교육을 받은 자
- 학식, 덕망이 높은 자로서 대통령령이 정하는 기준에 해당한다고 교육부장관의 인가를 받은 자
- 공모 교장으로 선발된 후 교장의 직무수행에 필요한 교양과목, 교직과목 등 교육부령으로 정하는 연수과정을 이수한 자

(2) 교감의 자격 기준

- 특수학교 1급 정교사 자격증 또는 보건교사(1급) 자격증을 가지고 3년 이상의 교육 경력이 있으며 일정한 재교육을 받은 자
- 특수학교 2급 정교사 자격증 또는 보건교사(2급) 자격증을 가지고 6년 이상의 교육 경력이 있으며 일정한 재교육을 받은 자
- 초등학교 또는 중등학교 교감 자격증을 가지고 필요한 보수교육을 받은 자

(3) 수석교사의 자격 기준

- 교사 자격증을 가지고 15년 이상의 교육경력이 있으며 교수 · 연구에 우수한 자질과 능력을 가진 자로서 교육부장관이 정하는 연수 이수 결과를 바탕으로 자격증을 받은 자

(4) 1급 정교사의 자격 기준

- 특수학교 2급 정교사 자격증을 가지고 3년 이상의 교육 경력이 있으며 일정한 재교육을 받은 자
- 특수학교 2급 정교사 자격증을 가지고 1년 이상의 교육 경력이 있으며 교육대학원 또는 교육부장관이 지정한 대학원에서 특수교육을 전공하고 석사 학위를 받은 자
- 유치원, 초등학교 또는 중등학교 1급 정교사 자격증을 가지고 필요한 보수교육을

받은 자

- 유치원, 초등학교 또는 중등학교 2급 정교사 자격증을 가지고 1년 이상의 교육 경력이 있으며 교육대학원, 또는 교육부장관이 지정한 대학원에서 특수교육을 전공하고 석사 학위를 받은 자

(5) 2급 정교사의 자격 기준

- 교육대학 및 사범대학의 특수교육과를 졸업한 자
- 대학, 산업대학의 특수교육 관련 학과 졸업자로서 재학 중 일정한 교직과정을 이수한 자
- 대학, 산업대학의 특수교육 관련 학과 졸업자로서 교육대학원 또는 교육부장관이 지정한 대학원에서 특수교육을 전공하고 석사 학위를 받은 자
- 유치원, 초등학교 또는 중등학교 2급 정교사 자격증을 가지고 필요한 보수교육을 받은 자
- 유치원, 초등학교 또는 중등학교 2급 정교사 자격증을 가지고 교육대학원 또는 교육부장관이 지정한 대학원에서 특수교육을 전공하고 석사 학위를 받은 자
- 특수학교 준교사 자격증을 가지고 2년 이상의 교육 경력이 있으며 일정한 재교육을 받은 자
- 유치원, 초등학교 또는 중등학교 준교사 자격증을 가지고 2년 이상의 교육 경력이 있으며 교육대학원 또는 교육부장관이 지정한 대학원에서 특수교육을 전공하고 석사 학위를 받은 자

(6) 준교사의 자격 기준

- 특수학교 준교사 자격검정에 합격한 자
- 특수학교 실기교사로서 5년 이상의 교육 경력이 있으며 일정한 재교육을 받은 자

5) 전문상담교사의 자격 기준

(1) 1급 전문상담교사의 자격 기준

- 2급 이상의 교사 자격증(유아교육법에 따른 2급 이상의 교사 자격증 포함)을 가지

고 3년 이상의 교육 경력이 있으며 교육부장관이 지정한 교육대학원 또는 대학원에서 일정한 전문상담교사 양성과정을 이수한 자

- 전문상담교사(2급) 자격증을 가지고 3년 이상의 전문상담교사 경력이 있으며 자격연수를 받은 자

(2) 2급 전문상담교사의 자격 기준

- 대학, 산업대학의 상담심리 관련 학과 졸업자로서 재학 중 일정한 교직 학점을 취득한 자
- 교육대학원 또는 교육부장관이 지정한 대학원의 상담·심리교육과에서 전문상담 교육과정을 이수하고 석사 학위를 받은 자
- 2급 이상의 교사 자격증(유아교육법에 따른 2급 이상의 교사 자격증 포함)을 가지고 교육부장관이 지정한 교육대학원 또는 대학원에서 일정한 전문상담교사 양성과정을 이수한 자

6) 사서교사의 자격 기준

(1) 1급 사서교사의 자격 기준

- 사서(2급) 자격증을 가지고 3년 이상의 사서 교사 경력이 있으며 자격연수를 받은 자
- 사서(2급) 자격증을 가지고 교육대학원 또는 교육부장관이 지정한 대학원의 교육과에서 사서 교육과정을 전공하고 석사 학위를 받은 자로서 1년 이상의 사서교사 경력이 있는 자

(2) 2급 사서교사의 자격 기준

- 대학, 산업대학 졸업자로서 재학 중 문헌정보학 또는 도서관학을 전공하고 일정한 교직과정을 이수한 자
- 준교사 이상의 자격증을 가지고 일정한 사서교사교육 강습을 받은 자
- 교육대학원 또는 교육부장관이 지정한 대학원의 교육과에서 사서 교육과정을 전공하고 석사 학위를 받은 자

- 사범대학 졸업자로서 재학 중 문헌정보학 또는 도서관학을 전공한 자

7) 보건교사의 자격 기준

2002년 8월 교육인적자원부(현 교육부)는 양호교사의 명칭을 일본 제국주의의 잔재라는 이유로 보건교사로 변경하였다. 양호교사의 역할이 학생의 간단한 질병 치료 및 응급 진료에 그쳤다면, 보건교사는 이에 더하여 질병의 예방 및 치료, 재활까지 포괄하여 업무를 담당한다.

(1) 1급 보건교사의 자격 기준

- 보건교사(2급) 자격증을 가지고 3년 이상의 보건교사 경력이 있으며 자격연수를 받은 자

(2) 2급 보건교사의 자격 기준

- 대학, 산업대학의 간호학과 졸업자로서 재학 중 일정한 교직 학점을 취득하고 간호사 면허증을 가진 자
- 전문대학의 간호과 졸업자로서 재학 중 일정한 교직 학점을 취득하고 간호사 면허증을 가진 자

8) 영양교사의 자격 기준

(1) 1급 영양교사의 자격 기준

- 영양교사(2급) 자격증을 가지고 3년 이상의 영양교사 경력이 있으며 자격연수를 받은 자

(2) 2급 영양교사의 자격 기준

- 대학, 산업대학의 식품학 또는 영양학 관련 학과 졸업자로서 재학 중 일정한 교직 학점을 취득하고 영양사 면허증을 가진 자
- 영양사 면허증을 가지고 교육대학원 또는 교육부 장관이 지정한 대학원의 교육과에서 영양교육과정을 이수하고 석사 학위를 받은 자

9) 기타 교원의 자격 기준

학교장은 사정에 따라 초등교사에게 교과 전담교사로 임무를 부여할 수 있다. 교과 전담교사는 3학년 이상 학년당 네 학급 이상의 경우 담임교사의 수업 부담을 경감시키기 위하여 일부 과목을 전담하게 된다. 과목의 선정은 학년별 교사 혹은 학교 차원의 논의 과정을 거쳐 설정한다.

초등학교에는 학교장의 재량으로 계약제 교원을 둘 수 있다. 계약제 교원에는 기간제 교사, 전일제 강사, 시간강사가 있다. 기간제 교사는 학급 담임교사가 휴직이나 대통령령이 정하는 사유로 직무를 이탈하게 된 경우 등 여러 가지 사유로 한 달 이상 학교의 업무를 하지 못할 때, 초등학교 교사 자격증을 가진 사람들 중에서 채용한다(교육공무원법 제32조). 전일제 강사는 하루 이상 전일제로 학급을 담당하여 학생의 교육과 생활지도 업무를 보아야 할 경우 채용한다. 역시 교사 자격증 소지자라야 가능하다. 하지만 교사가 하루 중 약간의 시간에 한하여 교실을 비워야 할 경우 시간강사로 대치하며, 이 경우에는 반드시 교사 자격증을 갖추지 않아도 된다. 다만 시간강사의 경우 대학 졸업자나 이와 동등 이상의 학력이 있는 자로서 담당 과목과 동일 또는 유사한 과목을 전공한 자, 전문대학 졸업자 또는 이와 동등 이상의 학력이 있는 자로서 담당 과목과 관련된 분야에서 2년 이상 실무 경력을 쌓은 자, 고등학교 졸업자 또는 이와 동등 이상의 학력이 있는 자로서 담당 과목과 관련된 분야에서 4년 이상의 실무 경력을 쌓은 자, 그 밖에 교육감이 따로 정하는 자격 기준에 해당하는 자를 자격으로 한다. 학급 담임교사가 부득이한 사유로 자리를 비울 경우 명예교사가 학급을 담당할 수도 있다. 명예교사는 학교운영위원회가 정하는 자격 기준에 해당되는 자로서 주로 학부모 중에서 선임된다.

3. 자격검정 제도

1) 자격검정 유형

교원 자격증을 취득하는 방법은 크게 두 가지로 시험에 의한 자격 취득과 무시험에 의한 자격 취득이 있다. 교원의 자격검정은 교원자격검정령 제3장과 제4장, 동 시행규칙

제2장과 제3장에 규정되어 있으며 그 내용은 다음과 같다.

(1) 무시험검정

무시험검정은 시험을 치르지 않고 자격을 취득하는 것으로 법이 정한 자격 기준의 요건에 합당하면 서류심사로 교원 자격증을 수여한다. 현재 우리나라 교원 자격 취득자의 대부분은 무시험검정을 통해 자격증을 수여받고 있다. 무시험검정의 대상에는 교장, 교감, 수석교사, 원장, 원감과 같은 상위 자격증을 취득하고자 하는 사람들이 해당되며, 또한 준교사, 실기교사를 제외한 교사 자격증을 취득하고자 하는 모든 사람에게 해당된다.

초등학교 2급 정교사 자격의 무시험검정 합격 기준으로 2012년부터 교육대학교나 사범대학 초등교육과를 졸업한 사람의 경우 전공 50학점 이상 이수, 교직과목(교육실습 포함) 22학점 이상 이수가 요구된다. 전공 과목은 평균 75점 이상을 요구하고 있으며, 교직 과목은 평균 80점 이상을 충족시켜야 한다. 또한 교원양성 기관에서 실시한 교직 적성 및 인성검사 결과 기준을 충족할 것과 교원양성 기관의 장이 실시한 응급 처치 및 심폐 소생술 실습을 2회 이상 받을 것도 요구하고 있다(교원자격검정령 제19조3항 관련 별표 1).

상위 자격증이나 기타 자격연수를 통해 자격을 취득하고자 하는 사람은 교원자격 무시험검정원서를 교육감에게 제출해야 하고, 대학, 교육대학, 전문대학 졸업자와 졸업 예정자, 그리고 교육대학원에서 석사 학위를 취득하고 무시험검정을 받고자 하는 사람은 원서를 대학의 장에게 제출하여 심사를 받아야 한다(교원자격검정령 제18~23조, 교원자격검정령 시행규칙 제9조).

(2) 시험검정

시험검정은 교원 수급 계획상 필요에 의하여 실시하는 것으로 합격자에게 교원 자격증을 수여한다. 시험검정은 매년 시행되는 것이 아니라 필요할 때마다 실시된다. 시험검정의 대상은 초 · 중등학교, 특수학교, 유치원의 준교사와 실기교사이다.

시험검정은 학력고사와 실기고사 및 구술고사로 구분하여 실시하되, 학력고사에 합격한 자에 한하여 실기고사 및 구술고사를 받도록 하고 있다. 학력고사는 중등학교 및 특수학교 준교사, 실기교사가 담당할 과목과 교육학을 시험과목으로 한다. 초등학교 준교사는 도덕, 국어, 사회, 수학, 과학, 체육, 음악, 미술, 실과, 영어 및 교육학이 시험과목이다. 유치원 준교사의 학력고사 과목은 사회정서발달 영역, 인지발달 영역, 언어발달 영역, 신체발달 영역, 건강 영역 및 교육학으로 되어 있다. 구술고사는 교사로서의 인성, 적성 및 자질에 대하여 실시하도록 하고 있다. 시험검정의 합격 기준을 보면 학력고사는 매 과목 100점 만점에 매 과목 40점 이상, 전 과목 평균 60점 이상이면 합격이며, 실기고사와 구술고사는 100점 만점에 매 고사 40점 이상이면 합격이다(교원자격검정령 제24~30조, 교원자격검정령 시행규칙 제17~22조).

2) 자격검정 방법

교원 자격검정은 교육부 장관이 수행해야 하나 행정권한의 위임 및 위탁에 관한 규정 제22조 및 제45조에 의거하여 대학의 장과 시·도 교육감이 자격검정을 행하여 수여하고 있다. 자격 기준으로 학력만 요구하는 무시험검정은 대학의 장이 행하며, 자격 기준에 교육경력이 포함되는 무시험검정은 시·도 교육감이 실시한다.

(1) 대학의 장이 초등학교 교원 자격검정을 행하는 경우

초등학교 2급 정교사 자격 기준 중 교육대학교, 사범대학 졸업자로서 초등교육과정을 전공한 자, 그리고 교육대학원 또는 교육부 장관이 지정한 대학원의 교육과에서 초등교육과정을 전공하고 석사 학위를 받은 자는 대학의 장에 의해 교원 자격을 검정받는다. 2급 전문상담교사의 자격검정도 대학의 장에 의하여 이루어진다.

(2) 당해 교육감이 초등학교 교원 자격검정을 행하는 경우

초등학교 2급 정교사 자격 기준 중 초등학교 준교사 자격증을 가지고 교육 경력이 2년 이상이고 일정한 재교육을 받은 자, 중등학교 교사 자격증을 가지고 필요한 보수교육을 받은 자, 전문대학 졸업자 또는 이와 동등 이상의 학력이 있다고 인정되는 자를 입소 자격으로 하는 임시교원 양성기관을 수료한 자, 초등학교 준교사 자격증을 가지고 교육 경력이 2년 이상이며 방송통신대학 초등교육과를 졸업한 자의 경우에는 당해 교육감이 자격검정을 행한다. 초등학교 교장, 교감, 초등학교 1급 정교사, 1급 전문상담교사 등에 대한 자격검정도 교육감에 의해 이루어진다.

초등교사 자격검정 사례

1999년에 교사의 정년이 65세에서 62세로 단축되었다. 또한 경과기간을 두어 2000년 8월까지 만 58세 이상 되는 교사(1942년 8월 말 이전 출생)가 명예퇴직을 신청하면 65세까지의 명예퇴직 수당(5,900여만 원)을 지급하기로 결정하였다. 이에 따라 65세 정년을 적용받는 교사 5,669명 중 1,886명이, 그리고 만 62세 정년을 적용받는 교사 56,856명 중 916명이 명예퇴직을 신청하여 2,800여 명의 초등교사가 명예퇴직을 하게 되었다. 이러한 과정에서 현장 교단을 지킬 수 있는 교사의 수가 급감하였다.

1999년 상반기에 정부는 중등학교 교사 자격증 소지자 3,800여 명을 336시간 동안 단기 보수교육을 시켜 교과전담교사로 임용하였다. 1999년 하반기에 2,400여 명이 추가로 단기 보수교육을 거쳐 전담교사로 배치되자 전국 교육대학교의 학생과 교수는 강력하게 저항하였다. 특히 서울의 경우 '중초임용'을 예·체능 과목에 한정하지 않고 도덕, 국어, 사회, 수학, 과학, 영어 등으로 확산하면서 교육대학교의 반발이 더욱 거세졌다. 당시 서울교대와 대구교대는 '중초임용' 교사 강습을 거부하여 교원연수원에서 이를 시행하였다. 그 후 정부는 교과전담교사로 선발된 3,800여 명의 중초임용 교사에게 추가로 1,008시간의 보수교육을 시켜 초등 2급 정교사 자격증을 주어 학급 담임을 맡도록 하였다.

현장 교사의 수가 줄어들자 전국 교육대학교는 편입생 제도를 도입하여 1999~2000학년도에는 중등교사 자격증 소지자 중 입학 정원의 5%를, 2001~2002학년도에는 20%를 선발하여 70학점을 이수하게 하고 초등 2급 정교사 자격증을 주어 초등교사로 임용하였다.

이러한 와중에 정부는 교육 개혁의 가장 시급한 문제를 학급당 학생 수 감축과 교사의 자율성 신장으로 보고 2003년까지 OECD(Organization for Economic Cooperation and Development, 경제협력개발기구) 국가 수준을 따라가기 위하여 학급당 학생 수를 35명으로 축소하는 방안을 발표하였다. 이에 따라 2003년까지 연차적으로 교원의 수요가 9,790명으로 예상되자 2001년 다시 중등교사를 단기 보수교육을 거쳐 초등교사로 임용하고자 하는 계획에 돌입하였다. 이러한 조치는 초등교육의 전문성을 무시한 것이었으므로 교육대학교 학생의 격렬한 저항을 불러일으켰다. 이에 교육부는 3,000~4,000여 명을 충원하고자 하였던 당초의 계획을 바꾸어 중등교사 자격증 소지자 2,500여 명을 특별 편입생으로 선발하였으며, 교육방법도 336시간, 1,008시간, 70학점 이수 중 70학점을 교육대학교에서 2년간에 걸쳐 이수하게 하기로 결정하였다.

(강원근, 2002)

4. 교원 자격 제도의 발전 방안

1) 교원 자격시험

우리나라에서 교원 자격증은 초 · 중등 모두 무시험검정에 의하여 취득되고 있다. 미국의 경우 무시험검정에서 시험검정으로 전환하는 주가 늘어나고 있는 실정이고, 2006년에는 48개 주가 시험검정을 실시하였다(Grant & Gillette, 2006). 프랑스나 독일도 2회에 걸친 엄격한 시험을 통해 자격증을 부여하고 있다. 이에 우리도 무시험검정제를 폐지하고 대신 시 · 도별로 자격검정위원회를 설치하여 자격 기준과 검정 절차를 적용해야 한다는 주장이 나오고 있다. 한편으로는 국가 차원에서 교사 자격시험을 실시함으로써 자격증을 부여해야 한다는 주장도 있다.

하지만 현재 초등교사를 주로 육성해 내고 있는 전국 교육대학교의 교육과정은 매우 유사한 구조를 가지고 있으며, 과목 설정에 있어서도 공동보조를 취하고 있으므로 전국 예비교사의 능력이나 태도가 어느 정도의 표준성을 확보한다고 볼 수 있다. 더군다나 교원 임용고시를 통해 교사가 될 사람의 능력과 태도를 검증하고 있는 상황이므로 자격에 대한 시험검증을 따로 시행할 의미와 명분이 크지 않다(박남기, 2000).

2) 교원 자격 유효기간제

우리나라는 1953년 교육공무원 자격검정령이 공포되면서 교사 자격증의 유효기간을 10년으로 제한하였다. 그리고 자격증의 효력을 갱신하고자 할 때에는 그 유효기간 안에 문교부 장관이 지정하는 일정한 강습을 받도록 하였다. 하지만 이러한 조치는 교원 유인책을 저하시킨다는 판단과 함께 1963년 교육공무원법을 개정할 때 자격증의 효력을 정년까지 유효한 것으로 시정하여 오늘에 이르고 있다(안창선, 남경현, 이욱범, 1999).

그런데 일본의 경우 평생 유효성을 보장하던 교사 자격증의 유효기간을 2009년부터 10년 단위로 한정하고 이를 주기적으로 갱신하고 있다(이원호, 2017). 미국은 주에 따라 다르기는 하나 버지니아 주의 경우 교원 자격증의 유효기간이 5년이며 5년 이내에 180점의 연수 활동을 거쳐 자격증을 갱신하게 되어 있다. 버지니아 주에서는 교사 개인이 개별화된 전문 발달 계획안을 수립하고 5년 이내에 다양한 경로를 통해 전문 발달 점수를 획득하게 한다. 다양한 경로를 구체적으로 살펴보면 다음과 같다(박영숙, 2001).

대학의 학점, 그리고 4시간 이상의 공식적인 회의, 워크숍, 학회, 세미나 같은 전문가 협의회 참여는 1일에 5점이며 최대 45학점까지 인정된다. 본인이 주제를 발표할 경우에는 15점이 인정된다. 동료 관찰은 최소 35분 이상 관찰하여 기록하는 것을 말하며 관찰 기간당 5점으로 산정하고 최대 45점까지 인정한다. 교육 여행은 지속적으로 5일 이상에 걸친 여행을 말하며 15학점씩 인정해 주고 최대 45학점까지 인정한다. 교육과정 개발은 시간당 1점이고 활동별로 최소 5시간이어야 하며 최대 90학점까지 인정한다. 논문 게재는 해설, 논문을 작성·게재하는 것으로 1건당 45학점을 인정하며 최대 90학점까지 인정한다. 저서 출판은 1권당 90학점이며 최대 90학점을 인정한다. 장학 활동은 역할 모델이 되거나 직접 교수, 전시, 반응을 전제로 한 관찰, 계획 수립, 비공식적인 접촉 등을 말하며 학기당 45학점이고 최대 90학점까지 인정한다. 단독 활동이 아니라 여러 명이 함께 한 경우 그 수대로 학점을 배분한다. 교육 프로젝트 활동은 교환 프로그램, 직무연수 프로그램, 연구 프로그램, 기관 자율 프로그램, 행정적인 프로젝트, 학교 개선을 위한 기타 활동 등을 말하며 활동 단위당 최소 5시간이어야 한다. 활동 시간당 1점이며 최대 45학점을 인정한다.

최근에 이르러 우리나라에서도 자격증의 효력을 정년까지 보장한다는 것은 교사의 전문적 자질을 고려할 때 부적절하다고 지적되고 있다. 따라서 교원 자격 유효기간제를 두어 교원 자격증의 효력을 일정 기간 동안만 인정하고 그 이후 다시 연수 등을 통해 자격증을 갱신하거나 취득하도록 함으로써 교사의 전문성과 자질을 향상시켜야 한다는 주장이 제기되고 있는 상황이다. 2007년 대통령자문교육혁신위원회는 교사 자격을 일정한 주기를 두어 갱신하는 안을 제시하였다. 이 안은 2015년부터 제도화하는 방향을 설정하였으나 이후 구체적인 검토가 이루어지지 않고 있다.

3) 학교 급별 복수 자격증제

학교 급별 복수 자격증제란 초등교사 혹은 중등교사 자격증을 복수로 가질 수 있는 제도를 말한다. 현재 교육대학교 교육대학원은 초등교사 자격 부여의 기능을 가지고 있지 않다. 그러나 이 제도는 교육대학교 교육대학원이 초등교사 자격 부여의 기능을 가지도록 하여 중등교사 자격증 소지자가 입학할 경우 초등교사 자격증을 취득할 수 있음을 내용으로 한다. 또한 교육대학교에서 학사편입제를 실시하여 중등학교 교사가 편입할 경우 학교 급별로 복수의 자격증을 얻는 내용도 포함된다(박남기, 2000).

이러한 제도에 대해 박남기(2000)는 교육대학원에서 초등교사 자격증을 취득할 수 있는 조치는 초등교사의 학력을 석사 수준으로 높임으로써 교사의 전문성을 신장시키고 사회적 위상을 높일 수 있는 장점이 있다고 언급한다. 하지만 현실적으로 이러한 제도는 많은 문제점이 있다. 우선 초등교육의 각 과에 해당되는 과목을 모두 이수하려면 최소한 66학점이 소요되는데, 교육대학원에서는 27학점만 이수하면 수료할 수 있다. 이것은 교육대학원을 통해 배출되는 교사의 자질에 문제가 있을 수 있음을 의미한다. 또한 대학원 교육이란 어느 한 분야를 깊이 연구함으로써 전문성을 심화시키는 것을 특성으로 하는데, 교육대학원을 통해 초등교사 교육을 하면 오히려 각 과 교육을 포괄적으로 모두 수강해야 하므로 대학원 교육의 특성에 부합되지 않는다는 것이다.

한편으로 교육대학교에 학사편입제를 도입하여 복수 자격 취득 기회를 확대하겠다는 방안은 1999년 초부터 시행되어 왔다. 교대 학사편입제는 다른 방안에 비해 이수하는 학점 수가 80여 학점으로 비교적 높으며, 80학점의 대부분이 초등교사의 전문성과 특수성을 키워 줄 수 있는 각과 교육과 실기에 집중되었다. 따라서 다른 방안과 비교해 볼 때 초등교사 자격증을 취득하는 대안으로 가장 합당한 측면이 있었다. 또한 비교적 수학하는 기간이 장기간이어서 교육대학교의 분위기에 동화되고 그 과정 속에서 초등교사로서의 자질과 태도를 함양하는 것이 가능하다고 평가되었다. 그러나 교육대학교 학사편입제는 취학 아동이 급감하고 초등교사 임용 비율이 현격하게 줄어들면서 중단되었다.

4) 학교급 간 연계 자격증제

학교급 간 연계 자격증이란 유치원과 초등학교 저학년, 초등학교 고학년과 중등학교, 초·중등 통합학교를 전담하는 자격증으로서 학교급 간 교육의 연계성을 강화하는 자격증이다. 보다 구체적으로 유치원과 초등학교 저학년, 초등학교 3~6학년 학급 담당, 초등학교 5학년~고등학교 1학년까지의 교과 담당 유형의 교사로 구분된다(박영숙, 2001).

강원근(2002)도 학교급 간 연계 자격증을 제시하였는데, 구체적으로 연계 자격증은 K(kindergarten, 유치원)~초등학교 저학년 교사, 3~6학년의 학급 담임교사 및 광역교과전담교사, 그리고 7~10학년의 교과전담교사의 자격증으로 구분된다. K~초등학교 저학년은 발달 특성상 유사하고 교육과정 역시 통합적 특성을 지니므로 유치원과 초등학교를 연계하여 교육할 수 있는 교사가 필요하다. 3~6학년 담당 교사는 전인교육을 수행하는 학급 담임을 원칙으로 하면서 '광역교과교육 전공자'로서의 교사이다. 즉, 음악·미술·체육을 담당하는 예체능 교사, 도덕·국어·사회를 담당하거나 영어를 담당하는 인문사회계열 교사, 과학·수학을 담당하거나 실과·컴퓨터를 담당하는 이공계열 교사로 교육되는 교사이다. 이들은 초등학교 고학년의 교과를 전담할 수 있으며 초·중등 통합학교에서는 중학교의 관련 학과를 담당할 수도 있다. 7~10학년 담당 교사는 현재의 중학교 교사와 같이 교과전담교사로 교육됨으로써 고등학교나 대학교의 고등학문에 접할 수 있는 연계자의 역할을 하도록 한다.

학교급 간 연계 자격증은 아동의 발달 특성과 교육과정의 성격에 따라 교사를 보다 세분화하여 교육할 것을 제시한 것으로서 교사교육의 전문성을 심화시킬 수 있다는 장점을 가지고 있다. 하지만 이러한 교육 체제가 실현되려면 현실 조건이 뒷받침되어야 한다. 즉, 연계 자격증이 도입되기 위해서는 학제 개편이 우선적으로 이루어져야 한다. 학제 개편은 교육 정책 전반에서 이루어져야 하므로 단기적으로 실행되기 어려운 점이 있다(박영숙, 2001).

5) 수석교사제

그동안 초등학교의 교원 자격 제도는 2급 정교사, 1급 정교사, 교감, 교장으로 단선화되어 있었다. 이 중 2급 정교사와 1급 정교사는 모두 평교사로서 학생교육을 주 업무로 하는 반면 교장과 교감은 학교 관리자로서의 역할에 보다 비중을 두고 있다. 이러한 단선형 제도는 학교 관리직이 교사직의 상위에 있음으로써 교사가 교육의 전문성을 도모하기보다는 학교 관리자로 승진하기 위해 전력투구하도록 만든다. 이는 승진을 위한 과열 경쟁을 초래하며 교사직의 지속적인 전문성 신장을 저해하는 결과를 초래한다. 이에 승진 경쟁보다는 교수에 탁월한 역량을 보이는 교사가 우대받을 수 있는 교직 풍토를 조성하기 위해 수석교사제가 논의되기 시작하였다. 또한 경력이 많아짐에 따라 교사의 수업 및 학생 지도 능력이 향상되고 전문적 기량이 높아지는데 이에 대한 적절한 보상 체계가 부족하였다. 이 점도 수석교사제의 도입을 촉진하였다(전제상, 박영숙, 2009). 수석교사제는 교육이라는 교사의 업무를 행정 및 관리의 하위 업무가 아니라 행정 및 관리와 대등한 교사의 고유 업무임을 부각시킬 수 있는 제도이다. 따라서 평교사의 사기를 진작할 뿐 아니라 교육의 전문성을 고양시킨다는 측면에서 바람직하다고 평가되어 왔다(박영숙, 2001).

2008년 전국의 각 시·도 교육청은 170여 명에 이르는 수석교사를 선발하여 시범 운영에 들어갔다. 수석교사의 지원 요건은 15년 교육 경력을 가진 1급 정교사이며, 과목별 균등 배분을 고려해서 선발하였다. 각 시·도 교육청의 수석교사심사위원회는 교장 혹은 교감, 교사, 교육전문직, 학계 전문가 등 7~11인으로 구성된다. 1단계 전형은 서류심사로서 학교 급별, 교과별로 2~3배수를 뽑고, 2단계 전형에서는 수업능력 심사 및 심층면접을 통해 1.5배수를 선발하며, 3단계 전형에서는 지원자 재직학교 동료 교사와의 면담을 통해 평소의 근무 태도와 행동을 파악한다.

수석교사는 소속 학교에서 수업, 수업지도, 교육과정 및 교수, 학습, 평가방법 등을 개발하고, 현장연구 및 교내연수를 주도하며, 신임교사 등을 지도하는 역할을 맡는다. 또한 교사교육 기관이나 교원연수 기관에서의 강의와 같은 외부 활동을 할 수 있다. 수석교사는 학교 실정에 따라 수업시수의 20%를 경감받으며 매월 일정액의 연구활동 지원비를 지급받는다(전제상, 박영숙, 2009). 수석교사의 자격은 종신토록 유효하지만 임용은 4년 단위로 갱신하게 되어 있으며, 교원평가 결과를 충족시키고 본인이 원할 경우에는 정년까지 연장할 수 있다. 그러나 교원평가 결과가 미비하거나 본인이 원하지 않을 경우에는 평교사로 복귀하는 것도 가능하다. 수석교사제의 도입으로 일선 학교의 교사들 사이에서는 수석교사의 수업 공개 요구 및 수업에 대한 여러 가지 지도 조언을 불필요한 명령과 간섭으로 받아들여 부담스럽고 불편하다는 불만도 제기되고 있는 상황이다. 또한 학교 안에서는 교장과 같은 직급수당을 수령하는 상황에서 교감의 불만이 제기되고 있는 형편이고 교감과의 사이에서 학교운영 관리와 수업관리에 대한 업무 경계가 명확하지 않은 어려움이 지적되고 있다. 그러나 전제상, 박영숙(2009)이 교원, 학부모, 학생, 장학사, 수석교사 등 총 2,072명을 대상으로 조사한 연구에 의하면 응답자의 70.3%가 수석교사제 운영에 대해 성과가 있는 것으로 생각하였다. 특히 수석교사의 수업 지원 활동이 가장 성과가 높았던 부분으로 나타났다.

교원 임용

08

임용이란 개인의 신분을 설정하는 행위인 임명과 일정한 직위에 배치하여 직무를 부여하는 보직을 내포하며, 동시에 직위 변경의 의미까지 포괄하는 개념이다(행정학사전, 2017). 교원의 임용에는 신규 채용, 승진, 승급, 전직, 전보, 겸임, 파견, 강임, 휴직, 직위 해제, 정직, 복직, 면직, 해임, 파면 등이 포함된다(교육공무원법 제2조 6항).

교육공무원의 임용은 그 자격, 재교육성적, 근무성적, 기타 능력의 실증에 의하여 행하며, 교원으로서의 자격을 갖추고 임용을 원하는 모든 사람에 대하여 능력에 따라 균등한 임용 기회를 보장함을 원칙으로 하고 있다(교육공무원법 제10조). 또한 임용에 있어 정치적·정실적 요소를 배제하고 자격과 능력에 따라 임용이 결정되는 실적주의를 바탕으로 한다. 교육공무원의 임용은 자격주의, 능력주의, 실적주의에 근거하며 기회 균등의 원칙이 적용된다.

1. 신규 채용

교사의 신규채용과 관련된 가장 큰 변화는 1990년 10월 헌법재판소의 판결에 기인한다. 그 이전에는 국립 교사교육 기관 졸업생이 국·공립 초·중등학교에 우선 채용되었는데, 이것은 평등권과 직업 선택권을 보장하는 헌법에 위배된다는 판결이 내려진 것이다. 그 결과 1991년부터 공개전형을 실시하여 신규교사를 채용하기에 이르렀다. 이러한 제도의 변화는 공개전형 방식을 통해 우수 교원을 확보할 수 있게 하였고, 임용 기회의 불평등을 시정하는 좋은 결과를 가져왔다. 그러나 시험 자체가 교직자로서의 전문성을 측정하기에는 부적절한 면이 있었고, 각 시·도별로 교원 수급 불균형 문제가 초래됨을 예측하지 못했다는 점에서 비판을 받기도 하였다.

1991년부터 시행된 신규채용의 내용은 다음과 같다(교육공무원법 제11조). 우리나라의 교사 신규채용은 자격주의와 성적주의에 근거한 공개전형으로 이루어진다. 공개전형은 당해 교사의 임용권자가 실시하며, 이 경우 국립학교의 장은 그 전형을 당해 학교가 소재하는 교육감에게 위탁하여 실시할 수 있다. 공개전형에 응시할 수 있는 자격은 채용 예정직에 해당하는 교사 자격증(중등학교 교사는 채용 예정직에 해당하는 표시과목이 기재된 교사 자격증)을 소지하고 있거나 교사 자격증을 취득할 졸업 예정자 또는 수료 예정자이다.

공개전형은 필기시험, 실기시험, 면접시험 등의 방법에 의하여 이루어진다. 필기시험 성적에는 우수한 교사 임용 후보자를 선정하기 위하여 재학기간 중의 성적 등 필요하다고 인정되는 평가 요소를 점수로 환산하여 가산할 수 있다. 교육과학기술부는 2009학년도 초등교사 임용 후보자 선정을 위한 임용고시부터 교사 임용 절차를 2단계에서 1차 교육학 및 전공에 대한 객관식 필기시험, 2차 전공에 대한 종합적 이해와 교직 수행 능력을 평가하는 논술형 필기시험, 3차 교직 적성에 대한 심층면접, 수업 실연을 통한 수업 능력 평가로 강화하였다. 그러나 2010년부터는 교사의 전문성이 수업을 잘하는 것임을 강조하며 수업 실연의 배점을 확대하는 방안이 재검토되었다. 필기 중심의 1차 시험은 합격사정점수(pass or fail)로만 사용되는 방안도 모색되었다. 1차 시험의 합격자는 이듬해 1차 시험 면제 방안도 검토되었다(연합뉴스, 2009). 2012년에는 1차 교직학

관련 과목이 교직논술 20점으로 대치되고, 교육과정 각과 시험은 기입형 서술식 80점으로 변경되었다. 2차에서는 교직적성 심층 면접시험과 교수 학습과정안 작성, 수업실연, 영어 면접 및 영어수업실연으로 구성되었다. 한국사능력인증시험 3급 이상을 응시 자격의 하나로 추가하였으며, 전산 능력 및 영어 실기능력에 대한 가산점 및 지역가산점이 주어졌고, 대학의 학점이 1등급에서 10등급으로 등급화되어 차등 반영되었다. 그러나 2013년에는 전산 능력 및 영어 실기능력에 대한 가산점이 폐지되었고, 지역 가산점은 6~8점에서 3점으로 축소되었으며, 지역 가산점의 반영도 1차에 국한되었다.

미국의 교사임용 절차

미국의 경우 교사 자격증 취득 후 초·중등학교에 임용되기 위해서는 대학교에 설치되어 있는 직업소개소(placement and career service office)나 지역 교육청에 문의함으로써 교사를 모집하는 학교를 물색해야 한다. 그다음 자신이 가고자 하는 학교를 선정하고 각 학교에서 실시하는 면접에 응해야 한다. 면접에 응하기 전 교사 후보자는 서면이나 컴퓨터로 자신을 잘 알릴 수 있는 자료를 만든다. 최근에는 컴퓨터로 구성된 소개 자료가 더 효과적인데 이는 교수 능력뿐 아니라 교사가 될 사람의 공학 기술 능력까지 검증할 수 있기 때문이다.

일단 서류가 접수되면 교장, 교사, 학부모로 구성된 면접위원회에서 자격증, 교사의 신상 자료, 대학 프로그램 이수 자료, 추천서 등의 각종 자료, 그리고 교사 후보자의 서면 혹은 공학적인 소개 자료를 사전에 검열한다. 임용자는 개인면접 이전이라도 교사 후보자를 만날 수 있다. 교사 후보자는 개인면접 전에 학교에 대한 여러 가지 정보를 파악하는 것이 좋다. 개인면접 시에는 위원들이 교사의 적격성을 파악하기 위해 교직 소양 및 철학, 교수 계획, 교실관리 능력 등에 관한 여러 가지 질문을 한다.

임용은 성공적인 개인면접뿐 아니라 남녀 성비, 인종 비례, 이중 언어 사용자의 필요성 여부 등 여러 가지 요인을 함께 참작하여 결정된다. 보통 교사 후보자는 3~5회의 개인면접을 거친 후 교직에 입직하게 된다. 입직 시 교사는 1~2년간의 기간계약(term contract)을 맺는데 이 기간이 종료되면 계약을 갱신할 수 있다. 보통 3년간 교직 경력을 쌓으면 교장의 평가에 의하여 종신계약(tenure contract)을 맺을 수 있다. 미국의 경우 교사의 학교 간 이동은 제도적인 차원이 아니라 교사의 개인적인 선택에 의하여 학교를 사직하고 다른 학교를 물색하면서 이루어진다. 이때 교사는 학교 선택, 임용 면접, 계약의 과정을 다시 거쳐야 한다.

(Grant & Gillette, 2006)

2017년 초등교원 임용고시는 1차와 2차로 이루어졌다. 1차에서는 교직 논술과 각과 교육과정 서답형 고사를 본다. 한국사 시험은 한국사 능력검정시험 3급 이상으로 대체되었다. 1차 합격은 1차 교직 논술과 교육과정 시험 각각 만점의 40% 이상 득점한 점수에 지역가산점, 1~10단계의 대학성적, 독립유공자나 국가유공자 등의 자녀에 대해 부여하는 취업지원 대상자 가점(해당자에 한함)을 반영하여 결정된다. 취업지원 대상자 가점은 1차 시험의 과목별로 각각 반영된다. 1차 합격자의 수는 지역의 사정에 따라 선발 인원의 1.5~2배수로 다득점자 순에 의하여 결정된다. 2차에서는 교직적성 심층면접 시험, 수업실연, 영어수업실연 및 영어면접이 치러진다. 지역에 따라서는 추가 항목이 요구된다. 서울특별시는 교수학습과정안 작성, 그리고 경기도 교육청의 경우 교사의 특성, 교육철학, 미래교직 설계 등을 내용으로 하는 자기성장 소개서 제출을 추가로 요구하고 있다. 최종의 합격 여부는 대학성적과 지역가산점을 제외한 1차 시험 교직논술과 교육과정 점수에 2차의 시험 결과를 합산하여 결정된다. 취업지원대상자 가점은 2차 합격 사정 시에도 반영된다. 2017년 9월 시도 교육감협의회에서는 2019년 임용시험부터 해당 지역 교대 출신자에게는 6점, 타 시도 교대 출신자에게는 3점, 현직 교원에게는 0점의 지역 가산점을 부여하는 방식을 채택하기로 합의하였다. 그 이유는 지방 현직 교원의 수도권 이탈을 방지하기 위함이다.

2. 첫 출발을 위한 준비

신규교사는 임용고시에 합격한 이후 임용장을 받고 발령받은 학교에 부임하면서 교직 생애를 시작한다. 교사가 되기 위해 준비하던 학생의 신분에서 교사로 신분이 바뀌며, 교직사회로 첫발을 내딛고 공적인 행보를 시작하는 것이다. 이 시기에는 교직 생애의 첫 공식적인 행사와 교직원과의 만남, 첫 수업을 하기 위한 일련의 과정과 절차가 포함된다.

신규교사는 새로운 학교생활에 대한 기대로 매우 설레기도 하지만 한편으로는 잘 해낼 수 있을지에 대한 불안감과 걱정으로 고민하기도 한다. 이 기간 동안 일어나는 일련의 절차와 과정을 예측하고 사전 준비를 철저히 하였을 경우 신규교사의 교직 생애는 보다 순조로우면서 성공적으로 첫 출발을 하게 된다. 이 과정을 성공적으로 잘 거친 신규교사는 그만큼 교사로서의 자긍심과 더불어 교직에 대한 자신감, 만족감, 성취감을 느낄 수 있다. Rots 등(2007)은 교직 활동에 대해 잘 준비되었다고 느끼고, 또한 학생을 잘 이끌고 동기화시킬 수 있다는 자신감과 유능감을 가진 교사일수록 가르치는 것을 즐거워하며, 실제로 교육을 더 잘 수행하고, 교직에 재직하는 기간도 길어진다고 설명한다.

그러나 사전 정보나 준비 없이 우왕좌왕하면서 시행착오를 반복할 경우, 신규교사는 교직 생애의 첫 출발점부터 자긍심을 갖지 못할 뿐더러 주변의 교사에게도 좋은 인상을 주지 못한다. 불안하게 교직 생애를 시작한 교사는 불만과 좌절감을 가질 가능성이 크고, 후속적인 교직 활동 및 교직 생애까지 불안정해질 수 있다. 따라서 교사교육 기관은 임용고시 합격부터 신규채용을 거쳐 첫 수업에 이르기까지 공식적인 과업과 절차에서 신규교사가 알아야 할 정보나 사전 준비사항을 교사교육의 일부분으로 제공할 필요가 있다.

1) 임용고시 합격과 지역 배정

초등학교 교원 임용고시에 합격하면 예비교사는 자신의 합격 상황을 인터넷 등에 공지된 합격자 명단을 통해 직접 확인할 수 있다. 혹은 각 교사교육 대학에서 이를 입수하여 학생에게 통보할 수도 있다. 합격자 명단이 발표되고 난 후 각 시·도 교육청은 임용 전 신규교사를 대상으로 직무연수를 실시한다. 직무연수가 종료되면 각 시·도 교육청은 신규교사를 각 시·군 교육지원청 혹은 서울특별시의 경우는 지역 교육지원청에 배정한다.

2) 임용장 교부

지역 교육지원청의 담당 장학사는 자신의 지역에 배정된 신규교사에게 전화를 하거나 전자 우편 등을 통해 개인 연락을 취한다. 이때 여러 가지 개인적 특수 상황을 질문할 수도 있고 신규 교사가 직접 이야기할 수도 있다. 이때의 접촉은 이름을 제외하고 신규 교사의 신상에 대해 아무것도 모르는 상태에서 이루어지며, 장학사 입장에서는 신규교사에 대해 정보를 파악하고 신규교사는 장학사에게 자신을 알릴 수 있는 기회가 된다.

장학사가 신규교사와의 통화를 통해 얻은 정보를 근거로 하여 각 지역 교육지원청 교육장은 학교 발령을 낸다. 그리고 임용장 교부 날짜를 공지한다. 임용장 교부식은 보통 지역 교육지원청에서 이루어진다. 지역에 따라서는 장학사가 따로 개별 연락을 취하지 않고 신규 임용될 교사가 인터넷상으로 발령이 난 학교와 임용장 교부식이 있는 날짜, 시간, 장소 등을 확인한 후 직접 교육지원청을 찾아가기도 한다.

임용장을 받는 날 신규교사는 복장을 단정하게 하고 일시를 잘 지켜 참석한다. 이날은 여러 선생님에게 첫인상을 주는 날이므로 편안하면서도 전문직업인에게 걸맞은 복장을 하는 것이 바람직하다. 노출이 심하거나 화려하거나 너무 유행을 앞서 가는 복장, 일상적인 평상복, 운동복은 삼가도록 한다(Kronowitz, 2008a).

교육장으로부터 임용장을 교부받은 후 신규교사는 공무원으로서의 선서도 한다. 보통 발령받은 학교의 교감 선생님이나 교무 선생님이 이 자리에 함께 참석하여 축하하고 환영해 준다.

3) 학교 부임

임용장 교부식이 있는 당일 신규교사는 발령받은 학교의 교감 선생님이나 교무 선생님의 안내로 학교를 방문하게 된다. 부득이한 사정으로 발령받은 학교의 선생님이 학교로 안내하지 못할 경우에는 신규교사가 임용장을 받은 날 직접 해당 학교를 찾아가서 교감 선생님에게 임용장을 보여 준다.

4) 교장 선생님과의 만남

학교에 도착하면 교감 선생님의 안내로 교장 선생님을 만나게 된다. 개별적으로 학교에 찾아갈 경우 교무실을 거쳐 교감 선생님의 안내를 받아 교장 선생님에게 인사를 한다. 교장 선생님은 교사의 특기, 담당 희망 학년 등을 확인한다. 교장 선생님은 신규교사와의 면담을 통해 학교 내 업무나 학년, 학급 등을 배정한다. 신규교사는 보통 고학년, 중학년에 배정된다. 저학년 학생은 어려서 돌발 상황이 발생할 가능성이 크고, 의사소통할 때 이해하기 쉬운 적절한 어휘를 선택해야 하며, 친화적인 상호작용 방식을 필요로 하므로 경험이 풍부한 숙련된 교사가 주로 맡게 된다.

5) 전 교직원과의 만남과 인사말 준비

교장 선생님과 인사를 나눈 후 교
장 선생님은 교직원 회의를 소집
하여 전 교직원에게 신규교사를
인사시킨다. 이날이 곤란할 경우
3월 2일 개학날 오후 학생의 하교
후에 교직원 회의를 소집하여 신
규교사를 소개하기도 한다. 지역
및 학교에 따라서는 3월 중 여러
가지 특별행사와 함께 신규교사
취임식을 거행하기도 한다.

출처 : 김현숙(2007). 사도의 첫걸음을 축하합니다. 9월 17일.
http://www.kbmge.go.kr/coding

　　신규교사는 전 교직원 앞에서
무슨 말을 할지 미리 생각해 놓으
면 인사말을 할 때 실수를 줄일 수 있다. 인사말에는 보통 학교에 부임하게 된 기쁨, 여
러 교직원을 만나게 된 반가움, 그리고 신규교사로서의 부족함, 앞으로 교직원의 협조
를 당부하는 등의 내용이 포함될 수 있다.

6) 학교 안내

학교에 방문한 날 교감 선생님은 학교의 전체적인 구조 및 시설, 교무실, 화장실, 탈의
실, 학년 연구실 등과 같은 교사의 편의시설 및 회의 장소를 안내해 준다. 신규교사는
건물 구조상 사고의 위험이 상존하는 곳이 있는지 등을 유념하여 잘 살펴본다. 그리고
차후의 학교 출근 일자와 준비물, 기타 준비 사항 등을 통보받은 후 귀가한다.

> 1995년 5월 첫날, 아이들 앞에 선다는 부푼 꿈을 안고 교실에 들어갔다. 안내를 해 주시
> 는 교감 선생님을 따라 뚜벅뚜벅 발자국 소리를 내며 복도를 걸어가 교실 문을 열었다.

아이들은 호기심 어린 눈으로 나를 위아래로 훑어보더니 질문을 하였다.

"선생님은 왜 구두를 신으셨어요?"

나의 첫인상이 검정 구두로 구겨지는 순간이었다. 교사 신발장에 있는 슬리퍼라도 신을 걸. 실내에서는 실내화를 신는다는 것을 알면서도 준비를 못 해 간 탓이다(권현진 등, 2002).

7) 담임 학급 배정 및 교실 확인

신규교사는 개학 전 학교 출근일에 담당 학급과 교실을 배정받는다. 신규교사는 일단 교실을 확인한 후 교실 청소 상태를 점검하고 환경을 정리 정돈할 필요가 있다. 컴퓨터, 전자 피아노, 실물 화상기, TV, 비디오, 카세트, 청소 도구, 기타 교실 설비물 등도 확인하고 기능을 점검한다. 교사가 사용할 여러 가지 사물도 손쉽게 이용할 수 있도록 일목 요연하게 미리 정리한다.

또한 교사는 학생 수에 맞추어 책상, 걸상, 사물함이 있는지 살펴보고 책상의 높이 순서를 고려하여 이를 배열한다. 책상은 일렬 횡대식, 소집단 모둠식, 말발굽 모양으로 배열할 수 있다. 책상은 교사의 인성 및 교육철학, 교수 방식, 학생의 지적·정서적·사회적 요구, 학생의 수를 고려하여 배열하며, 학기 중 수시로 변경할 수 있다. 보통 신규교사는 학생들 간의 잡담이나 산만함을 줄이기 위해 첫날 일렬 횡대식으로 배열하는 것을 선호한다(Kronowitz, 2008a).

신규교사는 온라인상의 NEIS를 사용할 수 있게 되면 출석과 생활기록부를 기록하고 열람한다. 신규교사는 담임하게 될 학생의 이름과 신상 자료를 파악한다. 가능한 한 빠른 시일 안에 학생의 얼굴과 이름을 기억하는 것은 신규교사에게 주어진 중요한 과업이다. 만약 이러한 자료가 개학한 이후에 주어진다면 신속하게 학생의 이름과 얼굴을 일치시킬 수 있도록 이름표나 명찰을 만들어서 학생의 책상에 고정시킬 수도 있고, 학생의 옷에 달아 주거나 줄을 이용하여 목에 걸어 줄 수도 있다. 또 이름과 좌석이 명기된 좌석표를 만들고 특징적인 부분을 기록함으로써 학생의 이름을 신속하게 파악할 수도 있다. 학기 초에 미처 사진이 구비되지 않은 경우 디지털 사진기나 휴대전화 사진 촬영 기능을 이용하면 첫날 학생들의 모습을 신속하고도 용이하게 영상화하거나 출력할 수 있다(Kronowitz, 2008a).

신규교사는 가르치게 될 교과서와 교재를 학년 연구실에서 수령한다. 지역에 따라서는 3월 개학 첫날부터 정규 수업을 실시하는 곳도 있으므로 차질이 없도록 수업 준비에 만전을 기해야 한다.

8) 개학 첫날 학생들과의 첫 만남

개학 첫날 교사는 아침 일찍 교실로 간다. 일찍 출근하여 교실환경 및 하루 일정을 점검하는 것은 교사에게 안정감을 주고 자신감을 느끼게 한다. 특히 첫날 정신없이 지나가는 과정 중에 잊고 처리하지 못하는 일이 생기게 마련이므로 미리 하루 과업을 상세하게 기록하여 가까이 두고 확인할 필요가 있다. 교사는 교실환경 등을 점검한 후 등교하는 담임반 학생을 개별적으로 맞이할 수도 있다. 첫날 미리 숙지한 학생의 이름을 호명하면 학생들에게 놀라운 경험을 줄 수 있으며, 학생 하나하나가 존중받고 관심받고 있으며 학급에서 소중한 존재라는 깊은 인상을 갖게 한다(Kronowitz, 2008a).

1교시는 전교 조회로 진행된다. 운동장이나 체육관, 혹은 우천 시 교실에서 진행되는 전교 조회에서 동학년 교사의 도움을 받아 담임반 학생들이 서야 할 지정된 위치를 확인한다(권현진 등, 2002). 전교 조회에서 정식으로 학급 담임 발표가 있게 된다. 신규교사는 전교생 앞에서 전입교사에 이어 부임 인사를 할 수도 있다. 따라서 신규교사는 부임한 학교와 전체 학생들에 대한 느낌, 교사로서의 소감, 학생과 함께 펼쳐 나갈 교육에 대한 다짐 등을 중심으로 간단한 인사말을 준비해 둘 필요가 있다.

전교 조회가 끝난 후 2교시에는 학급에서 담임할 학생과의 첫 만남이 이루어진다. 이때 담임교사는 보다 친근하게 자신을 소개할 준비를 한다. 처음으로 담임할 학생 앞에서 이야기하는 것만큼 긴장되고 떨리는 일은 없을 것이다. 먼저 학생을 환영하는 인사를 하고 이어서 교사의 개인적 소개를 한다. 자신을 소개할 때 가족, 취미, 좋아하는 음식이나 운동 같은 사적인 사안을 적절하게 이야기하면 선생님만큼 긴장하고 있는 학생을 편안하게 해 주고 선생님에 대한 호감도를 높일 수 있다. 이어서 교사는 자신의 교육 철학, 신념 등과 더불어 약속, 지켜야 할 규칙, 훈육 방식 등 1년 동안 학급을 어떻게 운영할 것인지에 대하여 간단하게 소개한다.

특히 교사가 첫날의 일정과 절차에 대해서도 알려 주면 학생이 상황을 구조적으로 예측할 수 있으므로 순조로우면서도 안정감 있게 첫날을 보낼 수 있다(Kronowitz, 2008a). 매일의 일정에 대한 공지와 규칙의 설정, 학급운영에 관한 제반 사항은 첫날뿐 아니라 학기 초 혹은 학기 내내 반복적으로 교육될 필요가 있다.

첫날 교사는 학생의 자리를 배정해 주어야 한다. 자리 배정은 학생의 신장, 시력, 청력 등과 같은 신체적 특수성이나 심리적·정신적 특수 상황 등에 따라 교사가 임의로 결정하기도 하지만, 학생들과 의논한 후 학생의 자의적인 결정에 의하여 선택하도록 격려할 수도 있다. 이때 학생이 선택한 자리는 교사가 승인할 때까지 변경될 여지가 있음을 사전에 환기시킬 필요가 있다. 혹시 학생의 자리 배정이 부적절하거나 불합리할 경우 교사의 권한으로 재조정해야 한다. 예를 들어, 다문화 가정의 학생이 나란히 앉아 있을 경우 교사는 교육 차원에서 이 두 학생의 학습, 친구 관계, 정보 습득력 등을 향상시키기 위해 일반 가정의 학생과 같이 앉도록 배려할 수도 있다. 이러한 경우 '선생님이 최종적으로 승인할 때까지 자리는 변경될 수 있다'라는 사전 공지가 주어지지 않으면, 앉을 자리가 변경된 학생은 불필요한 주목의 대상이 된다. 교사에 의한 자리 변경이 있을 수 있는 당연하고 자연스러운 일임을 인식시키는 것은 소수 학생의 정서적 소외를 방지하기 위한 배려이다. 자리 배정은 이후 수시로 변경될 수도 있고 새로운 배정이 주기적으로 이루어질 수도 있다(Kronowitz, 2008a).

지역에 따라 3교시부터 정식 수업을 시작하기도 한다. 이 경우 전 학년도 말에 이미 차기 학년도 개학 첫날을 위해 1주일분 수업시간표를 배부한 상황이므로 학생은 교과서를 지참하고 학교에 온다. 개학 첫날부터 정상적으

출처 : 이동주(2010). 개학, 새 짝꿍, 한국교육신문. 2010. 8. 23. 1면. ledj@kfta.or.kr

로 수업을 진행하며 급식도 실시되고 정해진 수업시수대로 수업을 한다. 교사는 첫날부터 시행착오를 겪지 않도록 차분하게 수업에 대한 만반의 준비를 해야 한다. 단, 지나치게 부담감이 큰 활동을 부과하여 학생을 힘들게 하거나 좌절시키지 않도록 한다. 학생은 개학 첫날 무언가를 성공적으로 할 수 있었다는 성취감을 안고 귀가할 필요가 있다(Kronowitz, 2008a).

개학 첫날 수업이 정식으로 이루어지지 않을 경우에는 학급 사물함이나 신발장 배정 및 사용 방법, 시간표 안내, 준비해야 할 학용품 안내, 그리고 하교 지도를 하게 된다. 초등학교 학생의 경우 각종 안전사고에 취약하므로 이에 대해 각별히 주의를 주어야 한다.

3. 전보

전보는 교육공무원이 동일 직위나 자격 내에서의 근무기관이나 부서를 달리하는 임용을 말한다. 전보에는 시·군 간 전보, 관내 전보, 비정기 전보가 있다. 교사와 교감의 전보는 모두 점수에 의하여 이루어지는 기계적 인사이다. 반면 교장의 전보는 적재적소 인사로서 교육감이 발령한다. 전보 시기는 교장, 교감, 교육전문직은 3월 1일과 9월 1일이며, 교사의 전보는 매년 3월 1일에 실시함을 원칙으로 하고 있으며, 시·도 교육청에 따라 약간의 차이가 있다.

먼저 교육감이나 교육장은 인사 구역을 설정해야 한다. 인사 구역을 설정할 때는 교원의 생활 근거지 근무 또는 희망 근무지 배치를 최대한으로 보장하기 위해 거리, 교통 등 지리적 요건과 문화시설의 보급 등을 감안한다. 이것은 교원의 사기 진작 및 생활 안정을 도모하는 결과를 가져올 수 있다.

시·군 간 전보의 경우 한 지역에서 근무 연한을 채우면 다른 지역으로 근무지를 이동하게 되는데 1지구는 문화 및 생활환경의 편리함 등으로 들어오고자 하는 교사가 많으므로 경합이 치열한 지역이다. 이때 인사의 공평성을 기하기 위하여 철저한 점수제에 의거한 인사를 행하게 된다. 인사 점수는 근무지역 점수, 가산점 및 감점을 합산하여 이루어진다. 가산점은 다시 표창 점수, 연구실적, 연구학교 근무 점수, 교원실습 협력

표 8-1 강원도 전보순위 책정 평정기준표(강원도교육청, 2016)

인사지구	해당 시 · 군명	근무연한(단위 : 년)			
		교장	교감	수석교사	교사
1지구	춘천시, 원주시, 강릉시	4	5	8	8
2지구	속초시의 교장 · 교감	4	5		
3지구	속초시의 수석교사, 교사			10	10
	동해시, 양양군, 홍천군, 횡성군, 화천군			10	10
4지구	태백시, 삼척시, 영월군, 평창군, 정선군, 철원군, 양구군, 인제군, 고성군			12	12

1) 강원도 근무지역 점수

   ① 1지구 평정점 : 12점(1년)

   ② 2지구 평정점 : 일반지(12.5점), 특수지 다, 라급지(13점), 특수지 가, 나급지(13.5점), 특급지(14점)

   ③ 3지구 평정점 : 일반지(13.5점), 특수지 다, 라급지(14점), 특수지 가, 나급지(14.5점). 특급지(15점)

   ④ 4지구 평정점 : 삼척시동 일반지(14.5점), 삼척시 읍면 기타 시 · 군 일반지 및 특수지 다, 라급지(15),

     특수지 가, 나급지(15.5점), 특급지(16점).

2) 가산점 및 감점(표 8-2 참조)

출처 : 강원도교육청(2016). 강원도교육공무원 인사관련 규정.

학교 교원, 국가유공자 등에 대한 우대 점수, 장기근속, 기타 등의 각종 점수를 합산하여 정해진다. 그리고 징계를 당한 교원의 경우에는 감점이 작용하게 된다(표 8-1, 8-2 참조).

　신규교사는 3지구나 4지구의 작은 학교에 발령받지 않는 경향이 있다. 왜냐하면 고령의 교사나 승진을 염두에 두고 농 · 어촌 학교 근무나 도서 · 벽지학교 근무 가산점을 얻고자 하는 교사가 주로 경합을 벌이며 지원하기 때문이다. 또한 작은 학교일수록 교사 일인당 교무분장 업무량이 많아지므로 신규교사가 감당하기 어렵기 때문이다.

　관내 전보는 같은 지역에서 근무한다 하더라도 동일 학교에서 지역 근무연한을 모두 채우는 것이 아니라 일정기간이 지나면 다른 학교로 자리를 옮기는 것을 말한다. 이 경우에도 각 지역 안에서 설정한 근무 학교에 따른 근무지역 점수가 달라질 뿐 전보에 적용하였던 점수제를 그대로 사용한다. 동일 구역 내에서 이루어지는 전보는 지역마다 약간의 차이가 있으나 보통 한 학교에 5년 이상 근무하지 않도록 하고 있다. 강원도 춘천

표 8-2 교원전보(전입) 순위책정을 위한 가산점 평정표(강원도)

학년	사무		세부 분장	
가 산 점	1. 표창	• 훈 · 포장 • 대통령 표창 • 국무총리 표창 • 장관(부총리), 대학교 총장 표창 • 교육감, 학(총)장 표창 • 교육장 표창	2.5 2.0 1.5 1.0 0.75 0.5	
	2. 연구실적	연구점수 • 1등급 • 2등급 • 3등급	전국 2.0 1.5 1.0	도 1.0 0.75 0.5
		• 학위소지자 직무관련 기타	박사 4.0 2.0	석사 2.0 1.0

	3. 연구학교
	   근무교원,
		• 교육부지정학교(교육실습대용학교 포함 년 0.5점), 강원도교육청지
		   정학교(년 0.375점 한),
		   지역교육청지정학교(0.25점 한)를 합산
			1점	

	4. 교원실습 협력학교교원	• 교생실습 직접 담당자(1.0점 한)	년 0.5	
	5. 우대	• 국가유공자예우 등에 관한 규정에 의한 대상자 • 교육감 모범공무원 상여금 지급자	1.5	
	7. 장기근속	• 현시군 최근 5년 초과(2.5점 한)	년 0.5	
	8. 기타	• 복식학급 담임교사(2.5점 한) • 교과전담교사(2.5점 한) • 겸임 · 순회교사(2.5점 한) • 호봉점수(현재 호봉의 2% 환산점수) • 초빙교사 4년 이상 근무(2014.2.28까지) • 영재교실 지도교사(1.0점 한) • 체육 육성 종목 지도교사(2.0점 한) 당해연도에 도 단위대회에 시 · 군 대표를 출전시킨 실적이 있는 자	년 0.5 년 0.5 년 0.5 3.0 년 0.25 년 0.5	
감 점	최근 2년 이내	• 강등 • 정직 • 감봉 • 견책 • 불문경고	△5 △4 △3 △2 △1	
	최근 1년 이내	• 행정경고	△1	

출처 : 강원도교육청(2016). 강원도교육공무원 인사관련 규정.

시는 5년으로 규정하고 있으며 춘천시에서 교사가 근무할 수 있는 연한이 8년임을 감안할 때 춘천시 한 학교에서 5년을 근무하였다면 나머지 3년을 다른 학교에서 근무하고 이후 다른 지역의 학교로 이동하게 된다. 지역에 따라 근무연한은 다르다. 경기도의 6개 특구역인 수원, 성남, 의정부, 안양, 과천, 부천의 경우는 근무연한이 9년이다. 이때 경합이 예상되는 학교가 있을 경우 앞에서와 마찬가지로 근무지역 점수, 가산점을 고려하여 순위를 결정하게 된다. 한 지역의 교사 전보는 1차로 관내학교 희망자 순서대로 배정하며, 2차로 타 시·군에서 관내로 전보하고자 하는 교사와 신규교사를 정보에 근거하여 임의 배정하게 된다. 전보에는 작무수행 능력 부족, 근무성적 저조, 징계를 받은 교원이나 기타 임용권자가 정하는 사유에 의한 비정기 전보도 있다.

전보는 점수에 의하여 엄격하게 이루어지지만 예외적인 경우가 있다. 전보유예는 근무 만기가 되었어도 전보를 미룰 수 있는 제도이다. 정년퇴직일이 1년 미만 남은 교감, 교장, 고충심사위원회에서 전보유예를 권고한 경우, 연구학교 연구주무자나 체육대회 1위 입상 2회 이상의 실적을 가진 교사로 교육장이나 학교장이 요청한 경우 혹은 학교 특성 등으로 인해 교육감이 유예를 인정하여 인사위원회의 심의를 거친 자 등이 이에 해당된다(강원도교육청, 2016). 서울특별시의 경우 2007년부터 임신 중이거나 만 3세 미만의 자녀를 둔 여교사가 거주지 인근의 학교에서 근무할 경우 일정기간 전보를 미룰 수 있도록 배려하였다. 세 자녀 이상의 교사는 2년간 전보유예가 가능하다.

전보특례는 우선 전보되는 경우이다. 초빙교원, 정부 청백리 수상자, 고충심사위원회에서 우선 전보할 것을 권고한 자, 20세 미만의 세 자녀 이상을 부양하는 자 중 두 자녀 이상의 거주지로 전보를 희망하는 자, 또는 순직한 교육공무원의 배우자를 부양하는 독자 혹은 그 자녀의 부양자, 80세 이상이거나 신체·정신장애 2급의 직계존속·자녀·배우자를 부양하는 자, 최근 2년 이내 체육대회 1위 입상 2회의 실적이 있는 교원을 학교장(교육장)이 요청하고 소속 학교장(교육장)이 추천한 경우 등은 우선 전보한다(강원도교육청, 2016). 서울특별시의 경우 지금까지는 부양하고 있는 부모·자녀·배우자가 장애등급 1·2급인 자, 원로교사, 근무 중인 학교에서 학급 담임을 맡거나 보직 경력이 많은 자는 거주지에서 근거리 학교에 우선적으로 배정되었다. 그런데 2007년부터는 출산을 장려하는 취지에서 미취학 아동을 포함하여 세 자녀 이상의 자녀를 둔 교사가 희망하면 거주지 인근 학교에 우선 배치하도록 인사 규정을 변경하였다.

교사나 교감의 전보가 점수의 순위에 따라 비교적 공정하게 이루어지는 반면, 교장의 인사는 교육감에 의하여 적재적소에 배치하는 방식을 취하다 보니 주관적으로 이루어질 가능성이 있다. 이것은 교원 인사에서 때로 잡음이나 물의를 일으키는 한 요인으로 작용하기도 한다(김은주, 2008). 최근 교육감의 인사권을 축소하고 인사에 따른 문제를 줄이기 위해 교장 공모제에 의한 교장 공채 비율을 높이고 있는 추세이다.

4. 전직

전직은 교육공무원의 종별과 자격을 달리하는 임용을 말한다. 전직의 종류는 세 가지인데 첫째, 초등교사 자격증 취득자가 중등교사 자격증을 취득하여 임용되거나, 반대로 중등교사 자격증 취득자가 초등교사 자격증을 취득하여 임용되는 경우이다. 둘째, 교사나 교감, 교장이 교육전문직인 연구사나 장학사로 자리를 옮기는 경우이다. 셋째, 장학사가 연구사로 자리를 옮기거나 반대로 연구사가 장학사로 자리를 옮기는 경우이다. 교육공무원법 제9조는 교육전문직의 자격 기준을 아래와 같이 규정하고 있다.

> 장학관, 교육연구관의 자격 기준
> - 대학, 사범대학, 교육대학 졸업자로서 7년 이상의 교육 경력이나 2년 이상의 교육 경력을 포함한 7년 이상의 교육행정 경력, 또는 교육연구 경력이 있는 자
> - 2년제 교육대학 또는 전문대학 졸업자로서 9년 이상의 교육 경력이나 2년 이상의 교육 경력을 포함한 9년 이상의 교육행정 경력 또는 교육연구 경력이 있는 자
> - 행정고등고시 합격자로서 4년 이상의 교육 경력이나 교육행정 경력 또는 교육연구 경력이 있는 자
> - 2년 이상의 장학사, 교육연구사 경력이 있는 자
> - 11년 이상의 교육연구 경력이나 2년 이상의 교육 경력을 포함한 11년 이상의 교육연구 경력이 있는 자
> - 박사 학위를 소지한 자

장학사, 교육연구사의 자격 기준

- 대학, 사범대학, 교육대학 졸업자로서 5년 이상의 교육 경력이나 2년 이상의 교육 경력을 포함한 5년 이상의 교육행정 경력 또는 교육연구 경력이 있는 자
- 9년 이상의 교육 경력이나 2년 이상의 교육 경력을 포함한 9년 이상의 교육행정 경력 또는 교육연구 경력이 있는 자

교육전문직으로 전직하고자 할 때에는 공개전형에 합격해야 한다. 강원도의 경우 장학사는 교육 경력 15년 이상인 사람으로 추천권자의 추천을 받고 공개전형을 통해 선발된다. 추천할 때 강원도 지역근무 5년 이하인 자, 징계 의결 요구 중이거나, 징계받은 사실이 있으며 기록이 말소되지 않은 자, 금품 수수, 학생생활기록부 정정, 성관련 범죄, 학생 신체 폭력 행위, 인사 비위, 학교폭력 은폐 등으로 징계받은 사실이 있거나, 촌지 수수 및 불법 찬조금 모금으로 경고 이상의 징계를 받고 5년이 경과되지 않은 자는 배제된다. 선발은 공개전형으로 하되 서류 심사, 1차 전형(논술시험, 기획 능력 평가), 2차 전형(현장심사, 역량평가, 심층면접)으로 한다. 장학사를 선발할 때 한 성의 비율이 30% 미만이 되지 않도록 배려한다. 교육전문직으로 근무한 경력이 5년 이상인 자가 학교로 전직하고자 할 경우 교감의 직위로 전직할 수 있다(강원도교육청, 2016). 연구사는 장학사 경력자 중에서 인사한다. 경상북도는 2010년부터 장학사 선발 시 1차 서류전형, 2차 지필전형으로 2배수를 선발한 후 3차 면접을 치른다. 특히 전문직 임용 비리의 근절을 위해 3차 면접은 100% 외부 인사를 위촉한다. 외부 위원으로는 대학교수, 교장, 기업체 인사관리팀, 연구소 및 각종 민간단체 위원 등이 포함된다. 교육전문직 선발의 내용은 각 시·도 교육청에 따라 그 내용을 달리한다(박영희, 2009).

5. 전출

시·도별 교원 교류를 전출이라고 한다. 전출은 시·도 간의 교원 수급을 조절하고 가족과 별거 중인 교원의 고충을 해소하기 위한 것이다. 교원 교류는 두 가지가 있는데, 하나는 동수 교류로서 타 시·도 교육청 간에 전출, 전입을 희망하는 교원 중 과목, 상

위 자격, 교육전문직별로 동일 수의 범위 내에서 일대일로 이루어지는 교류를 말한다. 중등교원의 경우에는 전공 교과목이 일치해야 한다. 다른 하나는 일방 교류로서 교원 확보율 및 과목별 수급 사정 등을 고려하여 당해 시·도 교육감 사이에서 합의된 과목과 인원에 대하여 실시하는 교류이다.

교육공무원 시·도 간 인사 교류 기준에 의하면 전출 순위는 특례와 일반 1, 2, 3순위로 구분된다. 특례는 전출 희망 시·도에 3년 이상 별거하고 있는 배우자 혹은 장애등급 1급인 자녀 및 부모(장인, 장모 포함)가 있는 경우, 국가유공자 등 예우 및 지원에 관한 법률 제4조, 제5조에 해당하는 자로 배우자나 봉양(부양)하는 부모 및 자녀가 3년 이상 거주하는 시·도로 전출하고자 하는 경우, 만 20세 미만인 세 자녀 이상을 부양하는 자로 배우자 또는 봉양(부양)하는 부모 및 자녀가 3년 이상 거주하는 시·도로 전출을 희망하는 경우가 해당된다. 일반 1순위는 전출 희망 시·도에 있는 배우자와 3년 이상 별거 중인 경우, 일반 2순위는 전출 희망 시·도에 있는 봉양할 부모와 3년 이상 별거 중인 경우, 일반 3순위는 특례 및 1, 2순위에 속하지 않는 경우가 해당된다. 경합 시에는 부부 별거기간, 부모와의 별거기간이 오래된 순서, 그 지역 교육 경력이 많은 자, 근무성적이 상위인 자, 생년월일이 빠른 자의 순으로 결정한다(강원도교육청, 2016).

6. 파견근무

국가공무원법 제32조 4에는 국가기관의 장이 국가적 사업의 수행 또는 그 업무 수행과 관련된 행정 지원이나 연수, 기타 능력 계발 등을 위하여 필요할 때에는 소속 공무원을 다른 국가기관, 공공단체, 정부 투자기관, 국내외의 교육기관, 연구기관, 기타 기관에 일정기간 파견근무하게 할 수 있으며, 국가적 사업의 공동 수행, 또는 전문성이 특히 요구되는 특수 사업의 효율적 수행 등을 위하여 필요한 때에는 국가기관 외의 기관, 단체의 임직원을 파견 받아 근무하게 할 수 있다고 규정되어 있다.

파견근무에는 해외 파견, 지역 교육청 파견, 원내 파견, 시·도 간 파견이 있다. 해외 파견근무의 예로 전 세계 재외국민 교육기관(한국교육원 및 한국학교)에 근무하는 경우가 있다. 재외국민 교육기관에의 파견근무는 1차 외국어(영어, 일어, 중국어, 기타 외국어), 국사 시험과 2차 면접 등을 거쳐 선발한다. 영어나 일어, 러시아어의 경우 공인 시험으로 대체 가능하다. 단, 어학시험은 만점의 6할 이상을 득점한 자에 한한다. 국사 시험도 한국사능력검정시험 3등급 이상을 획득한 경우 대체가 가능하다.

교육과학기술부(현 교육부)는 해외 파견 교육공무원 인사기록 및 인사사무 처리 규칙을 2006년 10월 개정하여 2007년 1월부터는 재외 한국학교 학교장 및 원장, 분원장을 파견하며, 소속 교사 및 직원의 경우에는 개별 학교 및 교육원에서 자율적으로 현지 채용하거나 고용휴직 형태로 초빙하도록 하였다(윤경남, 명윤희, 2014). 이는 파견교사와 초빙교사(고용 휴직 교사의 경우) 간의 위화감과 차별 대우를 해소하면서 재외 한국학교 및 교육원의 원활한 운영을 지원하기 위함이다. 해외 파견 교육공무원 응시 자격은 3년 이상의 교육연구사, 장학사, 또는 교감 경력이 있는 자, 교육연구관, 장학관 경력이 있는 자나 교장 자격증이 있는 자이다. 근무기간은 3년이며 1년씩 2회에 한하여 연장할 수 있다(표 8-3 참조).

2011년부터는 재외국민교육에 관한 법률 시행령에 따라 해외파견 공무원 중 10%는 개방형 공모제로 임용하도록 개정되었다. 개방형 공모제에 지원할 수 있는 자격은 장학관, 연구관 경력, 교장 자격 소지자, 장학사, 연구사, 교감 경력 3년 이상인 자를 제외하고 교육공무원 경력 15년 이상인 사람, 5급 이상의 일반직 공무원, 비공무원으로 교육 관련 기관 3년 이상 종사자이거나 8년 이상 관련 분야 실무 경력자이다. 개방형 공모제는 평교사 및 일반직 공무원, 그리고 국내외 외부 민간 전문가에게도 기회를 확대한 특징을 가진다.

지역 교육청(연구원) 파견은 관내 교사가 지역 교육청이나 연구원에 파견되어 업무를 지원하는 것을 말한다. 교사가 지역 내 학교에 소속되어 있지만 근무지만 교육청으로 변경된 경우이다. 그리고 원내 파견은 한국교원대학교 대학원 석사학위 과정에서 수학하는 경우를 말한다. 일반 대학원에서 석사학위를 취득할 경우 전업으로 학업에 정진해야 하므로 휴직을 하여야 하나 한국교원대학교 대학원 석사학위 과정에만 예외적으로 파견근무의 혜택을 부여하고 있다.

시·도 간 파견은 파견근무 기간이 일치하면서 동일 직종과 직급 간의 동수 교류를 원칙으로 하지만 특별한 경우 시·도 교육감의 협의 하에 일방 교류로 할 수도 있다.

표 8-3 재외 한국교육원 및 한국학교(2017.3. 1. 기준)

국가별	관할 공관	한국교육원	한국학교
		교육원명	학교명
일 본	주일대사관	동경한국교육원, 사이타마한국교육원, 치바한국교육원	동경한국학교
	요코하마총영사관	가나가와한국교육원	
	주니가타총영사관	나가노한국교육원	
	주삿포로총영사관	삿포로한국교육원	
	주센다이총영사관	센다이한국교육원	
	주오사카총영사관	오사카한국교육원, 나라한국교육원, 교토한국교육원	
	주고베총영사관	고베한국교육원, 오카야마한국교육원	
	주후쿠오카총영사관	후쿠오카한국교육원	교토국제학교, 오사카금강학교 건국한국학교
	주히로시마총영사관	히로시마한국교육원, 시모노세키한국교육원	
중 국	주중대사관		북경한국국제학교, 천진한국국제학교, 연변한국학교
	주상하이총영사관		상해한국학교, 무석한국학교, 소주한국학교
	주홍콩총영사관		홍콩한국국제학교
	주칭따오총영사관		연대한국학교, 청운한국학교
	주선양총영사관		대련한국국제학교, 선양한국국제학교
	주광저우총영사관		광저우한국학교
대 만	주타이뻬이대표부		타이뻬이한국학교, 고웅한국학교
말레이시아	주말레이시아대사관		한국국제학교
미 국	주미대사관 주뉴욕총영사관 주시카고총영사관 주휴스턴총영사관 주LA총영사관 주샌프란시스코총영사관 주애틀란타총영사관	워싱턴한국교육원 뉴욕한국교육원 시카고한국교육원 휴스턴한국교육원 로스앤젤레스한국교육원 샌프란시스코한국교육원 애틀랜타한국교육원	
캐나다	주토론토총영사관	캐나다한국교육원	

(계속)

표 8-3 재외 한국교육원 및 한국학교(2017. 3. 1. 기준)(계속)

국가별	관할 공관	한국교육원	한국학교
		교육원명	학교명
아르헨티나	주아르헨티나대사관	아르헨티나한국교육원	아르헨티나한국학교
브라질	주상파울루총영사관	상파울루한국교육원	
우즈베키스탄	주우즈베키스탄대사관	타슈켄트한국교육원	
카자흐스탄	주카자흐스탄대사관	알마티한국교육원	
키르키즈스탄	주카자흐스탄대사관	비쉬켁한국교육원	
러시아	주러시아대사관	로스토프나도누한국교육원	모스크바한국학교
	주유주노사할린스크출장소	사할린한국교육원	
	주블라디보스톡총영사관	하바롭스크한국교육원, 블라디보스톡한국교육원	
영 국	주영대사관	영국한국교육원	
프랑스	주프랑스대사관	프랑스한국교육원	
독 일	주프랑크푸르트총영사관	독일한국교육원	
호 주	주시드니총영사관	시드니한국교육원	
뉴질랜드	오클랜드총영사관	뉴질랜드한국교육원	
인도네시아	주인도네시아대사관		자카르타한국국제학교
싱가포르	주싱가포르대사관		싱가포르한국국제학교
베트남	주베트남대사관 주호치민총영사관	호치민시한국교육원	하노이한국국제학교 호치민한국국제학교
태 국	주태국대사관	태국한국교육원	방콕한국국제학교
필리핀	주필리핀대사관		필리핀한국국제학교
사우디아라비아	주사우디아라비아대사관		젯다한국학교, 리야드한국학교
이 란	주이란대사관		테헤란한국학교
이집트	주이집트대사관		카이로한국학교
25개국	45개 공관	18개국 41개 한국교육원	15개국 32개 한국학교

시 · 도 간 파견근무 선정 기준은 1순위 특별 연구과제를 부여받은 자, 2순위 부모 봉양 혹은 간병이 필요한 자, 3순위 부부가 장기간 별거 중인 자, 4순위 일반 희망자이다. 시 · 도 간 파견근무는 2년이지만 부모 봉양이나 부부 별거로 파견근무를 할 경우에는 1년 이내 연장이 가능하다. 파견근무자는 근무 후 원 소속 학교나 기관에 복귀함을 원칙

으로 하며 부득이한 경우 동일 시 · 군 또는 동일 급지에 우선 배치된다.

7. 휴직과 복직

휴직이란 일정기간 직을 쉬는 것이다. 휴직의 사유는 신체 · 정신상의 장애로 인한 장기 요양의 필요, 병역, 생사 불명, 법정의무 수행, 유학, 국제기구 · 외국기관 · 재외 교육 기관 등에의 고용, 만8세 혹은 초등학교 2학년 이하의 자녀 양육이나 여자 공무원의 임신 혹은 출산, 그리고 만 19세 미만의 아동을 입양한 경우, 교육부 장관이 지정하는 국내외 연구기관 · 교육기관 등에서의 연수, 간병, 배우자 국외 근무에의 동반, 교원노동조합 전임자로의 종사 등이며, 재직기간 10년 이상인 교원의 경우 자기 계발을 위한 자율휴직도 가능하다.

이 중 장기 요양이 필요하거나, 병역 의무 수행, 생사 불명, 법정 의무 수행, 교원노동조합 전임자로 종사하는 경우에는 본인 의사와 관계없이 임용권자가 직권으로 휴직을 명해야 한다(교육공무원법 제44조). 복직은 휴직, 직위 해제, 또는 정직 중에 있던 사람이 기간이 종료된 후 직위로 복귀하는 것을 말한다(교육공무원법 제2조 11항).

8. 승급, 겸임, 강임, 직위 해제, 면직

승급은 기본급의 증액으로서 연공 승급, 베이스업 승급, 고과 승급, 승진 승급이 있다. 연공 승급은 근속 연수에 따라 연 1회 거의 대다수가 자동적으로 승급하는 것을 말한다. 베이스업 승급은 물가 상승에 따른 생활비의 증대에 대응하기 위해 일률적으로 높이는 급여 인상을 말한다. 고과 승급은 각 개인의 업적을 평가하고 인사고과에 따라 업적이 높은 사람에게만 적용하는 승급이다. 승진 승급은 상위 직책으로 승진하여 더 많은 책임을 지게 됨에 따른 보상성 승급이다.

겸임은 직위 및 직무 내용이 유사하고 담당 업무 수행에 지장이 없다고 인정되는 경우 대통령령이 정하는 바에 의하여 교육공무원과 일반직 공무원, 다른 특정직 공무원, 또는 대통령령이 정하는 관련 교육기관 및 연구기관, 관련 기관 및 단체 등에서 임직원을 겸임하는 것이다(교육공무원법 제18조).

강임은 동종의 직무 내에서 하위의 직급에 임용되거나 그 하위의 직급이 없어 다른 직렬의 하위 직급에 임용되는 것을 말한다. 강임은 공무원에 대한 불이익 처분으로 직제 및 정원의 변경, 예산 감소 등의 이유로 직위가 폐지되거나 하위 직위로 변경되어 과원이 되었을 때, 또는 본인의 동의에 의해 발생한다(국가공무원법 제73조의 4). 강임된 자는 상위 직급에 결원이 발생하면 별도의 시험 없이 우선 임용된다. 단, 본인의 의사로 강임된 경우 본인의 경력과 해당 기관의 인력 사정을 고려하여 우선 임용될 수 있다.

직위 해제란 공무원 신분은 유지되지만 직위에서 물러나 공무원으로서의 직무와 책임에 근거한 업무를 수행하지 못하는 것이다. 직위 해제의 사유는 직무 수행 능력이 부족하거나 근무성적이 극히 불량할 경우, 파면, 해임, 강등, 또는 정직에 해당하는 징계 의결이 요구 중인 경우나 형사 사건으로 기소된 경우 등이다(국가공무원법 제73조의 3).

면직은 임용권자가 공무원 관계를 소멸시키는 행위로서 징계 면직, 직권 면직, 의원 면직이 있다. 징계 면직은 공무원이 파면이나 해임 같은 징계를 받았을 경우 공무원직을 떠나는 것을 말한다. 직권 면직은 임용권자가 직권에 의하여 면직시키는 행위로 직제와 정원의 개폐 또는 예산 감소 등에 의해 폐직, 과원이 되었을 경우, 휴직기간이 완료된 이후 직무에 복귀하지 않거나 직무를 감당하지 못할 경우, 직무 수행 능력 부족 및 근무성적 불량으로 직위 해제되어 대기 중(3개월 이내)인 자가 능력 면이나 근무성적 면에서 향상이 어렵다고 판단될 경우, 정당한 사유 없이 군복무를 기피하거나 이를 위하여 휴직 중인 자가 군무를 이탈한 경우, 당해 직무 수행을 위해 필요한 자격증 효력이 상실되었거나 면허가 취소되어 담당 업무를 수행할 수 없게 되었을 경우 등에 발생된다(국가공무원법 제70조). 의원 면직은 본인의 의사에 의하여 직을 떠날 경우에 해당된다.

9. 승진

직위란 한 명의 공무원에게 부여할 수 있는 직무와 책임을 말한다(국가공무원법 제5조) 학교 현장에는 평교사, 그리고 수석교사, 교감, 교장이라는 직위가 설정되어 있다. 교사가 수석교사 혹은 교감 혹은 교감에서 교장 같은 상위 직위로 이동하는 것을 승진이라고 한다. 교사가 교감으로 승진하는 것은 학교 현장에서 매우 어려운 일로 평가된다. 각 학교마다 평교사는 많지만 교감은 1~2명밖에 없기 때문이다. 학급 수가 43학급 이상의 학교에는 2명의 교감을 둘 수 있으며, 이 경우 교감 1인은 수업을 담당할 수 있다(초 · 중등교육법 시행령 제36조, 제36조의 2). 그러나 학생 수가 100명 이하이거나 5학급 이하인 학교 중 대통령령으로 정하는 일정 규모 이하의 학교에는 교감을 두지 않을 수도 있다(초 · 중등교육법 제19조 1항). 마치 낙타가 바늘문 통과하듯이 어려운 경쟁과 경합으로 승진이 이루어지다 보니 승진과 관련한 교사의 갈등과 고민은 깊어질 수밖에 없다.

꼭 교감, 교장이 되어야 하나? 교감 승진되기 전에 먼저 위선자가 되기 쉽고, 학생들에게 충실하기에는 아무래도 어려움이 많은 그 어렵고 험난한 길을 과연 끝까지 갈 수 있을 것인가? 경쟁에서 이겨야 하고 근평이나 그 외 점수 따려면 윗사람들에게 아부를 해야 하는데 그럼에도 왜 나는 완전히 포기하질 못하는 것일까?(조상우, 2004)

나는 초창기부터 진급에 대한 관심이 없었다. 그래서 여러 가지 노력도 하지 않았다. 그래도 나름대로 아이들과 내 교육적 소신대로 즐겁고 보람 있게 지냈다고 보는데 50대가 넘으니까 주위에서 바라보는 눈이 달랐다. 사실 학교 내에서는 진급을 못한 남교사들을 동료 교사들은 많이 이해하고 있지만 사회에서는 그렇지 않았다. (중략) 이럴 경우에는 참 내가 평교사로 지내 온 것이 과연 잘한 일인가 회의가 들기도 한다(조상우, 2004).

이로써 교감 승진이란 압박감에서 벗어날 수 있게 되었다. 아니 정확하게 말하자면, 난 포기를 한 것이다. 마음이 깃털같이 가볍고 편안했다. 한꺼번에 온갖 더러운 것을 씻어 버린 기분이었다. 벽에 가려져 있던 우리 아이들의 얼굴이 서서히 보이기 시작했다. 내가 만들어 놓았던 벽, 그 벽 뒤에서 아이들은 여전히 아름다운 모습으로 나를 기다리고 있었던 것이다. 잊어버리고 있던 나의 참교육에 대한 열정이 다시 생기기 시작했다(김영천, 2005).

승진을 하고 안 하고는 교사 개개인이 선택해야 할 문제이다. 하지만 승진을 하려고

표 8-4 교육공무원 승진 평정 참고자료

평정내용		평정점	참고 사항
1. 경력	기본 15년(180개월)	70	• 기본 : 가경력(월 0.3555), 나경력(월 0.3333), 다경력(월 0.3111)
	초과 5년(60개월)		• 초과 : 가경력(월 0.1000),나경력(월 0.0833), 다경력(월 0.0666)
2. 근무성적		100	• 교사의 경우 근무성적평정점과 다면평가 결과의 합산점 중 승진명부작성일 기준으로부터 5년 이내에서 유리한 3년을 반영 • 교감의 경우 근무성적평정점 3년을 반영
3. 연수 실적	교육성적(직무연수는 당해 직위 최근 10년 이내)	27교감 15교장	• 자격연수 1 [9점] 공통/직무연수성적 1, 실적 2 [각 6점씩 18점], • 교장(관)평정 : 직무연수성적 1개 6점 • 자격연수평정 : 9점－(만점성적−연수성적)×0.05 • 직무연수평정 : 6점×직무연수환산성적/만점

	규모	1등급	2등급	3등급		구분	직무 관련	직무 무관련
연구	전국	1.5	1.25	1	학위	박사	3	1.5
	도	1	0.75	0.5		석사	1.5	1

연구 실적 · 평정점 3

공동작 2인 70%, 3인 50%, 4인 30%로 평정

소계 · 30

4. 가산점 (당해 직위 및 직전 직위 실적)	공통 가산점	재외국민교육기관	0.75	월 0.021점
		직무연수이수실적	1	1학점당 0.02점(년 0.12점 범위 안에서 연도별 상한점 정할 수 있음)
		연구학교(교육부 지정)	1.25	월 0.021점(교육감지정 연구학교와 합산 1.25점 이내)
		학교폭력 예방실적	1	년 0.1점(2013. 1. 1. 이후)
	선택 가산점 (강원도 명부작성 권자 인정 가산점)	소계	4	
		보직교사 경력	0.79 (1.11)	월 0.0135점 1997. 12. 31.(1998. 1. 1. 이후) (학폭예방실적과 합산 2.11점 이내)
		교육전문직(장학사, 연구사)	0.79	월 0.0135점

	가	나	다	라
도서벽지 근무 2.55	0.0540	0.0440	0.0320	0.0220

		한센병환자학교 [학급]	0.79	월 0.0135점
		농 · 어촌(학교) 근무	1.30 (0.95)	2005. 2. 28. (2005. 3. 1. 이후)
		특수학교[학급]	0.79	특수학교, 특수학급 : 1994. 9. 21. 월 0.0135점 특수학급 : 1994. 9. 22. 이후 월 0.0068점

표 8-4 교육공무원 승진 평정 참고자료(계속)

평정내용			평정점	참고 사항	
4. 가산점 (당해 직위 및 직전 직위 실적)	선택 가산점 (강원도 명부 작성 권자 인정 가산점)	연구학교(도지정)	1.25	월 0.0100점 (교육부지정 연구학교 근무경력가산점과 합산하여 1.25이내)	
		국가기술자격증	0.47	0.47	워드프로세서 1급/컴퓨터활용능력 1급/문서실무사 1급
				0.32	워드프로세서 2, 3급/컴퓨터활용능력 2, 3급/문서실무사 2, 3급
		도서 · 벽지 상한점 취득후 계속 근무	0.95 (2005. 2. 28.) 1.30 (2005. 3. 1.)	0.32	월 0.0095점, 2002. 1. 1.~2005. 2. 28. 월 0.0120점, 2005. 3. 1. 이후
		지역교육청 교육장 지정 연구학교 근무		0.50	월 0.0050점, 2002. 3. 1. 이후
		겸임교사근무		0.32	월 0.0042점, 2002. 1. 1. 이후 월 0.0027점, 2013. 3. 1. 이후
		교육실습협력학교 지도교원		0.32	월 0.0052점, 2004. 3. 1. 이후
		교감 미배치교 근무 교무부장		0.32	월 0.0034, 2009. 3. 1. 이후
		청소년단체 지도 교사		0.32	월 0.0034, 2007. 3. 1.~2014. 2. 28. 경력
		영재교육 담당자		0.50	월 0.005, 2010. 9. 1.~2014. 2. 28. 경력
		배려학교 초빙교사		0.95	월 0.015, 2010. 9.1.~2014. 2. 28. 경력
		소계	10		
합계			213.5		

출처 : 강원도교육청(2017). 강원도교육청 인사관련 규정(8.31. 개정).

노력 중인 교사를 위하여 승진과정의 공정성과 투명성을 확보하는 것이 무엇보다도 중요하다. 따라서 전보와 마찬가지로 승진 역시 점수에 의거한 엄격한 선발 기준을 적용하고 있다.

1) 경력 평정

경력 평정은 인사기록카드를 기초로 하여 해당 교사가 직위별로 담당 직무를 어느 정도 기간 동안 수행해 왔는가를 평정하기 위한 것이다. 인사기록카드는 교사로 신규채용되어 임용장을 받으면서 기록되기 시작하므로 경력 평정은 엄밀히 말하면 교직에 입직한 이후의 교육 경력에 해당된다.

경력 평정은 2007년 5월 25일 교육인적자원부의 교육공무원 승진 규정 개정안에 의하여 70점으로 하향 조정되었다. 교감 승진을 위한 경력 평정기간도 기본 15년, 초과 5년, 총 20년으로 규정되었다. 교감 승진을 앞둔 교사의 경우 가 경력은 교사로 재직한 경력, 장학사·연구사 경력, 교육공무원 임용 전의 군 경력을 포함한다. 나 경력은 전임 강사나 기간제 교사의 경력을 말한다(교육공무원 승진 규정 제9조).

2) 근무성적 평정

(1) 근무성적 평정 방법

교사는 매년 12월 31일을 기준으로 평정 대상기간 동안의 업무 수행 실적에 대하여 자기 실적 평가서를 작성하여 제출해야 했는데 2015년 9월부터 학교의 학사 일정과 부합되지 않는다는 이유로 2월 말로 개선되었다.

교사에 대한 평가는 교사의 자기실적서를 바탕으로 하여 확인자인 교장, 평정자인 교감, 그리고 다면평가자인 동료 교사 3인 이상이 교사의 교육공무원으로서의 태도, 학습지도, 생활지도, 전문성 개발 및 담당 업무에 대하여 평가한다. 근무성적 평정은 매년 12월 31일을 기준으로 하여 정기적으로 실시하였으나 역시 학년도의 시기와 맞지 않는다는 지적과 함께 학년도 말로 조정되었다. 교감이 복수인 학교의 경우는 교감 전원이 공동 평정하게 되어 있다.

다면평가자는 근무성적 확인자가 정한다. 다면평가자는 10개월 이상 근무하여 피평가자의 근무실적, 근무 수행능력 및 근무 수행태도를 잘 알고 있어 피평가자를 정확하게 판정할 수 있는 교사여야 한다. 다면평가자는 당해 학교 근무기간, 교육 경력, 담당 과목, 학년, 업무부서, 교사의 성별 등을 고려하여 구성하게 된다. 다면평가자는 근무성적 확인자인 교장이 정하도록 되어 있지만 학교 상황에 따라 전체 교직원 회의, 부장교사 회의를 통해 선정하기도 하며, 평가단 구성이 불가능할 경우 교장이 지정하기도 한다(중앙일보, 2005a). 다면평가자로 선정되면 부정확한 정보나 편견, 주관 등을 배제하고 객관적으로 평가하기, 학연·지연·호의·악의 등에 치우치지 않고 공정하게 평가하기, 기준 이상으로 엄격하게 하거나 관대하게 평가하지 않도록 유의하며 신뢰성 있게

표 8-5 교사의 자기실적평가서

교사자기실적평가서

1. 평가 지침

근무실적평정의 신뢰성과 타당성이 보장되도록 객관적 근거에 따라 종합적으로 평가하여야 한다.

2. 평가 기간 :   년   월   일부터   년   월   일까지

3. 평가자 인적사항

소 속 :	직 위 :	성 명 :

4. 평가자 기초 자료

- 담당 학년 및 학급 :
- 담당 과목 :
- 담임 여부 :
- 담당 업무 :
- 보직교사 여부 :

- 주당 수업시간 수 :
- 연간 수업공개 실적 :
- 연간 학생 상담 실적 :
- 연간 학부모 상담 실적 :
- 그 밖의 실적 :

5. 자기실적 평가

가. 학습지도

- 학습지도 추진 목표(학년 초에 계획되었던 학습지도 목표)
- 학습지도 추진 실적(학년초에 목표한 내용과 대비하여 추진 실적을 구체적으로 작성)

나. 생활지도

- 생활지도 추진 목표   • 생활지도 추진 실적

다. 전문성 개발

- 전문성 개발 추진 목표   • 전문성 개발 추진 실적

라. 담당 업무

- 담당업무 추진 목표   • 담당업무 추진 실적   • 창의적 업무개선 사항

※ 자기 평가 종합 상황

	목표달성도	설정한 목표에 대한 달성 정도	만족	보통	미흡
자기 평가	창의성	학습지도, 생활지도, 전문성 개발 및 담당 업무 등에서 창의적인 업무수행 정도	만족	보통	미흡
	적시성	학습지도, 생활지도, 전문성 개발 및 담당 업무 등을 기한 내 효과적으로 처리한 정도	만족	보통	미흡
	노력도	목표달성을 위한 노력, 공헌도	만족	보통	미흡

년   월   일

작성자(본인) 성명   서명(인)

출처 : 교육공무원 승진 규정 별지 제3호 2 서식.

표 8-6 교사의 근무성적 평정 요소 및 기준

구분	평정 사항	평정 요소	평정 내용
교사	근무 수행태도	교육공무원 태도(10점)	교육자로서 품성을 갖추고 직무에 충실한가?
			공직자로서 사명감과 직무에 관한 책임감을 가지고 솔선수범하는가?
	근무 실적 및 근무 수행 능력	학습지도 (40점)	수업교재연구를 충실히 하는가?
			학생 수준에 적합한 수업계획을 수립하는가?
			학생들이 수업에 적극적으로 참여할 수 있도록 분위기를 조성하는가?
			학생의 능력과 수준에 적합한 질문을 제시하는가?
			학생들을 학습활동이나 과제 수행에 적절히 참여시키는가?
			학생 특성과 요구에 적합한 수업자료 및 매체를 활용하는가?
			학생의 이해도와 참여도를 수시로 점검하는가?
			평가 결과를 수업 개선을 위한 자료로 적극 활용하는가?
		생활지도 (30점)	학생 개개인의 특성을 파악하기 위하여 노력하는가?
			상담을 통해 학생이 당면한 문제를 원만히 해결할 수 있도록 지원하는가?
			학생의 적성과 특기를 고려하여 진로 진학 정보를 제공하는가?
			학생들이 학급에서 친구들과 잘 어울려 생활하도록 지도하는가?
			안전사고 및 학교폭력을 예방하기 위한 교육을 실시하는가?
			학생들이 올바른 기본생활습관(언어, 행동, 예절, 질서 등)을 기르도록 지도하는가?
			학생들이 건전한 가치관과 도덕성을 갖추도록 지도하는가?
		전문성 개발 (5점)	전문성을 높이기 위한 연구활동에 적극적인가?
			전문성을 높이기 위한 연수활동에 적극적인가?
		담당업무 (15점)	담당 업무를 정확하고 합리적으로 처리하는가?
			담당 업무를 창의적으로 개선하고 조정하는가?

평가하기, 정보 유출을 방지하고 엄중하게 대외 보안을 유지하기 등에 대한 사전 교육을 받는다. 이금진(2009)의 연구에 의하면 다면평가자로 선정된 교사는 고민과 갈등을 겪고, 일종의 책임감을 가지고 있으며, 공정하게 평가하기 위해 다양한 근거 자료를 마련하는 등 여러 가지로 노력하는 것으로 나타났다.

교사의 근무성적 평정 시 확인자의 평가 점수는 100점 만점으로 하여 40%로 환산하

표 8-7 교원평가의 주요 내용

구분			주요 내용	
목적			교원 전문성 신장 및 승진, 전보, 포상 등 인사관리에 반영	
평가 대상			각 급 학교의 교사/교감	
평가참여자			교장(40%) 교감(20%), 동료 교사 3인 이상 다면평가(40%)/교육장(50%), 교장(50%)	
평가시기			매년 1회 3.1–2월말까지	
평가시행 주체(주관)			단위 학교장이 교사에 대해 실시	
			교육장이 교감에 대하여 실시	
평가 영역 · 요소 · 지표	교사	근무수행태도	교육 공무원으로서의 태도(10점)	2개 지표
		근무실적 및 근무수행 능력	학습지도(40점)	8개 지표
			생활지도(30점)	7개 지표
			전문성 개발(5점)	2개 지표
			담당업무(15점)	2개 지표
	교감	근무수행태도	교육 공무원으로서의 태도(20점)	2개 지표
		근무실적 및 근무수행 능력	교육활동 및 교육연구(40점)	4개 지표
			교원 지원(20점)	4개 지표
			행정사무 관리(20점)	4개 지표
평가방법			상대평가 : 수(95점 이상) 30%, 우(90점 이상~95점 미만) 40%, 미(85점 이상~90점 미만) 20%, 양(85점 미만) 10%(해당자가 없거나 비율 이하일 경우 미에 포함할 수 있음)	
결과 통보			개별 교원이 요구할 경우 특별한 사정이 없는 한 공개	
결과 활용			• 전보(당해 1년치) 시 반영 • 포상 시 반영 • 승진 시 반영 *교감 승진의 경우 승진명부 작성 기준일부터 해당 직위에서 5년 이내의 합산점(근무성적 평정점과 다면평가점) 중 유리한 점수 3년을 반영하되 합산점 평정의 비율은 명부 작성일에서 가장 가까운 년도부터 34:33:33으로 함. *교장 승진의 경우 승진명부 작성 기준일부터 해당 직위에서 3년 이내의 근무성적 평정점을 반영하되 근무평정의 비율은 명부 작성일에서 가장 가까운 년도부터 34:33:33으로 함.	
위원회			근무성적평정 조정위원회의 평정요소별 평정점 심의 조정 (평정대상자의 상위직 공무원 중에서 5~7인의 위원으로 구성)	

출처 : 교육공무원 승진 규정(2010년 4월 13일).

고, 평정자의 평가 점수는 100점 만점으로 하여 20%로 환산한 후 환산된 점수를 합산하여 60점 만점으로 산출한다. 동료 교사 3인 이상의 다면평가는 수업교재 연구의 충실성을 100점 만점으로 평가하여 32%로 환산한 정성평가 점수와, 주당 수업시간 등을 100점 만점으로 정량평가하여 8%로 환산한 후 환산된 점수를 합산하여 40점 만점으로 산출한다. 교장, 교감이 평가한 근무성적 평정점과 동료 교사 3인 이상에 의한 다면평가의 합산점을 모두 합산한 근무성적 합산점은 총 100점 만점이 된다.

교감의 근무성적 평정 요소는 교육공무원으로서의 태도, 교육활동 지원 및 교육연구, 교원 지원, 행정사무 관리이다. 교감의 근무성적 평정은 확인자인 교육장과 평정자인 교장이 하게 된다. 교감의 경우에는 교장과 교육장이 각각 100점으로 평정하여 50%씩 반영한다.

교사의 경우에는 근무성적 합산점, 교감의 경우에는 근무성적 평정점에 따라 수(95점 이상) 30%, 우(90점 이상 95점 미만) 40%, 미(85점 이상 90점 미만) 20%, 양(85점 미만) 10%의 비율이 되도록 한다. 근무성적 합산점 혹은 근무성적 평정점이 '양'에 해당하는 자가 없거나 그 비율 이하일 때는 '미'에 포함시킬 수 있다. 평가의 신뢰성과 투명성을 확보하기 위해 본인이 요구할 경우 특별한 사정이 없는 한 최종 근무성적 합산점이나 근무성적 평정점을 공개한다.

(2) 승진 시 근무성적 평정의 반영

매년 평정된 근무성적 합산점은 교사의 교감 승진 시 반영된다. 교사의 승진 시 반영되는 근무성적 평정 점수는 100점이다. 2010년 4월 13일 개정된 교육공무원 승진 규정 제40조 4항에 의하여 승진 명부 작성 기준일부터 해당 직위에서 5년 이내에 평정한 근무성적 합산점 중 유리한 3년을 반영한다. 이 중 명부 작성 기준일부터 가장 가까운 연도의 합산점을 34% 반영하고, 두 번째로 가까운 연도의 근무성적 합산점을 33%, 세 번째 가까운 연도의 근무성적 합산점을 33% 반영한다. 교감의 경우 승진할 때 승진 명부 작성 기준일부터 해당 직위 3년 이내의 근무성적 평정점을 마찬가지로 명부 작성 기준일에서 가장 가까운 연도의 순으로 34:33:33의 비율로 반영한다.(교육공무원 승진 규정)

교장의 근평 받기에 혈안이 되어 있는 동료 교사나 선배들의 모습, 처량하게조차 느껴지는 승진의 길. 미래의 어느 날 아마 난 포기하게 될지도 모르겠다. 우리 철부지 아이들에게 충실한 평교사로서, 하지만 동료 교사나 다른 모든 사람들에게는 무능력한 교사로 푸대접받아 가며 늙어 갈지도…(조상우, 2004).

(3) 근무성적 평정의 문제

현재 우리나라의 근무성적 평정은 몇 가지 문제를 가지고 있다. 첫째, 교사의 근무성적 평정에서 수업 및 생활지도 부분에 대해 교장과 교감이 면밀하게 파악하기가 곤란하다. 이로 인해 학교 관리자의 입장에서 비교적 확인하기가 용이한 학교행정 업무 처리 능력으로 교사의 전반적인 능력을 포괄적으로 판단할 가능성을 안고 있다. 교직의 본질적인 교육 측면보다는 행정 업무 처리가 뛰어난 교사가 우대받는 결과를 초래할 수 있는 것이다.

둘째, 평가방법상의 문제가 거론될 수 있다. 우리나라의 교원평가는 절대적인 평가가 아니라 상대적인 평가로 이루어지는 경향이 있다. 교사가 자신의 전문적인 능력이 표준적인 기준에 부합되는지 여부를 확인하려면 절대평가가 적절하다. 하지만 교사에 대한 평가가 상대적으로 이루어지다 보니 평가 결과를 승진의 자료로 사용하기는 수월하나, 수업 개선 및 전문성 신장을 위하여 무엇이 부족하고 어떠한 노력을 기울여야 하는지에 대해서는 적절한 지침으로서의 역할을 하지 못하고 있다. 또한 강제 배분식으로 상대평가가 이루어져 교사의 수준이나 학교의 규모 등을 고려하지 못함으로써 상대적으로 불이익을 당하는 교사가 나타날 수도 있다.

셋째, 교원평가는 본인과 교장, 교감, 동료 교사가 하게 된다. 하지만 본인의 평가는 참고자료로 활용되며 주로 평가에 임하는 사람은 교장과 교감, 동료 교사이다. 그런데 교장과 교감, 동료 교사가 교사의 평가를 위한 전문성을 충분히 갖추고 있는지에 대한 문제가 있다. 따라서 이러한 부분에 대해 평가 전문가로서의 자질을 가질 수 있도록 다양한 연수 프로그램이 개발되어야 할 것이다(박종필, 2002).

넷째, 우리나라의 독특한 교직사회 문화가 객관적인 교원평가를 저해한다. 교직사회의 평등주의 의식 구조와 온정주의가 평가를 제대로 할 수 없게 만든다. 나눌 수 있는 것은 똑같이 나누고 나누기 힘든 것은 차례대로 순서를 정하여 주고받는 것이 공평하다는 의식이 교직사회에 내재되어 있어 이에 근거하여 많은 관행이 이루어지고 있는 상황이다. 또한 평가자와 확인자의 경우 승진 대상 후보 명부에 임박해 있는 교사를 가능한 한 후하게 평가함으로써 승진 대상에서 누락되지 않도록 배려해야 한다는 압력을 은연중에 받는 경향이 있다(전제상, 2001). 아래의 사례는 현장 학교의 평가 관행을 잘 보여준다.

> 새로 오신 선생님들의 눈치가 심상치 않다. 잘못 온 것 같아 후회하고 계신다. 알고 보니 그도 그럴 것이 모두 승진하기 위해 이 학교를 희망해서 오신 분들이다. 작년까지만 해도 우리 학교에 승진 후보가 없었기 때문에 그 소식을 듣고 희망하셨다는데 같은 생각으로 이곳에 오신 분들이 이제 다섯이나 되어 버린 것이다. 승진할 수 있는 인원은 1명인데 희망자가 다섯이니… (중략) 승진할 한 사람을 제외한 다른 사람들은 괴로운 일이 아닐 수 없다. 우선 우리만 해도 승진까지는 아직 생각하지 않는다고 해도 솔직히 좋은 근평을 받고 싶은 게 현실이다. 그러나 승진하실 분들을 나 몰라라 할 수도 없는 노릇이니 우리 선생님들 모두가 피차 다 괴로운 상황에 놓여 있는 것이다(조상우, 2004).

다섯째, 교장은 교원평가의 대상에서 제외된다. 교장은 장학관으로서 승진의 최고 정점에 서 있으므로 근무성적을 평가받을 이유가 없기 때문이다. 이러한 상황에서 교장이 학교경영 및 관리에 소홀하거나 권위주의적 태도로 전횡을 일삼을 가능성도 생긴다. 이로 인한 문제를 예방하기 위해 교원능력개발평가에서는 교장도 학교경영 및 관리에 대하여, 교감, 수석교사, 동료 교사, 학부형 및 학생들에게 평가받도록 규정하고 있으며, 그 결과를 교장 중임에 반영하도록 하고 있다. 또한 교사의 경우에도 승진을 희망하지 않거나 포기할 경우 교원평가가 교직생애에 미치는 영향력이 실제로 미약해지므로 교육 및 연구, 그리고 학교 직무 수행 등에 있어 불성실하고 소홀해질 가능성이 생긴다. 따라서 교사의 경우에도 교원능력개발평가를 받고 그 결과가 미흡으로 나올 경우 연수를 받도록 규정하고 있다.

3) 연수실적 평정

연수실적 평정은 모두 30점으로 자격 및 직무연수 교육성적 27점과 연구실적 3점으로 구성된다. 교육성적은 교감 승진의 경우 27점이 요구되며, 교장 승진의 경우에는 15점이 요구된다. 교육성적 평정은 자격연수 평정과 직무연수 평정을 합산하여 이루어진다. 자격연수 평정은 교감이나 교장 승진 시 모두 9점 배점으로 각 개인의 자격연수 평정은 '9－(만점성적－연수성적)×0.05'로 계산된다.

교감 승진의 경우 직무연수는 평정 기준일을 중심으로 10년 이내에 받은 60시간 이상의 직무연수로서 3개를 평정한다. 이 중 하나는 직무연수 성적으로 평정하며 승진 시 배점이 6점이다. 하지만 직무연수 성적에 대한 지나친 경쟁과 그로 인한 교사 간의 갈등과 폐해를 줄이기 위해 2007년부터 직무연수 성적 대신에 직무연수 환산성적을 반영하도록 개선하였다. 즉, 직무연수 성적 95점 초과는 직무연수 환산성적으로 100점, 90점 초과 95점 이하는 95점, 85점 초과 90점 이하는 90점, 85점 이하는 85점으로 환산된다. 직무연수의 평정은 '6×직무연수 환산성적/만점'으로 계산된다.

직무연수 중 나머지 2개는 이수 실적을 평가하며 직무연수 이수 하나당 6점으로 계산되어 모두 12점이 된다. 따라서 교감 승진 시 직무연수에는 18점이 배점된다. 교장 승진 시에는 직무연수 성적 1개를 평정하며 6점이 배점된다. 평정 방법은 교감 승진의 경우와 동일하다.

연구실적 평정은 교장과 교감 승진 시 모두 3점이 배점된다. 각종 연구대회 입상 또는 박사·석사 학위 취득 실적이 해당된다. 도와 전국 대회에 출품하여 입상한 연구의 등급은 1, 2, 3등급으로 구분되며, 도의 경우 3등급 0.5점, 2등급 0.75점, 1등급 1.0점, 전국 대회의 경우 3등급 1.0점, 2등급 1.25점, 1등급 1.5점을 받게 된다. 박사·석사 학위에 대한 가산점은 직무 관련 석사 학위는 1.5점, 박사 학위는 3점이며, 직무 무관련 석사 학위는 1점, 박사 학위는 1.5점이다.

> 연구 수업을 하는 곳이나 연구 발표를 하는 곳에 가면 나는 힘이 빠진다. 이를 위해 학생들이 얼마나 수업을 희생했을 것이며, 선생님들은 또 얼마나 많은 고민과 수고를 했을 것인가. 나는 지나가는 사람들을 붙들고 묻고 싶었다. "저 작품들이 진짭니까?" 저

부끄러운 거짓덩어리들이 나를 눌러 죽일 것 같았다. (중략) 연구학교에 있는 교사들에게는 많은 점수를 준다. 그래서 연구학교마다 선생님들이 미어터진다고 한다. 점수를 따려는 이유에서다. 연구 수업이 교육에 다시 투자되기는커녕 점수 따는 행사에 그치고 마는 게 연구 수업일 때가 더 많다(김용택, 2006).

4) 가산점 평정

가산점 평정은 공통 가산점과 선택 가산점으로 구분된다. 공통 가산점은 2016년 12월 교육부 장관이 지정한 연구학교(시범학교 및 실험학교 포함) 근무는 1.5점에서 1.25점으로 하향 조정되었다. 재외국민 교육기관에서 파견근무한 경력도 1점에서 0.75점으로 하향 조정되었다. 그 이유는 선진 교육시설에서 근무한 경험 자체가 특혜인데 가산점까지 주게 되면 이중 혜택이라는 지적이 있었기 때문이며, 국가별로 근무여건이 다르므로 소재 국가별로 근무여건을 고려해 차등 부여하는 방안도 검토되어야 한다는 현장의 요구가 있어 왔다(강중민, 2016). 직무연수 이수 실적은 1점으로 구성된다. 이 중 직무연수 이수 실적은 1학점당 0.02점으로서 연 0.12점의 범위 안에서 명부 작성권자가 연도별로 상한점을 정할 수 있다. 근래에 와서 학교폭력으로 인한 문제의 심각성이 제기되자 2013년 1월 1일부터는 학교폭력 예방 실적을 연 0.1점씩 반영하여 최대 2점까지 반영하였으나 2016년 12월 1점으로 하향 조정되었다. 그 이유는 학교폭력 예방 실적 점수를 학교별로 40%의 교사에게만 주게 함으로써 일부 교사만 혜택을 본다는 불만과 함께 총 배점이 2점으로 공통가산점에서 차지하는 비율이 너무 크다는 지적이 있었기 때문이다(강중민, 2016). 따라서 공통가산점은 2016년 하향 조정된 이후 4점이 되었다.

선택 가산점은 도서·벽지 진흥법에 규정된 도서·벽지 학교에 근무한 경력, 농어촌 학교 근무 경력과 더불어 시·도 교육청의 교육감이 재량으로 줄 수 있는 가산점으로 모두 합산하여 10점을 초과할 수 없다. 평정 항목 및 평정점은 명부 작성권자인 교육감이 정할 수 있도록 하였다. 따라서 시·도 교육청의 가산점 평정 항목과 평정점은 제각기 다르다.

강원도의 경우 보직교사 경력, 장학사·교육연구사 근무 경력, 나환자의 자녀가 다니는 학교 또는 학급에서 근무한 경력(강원도의 경우 원주 만종초교), 특수학교 또는 통합교육을 위한 학급을 직접 담당한 경력, 도 지정 연구학교 근무 경력, 국가기술자격증 취득 등과 아울러 도서·벽지 상한점 취득 후 계속 근무한 경력, 지역 교육청 교육장 지정 연구학교 근무, 겸임교사 근무, 교육실습 협력학교 근무 지도교사, 교감 미배치교 근무 교무부장 등에 점수가 주어진다.

5) 교장 임기제

교장은 교육부장관의 제청으로 대통령이 임용한다. 1991년 3월 교장 임기제도가 도입되었다. 교장의 임기는 4년이며 1차에 한하여 중임이 가능하도록 하였다. 만약 교장으로서의 임기를 마친 후 정년까지 교직 연한이 남아 있을 경우 희망하는 교장은 수업 담당 능력과 건강 등을 고려하여 다시 교사로 임용될 수 있으며, 이때 원로교사로 우대하도록 대통령령이 정하고 있다(교육공무원법 제29조의 2). 원로교사에게는 수업시간을 경감해 주고, 당직 근무를 면제해 주며, 명예퇴직자 선정할 때 우선 고려하도록 편의를 제공하고 있다(교육공무원 임용령 제9조의 5, 6).

교장 임기제는 교직 사회의 승진 과열 현상을 완화시키는 효과를 가져왔다. 또한 교장도 임기를 마치면 다시 평교사로 복귀하여 평교사에 대한 인식을 개선함으로써 평교사들의 사기를 높이는 효과도 있다. 그러나 교장의 임기제가 시행되면서 현장에서는 교감 및 교장 승진을 미루는 현상과, 교직 임기 만료와 함께 정년을 맞을 수 있도록 기한을 세밀하게 산정하는 경향이 나타나고 있다(박남기, 2007). 2015년에는 교장 1차 임기 4년 후 정년까지 남은 기간이 4년 미만인 경우 특별한 결격 사유가 없으면 교장으로 다시 임용하거나 임용 제청할 수 있도록 교육공무원법이 개정됨으로써 교장 자격 임기제의 문제를 보완하게 되었다(교육공무원법 제29조 2 4항).

한편으로 교장 임기제는 능력 있는 교장의 학교 경영 기회를 지나치게 제한함으로써 결과적으로 학교 발전을 지체시킬 수도 있다. 이러한 문제는 교장 공모제를 도입하고 확대함으로써 해결의 가능성을 열어 두고 있다. 즉, 교장 공모제로 공모 교장이 될 경우 그 기간은 교장 임기에 포함되지 않음으로써 능력이 출중한 교장에게는 보다 오랫동안 학교경영에 매진할 수 있는 기회가 주어진다.

평교사로 돌아온 교장 선생님, 지금이 내 황금기

"오늘은 누구 차례죠?"

"저요! 저요!"

서울 전동초등학교 미술실. 벼루에 물을 붓고 새까맣게 먹을 갈던 6학년 6반 아이들이 번쩍번쩍 손을 들었다. 머리가 희끗희끗한 교사는 아이들을 휙 둘러보더니 맨 뒷줄로 다가가, 붓을 든 희재(12)의 손을 잡고 함께 '파란 하늘'을 써 내려갔다.

"음, 왼손잡이치고는 잘 썼어."

희재의 머리를 쓰다듬으며 칭찬을 아끼지 않는 노(老)교사는 이달 초 이 학교 '서예 선생님'으로 부임한 배종학(59) 교사. 다른 학교에서 8년간 교장을 했던 그가 "(정년까지) 남은 3년간 학생을 가르치고 싶다."며 다시 평교사로 돌아와 칠판 앞에 선 것이다.

"아이들 땀 냄새를 가까이서 맡으며 호흡할 때 제가 살아 있다는 걸 느낍니다. 이렇게 다시 아이들 손을 잡아 가면서 가르치니까 새내기 교사가 된 기분이에요."

그는 1968년 3월 서울교육대학교를 졸업하자마자 20세에 교사 생활을 시작, 22년간 교편을 잡았다. 이후 1991년 서울 중부교육청 장학사로 3년간 일하고 다시 학교로 복귀, 서울 남정초등학교와 봉래초등학교에서 5년간 교감을 했다. 이어 교단의 최고봉인 교장에 올라 오류초등학교와 신답초등학교 교장을 4년씩 맡고 올해 8월 학교를 잠시 떠났다가 다시 복귀하였다. "왜 그런 결정을 했느냐."고 묻자 배 교사는 바지를 걷어 올려 알통이 밴 종아리를 보여 줬다.

"고령화 사회잖아요. 이렇게 건강한데 놀면 뭐합니까. 교장이라는 무거운 짐을 벗어 버리고 아이들에게 하나라도 더 가르칠 수 있으니까 참 좋습니다."(중략)

"선생님들이 자꾸 저를 교장 선생님이라고 불러요. 그러지 말라고 당부하는데도…."

배 교사는 "학생들을 가르치는 선생님들 사이에 무슨 상하 관계가 있겠느냐."면서 "학교에는 선생과 학생이 있을 뿐"이라고 했다(김연주, 2007).

6) 교장 공모제

우리 사회에서 학교 자율화는 점점 강화되고 있으며 교원 인사 및 전문성 계발, 교육과정 개선, 학업 성취도 향상 등에 대한 학교장의 권한과 책임이 증대되고 있다. 또한 사회의 변화와 함께 학교환경이 급격하게 변화하고 있는 실정이다. 학교 현장에서 구성원을 독려하여 최적의 교육환경을 조성하고 교육효과를 최고로 높이기 위해서는 탁월한 지도력과 능력을 갖춘 학교 경영자가 요구된다. 따라서 연공서열에 입각하여 교장을 선임해 왔던 관행에서 벗어나 능력을 갖춘 인재에게 교장으로 임용될 기회를 고루 제공할 필요가 있다. 교장 공모제는 교육감에게 집중된 교장 인사권을 단위 학교로 분산시키는 효과도 있고, 공모제에 의한 교장 임용과정에서 투명성이 제고되고 교장의 책무성이 보다 강화되는 효과도 있다.

교장 공모제는 초빙교장형, 내부형, 개방형으로 구분된다. 초빙교장형은 일반학교 교장직을 대상으로 하며 교장 자격증 소지자만 지원 가능하다.

내부형은 학교 및 교육과정을 자율적으로 운영할 수 있는 자율학교 교장직을 대상으로 한다. 교육감은 내부형 공모로 교장을 선발하고자 신청한 자율학교 중 15%가 내부형 공모 교장을 선출할 수 있도록 지정한다(교육공무원 임용령 제12조 6 2항). 개별 학생의 적성, 능력을 계발하기 위해 특성화된 교육과정이나, 창의력 및 인성을 계발하기 위해 특별 교육과정을 운영하는 학교, 교육감이 필요하다고 인정하는 학교, 농어촌 학교 중 자율학교로 지정된 학교, 그리고 자율형 공립고등학교의 공모 교장이 이에 해당된다. 내부형 공모 교장 지원 자격은 15년 이상 근무경력을 가진 교육공무원이나 사립학교 교원이다(교육공무원법 29조의 3). 지원 자격에는 교장 자격증이 없는 평교사도 포함된다. 단 평교사는 교장 자격 미소지자 지원 가능 학교에만 가능하며 이러한 학교는 내부형 공모 교장 지정학교의 15%로 규정된다(경기도교육청, 2016).

개방형은 학습 부진아 등에 대한 교육을 실시하는 학교, 특성화 중학교 및 고등학교, 특수목적고등학교, 예체능계 고등학교 중 자율학교로 지정된 학교의 교장직에 해당된다. 교장 자격증 유무에 관계없이 해당 학교 교육과정에 관련된 기관 또는 단체에서 3년 이상 종사한 경력이 있으면 일반인도 지원할 수 있다(교육공무원 임용령 제12조의 6).

교육감은 교장 결원 발생 학교 수의 3분의 1 내지 3분의 2의 비율 안에서 공모 교장을 선발할 학교의 수를 가결정한다. 이후 교장 결원이 예정된 초·중·고등학교의 학교운영위원회가 심의를 거쳐 교장 공모 여부를 확정한다. 학교의 장은 교장 공모를 교육감에게 신청하고 교육감은 공모 교장 선발학교를 지정하고 공고한다.

공모 교장의 선발 절차는 2단계로 진행된다. 1단계에서 학교의 장은 공모교장심사위원회를 구성한다. 공모교장심사위원회는 교원, 학부모, 지역사회인사 10~20명 이하의 위원으로 구성되며 이 중 3분의 1 이상은 학교운영위원회에서 추천한 학부모 중에서 학교장이 위촉하며, 지역사회와의 의견상 균형을 위해 외부인사를 학교운영위원회에서 추천한 학부모와 동수로 위촉한다. 공모교장심사위원회는 지원자의 경력, 학교경영 계획서, 상호 토론, 면접 등을 통해 지원자의 적격성을 심사하여 3배수를 추천한다. 제2단계는 지역 교육지원청에서 자율적으로 위원수를 결정하고 이 중 50%는 외부인사로 구성된 지역 교육지원청의 공모교장심사위원회에서 지원 과정 및 1차 심사과정상의 공정성을 심사한다. 또한 학교경영 계획서 심사, 상호 토론, 면접 등을 통해 2배수를 추천한다. 교육감은 이 중 한 명을 임용제청권자에게 추천하며, 임용제청권자(교육부장관)의 제청으로 임용권자인 대통령이 교장을 임명한다(경기도교육청, 2016; 교육공무원 임용령 제12조 5).

교장 공모제로 선출된 교장 자격 미소지자 교장의 경우는 임용 후 1년 이내에 특별연수를 받아야 한다. 교장 공모제로 임용된 교장은 안정적인 학교 운영을 위하여 4년간 임기를 수행하게 되고 임용기한이 끝난 후 당해 학교 혹은 다른 학교 공모 교장으로 재임용이 가능하다. 또한 이 기간은 교장 임기제의 기한에 포함되지 않는다.

교육과학기술부는 2007년 9월부터 전국의 62개 초·중·고등학교 교장직을 교장 공모제로 채용하였으며, 2008년에는 53개교를 추가로 지정하고 2009년에는 전국적으로 전면 확대 실시하였다. 전국의 시·도 교육청은 2010년 9월 교장 결원 학교 768개교 중 56%에 달하는 430여 개 학교의 교장을 초빙형 공모제로 채용하였다.

교장 공모제에 대한 교육계와 지역사회 구성원들의 반응은 단순하지가 않다. 특히 일선 교장단은 교장 자격이 없어도 교장 공모에 응할 수 있는 내부형에 대해 반발하였다. 교장 공모제는 교직의 전문성을 무시한 처사로, 이로 인해 학교 현장이 정치화된다는 우려에서이다. 그러나 일부 지역사회 단체와 학부모는 교장 자격에 관계없이 다각적인 경로로 우수한 재원을 교장으로 영입하여 학교 발전을 촉진해야 한다는 입장에 동조하고 있다.

> 삼우가족이 바라보는 공모 교장의 임용은 그 의미가 남다르다. 5년여 동안 삼우초를 지역사회 학교로 만들어 오는 데 기여한 교사가 교장으로 임용되었고 그 과정에 삼우의 교육 주체들이 적극적으로 결합했다. 그리고 삼우초의 교사가 학교장으로 임용되었기 때문에 교장 개인에게 부여되었던 권한과 책무를 학교 구성원들이 나누게 되었다. 아이들은 전혀 거리낌 없이 교장실에서 전통차를 마시며 마음의 대화를 나눈다. 교장은 상담으로 담임교사를 도와주고 젊은 교사들의 교실에 동참하여 팀티칭을 하기도 한다. 학교 운영의 중요한 결정을 교무회의의 토론에 맡겨서 교사의 주체성을 강화하고 학교 구성원의 동료성을 일구어 내고 있다(송수갑, 2009).

교총이나 전교조와 같은 교직단체의 반응도 상이하다. 교총은 교장 자격증이 없는 교장의 영입에 대해 반대 의사를 표명하는 반면, 전교조는 교장 자격증을 필요로 하지 않는 내부형이나 개방형 공모 유형을 확대할 것을 주장하고 있다.

공모 교장제로 인해 학교경영에 열정을 가진 교장을 영입함으로써 학교가 획기적으로 발전하는 좋은 점도 있지만 최근에는 일부 교장 자격증 소지자가 담합을 하여 교장 공모제를 나눠 먹기 식으로 악용하는 사례가 발생하고 있어 경쟁의 공정성이 훼손되기도 하였다(전승표, 2014). 또한 교장 공모제로 영입된 교장이 업적 평가에 대비하여 너무 전시적이고 과시적인 행사 위주로 학교를 운영하는 경향이 있으며, 교장의 철학과 신념에 맞추어 학교를 운영하는 과정에서 담임교사의 교육철학을 학급 단위로 실천할 수 없는 문제점도 지적되고 있다.

교원 윤리

09

1. 윤리의 의미와 교원 윤리의 중요성

1) 윤리의 의미

사람들이 모여 사회를 형성하면서 혼란과 갈등을 막고 사회 질서와 사회 구성원의 안전하고 행복한 삶을 위하여 여러 가지 규범을 만들어 내게 된다. 이러한 규범에는 관습, 윤리(도덕), 법 등이 있다. 관습은 무자각적인 것인 데 반해 윤리, 도덕과 법은 자각적인 것이다. 자각적인 규범 중 특히 법률은 사회의 안녕과 존속을 위하여 의무적으로 준수해야 하고, 만약 이를 어기면 처벌을 받게 되는 강제성을 가진다. 그러나 법률처럼 강제적이지 않고 어기더라도 법의 제재를 받지 않지만 사회의 합의하에 사회 구성원이 지키도록 기대되는 것이 관습과 윤리이다. 관습은 준수하지 않을 경우 조롱과 비웃음을 유발하고 개인으로는 부끄러움을 느끼지만, 윤리나 도덕을 준수하지 않으면 사회의 질타와 비난을 받게 되고, 개인으로는 양심의 가책을 느끼게 된다. 법률이 강제성을 띤 외적 · 공식적 통제의 성격을 가진다면 윤리, 도덕은 자발적인 준수를 요구하는 내적 · 자율적 통제의 성격을 지닌다고 하겠다.

윤리(倫理)의 '윤(倫)'은 무리, 또래, 질서의 의미를 가지고 있으며, '리(理)'는 이치, 이법, 도리의 의미를 가지고 있다. 윤리는 '무리에서의 도리', '질서의 이치'라는 의미를 가지며 일반적으로 인간관계의 도리를 뜻한다. 윤리와 같이 상용되는 용어는 도덕이다. 도덕(道德)의 '도(道)'는 자연과 인간 사회의 당위 법칙을 의미하고, '덕(德)'은 '득(得)'과 같은 의미로 '얻는 것'이다. 따라서 도덕은 '도를 체득한다'는 뜻을 가지고 있다. 여기서 '도'를 인간관계에서의 도리, 즉 윤리로 해석하면 도덕은 곧 인간관계의 도리인 윤리를 획득한다는 의미이다.

서양에서의 윤리(ethics)는 그리스어 'ethos'에서 기원하는 'ethicke'에서 유래하였는데 이는 풍습, 개인의 습관, 품성을 뜻한다(정보주 등, 2004). 윤리는 인간관계에서 '무엇이 선이고 악인가, 무엇이 옳고 그른가, 혹은 무엇이 정의롭고 정의롭지 않은가?'에 초점을 둔다(Parkey & Standford, 2004). 윤리는 사실(fact)과 다르다. 사실은 세상의 어떤 것에 대한 기술(describe)이고, 따라서 사실에 대한 진술은 사실 그 자체에 비추어 진위가 분명하게 가려진다. 하지만 윤리는 '해야만 한다' 혹은 '하지 말아야만 한다'는 주장(claim)이며 규정(prescribe)이다. 윤리는 규정이 상대적인 성격을 가지므로 진위를 절대적으로 가리기가 어렵다. 또한 윤리는 시대와 사회 상황에 의하여 수시로 변화하므로 그 내용도 계속 변화한다(Strike & Soltis, 2004).

윤리적 판단의 애매성과 혼란성은 Turiel(1983)의 영역 구분 이론으로 조명하면 이해가 보다 용이해진다. Turiel은 도덕성에는 인간의 존엄성, 생명의 소중함과 같이 모든 시대, 모든 문화권에서 동일하게 나타나는 도덕적 영역이 있고, 특정 문화권에서 구성원의 합의하에 설정된 사회 인습적 영역이 있으며, 개인의 주관적 가치 등에 의하여 설정된 개인적 영역이 있음을 주장한다. 물론 이 이론은 도덕적 영역과 사회 인습적 영역이 함께 중첩되는 영역 혼재 현상을 보이기도 하고, 혹은 사회 인습적 영역이 오랜 시간 동안 변화되면서, 관습의 위배가 도덕적 행동 위반과 동일하게 취급되는 이차적 현상을 유발하는 제한점을 가지기도 한다. 하지만 영역 구분 이론은 인간의 윤리적 행동의 상대성과 윤리적 해석의 다양한 차원을 이해하는 좋은 틀이기도 하다. 이러한 관점에서 본다면 교사가 교직에 임하여 생활하면서 직면하는 많은 윤리적 문제는 보편적인 도덕성 원리에 근거한 문제일 수도 있고, 교직 사회만의 특유한 관습적 원칙에 관련된 문제일 수도 있으며, 교실에서 교사 개인의 철학과 가치에 근거한 문제일 수도 있다(정옥분, 2005).

2) 교원 윤리의 중요성

윤리에는 여러 사회에 일반적으로 적용되는 윤리가 있는가 하면 사회의 문화, 일의 특수성에 따라 특정 사회 및 집단에서만 통용되는 윤리가 있다. 전자를 보편적 윤리라고 한다면 후자는 특수 윤리에 해당된다(정보주 등, 2004).

현대 사회에서 대표적인 특수 윤리 중 하나는 직업윤리이다. 군인, 의사협회, 변호사협회, 경제인연합회 등 사회 각 단체는 그 단체에 소속된 직업인이 사회적으로 져야 할 책임, 의무와 관련된 보다 특별한 윤리 강령을 채택하고 있다. 교직에 종사하는 교사 역시 교육이라는 과업을 수행함에 있어 다른 직업과는 다른 윤리를 필요로 한다. 교사는 다른 직종과 달리 교육이라는 업무상의 성격과 더불어 특별한 윤리를 요구받는 대표적인 직업인이다. 교사에게 특별한 윤리가 요구되는 이유는 다음과 같다.

(1) 교직의 자율성

교직은 의사, 변호사와 마찬가지로 대표적인 전문직 중 하나이다. 전문직의 가장 독특한 특성 중 하나는 자율성이 다른 어떤 직종보다 많이 보장된다는 점이다. 자율성은 자신의 의지와 뜻대로 업무를 주관하고 처리할 수 있음을 말한다. 즉, 다른 사람의 지시나 감독을 받지 않고 자신의 판단에 의거하여 업무를 추진해 나가게 된다. 이때 업무를 주관하는 사람이 바르고 공정하며 양심에 부합되는 가치와 기준을 견지하지 않는다면 업무를 매우 편파적으로 처리할 가능성이 있다. 따라서 자율성이 높은 직업인일수록 양심적이고 공정하며 바른 가치관을 가지고 행동하고 처신해야 한다. 자율성을 많이 부여받는 전문 직업인은 보다 윤리적이어야 한다.

교직 역시 자율성을 부여받는 직업 중 하나이다. 물론 학교 조직의 풍토로 인해 비자율적인 측면이 있는 것은 사실이지만, 적어도 교실 안에서 교사는 학생을 통솔하고 경영하는 지도자이면서 교육자로서 매우 높은 자율적 판단과 역량을 발휘해야 한다. 이러한 상황에 처하여 교사는 높은 윤리 의식을 가질 필요가 있다. 교사 개인의 사사로운 감정, 왜곡된 가치 기준, 편협한 현실 인식 등에 기초하여 비윤리적으로 처신하고 교육하면 그 피해는 학생에게 그대로 전달된다.

(2) 교실의 위계성

교실은 독립된 공간이며 교육이 어떠한 내용과 형태로 이루어질지라도 교사는 그 안에서 학생을 지도하는 위치에 있고 학생은 교사의 지시를 존중하고 따라야 한다. 즉, 교실 안에는 부인할 수 없는 위계적인 서열이 있다. 교사는 교실의 책임자로서 학생을 교육하고 관리해야 할 위치에 있는 위계적 상급자이다.

학생은 교사에 비해 대부분 나이가 적고 상처받기 쉬운 어린 사람이다. 또한 나이가 어리고, 지적 능력이 낮을수록 교사에 의해 비윤리적으로 취급당하는 것을 인식하기도 어렵다. 설령 인식한다 할지라도 자신들만의 힘으로 불평을 공론화하기 어려우며, 부모나 행정가의 협력을 얻어야 그러한 일이 가능하다.

이러한 사실은 교사의 행동이 보다 윤리적일 것을 요구한다. 자신에게 주어진 권한을 비윤리적으로 행사할 때 학생은 저항도 할 수 없이 그 피해를 고스란히 입는다. 교사는 지적 자율성, 지적 정직성, 다양성에 대한 존중, 훈육과 성적 평가의 정당성, 처벌의 공정성, 교육 자원 배분의 형평성 등에서 자신의 권한을 윤리적으로 행사해야 한다 (Strike, 1990).

(3) 교사의 모델링

교사가 윤리적이어야 하는 이유는 교육을 수행하는 사람으로서 그들의 언행이 학생에게는 교육적 자극이 되고, 간접 경험이 되며, 행동 모델링이 되기 때문이다. 또한 교사는 자라나는 학생이 윤리적으로 발달할 수 있도록 교육해야 할 의무와 책임을 지니고 있다.

교사가 학급에서 행하는 모든 행동은 의도적·무의도적이든, 형식적·비형식적이든 간에 학생에 대해 윤리적 무게를 가진다. 학생은 정직, 공정, 배려, 관용 등에 관련된 교사의 태도와 행동, 성향을 예의주시하며 관찰하고 모방한다. 교사의 성향을 모방하는 모델링을 성향 모델링(disposition modeling)이라고 한다(Duplass, 2006). 경우에 따라 교사의 행동이 비윤리적일 경우 학생이 교사의 행동을 모방하면 윤리성 발달에 오히려

해가 된다. 이러한 측면에서 교사는 늘 언행을 조심하여 좋은 모델로 역할할 필요가 있다. 그러나 윤리적으로 행동하려고 노력한다 할지라도 교사에게도 인간적으로 결함이 있고, 신이 아닌 이상 언제나 완전무결할 수는 없다. 이러한 상황의 한계 속에서 학생이 교사의 행동을 모방한 결과로 나타날 수 있는 문제를 극복하기 위해서는 윤리교육이 함께 겸비되어야 한다.

윤리교육은 윤리적 행동과 태도에 대해 직접적 교수방법으로 이루어지기도 하지만, 이러한 교훈적 교육은 특정 가치를 지향하거나 이념적으로 편향되어 있을 경우 학생에게 오히려 교화로 작용할 가능성이 있다. 윤리교육은 도덕적 감성, 도덕적 사고, 도덕적 판단력, 도덕적 실천력에 초점을 두고 이루어져야 한다. 또한 윤리교육은 비판적 사고력을 중심으로 이루어질 필요가 있으며, 이러한 윤리교육의 바탕 위에서 나타나는 교사의 윤리적 행동은 학생에게 단순 모방의 차원이 아니라 성찰할 수 있고 토론할 수 있는 기회를 줌으로써 메타인지적 모델링(metacognitive modeling)으로 기능하게 된다 (Duplass, 2006). 메타인지적 모델링은 성향 모델링보다 학생들의 윤리성 발달에 더 큰 영향력을 발휘한다(Fenstermacher, 1990).

(4) 교사의 지도력

교사는 자신의 교육 지도력을 높이기 위해서도 윤리적일 필요가 있다. 최근 우리 사회에서는 교권이 땅에 떨어져 학습지도와 생활지도가 불가능한 교실붕괴의 상황이 교육문제로 거론되고 있다(김은주, 2003a, 2003b, 2005a, 2005b). 수업과 생활지도를 함에 있어 보다 높은 교육력을 발휘하려면 교사가 무엇보다도 권위, 즉 학생에 대한 영향력을 회복해야 한다.

진정한 교권은 교사에 대한 학생과 학부모의 존경과 사랑을 바탕으로 교사의 가르침을 내면적으로 인정하고 수용할 때 세워지게 된다. 교사에 대한 학생의 존경과 사랑은 교사 자신의 뛰어난 능력에 의해서도 나타날 수 있지만 무엇보다도 고매한 인격과 인품에서 비롯된다. 교사의 고매한 인격과 인품은 교사가 윤리적이고 도덕적으로 언행할 때 가능하다. 따라서 교사는 자신의 교육 역량을 높이고 진정한 권위를 회복하기 위해서라도 철저하게 윤리적으로 행동해야 한다.

(5) 학생의 비자발적인 등교

Colnerud(1997)는 교사가 윤리적이어야 하는 이유로 학생이 비자발적으로 등교하는 사실을 이야기하였다. 학생이 학교에 오는 이유는 초등교육이 의무교육이기 때문이다. 학생은 학교에 와서 교사와 싫어도 상호작용하고 관계를 맺어야 한다. 만약 학생이 교사로부터 윤리적으로 잘 다루어짐을 국가가 보장하지 못한다면 학부모로 하여금 학생을 학교에 보내야 한다고 설득하기 어려워질 것이다.

2. 윤리 이론

1) 결과론

결과론(consequentialist theory)은 최대 이익의 원칙(the principle of benefit of maximization)에 근거한다. 결과론이 사회적으로 적용된 것은 Bentham(1748~1832)과 Mill(1806~1873)의 공리론(utilitarianism)이다. 공리론은 사회 정책이 최대 다수의 최대 선을 추구하는 방향으로 이루어져야 함을 주장한다. 사실 쾌락주의에서는 인간의 쾌락과 행복을 선이라고 보고, 신학자는 신에게 귀의하는 것을 선이라고 하듯이 선의 개념이 명확하게 정의된 바는 없다(Strike & Soltis, 2004).

결과론의 관점을 교사에게 적용하면 교사는 가능한 한 많은 사람에게 이익이 가는 방향으로 결정하고 판단해야 한다. 결과론에 의하여 내린 교사의 결정과 판단은 최대한 많은 학생, 학교 교직원, 학부모 등에게 혜택과 만족을 주게 된다. 이러한 점은 결과론의 장점이다. 그러나 결과론의 단점은 이러한 결정을 내리기가 쉽지 않다는 점이다. 예를 들어 수업 중 만화책을 보는 학생을 제어하여 다른 학생에게 전염될 가능성을 사전에 차단하는 것이 옳은가? 아니면 많은 학생의 수업 집중과 수업 흐름을 끊지 않기 위해 그 학생을 무시하는 것이 옳은가? 학생의 엉뚱한 질문에 응답함으로써 이 학생의 호기심을 충족시키면서 결과적으로 다른 학생의 지적 성장도 돕는 것이 옳은가? 아니면 이 학생에 대한 응답을 제한함으로써 다른 학생의 학습을 방해하지 않도록 하는 것이 옳은가? 등과 같이 현장의 문제는 판단하기에 단순하지 않다.

매 순간 최대 다수의 최대 이익의 결정을 내릴 때마다 교사는 자신의 주관적인 판단에 의지하기도 하고 사회의 보편적인 윤리, 도덕에 의지하기도 한다. 교사가 개인의 판단에 의존할 경우 잘못 판단하거나, 일관성 없게 결정할 가능성이 있다. 그러나 보편적인 윤리, 도덕에 의하여 결정하는 것도 쉽지는 않다. 교사가 최대 다수의 최대 이익이 무엇인지를 윤리, 도덕적으로 헤아리려면 전지한 능력을 가져야 하기 때문이다. 교사는 상황에 대한 결정이 득이 될지 실이 될지도 계산해야 한다. 즉, 결정할 행동이 가져올 결과를 예측하고, 또한 관련되는 모든 사람에게 미칠 영향까지 고려해야 한다. 결과론의 또 다른 단점은 도덕적으로 옳지 않은 결과를 낳을 수 있다는 점이다. 한 집단의 구성원이 최대 다수의 최대 이익 혹은 즐거움을 추구하기 위해 소수에게 손해를 입힐 경우, 과연 그러한 결정이 도덕적으로 옳은가를 생각해 볼 여지가 있다(Strike & Soltis, 2004).

2) 비결과론

비결과론(unconsequentialist theory)은 황금률(golden rule)에 근거한다. 황금률은 '다른 사람이 너에게 행하여 주기를 기대하듯이 다른 사람에게 행하라'는 것이다. 이는 Kant(1724~1804)에 의해 '의지의 원리가 항상 보편적 법을 설정하는 원리가 되도록 행동하라'로 표현되었다. 여기서 '원리'란 도덕적 규범을 말한다. '보편적'이란 다른 사람에게도 같은 원칙을 같은 방식으로 적용하는 것을 말한다. 예를 들어, 보편적이 되려면 다른 사람이 나를 속이는 것을 좋아하지 않듯이 나도 다른 사람을 속이지 말아야 한다(Strike & Soltis, 2004).

황금률은 사람을 평등한 가치를 지닌 존재로 존중할 것을 요구한다. 이는 '평등한 인간 존중의 원리(the principle of equal respect for persons)'에 근거한다. 황금률은 모든 사람을 자유롭고, 이성적이며, 책임감 있는 도덕적 존재로 본다. 황금률은 사람들이 서로 다르다 할지라도 도덕적 존재로서 평등한 가치를 지님을 강조한다. 모든 사람들은 기회의 평등 역시 가지고 있다. 또한 황금률은 인간을 본질적 가치를 지닌 존재로 보기를 요구한다. 여기서 '본질적'이란 그 목적 자체를 의미하는 것으로서 '하기 위하여'의 대상, 즉 도구나 수단이 되지 않는 것을 말한다. 즉, 다른 사람을 자신의 목적을 위한 도구로 이용하지 않음을 의미한다. 비결과론에서 보면 결과론의 도덕적 행동은 경우에 따라 황금률에 어긋난다. 결과론이 주장하는 최대 다수의 행복을 위해 어떤 사람의 행복이 무시당할 수도 있고, 어떤 사람은 다른 사람의 이익과 선을 위해 도구가 될 수도 있기 때문이다.

교사가 판단하고 결정할 때 비결과론을 적용하게 되면 아무래도 인간 존중과 평등의 원리를 구현할 가능성이 높아진다. 이 점은 비결과론의 장점이다. 그러나 교실의 상황을 비결과론에 근거하여 판단하는 일 역시 쉽지 않다. 비결과론의 단점은 무엇을 보편화할 것인지를 가늠하기 힘들다는 점이다. 내가 기대하는 바를 다른 사람도 기대하는지를 분석하기는 쉽지 않다. 내가 좋아하는 것을 다른 사람은 싫어할 수도 있다. 예를 들어 교사가 사랑의 표현으로 스킨십을 좋아한다고 하여 학생들에게도 사랑으로 스킨십을 시도한다면 이러한 접근을 싫어하는 학생은 불만을 가질 수 있다. 비결과론의 또 다른 어려운 점은 적용을 보편화하기 어렵다는 점이다. 경우에 따라서는 자체 모순에 빠질 수도 있다. 예를 들어 교사는 말썽을 피운 학생에 대해 구타 성향이 있는 학부모에게 그대로 이야기해야 하는가와 같은 문제에 직면할 수 있다. 거짓말하는 행위는 내가 옳지 않다고 판단하기 때문에 나도 학부모에게 정직하게 이야기해야 하지만, 정직하게 이야기할 경우 학생은 분명히 매를 맞게 될 것이다. 매를 맞는 것 역시 교사는 좋아하지 않으므로 학생이 매를 맞지 않게 하려면 학부모에게 거짓말을 해야 한다. 이처럼 상황에 따라 황금률을 적용하기 애매한 경우가 발생할 수 있다(Strike & Soltis, 2004).

3) 교사의 윤리적 갈등

학교현장에서 교사는 하루에도 수십 번 윤리적 갈등을 겪으며 순간순간 최선의 판단을 내려야 한다. 교사의 일상은 윤리적 갈등과 이에 대한 판단의 연속으로 이루어진다고 해도 과언이 아니다. 교사의 윤리적 판단을 요구하는 상황은 단순한 것도 있지만 복합적인 것도 있다. 매 순간 판단에 임하여 교사는 이 판단이 최대 다수의 최대 이익을 위한 것인지, 아니면 황금률에 근거하여 내게도 좋듯이 다른 사람에게도 좋은 것인지를 결정해야 한다. 윤리적 갈등과 그 해결에 대한 절대적인 정답은 없다. 윤리 자체가 다수의 무리 속에서 지켜야 한다고 생각하는 당위 이치이고, 당위성은 개인의 철학, 집단의 성향, 시대 및 사회 문화의 변화에 따라 매번 달라질 수 있기 때문이다.

Whitcomb(2002)은 예비교사가 윤리적 감각을 익히고 향상시키기 위한 좋은 방법으로 윤리 갈등 사례에 대한 글쓰기를 제시한다. 예비교사는 교생 실습 등에서 직면하는 윤리 갈등 사례 등을 기술하면서 교육활동 및 교직 생활이 가지는 복잡한 윤리의 차원을 경험하게 된다. 글쓰기 속에서 예비교사는 신념, 감정, 의도, 의문과 같은 교사 내적 요인, 그리고 교사, 학생, 과목, 기타 학교의 상황맥락과 같은 외적 요인 사이의 충돌과 갈등을 경험한다. 윤리 갈등에 대한 사례 쓰기는 동료의 비평을 요구한다. 동료의 비평은 사실 왜곡을 바로잡을 수도 있고, 사실 인식에 대한 다양한 관점을 이해할 수 있도록 돕는다. 사례 글쓰기를 통해 예비교사는 윤리 갈등을 성찰하고, 협상하고, 절충하는 과정을 겪으면서 교원 윤리의 다양한 관점을 이해한 후 자신의 선택을 결정함으로 인해 윤리성을 재정립하는 기회를 갖게 된다.

교원 윤리 갈등상황의 예

1. 수업을 하다 보니 한 학생이 없어진 것을 알게 되었다. 지금 학생들이 너무 집중을 잘하여 수업을 하고 있는데 내가 자리를 뜨면 이 학생들의 수업이 흐트러질 것이고, 그렇다고 그 학생을 그대로 두면 무슨 사고를 당할지 알 수 없는 상황이다. 나는 어떻게 해야 하나?

2. 1학년 미라는 집에서 너무 응석받이로 키워 걸핏하면 울고 선생님인 나의 관심과 위로를 기대한다. 나는 미라가 울거나 친구와의 문제를 해결하지 못할 때마다 미라의 눈물을 닦아 주고 달래주었는데 미라는 교사인 나의 관심을 받으면 금방 진정이 되었다. 그러나 만약 계속 내가 미라를 보호하고 위로해 주면 미라는 자신의 문제를 스스로 해결하지 못하고 계속 내게 의지만 하려 들 것이다. 그렇다고 미라를 위로해 주지 않으면 미라는 나의 관심이 줄어들었다고 실망하고 계속 울 것이다. 어쩌면 엄마에게 선생님이 이제는 나를 미워한다고 이야기할 수도 있다. 나는 어떻게 해야 하나?

3. 수민이는 점심을 너무 많이 먹었는지 오후시간에 꾸벅 꾸벅 졸고 있다. 지금 중요한 내용을 설명하고 있는데 수민이를 깨워서 수업을 듣게 해야 하는가? 어차피 깨워 봐야 한순간만 눈을 뜰 것이고 곧 다시 꾸벅거릴 것 같다. 나도 졸릴 때 누가 깨우면 짜증이 나지 않았던가? 차라리 그냥 푹 자게 내버려 둘까? 수민이를 깨우려고 호명하면 지금 수업을 잘 듣고 있는 다른 학생들의 집중도를 떨어뜨리지는 않을까? 그냥 내버려 둘 경우 앞으로 다른 학생들도 수업에 집중하지 않을 수도 있다. 어떻게 하나?

4. 사영이는 2학년이다. 사영이는 지수네와 놀고 싶다. 지수는 혜리, 미나 등과 늘 같이 어울려다니

지만 사영이가 같이 끼워달라고 하면 싫다고 한다. 사영이는 점점 우울해져간다. 급기야 사영이는 교사인 나에게 지수가 자기와 놀아주지 않는다고 말하면서 도움을 요청했다. 사영이에게 다른 친구를 찾아보라고 했지만 적당한 친구가 없고 사영이는 지수가 좋다고 말한다. 지수는 사영이 보다는 혜리, 미나가 더 좋고 사영이와는 놀고 싶지 않다고 한다. 이러한 상황에서 나는 어떻게 해야 하는가?

5. 희빈이는 다문화가정 아동이다. 어머니가 베트남인이다 보니 한국말이 어눌하고 학교 준비물도 잘 챙겨오지 못한다. 수업시간에 과제를 내주면 제대로 잘 따라하지 못한다. 나는 희빈이에게 신경을 많이 쓰면서 희빈이를 돕다 보니 도움이 필요한 다른 아이들을 소홀히 하게 된다. 사실 우리 반 아이들 중 조손 가정이나 편부모 가정, 미혼모 가정의 아이들도 많은 편이다. 이 아이들 모두 나의 손길을 필요로 한다. 그러나 이 아이들을 모두 돕다 보면 내가 너무 지칠 것 같다. 나는 어떻게 해야 하나?

6. 민경이는 그림을 잘 그린다. 교내대회에서 여러 번 상도 받았고, 교외대회에서도 상을 받았다. 민경이는 화가가 되려는 꿈을 가지고 있다. 그런데 이번 식목일을 기념한 교내 사생대회에서 민경이는 장려상을 받았다. 대상은 다른 친구가 받았는데 게시된 그림을 보면 누가 보더라도 민경이의 작품이 훨씬 우수했다. 사실은 선생님이 민경이가 그림 그리기에서 이미 상을 여러 번 받았으므로 그동안 상을 받지 못했던 한 친구에게 격려 차원에서 대상을 주었던 것이다. 아이를 예술중학교로 진학시키려는 계획을 세우고 있는 민경이 엄마가 아이의 모든 수상이 실적이 되는 상황이므로 이 문제에 민감한 반응을 보이면서 이 사실을 문제 삼기 시작했다. 나는 어떻게 해야 하는가? 그리고 앞으로 나는 민경이의 재능을 키우기 위해 상을 계속 민경이에게 줄 것인가? 아니면 모든 학생들에게 골고루 상 받을 기회를 줄 것인가? 어느 것이 공정한가?

7. 오늘 오후 영경이 엄마로부터 학교가 이렇게 해도 되느냐, 선생님은 어떻게 생각하느냐 등의 항의성 전화를 받았다. 매년 교육청에서 주관하여 학생들을 해외로 연수시키는 프로그램이 진행되는데 작년에 한 학생이 해외에 이미 다녀와서 결격 사유가 되는데도 선발되어 혜택을 보았다는 것이다. 뒤늦게 우연히 이 사실을 알게 된 영경이 엄마 주장은 학교가 그 학생의 아버지가 학교운영위원회 위원이므로 교장 선생님과 매우 밀접한 관계를 맺고 있고 그래서 규칙에 어긋나는데도 예외적인 혜택을 주었다는 것이다. 담임선생님과 교무 담당 선생님, 교장 선생님이 그 제한 조건을 몰랐는지 알 수 없는 일이다. 담임선생님이나 교무 담당 선생님 등이 그 규정을 알았다면 어떻게 이런 일이 발생되었는지 모르겠다. 두 분은 나와는 특별한 친분관계를 맺어오고 있는 동료 교사이다. 영경이 엄마는 이 문제를 끝까지 파헤치겠다고 주장한다. 나는 어떻게 해야 하나?

3. 우리나라의 교원 윤리 강령

1) 한국교원단체총연합회의 교직윤리헌장

한국교원단체총연합회(구 대한교육연합회)는 1958년 11월 교원 윤리 강령을 제정·선포하였으며, 1982년 5월 스승의 날에 사도헌장과 사도강령으로 개정·선포하였다. 이후 2005년 5월 13일 다음과 같이 개정된 '교직윤리헌장'과 '우리의 다짐'을 선포하였다.

교직윤리헌장

우리는 교육이 인간의 가치와 존엄성을 높이며, 개인의 성장과 자아실현은 물론 국가와 민족의 미래에 중대한 영향을 준다는 사실을 명심하고, 국민으로부터 부여받은 교육자의 책무를 다하기 위해 최선을 다한다. 우리는 균형 있는 지·덕·체 교육을 통하여 미래사회를 열어 갈 창조 정신과 세계를 향한 진취적 기상을 길러 줌으로써, 학생을 학부모의 자랑스러운 자녀요, 더불어 사는 민주사회의 주인으로 성장하게 한다. 우리는 교육자의 품성과 언행이 학생의 인격 형성을 좌우할 뿐만 아니라 사회 전반의 윤리적 지표가 된다는 사실을 깊이 인식하고, 윤리성과 전문성을 높이기 위해 노력한다. 이에 우리 모두의 의지를 모아 교직의 윤리를 밝히고, 사랑과 정직과 성실에 바탕을 둔 교육자의 길을 걷는다.

우리의 다짐

1. 나는 학생을 사랑하고 학생의 인권과 인격을 존중하며, 합리적인 절차와 방법에 따라 지도한다.
1. 나는 학생의 개성과 가치관을 존중하며, 나의 사상, 종교, 신념을 강요하지 않는다.
1. 나는 학생을 학업성적, 성별, 가정환경의 차이에 따라 차별하지 않으며, 부

적응아와 약자를 세심하게 배려한다.

1. 나는 수업이 교사의 최우선 본분임을 명심하고, 질 높은 수업을 위해 부단히 연구하고 노력한다.
1. 나는 학생의 성적 평가를 투명하고 엄정하게 처리하며, 각종 기록물을 정확하게 작성, 관리한다.
1. 나는 교육 전문가로서 확고한 교육관과 교직에 대한 긍지를 갖고, 자기 계발을 위해 노력한다.
1. 나는 교직 수행과정에서 습득한 학생과 동료, 그리고 직무에 관한 정보를 악용하지 않는다.
1. 나는 학생이나 학부모로부터 사적 이익을 취하지 않으며, 사교육기관이나 외부 업체와 부당하게 타협하지 않는다.
1. 나는 잘못된 제도와 관행을 개선하는 데 앞장서며, 교육적 가치를 우선하는 건전한 교직 문화 형성에 적극 참여한다.
1. 나는 학부모와 지역사회를 교육의 동반자로 삼아 바람직한 교육 공동체 형성을 위해 함께 노력한다.

2) 전국교직원노동조합 강령

전국교직원노동조합은 1986년 5월 10일에 있었던 교육 민주화 선언을 기념하여 1988년 5월 10일에 교사로서 지켜야 할 강령을 다음과 같이 제시하였다. 또한 2002년 5월 15일 참교육을 실현하기 위한 '참교육 실천 강령'을 선포하였다.

전국교직원노동조합 강령

1. 우리는 교육의 자주성, 전문성 확립과 교육 민주화 실현을 위해 굳게 단결한다.
2. 우리는 교직원의 사회·경제적 지위 향상과 민주적 권리의 획득 및 교육 여

건의 개선에 모든 노력을 기울인다.

3. 우리는 학생들이 민주 시민으로서 자주적 삶을 누릴 수 있도록 민족 · 민주 · 인간화 교육에 앞장선다.

4. 우리는 자유, 평화, 민주주의를 사랑하는 국내 여러 단체 및 세계 교원 단체와 연대한다.

참교육 실천 강령

우리는 더불어 사는 삶을 소중히 여기는 인간상을 추구한다.

우리는 민족의 자주성 확보와 평화 통일을 앞당기기 위한 교육을 실천한다.

우리는 민주주의의 완성과 생활화를 지향하는 교육을 실천한다.

우리는 몸과 마음의 건강을 지키는 교육을 실천한다.

우리는 양성 평등 교육을 실천한다.

우리는 인권 교육을 실천한다.

우리는 노동의 가치와 노동자의 권리를 존중하는 교육을 실천한다.

우리는 자연과 인간의 공생을 지향하는 교육을 실천한다.

우리는 교육과정을 창조적으로 운영한다.

우리는 서로 돕고 협동하는 학습의 원리를 구현한다.

우리는 학생 자치를 존중하고 돕는다.

우리는 동료 교사와 함께 연구하고 실천한다.

우리는 학부모 · 지역사회와 협력한다.

우리는 참교육을 가로막는 제도와 관행에 맞서 투쟁한다.

3) 한국교원노동조합 강령

한국교원노동조합 선언과 강령은 1999년 2월 22일 창립 및 보고대회에서 채택되었으며 그 내용은 다음과 같다.

한국교원노동조합 선언

우리 교원은 홍익인간의 교육 이념 아래 21세기 국가의 미래를 책임지는 2세 교육의 직접적 담당자이며 민주주의의 강력한 옹호자로서 창의적인 교육개혁과 교육문화 창달의 주역이다.

우리는 이와 같은 역사적 사명을 충실히 이행하기 위하여 교원의 노동 기본권 보장과 교육환경 개선 및 푸른 교육의 실천을 위하여 힘차게 매진할 것이다.

이를 위해 우리는 교원 운동의 자주성과 민주성을 확보하고 어떠한 형태의 부당한 지배나 간섭도 조직의 단결로 극복하고 배격해 나아갈 것이다.

우리는 또한 모든 사람이 평등하게 교육을 받을 수 있는 민주 복지 사회 건설과 인간 중심의 참된 민주 교육환경 실현을 위해 적극적으로 활동해 나아갈 것이다.

이와 함께 우리는 국내외 노동 사회 운동 및 국제 교원 운동과 연대를 강화하여 평화적 민족 통일과 세계 평화의 달성을 위해 적극적으로 앞장설 것이다.

이에 우리는 이 같은 기본 목표를 달성하기 위하여 우리 조직 역량을 확대 강화하여 어떠한 도전과 시련에도 굴하지 않고 한국교원노동조합의 깃발 아래 힘차게 전진해 나아갈 것임을 엄숙히 선언한다.

한국교원노동조합 강령

1. 우리는 푸른 교육을 실천함으로써 민주적이고 창의적인 2세 교육에 매진해 나아간다.
2. 우리는 조합의 민주적 운영을 확립하고 교원 운동의 자주성을 견지한다.
3. 우리는 교원 운동의 생명인 조직의 단결과 통일을 위해 매진한다.
4. 우리는 교원의 노동 기본권 보장을 통하여 교원의 정치·경제·사회적 지위를 향상시킨다.
5. 우리는 교원의 전문성 제고와 교권 수호를 위해 매진한다.

6. 우리는 학교 운영의 민주화와 교육 여건 개선을 위해 노력한다.

7. 우리는 반교육적 사회 병폐를 타파하고 올바른 교육환경 조성에 기여한다.

8. 우리는 헌법에 보장된 국민의 교육받을 권리를 보호하고 교육 기회의 균등화를 위해 노력한다.

9. 우리는 겨레의 소원인 평화적이고 민주적인 통일을 위해 노력한다.

10. 우리는 국내외의 모든 교원 단체 및 민주 세력과 연대를 강화하고 세계 평화에 기여한다.

한교조의 푸른 교육

아이들은 우리 사회의 미래이므로 아이들의 모습이 푸르고 싱그럽다면 앞으로의 사회 역시 그와 같을 것입니다.

현재, 사회와 교육의 모습은 시들고 뒤틀려 있다고 생각합니다. 교사인 어른과 아이들인 학생들 간의 인간적 신뢰마저도 깨어지고 있으며, 교권에 대한 기본적인 배려도 여지없이 무너져 내리고 있습니다.

우리는 누구나 따스한 봄날의 새싹들처럼 우리의 아이들이 푸르게 자라 주기를 소망하고 있습니다. 번듯해 보이지만 자세히 들여다보면 초라하기 그지없는 우리의 교육 여건, 우리가 겪었던 그 무서운 입시 경쟁을 그저 다 지나가는 관문이려니 여기며 잊고 있던 동안, 우리의 아이들은 똑같은 여건과 소모적인 경쟁 속에서 여전히 자라나고 있었습니다.

이제 우리가 그들의 손을 잡고 함께 시들어 버린 세상을 떨치고 푸르른 세상을 일구어 낼 노력을 기울여야 할 때입니다.

아이들에게는 어쩔 수 없이 가야 되기 때문에 가는 학교가 아니라 꼭 가고 싶어서 가는 학교, 교사들에게는 침울하고 막막한 전쟁터가 아니라 교육에의 맹렬한 열정을 쏟아 낼 수 있는 학교, 학부모에게는 등교하는 아이의 뒷모습을 바라보며 흐뭇한 미소를 지을 수 있는 학교, 그래서 등굣길은 누구에게나 푸르고 싱그러운 웃음으로 꽃피는 그날을 우리는 희망합니다.

그런 푸르른 날을 위한 교육, 그것이 바로 '푸른 교육'입니다.

푸른 교육이 성취될 때, 우리 사회도 푸른 사회가 될 것임을 믿습니다.

미국교육연합회(NEA)의 윤리 강령

원칙 1 : 학생에 대한 강령

교육자는 각 학생이 사회의 가치 있고 유능한 구성원으로서 자신의 잠재력을 구현하도록 돕기 위해 노력한다. 그러므로 교육자는 탐구 정신, 지식의 습득과 이해, 가치 있는 목적 형성을 고무하기 위해 교육한다. 학생에 대한 의무를 다하기 위해 교육자는,

1. 학습하고자 하는 학생의 독립된 행동을 부당하게 제어하지 않는다.
2. 학생의 다양한 관점을 부당하게 거부하지 않는다.
3. 학생의 발전에 관련된 과목 내용을 고의적으로 삭제하거나 왜곡하지 않는다.
4. 학생의 학습, 건강, 안전에 해로운 상황으로부터 학생을 보호하기 위해 합리적인 노력을 기울인다.
5. 고의적으로 학생을 당혹스럽게 하거나 비방하지 않는다.
6. 인종, 피부색, 신조, 성, 출신 국가, 결혼 여부, 정치적·종교적 신념, 가족, 사회 문화적 배경, 성 정체성에 따라 부당하게
   a. 특정 학생의 어떤 프로그램에의 참여를 배제하지 않는다.
   b. 특정 학생에 대한 혜택을 거부하지 않는다.
   c. 특정 학생에 대해 이익을 부여하지 않는다.
7. 개인적 이익을 위해 학생과의 전문적 관계를 이용하지 않는다.
8. 전문적 봉사의 과정에서 얻은 학생에 대한 정보가 전문적인 목적에 부합하지 않거나 법이 요구하지 않는다면 이를 공개하지 않는다.

원칙 2 : 직업에 대한 강령

교직은 전문적 봉사라는 가장 높은 이상을 요구받으면서 신뢰, 책임감과 더불어 대중에 의하여 부여된다. 교직 봉사의 질은 국가와 국민에게 직접적으로 영향을 미친다는 신념과 함께 교육자는 전문적 기준을 고양하고, 전문적 판단력 행사를 고무하는 환경을 조성하며, 교직 생애에 종사할 인재 유인을 위한 조건을 구비하고, 무자격자의 교직 활동 방어에 조력하기 위해 모든 노력을 경주한다.

직업에 대한 의무를 다하기 위해 교육자는,

1. 교직을 신청함에 있어 고의적으로 잘못된 진술을 하거나 능력 및 자격증과 관련된 자료를 은폐하지 않는다.
2. 전문 자격증을 부정확하게 제출하지 않는다.
3. 인격, 교육, 또는 관련 특성에 자격 미달인 자를 교직에 입문시키기 위해 돕지 않는다.
4. 교직 응모자의 자격에 관하여 고의로 거짓 진술을 하지 않는다.
5. 비교육자의 권한 없는 교수활동을 돕지 않는다.

6. 만약 공개가 전문적 목적에 부합하지 않거나 법이 요구하지 않는다면 전문적 봉사과정에서 얻게 된 동료에 대한 정보를 공개하지 않는다.
7. 동료에 대하여 고의적으로 잘못되거나 악의적인 진술을 하지 않는다.
8. 만약 공개가 전문적 목적에 부합하지 않거나 법에 의하여 요구되지 않는다면 전문적 봉사과정에서 얻게 된 학생에 대한 정보를 공개하지 않는다.

(Strike & Soltis, 2004)

4. 부적절한 교원 제재

각 시 · 도 교육청은 2006년 교직복무심의위원회 규칙을 공포하였다. 이 규칙은 교직복무심의위원회 운영을 위한 규칙으로, 교직복무심의위원회는 징계 요구권자가 부적격 교원을 징계 · 의결하도록 요구하기에 앞서 객관적이고 공정하게 사안을 처리하기 위해 사전 심의하는 것을 목적으로 한다. 여기서 부적격 교원이란 시험 문제 유출 및 학업성적 조작, 직무 관련 금품 수수, 미성년자 성폭력, 학생에 대한 상습적이고 심각한 신체적 폭력 등과 같은 중대한 비리나 범법을 저지른 교원을 말한다. 부적격 교원은 해임 이상의 중징계를 받게 된다.

부적격 교사는 각 시 · 도 교육청에 설치된 교직복무심의위원회의 심의를 받는데 심의위원은 15인 이내로 부교육감, 감사 담당관, 교원정책과장이 당연직으로 들어간다. 그 밖에 교직단체 인사, 학부모 단체 인사, 법률 전문가, 지역 인사, 교육 관계자 등으로 구성된다. 부적격 교사를 가려내기 위한 과정에서 발생할 수 있는 무고, 보복, 폭로성 민원에 대해서는 교권 침해 및 명예 훼손을 방지하는 차원에서 민원 실명 접수, 철저한 자체 수사, 진술 기회 부여, 재심의 요구 등을 마련하여 선의의 피해를 최소화한다(한국교직원신문, 2005).

2016년 9월 28일에는 '부정청탁 및 금품 등 수수의 금지에 관한 법률(청탁금지법 · 김영란법)'이 시행되었다. 이 법은 공정한 직무 수행과 공공기관에 대한 국민 신뢰를 확보하기 위해 제정되었으며 공공기관 및 공직 유관단체의 공직자, 각 급 학교 및 사립학교 교직원, 언론사 대표 및 임직원 등과 그 배우자를 대상으로 한다(청탁금지법 제2조 2

항). 내용은 크게 부정 청탁 금지, 금품 수수 금지 등의 내용으로 분류된다.

부정 청탁은 누구든지 직접 혹은 제3자를 통해 직무를 수행하는 공직자에게 부정 청탁하지 않도록 규정하고 있다(청탁금지법 제5조 1항). 부정 청탁의 내용은 인·허가 개입, 인사 개입, 수상·포상 선정 개입, 입찰, 경매 관여, 각 급 학교 입학, 성적, 수행평가 처리 개입, 공공기관 각종 평가 및 결과 처리 개입 및 조작 등이다(청탁금지법 제5조 1항). 부정 청탁을 받은 공직자는 부탁받은 사항이 부정 청탁임을 알리고, 거절 의사를 명확하게 표시하여야 한다. 그럼에도 재차 부정 청탁을 받으면 소속기관장에게 서면으로 신고하여야 한다(청탁금지법 제7조). 만약 부정 청탁을 받고 직무 수행을 한 공직자에게는 2년 이하의 징역 또는 2,000만 원 이하의 벌금을 부과한다(청탁금지법 제22조 2항). 또한 공직자가 제3자를 위해 다른 공직자에게 부정 청탁하면 3,000만 원, 제3자를 위해 공직자에게 부정 청탁한 자는 2,000만 원, 제3자를 통해 공직자에게 부정 청탁한 자는 1,000만 원의 과태료를 부과하였다.

공직자 자신이나 그 배우자는 직무 관련 및 명목에 관계없이 1회 100만 원(연간 300만 원)을 초과하는 금품을 수수, 요구, 약속해서는 안 되고 직무 관련하여 대가성 여부를 불문하고 1회 100만 원(연간 300만 원) 이하의 금품을 수수, 요구, 약속해서는 안 된다(청탁금지법 제8조). 만약 금품을 수수하거나 금품 제공의 약속 혹은 의사 표시를 받은 경우에는 지체 없이 소속 기관장에게 신고하거나, 제공자에게 지체 없이 반환 혹은 거부의 의사를 밝혀야 한다(청탁금지법 제9조). 만약 직무 관련 및 명목에 관계없이 1회 100만 원(연간 300만 원)을 초과하는 금품을 수수하거나, 배우자의 위 범법 사실을 알고도 신고하지 않은 공직자, 그리고 그 제공자도 3년 이하의 징역 또는 3,000만 원 이하의 벌금을 내도록 처벌을 규정했다(청탁금지법 제22조 1항). 직무 관련하여 대가성 여부를 불문하고 1회 100만 원(연간 300만 원) 이하의 금품을 받았다면, 수수한 공직자, 배우자의 위 범법 사실을 알고도 신고하지 않은 공직자, 그리고 그 제공자는 수수 금품 가액의 2배 이상 5배 이하의 과태료를 물도록 했다(청탁금지법 제23조 5항). 단 상급 공직자가 위로, 격려, 포상의 차원에서 하급 공직자에게 제공하는 금품이나 원활한 직무 수행, 사교, 의례, 부조의 상황에서 수수하는 금품은 해당되지 않는다(청탁금지법 제8조 3항). 특히 원활한 직무 수행 및 사교, 의례, 부조 상황 등에서 수수하는 금품의 경우,

음식물은 3만 원, 선물은 5만 원, 경조사비는 10만 원으로 그 상한선이 설정되었다(부정청탁 및 금품등 수수의 금지에 관한 법률 시행령 제17조). 그러나 2017년 12월 11일 국민권익위원회는 농·축·수산업계의 매출 감소로 인한 고충을 완화시키고 국민 부담을 줄여 주기 위한 목적으로 청탁금지법 시행령을 개정하였다. 개정안은 농·축·수산물 원재료가 50% 이상인 가공품의 경우 10만 원까지 선물할 수 있도록 하였고 경조사비는 5만 원으로 하향 조정한 것을 주 내용으로 한다. 하지만 개정안에 대한 외식업체 및 고가의 농·축·수산물을 취급하는 업계의 반발이 지속되고 있다(김영환, 2017).

김영란법은 금품 등을 통해 공직자를 매수하여 부정 청탁할 수 있는 여지를 없앰으로써 부정부패의 척결에 도움을 줄 것으로 사료된다. 초등학교의 경우에도 수상이나 포상, 성적이나 수행평가의 불합리한 처리를 비롯하여 학교 안에서 차별과 편애를 유발하였던 고질적인 촌지문화를 근절시킬 수 있을 것이다. 그러나 이 법이 가지고 있는 장점에도 불구하고 교사와 학생 사이의 관계를 교육적 측면이 아니라 범법적 시각으로 조명한다는 문제를 가지고 있다. 최근에는 국민권익위원회에서 스승의 날 학생대표 등이 상시적으로 지도하는 담임교사 및 과목 지도교사에게 카네이션 꽃을 공개적으로 전달하는 것은 사회 상규에 비추어 허용됨을 제시하였다. 하지만 개인이 카네이션을 꽃을 전달하는 것은 청탁금지법상 허용되지 않는다(국민권익위원회, 2017).

교원 현직교육

10

1. 교원 현직교육의 개념과 필요성

교사가 현장에서 활동하면서 자신의 자질 향상을 위해 시도하는 모든 교육을 현직교육이라고 한다. 현직교육은 직전교육과 대비되는 개념이기도 하다. 직전교육이 교직에 입문하기 전의 준비과정인 데 반해 현직교육은 현직에 입문하고 난 이후 이루어지는 제반 교육을 말한다. OECD는 현직 교원교육을 '학교의 교사 및 행정가가 학생을 더 효과적으로 가르치기 위해 전문적 지식, 기술, 태도 등을 향상시키는 전문성 개발 과정'으로 정의하고 있다. 서정화는 직전교육의 미비 내지 결함을 보완하는 것, 새로운 지식 · 기능 · 태도 등을 습득하는 것, 전문가로서의 지속적인 연찬 등을 현직교육으로 보고 있다 (김병찬, 2004, 재인용).

전 세계의 많은 나라는 국가발전의 통로로 교육을 중요하게 생각하고 있다. 각 국은 자국의 미래와 발전을 위해 교육 개혁에 온 힘을 다하고 있다. 교육 개혁은 교육제도 변화, 교육시설 개선, 교육과정 개혁, 교육 기자재 및 재료에 대한 투자 확대 등 다양한 방향에서 이루어질 수 있는데 그중 하나가 현직 교원에 대한 개혁이다.

교원의 변화나 교원의 자질 향상 없이는 교육의 성과를 기대할 수 없으므로 교원의 능력 향상 및 개선을 위한 꾸준하고 다양한 시도가 시행되고 있다. 교육의 질이 교사의 수준을 넘지 못하므로 교원의 자질을 계발하고 함양하지 않는다면 어떠한 교육개혁도 성공을 거두기 어렵기 때문이다.

2. 연수기관

연수기관에는 교육연수원, 교육행정연수원, 종합교육연수원, 원격교육연수원이 있다. 교육연수원은 대학, 산업대학, 교육대학에 설치되고 교육행정연수원도 대학, 산업대학, 교육대학에 설치된다. 종합교육연수원은 대학, 산업대학, 교육대학, 방송통신대학, 교육청, 교육부 장관이 지정하는 기관 또는 법인에 설치되고, 원격교육연수원은 대학, 산업대학, 교육대학, 교육청, 교육부 장관이 지정한 기관 및 법인에 설치된다(교원 등의 연수에 관한 규정 제2조 1, 2항).

연수원은 해당 학교의 장, 교육감, 기관의 장, 법인의 대표가 설치하며, 교육감이 설치하는 연수원을 제외하고 각 설치자는 교육부 장관의 설치인가를 받아야 한다. 교육부 장관은 지역적 분포 및 연수대상 인원 등을 고려하여 설치인가에 제한을 가할 수도 있다(교원 등의 연수에 관한 규정 제2조 2항).

3. 우리나라의 교원 현직교육

1) 현직교육의 유형

(1) 내용에 의한 구분

현직교육에는 교육 이론 및 방법 등에 대해 일반적인 교양을 높이기 위한 일반연수, 직무 수행과 직장 적응에 필요한 능력을 배양하는 직무연수가 있다. 그러나 2000년 교원연수법을 개정한 이후 일반연수를 직무연수 안에 포함시켜 함께 다루게 되었다. 직무연수 이외에도 상위 자격증을 취득하기 위한 자격연수, 국가나 지방자치단체가 특별한 필요에 의하여 국내외의 교육기관 또는 연구기관에서 일정기간 연수를 받게 하는 특별연수가 있다.

① 직무연수

직무연수는 교육 이론과 방법을 습득하고, 정보화에 대비하며, 교사로서의 교양을 신장하는 등 직무 수행에 필요한 능력을 배양하기 위한 연수이다. 직무연수는 종래 일반연수에 해당되는 교육 이론 및 방법에 관련된 내용과 신규 임용 예정 교사 연수, 교장, 교감 및 보직교사 직무연수, 또는 복직교사 연수에 관련된 내용을 모두 포괄한다. 교육공무원법 제44조 1항 7호의 규정에 의하여 여교원이 임신 또는 출산으로 휴직했다가 복직하고자 할 때 받는 연수도 복직자 연수에 포함된다.

현재 직무연수는 교육연수원, 교육행정연수원, 종합교원연수원, 원격교육연수원 등에서 실시한다. 교육연수원은 유치원, 초등학교, 중학교, 고등학교, 특수학교 및 이에 준하는 각종 학교에 근무하는 교원을 연수 대상으로 한다. 교육행정연수원은 각 급 학교에 근무하는 교장, 교감, 원장, 원감 및 교장, 원장의 자격 인정을 받은 자를 연수 대상으로 한다. 종합교육연수원 및 원격교육연수원은 각 급 학교의 모든 교원을 연수 대상으로 한다.

기관 중심의 직무연수는 학력, 경력, 연수과정의 내용, 본인의 희망을 고려해서 연수 대상자를 지명하여 실시한다. 지명은 관할 교육감 또는 국립학교나 기관의 장이 하되, 교육감은 교육장 또는 공립·사립학교의 장으로 하여금 연수 대상자를 지명하게 할 수 있다. 직무연수는 연중 실시하나 현직교사를 대상으로 한 연수의 경우 수업의 정상적인 운영을 위해 주로 방학기간에 개설한다. 연수기간 및 이수시간, 연수과정과 연수내용은 당해 연수원장이 정하도록 하고 있다. 하지만 최근에는 직무연수도 기관 주도적이기 보다 자율적으로 이수할 수 있도록 변화되는 추세이다. 각 과정별 연수성적은 100점을 만점으로 하며 60점 이상 득점 시 수료로 인정한다. 연수원장은 연수과정 수료 후 10일 이내에 연수자의 소속 기관장에게 통보해야 한다.

② 자격연수

자격연수는 현직교사가 상위 자격증을 취득하기 위해 받는 연수이다. 자격연수는 초등학교 1급 정교사 과정, 초등학교 2급 정교사 과정, 1급 전문상담교사 과정, 1급 사서교사 과정, 1급 보건교사 과정, 1급 영양교사 과정, 교(원)감 과정, 교(원)장 과정 등으로 구분할 수 있다(교원 등의 연수에 관한 규정 제6조 3항).

연수 대상자는 관할 교육장 또는 학교장의 추천을 받아 관할 교육감이 지명한다. 국립학교의 경우에는 소속 기관장이 지명한다. 초등학교 2급 정교사 자격연수의 경우에는 준교사 중에서, 초등학교 1급 정교사 자격연수의 경우에는 2급 정교사 중 교육경력 3년 이상을 기준으로 근무한 기간이 오래된 자의 순서로 연수 기회를 부여하고 있다.

그리고 교감 자격연수는 교육부 장관이 정하는 기준에 따라 관할 교육감이 지명한다. 국립학교에 근무하는 교원의 경우에는 소속 기관장이 교육부 장관이 정한 기준과 인원의 범위 안에서 교감 자격 연수 대상자를 지명한다. 지명은 승진 후보자 순위 명부에 준하여 응시 대상자 순위 명부를 작성한 후 선순위자 순으로 교직과 교양 등에 관한 면접고사를 실시하여 선발된 자에게 기회를 부여하는 방식을 따른다. 2015년부터는 교감 승진 후보자 순위 명부를 한국사능력 검정 결과가 3급 이상이거나 연수원에서 60시간 이상의 한국사 관련 연수를 받은 사람을 대상자로 하도록 규정하였다(교원 등의 연수에 관한 규정 시행규칙 제4조 6항).

연수 대상자의 지명은 연수 개시 60일 이전에 하는 것으로 하며 이를 연수기관과 대상자에게 통보한다. 연수기관장은 연수 개시 30일 전까지 연수 대상자에게 연수 프로그램, 연수 일정, 연수 장소, 준비 사항 등을 안내하여 미리 준비하도록 배려한다.

초등학교 1급 정교사 자격연수와 교감 자격연수는 각 시·도 교육연수원에서 실시하고 있다. 자격연수는 15일 이상이어야 하며 이수시간은 모두 90~135시간으로 규정되어 있다. 자격연수는 주로 방학을 이용하여 실시하며, 부득이하게 학기 중에 실시할 경우에는 학생의 수업에 지장을 주지 않는 시간을 택하게 된다. 교(원)장 과정의 자격연수는 25일 이상 180~270시간으로 규정되어 있으며(교원 등의 연수에 관한 규정 제7조 관련 별표 1 및 교육부 고시 제2017-109호 제 2조), 시·도 교육연수원에서 실시하는 시·도 연수와 한국교원대학교 종합교육연수원에서 실시하는 교원대 연수로 구분된다.

연수내용은 교육부령으로 정해진 표준 교육과정을 기준으로 하되 자율적으로 편성·운영한다. 표준 교육과정은 기본 소양, 역량 영역, 전공 영역 중심으로 구성된다.

구체적으로 1급 정교사 자격연수는 기본 소양 10~20%, 역량 영역 20~30%, 전문 영역 50~70%로 구성된다. 교감, 수석교사, 교장 자격연수는 기본 소양 10~20%, 역량 영역 40~45%, 전문 영역 40~45%로 구성된다. 각 영역 교과목의 선정 및 시간 배분은 표준 교육과정을 모형으로 하여 연수원장이 결정하도록 재량을 부여하고 있다. 자격연수의 교육방법은 강의, 토의, 사례 발표, 현장실습, 원격 강의, 봉사 활동, 실기실습, 자유 탐구, 멘토링제, 사이버 멘토링제, 해외연수, 현장연수, 재택 연구 보고서 등의 방법으로 이루어진다(교육부 고시 제2017-109호, 2017)(표 10-1, 표 10-2, 표 10-3 참조).

자격연수의 평가 방법은 객관식 평가를 지양하고 학습에 대한 지필검사, 연구실적, 근태, 실기 등을 종합하여 이루어진다. 지필검사는 객관식과 주관식으로 평가하고, 연구실적은 과제물, 수업 연구, 분임 활동 등으로 평가하며, 근태는 결석, 결강, 무단 외출, 외박, 학습 태도 불량, 생활 태도 불량 등으로 평가한다. 자격연수 성적도 100점을 만점으로 하며 60점 이상 득점 시 수료로 인정한다. 연수원장은 연수과정 수료 후 10일 이내에 연수자의 소속 기관장에게 통보해야 한다.

③ 특별연수

특별연수는 교사의 전문성을 높이고 자질을 향상시키기 위한 목적으로 연수시간과 국내외의 연수 담당 기관을 따로 정하여 시행하는 연수이다. 특별연수에 관련된 내용은 교육공무원법 제40조에 명시되어 있다. 제40조 1항은 "국가 또는 지방자치단체는 특별연수 계획을 수립하여 교육공무원을 국내외의 교육기관 또는 연구기관에서 일정한 기간 연수를 받게 할 수 있다."이다.

특별연수는 교직관과 국가관이 투철한 자, 근무성적이 우수한 자, 필요한 학력 및 경력을 갖춘 자, 연수 후 상당기간 근무가 가능한 자, 국외연수의 경우 필요한 외국어 능력을 갖춘 자이거나 교원능력개발평가 결과가 우수한 자 중에서 교육부 장관 또는 교육감이 선발한다(교원 등의 연수에 관한 규정 제13조 2항).

국내에서 이루어지는 특별연수로 현재 한국교원대학교 대학원에서 정규 석사과정과 계절제 석사과정에 입학하여 현직 교사가 파견근무의 형태로 학업을 이수하게 하는 연수가 있다. 이 경우 특별연수 기간은 4~6학기이다. 국외연수는 세계화 시대에 적응

표 10-1 교장 · 원장 자격연수 표준교육과정

영역	역량군	세부역량	과목	배정비율
기본 소양	미래비전	• 변혁적 리더십 • 창의성 • 변화주도	• 미래사회 변화의 이해와 이에 따른 교육의 발전방향(세계화, 녹색교육, 다문화교육 등) • ICT · 스마트교육의 이해와 활용방안 • 학교관리자의 글로벌 경제마인드 함양 • 그 외 교육부 장관이 정하는 과목	5~15%
	교원공통	• 비판적 이해 • 윤리의식 • 책임감	• 국가교육정책의 이해와 비판적 제안(창의 · 인성교육, 교원능력개발 평가 등) • 국가관, 역사 · 안보관(독도 포함), 통일교육 등 국정철학 • 학생 · 교원 인권 교육 및 양성평등 • 정치적 중립, 청렴 등 공직 윤리	5~10%
	자율	• 자율역량	• 연수기관 자율 선택	0~5%
		영역 소계		10~20%
역량 영역	기획실행	• 기획력 · 추진력 • 창의성 · 변화주도 • 교육 혁신 • 전략적 사고 • 의사결정	• 글로벌 교육 비전 창출 및 선진 개혁 사례 체험(해외 연수 포함) • 주5일제 등 학교교육과정의 편성 · 운영의 실제(스마트교육 등 첨단매체 활용 포함) • 학교 상황에 적합하도록 교육과정 재구조화(창의적 체험활동 등 포함) • 행정업무 시스템 개선 기획 · 추진	20~25%
	학교장 리더십	• 적극성 • 긍정적 사고 • 배려(상호신뢰) • 의사소통 • 자기경영 • 상황대처능력 • 갈등관리	• 학교장의 리더십 강화방안(교장의 역할과 과제) • 교직원의 전문적 능력개발을 위한 학교장의 역할과 과제 • 효과적인 학교단위 인성교육의 실제(우수사례 포함) • 교원 전문성 개발프로그램 구안 및 적용(학교의 학습조직화 지원 포함) • 교원 및 학부모 상담의 실제와 대응전략 • 학교 문화의 긍정적 변화를 위한 의사소통(교직원 관계와 갈등 관리) • 안전한 학교를 위한 학교장의 역할(학교폭력 · 교권침해 예방 포함)	20~25%
	자율	• 자율역량	• 연수기관 자율 선택	0~10%
		영역 소계		40~45%
전문 영역	학교경영	• CEO형 리더십 • 창의성 · 변화주도 • 교육 혁신 • 적극성 • 전략적 사고 • 기획 · 추진력 • 상황대처능력	• 창의적인 학교 경영을 위한 조건과 과제 • 학교 경영 개선 전략 연구 • 단위학교 경영 기획의 이해 · 작성 실습 • 학교경영 리더십의 새로운 양상 • 학교경영의 효율성 제고를 위한 직무 분석 및 권한부여 방안 • 교육거버넌스 구축을 통한 지역사회 연계 강화 • 지역사회 인적 · 물적 자원의 효과적 활용(지역기업 · 학부모 · 지역 언론 등 포함)	20~25%

표 10-1　교장 · 원장 자격연수 표준교육과정(계속)

영역	역량군	세부역량	과목	배정비율
전문 영역	인성교육	• 관리자형 리더십 • 의사결정 • 공정성 • 의사소통 • 갈등관리	• 교육행정조직 구조의 이해와 학교장의 역할 • 교육의 본질 구현을 위한 학교장의 교육행정 리더십(조직관리 교양 등 포함) • 임용(교사 휴 · 복직 · 퇴직 및 기간제 관리) • 교원 인사 · 복무 관리(근무성적평정, 상훈 · 징계 포함) • 교육법규 · 사무관리의 이해 • 학교시설 및 회계제도의 이해(예산 편성 · 집행, 계약 등 포함) • 학교 감사의 방향과 사례 • 학교평가 · 교원능력개발평가의 이해와 실제 • 조직갈등 관리 방안	20~25%
	자율	• 자율역량	• 연수기관 자율 선택	0~10%
			영역 소계	40~45%

표 10-2　교감 · 원감 · 수석교사 자격연수 표준교육과정

영역	역량군	세부역량	과목	배정비율
기본 소양	미래비전	• 변혁적 리더십 • 창의성 • 변화주도	• 미래사회 변화의 이해와 이에 따른 교육의 발전방향(세계화, 녹색교육, 다문화교육 등) • ICT · 스마트교육의 이해와 활용방안 • 그 외 교육부 장관이 정하는 과목	5~15%
	교원공통	• 비판적 이해 • 윤리의식 • 책임감	• 국가교육정책의 이해와 비판적 제안(창의 · 인성교육, 교원능력개발평가 등) • 국가관, 역사 · 안보관(독도 포함), 통일교육 등 국정철학 • 학생 · 교원 '인권 교육 및 양성평등' • 정치적 중립, 청렴 등 공직 윤리	5~10%
	자율	• 자율역량	• 연수기관 자율 선택	0~5%
			영역 소계	10~20%
역량 영역	기획 실행 (교감 · 원감)	• 기획력 · 추진력 • 창의성 · 변화주도 • 교육 혁신 • 전략적 사고 • 의사결정	• 학교 교육계획의 이해 · 작성 실습 • 학교 상황에 적합하도록 교육과정 재구조화(창의적 체험활동 등 포함) • 학교 보건 관리(급식 포함) • 행정업무 시스템 개선 기획 · 추진	15~20%

(계속)

표 10-2 교감 · 원감 · 수석교사 자격연수 표준교육과정(계속)

영역	역량군	세부역량	과목	배정비율
역량영역	교감 리더십 (교감 · 원감)	• 적극성 • 긍정적 사고 • 배려(상호신뢰) • 의사소통 • 자기경영 • 상황대처능력 • 갈등관리	• 교감의 리더십 강화방안(교감의 역할과 과제) • 교원 전문성 개발 프로그램 구안 및 적용(학교의 학습조직화 지원 포함) • 교원 및 학부모 상담의 실제와 대응전략 • 학교 문화의 긍정적 변화를 위한 의사소통(교직원 관계와 갈등관리) • 효과적인 생활지도 기법과 사례 • 진학지도의 이해(자기주도 학습전형 · 입학사정관제 등 포함) • 미래 직업의 이해와 효과적인 진로 지도	20~25%
	변혁적 리더십 (수석교사)	• 기획력 · 추진력 • 창의성 · 변화주도 • 적극성 · 협조 • 긍정적 사고 • 배려(상호신뢰) • 학습동기 부여 • 의사소통 • 자기경영	• 수석교사의 교육비전 개발 방안(공교육 발전을 위한 수석교사의 역할) • 학교문화의 긍정적 변화를 위한 수석교사의 역할 • 교원 전문성 개발 프로그램 구안 및 적용(학교의 학습 조직화 지원 포함) • 수업지도 문제의 진단과 해결방안 • 교사의 생애주기별 맞춤형 컨설팅 방안 • 교사를 위한 멘토링과 코칭의 실제 • 수석교사 간 정보 네트워크 구축 및 운영방안 • 수석교사의 업무 매뉴얼 정립방안 • 소통과 공감의 토론문화 활성화방안 • 성공한 CEO에게 배우는 삶의 지혜	35~40%
	자율	• 자율역량	• 연수기관 자율 선택	0~10%
			영역 소계	40~45%
전문영역	학교 경영 (교감 · 원감)	• CEO형 리더십 • 전략적 사고 • 기획 · 추진력 • 준법성 · 합법성 • 교육혁신	• 학교 경영의 이해(우수사례 및 참관 포함) • 교육법규 · 사무관리의 이해 • 학교회계제도의 이해(예산 편성 · 집행 포함) • 학교 감사의 방향과 사례 • 학교평가 · 교원능력개발평가의 이해와 실제 • 학교 경영 개선 연구	20~25%
	조직 · 인사 (교감 · 원감)	• 관리자형 리더십 • 의사결정 • 공정성 • 갈등관리	• 임용(교사 휴 · 복직 · 퇴직 및 기관제 관리) • 교원 인사 · 복무 관리(근무성적평정, 상훈 · 징계 포함) • 수요맞춤형 학사관리 • 학교 내 각종 위원회 운영 및 활성화 • 학교운영위원회 운영의 이해 • 교직원 관계와 갈등관리 • 안전한 학교를 위한 교감의 역할(학교폭력 · 교권침해 포함)	20~25%
	수업 컨설팅 (수석교사)	• 적극성 · 협조 • 긍정적 사고 • 배려(상호신뢰) • 학습동기 부여 • 의사소통	• 자기주도적 학습능력 신장 방안 • 효과적인 학습동기 유발 · 지도 전략(발문 기술, 유머 교수-학습, 다양한 학습방법 이해 등 포함) • 첨단 매체를 활용한 교육효과 제고(스마트교육) • 수업 개선을 위한 컨설팅과 코칭 • 수업 관찰 · 참관과 수업 분석 · 평가 기법 • 학습상담을 통한 학습 전략 기법	25~30%

표 10-2 교감 · 원감 · 수석교사 자격연수 표준교육과정(계속)

영역	역량군	세부역량	과목	배정비율
전문 영역	생활지도 컨설팅 (수석 교사)	• 배려(상호신뢰) • 학생이해 • 협조성 • 의사소통 • 긍정적 사고	• 학생과의 상호작용을 통한 생활지도 기법 • 학생에 대한 이해 • 효과적인 생활지도 기법과 사례 • 창의인성 교육의 실제 • 학생심리와 이에 따른 생활지도 • 위기학생에 대한 생활지도와 상담 실제 • 안전한 학교를 위한 교사의 상담역량 강화	10~15%
	자율	• 자율 역량	• 연수기관 자율 선택	0~10%
		영역 소계		40~45%

표 10-3 1급 · 2급 정교사 자격연수 표준교육과정

영역	역량군	세부역량	과목	배정비율
기본 소양	미래비전	• 변혁적 리더십 • 창의성 • 변화주도	• 미래사회 변화의 이해와 이에 따른 교육의 발전방향(세계화, 녹색교육, 다문화교육 등) • ICT · 스마트교육의 이해와 활용방안 • 그 외 교육부 장관이 정하는 과목	5~15%
	교원공통	• 비판적 이해 • 윤리의식 • 책임감	• 국가교육정책의 이해와 비판적 제안(창의 · 인성교육, 교원능력개발 평가 등) • 국가관, 역사 · 안보관(독도 포함), 통일교육 등 국정철학 • 학생 · 교원 인권 교육 및 양성평등 • 정치적 중립, 청렴 등 공직 윤리	5~10%
	자율	• 자율역량	• 연수기관 자율 선택	0~5%
		영역 소계		10~20%
역량 영역	전문성 개발	• 자기계발 · 학습 의지 • 자기 점검 · 책임감 • 변화주도 · 적극성 • 자부심 · 자긍심	• 수업개선 연구 • 자기주도적 연수의 실천 • 학교의 학습조직화, 교과교육연구회 활동 실습 • 교원능력개발평가 지표별 자율연수	10~15%
	학급경영	• 리더십 · 의사결정 • 기획력, 추진력 • 의사소통 • 상황대처능력 • 갈등관리능력	• 학급경영 전략과 기법(담임/비담임의 역할) • 교육법규 · 사무관리 · 학사 · 학교회계제도의 이해 • 민주적인 교실분위기 조성 능력 • 교사와 학습자간 신뢰 및 친밀한 관계	10~15%
	자율	• 자율역량	• 연수기관 자율 선택	0~10%
		영역소계		20~30%

(계속)

표 10-3 1급 2급 정교사 자격연수 표준교육과정(계속)

영역	역량군	세부역량	과목	배정비율
전무 영역	수업 리더십	• 교과내용 · 교과 • 교육과정 이해 • 나만의 수업전략 • 학습동기 부여 • 교육 혁신 • 창의적 과제개발 • 진학 · 진로역량	• 교육과정의 이해와 운영 · 재구성 · 개발(교과교육 연구동향 포함) • 수업 참여 동기유발 · 목표 설정 • 수업설계 및 분석(교육자료 · 매체 선택 및 제작 포함) • 첨단매체를 활용한 교육효과 제고(스마트 교육) • 학습요구 진단 및 적절한 지원 제공 • 평가문항제작 및 문항분석의 실제 • 수업의 자기주도적 개선의 전략과 실행 • 학습부진아 학생의 지도(ADHD 등 정서행동발달장애 학생 포함)	20~30%
	인성교육	• 배려(상호신뢰) • 공정성 • 책임감 • 학생이해 • 협조성 • 의사소통 • 긍정적 사고	• 학습자에 대한 이해(다문화 · 정서행동발달장애 · 영재 등 학생 특성, 교우관계 등) • 학습자와의 공감적 이해 및 의사소통(학생 존중) • 함께 하는 교실문화 형성 • 학생 심리와 이에 따른 생활지도 • 위기학생에 대한 생활지도와 상담 실제 • 교육관계자(학생 · 학부모 등) 상담 • 개별상담의 실습 • 안전한 학교를 위한 교사의 역할(학교폭력(성폭력 · 성희롱 포함) 및 교권침해예방 포함)	20~30%
	자율	• 자율역량	• 연수기관 자율 선택	5~10%
		영역 소계		50~70%

할 교육력을 제고하고 외국어 능력 신장, 선진국의 과학 기술 정보 습득, 사기 앙양 및 사명감 고취를 목적으로 1978년부터 실시하였다. 초창기에는 소규모로 실시해 왔으나 1989년 이후부터는 연간 3,000여 명 규모로 확대하여 실시하고 있다. 종류로는 단순한 시찰연수와 외국어과 연수가 있는데, 시찰연수는 연중 실시하고 기간은 9~14일에 걸쳐 시행된다. 외국어과(영어, 독어, 불어, 일어) 연수는 하계 방학 중 실시하며 6~8주에 걸쳐 시행하는데 방문 국가는 아주, 미주 등 전 세계 20여 개국이다.

특별연수자는 연수가 종료된 후 30일 이내에 연수결과 보고서를 제출하도록 되어 있다. 특별연수 기간이 6개월 이상인 자는 연수가 끝나고 6년의 범위 안에서 연수기간과 동일한 기간 동안 연수 분야와 관련된 직무를 의무적으로 수행해야 한다.

(2) 연수방법에 의한 구분

연수방법을 기준으로 출석연수와 원격연수로 구분할 수 있다. 출석연수는 학기 중이나 방학 중 연수원에 직접 출석하여 연수를 받는 방법이다. 지금까지 자격연수나 많은 직무연수들은 출석연수의 방법으로 이루어져 왔다. 반면 원격연수는 학기 중이나 방학 중 첨단매체를 활용하여 학교 혹은 가정 등에서 이수하는 연수이다.

교육부는 21세기 지식 정보화 사회에 대비하여 교원의 전문성을 제고하고 연수시간과 장소의 한계를 극복하기 위해 첨단매체를 활용한 원격연수를 시행하였다. 2000년 1월 26일 교원연수 운영 방향에서 원격교육연수원의 설립 근거가 마련되고 교원 등의 연수에 관한 규정 제2조 2항과 교원 등의 연수에 관한 시행규칙 제6조에 정보통신 매체를 활용한 원격연수의 활성화에 대한 내용이 제시됨으로써 원격연수가 본격적으로 시작되었다.

원격연수는 인터넷, 멀티미디어 활용 강의 및 화상 강의를 주된 방법으로 하며 30시간 이상의 연수일 경우 1회 이상의 출석 평가를 실시한다. 원격연수는 1일 2시간을 기준으로 하되 공휴일에도 연수가 가능하다(고재천 등, 2007)

(3) 추진 주체에 의한 구분

연수 추진 주체에 따라 학교, 시·도 교육청, 혹은 정부에서 실시하는 기관 중심의 연수와 단위 학교를 중심으로 학교 내에서 시도하는 자체연수, 교사가 자신의 욕구와 필요에 의하여 교육받는 자율연수가 있다. 기관 중심의 연수에는 자격연수, 직무연수, 특별연수 등이 포함된다. 단위 학교의 자체연수에는 연구 수업, 동학년협의회를 중심으로 한 교과연수, 직원연수 등이 포함된다. 자율연수에는 학위 취득, 개인 연구, 각종 학회 및 교육활동, 강의, 연구 발표, 일반 교육 관련 연수, 교과 수업 발전을 위한 교과협의회 구성과 활동 등이 포함된다.

특히 자율연수는 교원이 전문적 지식을 습득하고 자신의 자질을 향상시키기 위하여 스스로 받는 연수이다. 최근 교사의 전문성 향상 및 역량 계발을 위해서는 기관 주도의 지명식 연수보다 자체연수나 자율연수가 더 효과적인 것으로 나타나고 있다. 2010년 강원도 교육청이 여름방학에 도 교육청의 지명에 따라 연수를 받고 있는 교사 439명을 대상으로 조사한 결과에 의하면 교사의 76.2%가 지명식 집합형 교과 직무연수의 개선이 필요함을 지적하였다. 교사의 41.45%는 교과 직무연수가 자기 계발 및 교수·학습 활동에 도움이 되지 않는다고 응답하였다. 그리고 58.9%는 지명식 직무연수를 자율 참가 연수로 전환할 경우 참여하겠다고 응답하였다. 이러한 응답은 교사가 자질 향상을 위한 연수에 적극적 의지를 가지고 있음을 나타낸다. 다만 시행방법이 기관 주도적이기보다 자율적인 방향으로 개선되기를 희망하고 있다(황형주, 2010).

(4) 장소에 의한 구분

연수가 이루어지는 장소에 따라 단위 학교별로 실시되는 연구수업이나 교내 연구 발표회, 직원 연수회, 교수 연구, 교사협의회, 일교사 일 연구, 동학년협의회와 같이 학교 안에서 실시되는 교내연수, 그리고 학교 밖 외부의 장소에서 실시되는 교외연수, 해외에서 이루어지는 국외연수로 나눌 수 있다.

최근 교원연수는 교내연수의 방향으로 많이 선회하고 있다. 교내연수는 현장교사의 필요와 직결되고 현장 밀착형의 주제를 중심으로 이루어지므로 현장에 더 많은 도움이 되는 장점이 있다. 또한 15시간 정도의 단기 연수는 교육 마술, 현장 사례를 중심으로 한 상담, 개정 교육과정 이해, 독서교육 등 내용상 더 다양한 영역에 대한 연수가 가능하여 교사들의 많은 호응을 얻고 있다.

(5) 기타 연수

연수원장이 필요하다고 인정할 때는 연수의 일부를 다른 연수기관이나 교육기관, 교육행정기관에 위탁하여 실시할 수 있다. 이를 위탁연수라고 한다(교원 등의 연수에 관한 규정 제4조). 또한 교육감은 연수원이 실시할 수 없는 특별한 분야에 대한 연수를 위해 특정기관을 지정하여 연수를 실시할 수도 있다. 이때의 연수는 지정연수라고 한다(교원 등의 연수에 관한 규정 제5조).

2) 현직교육 관련 제도 : 교원 직무연수 이수 학점제

2002년부터 교원의 전문성 향상을 위해 직무연수 이수 실적을 학점화하는 방안이 실행되었다. 교원 임용권자는 교원의 연수 이수 실적을 당해 교원의 인사기록카드에 기록·

관리해야 한다. 연수 이수 실적을 학점화할 때에는 연수시간을 기준으로 15시간마다 1학점으로 인정하여 0.02점으로 계산한다. 2012년 9월부터는 15시간 미만 연수도 누적 시간을 계산하여 학점으로 인정하고 있으며, 명부작성권자는 연도별 0.12점의 범위 안에서 상한점을 정할 수 있다. 2014년 강원도교육청에서는 연도별 상한점을 0.08점으로 정하였다. 직무연수 이수에 의한 학점은 최고 50학점까지 인정받으며 승진할 때 이 실적은 1점의 범위 안에서 가산점으로 반영된다(교육공무원 승진규정 제41조 3항 3).

조정혜(2009)가 부산광역시 초등학교 교사를 대상으로 연구한 결과에 따르면, 승진에 대한 욕구가 크거나 승진이 가까운 교사는 교원 직무연수 이수 학점제에 대해 더 많은 관심을 가지고 있었는데 남자교사나 경력이 많은 교사가 이에 해당된다. 교원 직무연수 이수 학점제의 의무화로 실제적인 연수시간이 늘어났으나 약 40%의 교사는 전문성 향상에 대한 욕구보다는 의무감으로 연수를 이수한다고 응답하였다. 또한 원격연수와 같이 시간적으로나 공간적으로 이수하기가 수월한 방법의 연수를 선택하는 경향이 나타났으며, 동일하거나 유사한 연수를 반복적으로 이수함으로써 학점 채우기, 점수 따기에 급급한 모습을 보이기도 하였다. 전문성 향상에 직결되기보다는 취미나 교양에 치우친 연수가 주종을 이루는 문제를 드러내기도 하였다. 무엇보다도 승진에 가산이 되는 최고 상한점인 1점을 채운 후에는 연수에 대한 의지가 급속히 줄어드는 성향이 있었다. 교원 직무연수 이수 학점제가 성공적으로 수행되기 위해서는 이런 문제에 대한 검토와 아울러 연수 경비에 대한 실제적인 지원, 승진뿐 아니라 승급에도 연수 이수 실적에 따른 보상을 부여하는 방안이 요구된다.

4. 외국의 교원 현직교육

1) 영국

영국의 현직교육은 중앙정부와 지역 교육청이 주도하였으나 점차 단위 학교 차원의 현직교육과 교원의 자율연수 체제 방향으로 나아가고 있다. 중앙정부 차원에서는 교육부 산하 교원연수원(Teacher Training Agency)에서 현직교육과 관련된 정책을 수립하고 프로그램을 개발하며, 프로그램을 통해 계발해야 할 교원의 능력에 대한 지침을 제공한다. 구체적으로 교원의 능력 계발을 위한 프로그램의 내용은 전공 지식, 교수능력, 학급 운영, 전문성 신장으로 구성된다.

영국에서 실제적인 현직교육을 주도하는 기관은 고등교육기관과 교원센터, 단위 학교이다. 고등교육기관은 일선 학교와 협력하는 가운데 현장과의 연계성을 살려 현직교육을 실시하는 데 주안점을 둔다. 고등교육기관 중 개방대학은 통신매체를 이용하여 현직교육을 활발하게 실시하고 있다. 개방대학은 학위과정뿐 아니라 비학위과정을 통해서도 현직교육의 기회를 제공한다. 영국의 교원센터는 미국보다 먼저 활성화되어 미국이 그 제도를 도입하였다. 현직교육에 대한 국가적 관심이 부족하였으므로 영국에서는 교원의 자율적인 공동체로서 교원센터가 일찍부터 발달하였다. 교원센터에서 교원 상호 간의 소집단 모임, 토론을 통해 교육과정 개발, 공동 프로그램 개발, 당면한 교육문제 해결 방안 모색에 대한 중지가 모아졌다. 또한 영국은 단위 학교를 중심으로 교육과정이 개발되었는데, 이에 따라 단위 학교 안에서 교원이 교육과정을 개발할 수 있도록 그 능력을 함양하는 차원에서 현직교육이 진행되어 왔다.

영국의 현직교육은 자격 갱신이나 보수, 승급 등과의 관련성보다는 교원의 전문성 향상을 위한 성격을 더 많이 가지고 있다. 따라서 기관 중심의 현직교육보다 교육현장 중심, 학교 중심의 자율적인 연수의 특성이 보다 강하다.

2) 미국

미국의 현직교육은 자격과정이나 결함을 보완하기 위한 관점에서 시작되어 1950년대 이후부터는 결함의 치유보다는 개인의 성장과 발달을 주도하고, 교육과정의 개발에 따른 재교육 차원으로 변모되었다. 미국의 현직교육은 교육 자치의 원칙에 따라 주정부에서 주관하고 주정부의 방침에 따라 운영된다. 따라서 주마다 그 제도가 다르므로 한마디로 규정하기가 곤란하다. 각 주 내에서도 지역이나 학교구(school district)에 따라 현직교육의 양상이 다르다. 주로 학교구가 주축이 되어 프로그램을 운영하고 관리하며, 주 교육위원회의 인가를 받은 후 대학 등과 협약을 맺어 연수를 실시하는 것이 일반적이다.

미국의 교사연수는 직무연수, 직무 관련 연수, 일반 전문연수, 자격연수, 개별연수의 형태로 구성된다. 직무연수는 수업을 비디오로 녹화하여 분석하는 경우처럼 수업 기술의 향상을 위하여 수업을 하면서 이루어지는 연수이다. 직무 관련 연수는 교사가 주축이 되어 팀티칭에 관한 강습회를 하는 경우처럼 직무와 직접 관련되기는 하나 수업을 직접 수행하지 않아도 되는 연수이다. 일반 전문연수는 과학교사가 생물에 관련된 강습회를 하는 것처럼 일반적으로 능력 향상을 위해 실시되나 연수생의 욕구를 직접 반영하지 않는 연수이다. 자격연수는 새로운 자격이나 역할 취득을 위하여 실시되는 연수이다. 개별연수는 수업과 관련이 없지만 교사 개인의 성장을 위하여 이루어지는 연수로서 학술지 구독, 책 구입, 강의 참석, 여행, 학회 참여 등의 활동이 포함된다(정일환 등, 2003).

미국의 현직교육은 자격증 갱신과 관련되어 이루어지며, 한편으로는 보수나 승진, 승급을 위하여 이루어진다. 주에 따라서 다르지만 자격증의 유효기간은 4~5년 정도이다. 교사는 일정한 연수를 정해진 기간 안에 받지 않으면 교사 자격을 상실하며, 재임용을 받지 못할 수 있다. 또한 대학원에 진학할 경우 수업료를 보조해 주거나 상위 자격 취득자 혹은 학위 취득자에게는 보수를 인상해 주며, 현직교육 참여자에게 학교 업무를 경감시켜 주거나 연구나 연수를 위한 안식년을 제공하기도 한다.

미국의 현직교육은 대학이나 대학원을 중심으로 이루어진다. 미국의 대학은 계절제, 야간제, 통신제 등의 다양한 방법을 통해 교원을 교육시킨다. 또한 학위와 관련하여 대학원 과정을 개설하고 교원이 몇 학기 동안 계속 교육을 받아 학위 취득 요건이 되면 석사(M. A.)나 철학 박사(Ph. D.), 교육학 박사(Ed. D.)를 수여하기도 한다. 정규 석사과정 이외에 MAT(Master of Arts in Teaching)도 개설되어 있다.

지방교육위원회 또는 주교육위원회가 상설적이지는 않지만 필요에 따라 교사연수를 개설하기도 한다. 교육과정의 개정이나 새로운 교육내용, 지도방법의 개선 및 보급을 위한 목적으로 시행하는 연수는 경우에 따라 의무적인 수강을 요구하기도 한다. 또한 미국교육연합회(National Educational Association, NEA)와 미국교원연맹(The American Federation of Teachers, AFT)에서 학점 인정의 혜택은 없지만 교원의 능력 향상과 신분 지위 향상을 위한 자체연수를 개최하기도 한다.

교원센터를 통해 교원연수가 이루어지기도 한다. 교원센터는 1960년대 이후 활성화되었는데 여기서 교원은 아이디어 교환, 문제에 대한 토론, 교수·학습 모델의 학습, 자료 교환 등의 활동을 한다. 최근에는 교원 승진이나 승급과 관련된 프로그램을 개설하여 운영하기도 하고, 대학이나 학교구와 연계하여 학위 취득과 관련된 프로그램을 운영하기도 한다.

텍사스 주의 경우 주로 교사교육 서비스센터를 중심으로 연수가 이루어진다. 교육서비스센터는 독립 채산제로 운영되며, 사업 수익은 직원의 실적, 보수 수준과 연결되므로 지역 교사의 연수 수요를 최대한 반영하여 프로그램을 운영한다. 텍사스에는 총 20여 개의 서비스센터가 있으며 이 중 13개 기관에 개설된 프로그램은 총 287개로 컴퓨터 기술, 교육과정, 특수교육, 영재교육 등에 관련된 프로그램이 가장 많았다. 교육서비스센터는 교사의 만족도 등을 반영해 연간 강습 계획서를 작성하여 관할 지역의 학교 및 교사에게 배포하며, 강습회에 참여하고자 하는 교사는 사전에 신청해야 한다. 연수비용은 교사 스스로 부담하며 강습 1회 참가비가 30~50달러 정도이다. 프로그램은 주로 오전이나 오후, 혹은 오전부터 오후에 걸쳐 이루어지며 당일에 끝나는 프로그램이 많으나 주제에 따라서는 주 1회, 2~5회에 걸쳐 시행되기도 한다. 경우에 따라서는 지역 학교구의 요청에 따라 특정 훈련 프로그램을 위탁받아 실시하기도 한다(정일환 등, 2003).

3) 프랑스

프랑스는 1982년 '교원 계속교육을 위한 학술 플랜'을 제정함으로써 현직교육의 기본 방향을 설정하였다. 이에 기초하여 각 지역마다 설치되어 있는 아카데미가 현직교육을 주관한다. 교육부, 지방 교육행정기관, 대학 등은 모두 아카데미를 중심으로 현직교육 프로그램을 공동으로 개발하는 데 협력한다. 프랑스에서는 승진이나 보수 향상을 위해 현직교육을 받기보다 교사 개인의 필요나 내적 동기에 근거하여 전문적 자질을 향상시키기 위하여 실시되는 경향이 강하다.

프랑스 현직교육의 한 체제로 샌드위치 연수가 있는데, 이는 연수기관과 학교 사이에서 교육과 실습을 번갈아 시행하는 연수를 말한다. 이러한 연수 형태는 이론과 실제, 교육내용과 현장의 연계성을 높이는 데 중요한 역할을 한다.

프랑스의 현직교육은 교사에게만 국한되는 것이 아니다. 사범대학의 교육부, 교육청의 장학요원도 현직교육을 받는다. 이는 교사교육 관련자를 통합적으로 교육시켜 교육의 효율성을 기하고자 하는 데 그 목적이 있다.

4) 독일

1970년에 발표된 '교육제도에 관한 구조 계획'은 독일의 현직교육에 대한 구체적인 지침을 제시하고 있다. 독일에서는 각 주의 교육문화부가 교원현직교육센터를 설치하여 운영하는데 여기에서 광범위한 현직교육 프로그램을 개발하여 제공하고 있다. 따라서 지방 분권적인 특성을 취하고 있다.

독일의 현직교육은 법적으로 의무화되어 있지 않으며 권장사항으로 교원의 자유 의지에 따라 현직교육을 받도록 유도하고 있다. 따라서 현직교육의 내용은 직무와 관련되면서 동시에 교원 개인의 흥미, 욕구를 밀접하게 반영하고 있다. 또한 현직교육의 내용 및 형태가 실제 학교 구조나 제도, 현장의 문제 해결, 학교 발전전략과 잘 연계되도록 구조화되어 있다. 교사에게는 현직교육의 강제성이나 의무성이 부과되지 않는 반면 교감이나 교장이 되고자 하는 사람, 지역 교원연수원의 교관이나 교육부 담당자는 의무적으로 현직교육을 받아야 한다.

5) 일본

일본에서는 1986년 임시교육위원회가 현직교육에 대한 방향을 제시하였는데 그 이후 현직교육은 이에 기초하여 진행되었다. 일본에서는 교사교육은 대학에서, 교원 현직교육은 교육행정기관에서 주관해 왔다. 따라서 교원임용 주체인 지방교육위원회가 현직교육 프로그램을 개발하고 운영한다. 주로 도 · 부 · 현 교육위원회가 현직교육을 주도하며, 그 하부 단위인 시 · 정 · 촌 교육위원회도 자체 계획을 세워 연수를 실시한다. 일본에서는 현직교육이 교원의 보수와 연계되지는 않지만 전보나 배치, 승진 등에 활용되고 있다.

일본 현직교육의 특징은 신임교사에 대한 연수의 성격이 강하다는 것이다. 모든 학교의 신임 교사는 채용되고 나서 1년 동안 신임교사 연수를 받는다. 연수는 주로 신임교사가 근무하는 학교에서 배정된 지도교사가 맡아 주도하는데 수업지도, 학교생활 전반을 두루 포괄한다. 학교 안에서뿐 아니라 학교 밖의 교육센터 등에서도 연수를 받는다.

5. 교원 현직교육 문제와 개선 방안

교원 현직교육의 문제를 여러 연구에서 지적해 왔다. 이러한 연구들을 종합해 보면 현직교육의 문제는 아래와 같이 요약된다. 첫째, 다양한 연수 기회가 부족하다. 둘째, 연수 내용을 개발하는 데 교사의 의사를 충분히 반영하지 못하고 있으며, 그 과정에서 교사의 소외감이 강하다. 셋째, 연수가 형식적으로 진행되는 경우가 빈번하다 보니 교사의 자발적인 참여가 부족하다. 넷째, 연수 내용과 교육 현장의 연계성이 부족하며, 교육 과정의 체계가 부족하고, 교육내용의 중복성도 크다. 다섯째, 강사의 신뢰도가 떨어지며 연수 전문요원이 부족하다. 여섯째, 연수 방법이 부적절하다. 일곱째, 연수 일정과 연수 시기가 부적절하다. 여덟째, 연수기관, 시설, 교육 여건이 부적절하다. 아홉째, 연수결과에 대한 평가의 공정성이 부족하다. 열째, 연수 재정이 부족하다. 김병찬(2004)은 현직교육의 발전을 위해 국가의 관심 증대, 현직교육 기관으로서 특히 대학의 연수에 대한 책임의식 및 전문성 함양, 연수에 대한 교사의 적극성과 자발성을 강화하기 위한 제도적 장치, 연수기관과 현장의 연계성 증진을 제시하였다.

교사 권위, 권리, 의무, 책임

11

1. 교사의 권위

'교권'이라는 용어는 '교권 수호', '교권 확립', '교권 상실', '교권 추락', '교권 침해' 등여러 상황에 사용되어 왔다. '교권'은 '교사로서의 위신을 가지고 학생을 가르치고 지도하는 권력이나 권위'를 말한다(이희승, 2001). '위신'은 다른 사람에 대한 위엄과 신용을말하며, '권력'과 '권위'는 남을 복종시키는 힘을 의미한다. 교권은 곧 교사가 감히 범할수 없는 기세, 즉 위엄이 있어 점잖고 엄숙한 가운데 믿음을 주면서 학생을 복종시키는힘을 말한다. 교권은 교사가 학생에게 영향력을 미칠 수 있는 교사의 권위이다.

Weber(김경동, 1978, 재인용)에 의하면 정당화된 권력으로서의 권위는 세 가지 유형으로 나누어진다. 첫째는 카리스마적 권위이고, 둘째는 전통적 권위이며, 셋째는 법적·관료제적 권위이다. 카리스마적 권위란 그 사람의 인격이나 비범한 자질에서 다른사람을 복종시킬 수 있는 힘이 파생되는 것을 말한다. 전통적 권위는 관습이나 사회적으로 용납된 관행에서 권력과 권위가 나오는 것을 말한다. 과거 세습된 신분과 지위는권력과 권위를 행사하게 한 유력한 근거였다. 법적·관료제적 권위는 합리적이고 정당한 절차에 의해, 동시에 구성원의 동의에 입각하여 설정된 규칙 및 사회계약에 기초한 법에 근거하여 그 힘을 행사할 수 있다.

교사의 교권은 세 가지 권위 모두에 연관된다. 즉, 교사 자신이 고매한 인격과 뛰어난 실력을 갖추어 카리스마적 권위를 가질 때 학생은 기꺼이 교사의 지시를 따른다. 또한 전통적인 관습이나 관행이 많이 약화된 것은 사실이지만 스승에 대한 예우로 학생은 교사의 지시에 복종한다. 또한 교사는 학교라는 위계 조직 안에서 설정된 각종 규칙에 근거하여 학생을 복종시킬 힘을 가진다.

교육기본법 제12조 3항에는 '학생은 학교의 규칙을 준수하여야 하며 교원의 교육 연구 활동을 방해하거나 학내의 질서를 문란하게 하여서는 아니 된다'고 명시되어 있다. 2016년 2월에는 '교원지위 향상을 위한 특별법'에 교육활동을 보호하는 내용을 추가하여 '교원지위 향상 및 교육활동 보호를 위한 특별법'이 제정되었다. 동법 제15조에는 교육활동 중인 교원이 폭행당하거나 모욕을 당하는 등 교육활동 침해행위를 당했을 때 각 급 학교의 장은 교원을 치유하고 교권을 회복하기 위한 조치를 취하도록 명시되어 있다. 제16조에는 각 급 학교의 장은 이 사실을 은폐하거나 축소하지 않은 상황에서 교육부 장관이나 교육감에게 보고하도록 되어 있고, 이 사실을 보고한 학교나 학교장의 업무에 대해 부정적 평가를 주지 않도록 명시하고 있다. 그동안 교권 침해를 당한 교사가 사실을 은폐하고 전보하는 등으로 수습하였다. 그 결과 다른 학생이 교사의 갑작스러운 전보로 학습권을 침해받는 상황이 발생되었다. 이 법은 다른 학생의 학습권도 보호하지만 무엇보다도 교사의 교권을 보호하고, 교권을 침해한 학생에게 책임을 물어 특별교육이나 심리치료를 받게 하는 근거가 되었다(제17조).

교사는 카리스마, 전통적 관습, 법적이고 관료주의적인 제도의 지원 등에 힘입어 학생을 복종시킬 수 있는 힘을 발휘한다. 교사의 영향력이 행사되어 학생의 복종이 나타나는 방식은 강제적 복종과 자율적 복종으로 구분된다. 강제적 복종은 학생의 동의나 수용 없이 교사의 권위에 짓눌려 마지못해 교사의 지시에 순응하는 태도이다. 자율적 복종은 교사에 대한 존경과 신뢰에 기반을 두고 자의로 교사의 권위를 인정하고 그 지시를 따르고자 하는 태도이다. 전자는 '권위주의적(authoritarian)' 권위, 후자는 '권위적(authoritative)' 권위라고 한다.

교권 추락, 무엇이 문제인가?

2006년 5월 18일 청주의 한 초등학교에서 '무릎 꿇은 여교사 사태'가 발생하였다. 이 학교는 급식소에서 점심식사를 하는데 급식소가 좁은 관계로 학교 사정상 3교대로 식사를 하였다. 아동들은 15분 동안 식사를 하도록 독려되었다. 교사는 늦게 식사한 아동들에게는 벌로 청소를 시켰으며, '잘못했습니다'라는 반성문을 50번, 100번씩 쓰게 하였다.

2학년 한 아동이 허약하고 식성도 좋지 않아 평소 천천히 식사하는 습관이 있었는데 늘 학교에서 빨리 점심을 먹도록 재촉을 당하다 보니 3개월간 소화불량으로 고생해 왔다. 그러던 중 이 아동은 평소에 안 먹던 마늘종을 빨리 먹다가 제대로 씹지 못해 집에 와서 구토를 하였으며, 씹히지 않은 마늘종이 그대로 나온 것을 본 어머니가 격분하여 교사에게 항의하면서 문제가 시작되었다.

5월 17일 오후 3시 30분 학부모가 일차로 교실에 찾아와 민원을 제기하여 교사가 사과하였으나 해결이 되지 못했고, 오후 9시 30분 어머니와 외할머니, 4명의 학부모는 교사와 연락을 취하여 교사의 자택을 찾아갔으나 들어가지 못하고 주차장에서 이야기를 하던 중 '학생들 앞에서 무릎 꿇고 사과할 것'을 요구하는 과정에서 고성이 오고 갔다. 둘째 날 오전 9시 30분 해당 학교의 회의실에서 교장 선생님의 동석 하에 해당 학부모와 다른 학부모들이 해당 교사의 징계를 요구하며 거세게 항의하자 교사는 사태 진정 및 확산을 방지하기 위해 '사과를 해서 해결이 된다면 무릎을 꿇겠다, 정말 죄송하다'라고 이야기하며 스스로 무릎을 꿇었다. 이야기가 끝난 후 교사와 학부모들은 '서로 잘해보자' 이야기를 하고 악수를 나누었다. 선생님도 아동들에게 '심하게 하지 않겠다'는 약속을 하였다. 학부모의 제보로 그 자리에 함께 있었던 HNC 청주방송과 CJB 방송 기자에게는 보도하지 말아 달라는 부탁을 하였다.

그런데 이 사건은 자세한 정황 설명 없이 교사가 무릎 꿇은 사실만이 극적으로 부각되어 전국적으로 보도되었다. 이에 학부모를 지탄하는 여론이 상승하였고 충북교원단체총연합회와 청주시 교육청은 학부모 2명을 교권 침해로 청주지검에 고발하였다. 학부모 단체들은 고발 취소와 사건 진상을 규명하기 위한 합동 조사를 요구하고 있는 상황이다.

(김창석, 2006; 조한필, 윤자경, 김대원, 2006)

권위의 진정한 영향력은 그것을 받아들이는 사람의 수용과 인정 속에서 발휘된다. 강제력을 행사하면 표면적인 행동 변화만 이루어지지만, 권위를 가진 자를 존경과 신뢰를 가지고 스스로 따르고자 할 때 인간은 인간 자체의 근원적인 변화를 경험한다. 따라서 교사는 무엇보다도 '권위적' 권위를 가질 필요가 있다. 교사의 권위 행사는 권위자인 교사의 영향력을 과시하고 학생 위에 군림하는 데 있는 것이 아니라, 학생의 바람직한 변화를 목적으로 하여 진정한 교육효과를 성취하는 데 있기 때문이다.

2. 교사의 권리

교사의 '권리'는 두 가지 언어적 의미를 가진다. 하나는 '어떤 일을 행하거나 행하지 않을 수 있는 자격이나 능력'이다(이희승, 2001). 이를 교사의 권리와 관련시켜 보면 '교육을 행할 수 있는 자격이나 능력'이 된다. 따라서 교사의 권리는 '교육할 수 있는 자격이나 능력'으로서 교사의 교육권을 의미한다. 권리의 또 다른 의미는 '일정한 이익을 주장하고 그것을 누릴 수 있는 수단을 추구하도록 법률이 일정한 자격을 가진 사람에게 부여하는 힘'이다(이희승, 2001). 교사에게 '권리'의 또 다른 의미를 대입하면, 교사의 권리는 교사 자격을 가진 사람에게 법률이 일정한 이익과 이익을 위한 수단을 추구할 수 있도록 부여한 힘으로 해석할 수 있다. 교사의 권리는 교사의 이익 추구권이라는 또 다른 의미를 가지게 된다.

교사의 권리는 교육권과 교사의 이익 추구권으로 구분된다. 교육권에는 교육을 자유롭게 할 수 있는 교육 자율권, 교육을 잘하기 위해 필요한 근무조건 개선 요구권이 포함된다. 이익 추구권에는 생활 보장 요구권, 복지후생 제도 확충 요구권, 신분 보장권, 쟁송 제기권, 불체포 특권, 단체활동권 등이 포함된다. 표시열(2000)은 교사의 권리를 교육에 관한 권리, 신분상의 권리, 재산상의 권리로 분류하였다. 교육권, 교육 자율권, 근무조건 개선 요구권은 모두 교육에 관한 권리이다. 신분 보장권, 쟁송 제기권, 불체포 특권, 단체활동권은 교직의 신분상 이익에 관한 권리이며, 생활 보장 요구권과 복지후생 제도 확충 요구권은 교사의 재산상 이익에 관한 권리이다.

1) 교육에 관한 권리

(1) 교사의 교육권

교사는 학생을 교육할 권리를 가진다. 초·중등교육법 제20조 4항에 근거하여 교사는 법령이 정하는 바에 따라 학생을 교육하게 되어 있다. 교사의 교육권은 다시 형식적인 교육권과 실질적인 교육권으로 나누어진다. 형식적인 교육권은 넓게는 국가, 사회가 필요에 의하여 합법적인 절차와 과정을 통해 교사에게 학교에서 교육을 할 수 있도록 부여한 권리이다. 좁게는 학교에서 학교장의 명을 받아 교사가 교실에 들어가 학생을 교육할 수 있도록 제도적으로 허용받은 권리라고 할 수 있다. 형식적 교육권은 법령에 의하여 주어진 교육을 행할 수 있는 자격 및 권한에 해당한다. 반면 실질적 교육권은 학교나 교실에서 교사가 학생과 상호작용하면서 설정된 교육목표를 향해 실제적으로 교육을 수행해 나갈 수 있는 능력과 관련된다.

최근 크게 문제시되었던 교실붕괴는 교사가 형식적인 교육권을 부여받아 교실에 들어가서 교육하고자 하였지만 현실적으로는 학생을 지도할 수 없어 실질적인 교육권이 발휘되지 못한 상황을 말한다(김혜련, 1999; 김성열, 고창규, 2000; 김호권, 2000; 이혁규, 2003). 교실붕괴는 교사가 학생을 복종시키는 힘인 권위가 부족하여 실제적으로 교육을 제대로 행할 수 없어 나타난 상황이다(김은주, 2003a; 김은주, 2003b; 김은주, 2005a; 김은주, 2005b). 아래의 예들은 학교 현장의 교실붕괴 모습을 적나라하게 보여 준다.

수업 시작부터 엉망이었다. 휴대전화를 돌려 보며 낄낄거리는 아이들. 보다 못해 교사가 휴대전화를 빼앗았다. 휴대전화 주인은 억울한 듯 눈알을 이리저리 굴리더니 "경찰에 신고할래요."란다. 치밀어 오르는 화를 누르며 교사는 수업을 계속 진행했다. 1명씩 나와 칠판에 답을 쓰는 순서였다. 분이 풀리지 않은 그 아이. 분필을 집어 들어 'fuck you'라고 적는다. 반 아이들이 키득키득 웃기 시작했다. 그 아이는 마치 대단한 일이라도 해낸 듯 만족한 미소를 지었다. 그래도 참았어야 했나. 교사가 자를 들어 아이의 뒤통수를 내리쳤다. "씨이파알!" 아이의 입에서 나온 말이다(김영화, 2008).

나는 인문계 고등학교에 다녔다. 고등학교가 선발 집단이어서 공부를 좀 잘했다. 수업 시작 종이 울리는데도 학생들은 여전히 각자의 일을 하느라 선생님이 들어오셨는데도 거들떠보지도 않았다. 수업시간이 시작되면 학생들은 더욱 분주해진다. 책상에 책을 쌓고 있는 아이, 그 그림자 밑에서 잠을 자느라 수업인지도 모르는 아이, 친구들과 쓸데없이 열변을 토하는 아이, 쪽지를 돌리는 아이, 쪽지를 보며 킬킬거리는 아이, 거울을 보며 머리 묶는 아이, 음악을 듣는 아이, 눈썹이나 손톱, 심지어는 머리까지 다듬는 아이, 몰래 무언가를 씹고 있는 아이, 거울을 보며 자신의 얼굴에 도취되어 있는 아이, 만화책 보는 아이. 선생님의 얼굴을 바라보고 있는 학생은 간혹 1~2명만 볼 수 있을 뿐이다.

'어떻게 공부하는 학생들보다 그렇지 않은 학생들이 정상으로 보이는 학교가 있을 수 있을까?' 하고 생각하겠지만 이 상황 역시 내가 겪었던 한 장면이다. 인문계 학교는 그나마 낫고 실업계 학생들의 이야기를 들어 보면 진짜 교실붕괴를 뼈저리게 느낄 수 있다고 한다(김은주, 2003a).

그 수업시간에 아이들 책상 위에는 맨 앞줄의 몇 명을 제외하고는 다른 과목의 책이나 문제집, 숙제, 심지어는 만화책이나 소설책이 올려져 있었다. 그 시간에는 아이들이 서로 뒷자리에 앉으려고 실랑이를 벌이기도 했다. 수업시간에 과자를 몰래 먹는 일도 다분했고 장난기 있는 아이들은 선생님과 말장난을 하여 수업시간을 전혀 다른 방향으로 이끌기도 했다(김은주, 2003a).

교육권은 교사만이 가진 권리가 아니다. 국가, 사회, 부모, 학생 본인도 역시 교육권을 가진다. 헌법 제31조 5항에는 "국가는 평생교육을 진흥해야 한다."라고 명시함으로써 국가의 교육 권리를 뒷받침하고 있다. 교육기본법 제13조 1항에 의하면 "부모 등 보호자는 그 보호하는 자녀 또는 아동이 바른 인성을 가지고 건강하게 성장하도록 교육할 권리와 책임을 가진다."라고 제시함으로써 부모에게 교육할 자격을 부여하고 있다. 학생 역시 교육권을 가지고 있는데 학생의 교육권은 학습권을 의미한다. 교육기본법 제3조에 의하면 "모든 국민은 평생에 걸쳐 학습하고 능력과 적성에 따라 교육받을 권리를 가진다."라고 규정되어 있다. 즉, 학생은 교육받을 자격을 가진 것이다.

교육 주체가 다수이다 보니 때때로 이들의 교육권이 서로 충돌하는 경우도 있다. 최근 학생의 학습권이 교사의 교육권에 우선한다는 대법원 판결이 내려진 적이 있다. 교사의 교육권은 직무상의 권리로서 어디까지나 학생의 학습권 실현을 위해서 인정되며, 학생의 학습권은 인격 발현을 위한 불가침의 권리라는 것이 판결의 근거였다(연합뉴스, 2007; 조성희, 2007).

학생의 학습권은 교사의 수업권보다 우월하다

2001년 서울의 S여자상업고등학교가 교육청 감사 결과 각종 공사비를 부풀려 착복하고 학생 특기·적성비, 앨범 구입비 등 모두 18억 9,000만 원을 횡령했다는 비리 의혹이 나오자 전교조 교사 및 수백여 명의 학생이 재단 예산 공개, 재단 퇴진을 요구하며 2001년 4월부터 5월까지 23일 동안 시위를 벌이며 수업을 거부하였다. 2002년 2월 학부모, 학생 30여 명은 교사의 교내 시위 및 수업 거부로 피해를 보았다고 전교조 교사 34명을 대상으로 손해배상 청구 소송을 제기하였다. 7년여간의 소송 끝에 대법원은 2007년 10월 1일 '피고들은 연대해 원고에게 각 30만 원, 100만 원씩 지급하라'고 판결한 원심을 확정하였다(연합뉴스, 2007; 조성희, 2007).

대법원의 판결 요지 헌법에서 규정한 학습권 보장은 국민이 인간으로서 존엄과 가치를 가지며 행복을 추구하고 인간다운 생활을 영위하는 데 필수적인 조건이자 대전제이며, 자녀에 대한 교육권은 헌법에 명문으로 규정되어 있지는 않지만 불가침의 인권으로서 자녀의 보호와 인격 발현을 위해 부여되는 것이다. 교원의 수업권은 교원의 지위에서 생기는 일차적인 교육상의 직무 권한이지만 어디까지나 학생의 학습권 실현을 위해 인정되는 것이므로 학생의 학습권은 교원의 수업권에 대해 우월한 지위에 있어 교원의 수업권은 일정한 범위 내에서 제약을 받을 수밖에 없다. 수업 거부 행위의 위법성은 행위의 목적이 정당했다는 이유로 조각되는 것이 아니기 때문에, 학생이 정상적인 교육과정을 이수하지 못하게 하는 행위까지 허용되는 것이 아니며, 이러한 행위는 오히려 학습권의 본질적인 내용을 침해하는 것이다(연합뉴스, 2007).

경향신문 사설의 반박 이는 사학 비리를 외면한 채 수업 거부라는 결과의 위법성에 대해서만 법의 잣대를 들이댄 편협한 판결이 아니냐는 의구심을 불러일으킨다. (중략) 강단을 지켜야 할 교사가 스스로 분필을 꺾는 행동도 사회 통념상 받아들이기 힘든 것이 사실이다. 하지만 이는 어디까지나 정상적인 교육환경에서의 얘기다. S학원 사건은 6년 전 운영비를 빼돌리는 등의 재단 비리에 대해 교사와 학생이 문제 제기를 한 데서 비롯됐다. (중략) 학생의 잘 배울 권리가 중하다면 이를 지키기 위한 교사의 노력도 정당하게 법의 저울 위에 올리는 게 맞다(경향신문, 2007).

(2) 교육 자율권

교육 자율권은 교사가 보다 창의적으로 교육을 하고 자신의 역량을 최고도로 발휘하며, 의욕과 열정을 가지고 교직에 임하기 위하여 보장되어야 할 자율성에 관한 권리이다. 우리나라 헌법 제31조 4항에는 교육의 자주성을 보장해야 한다는 내용이 제시되어 있다. 또한 교육기본법 제5조에도 "국가 및 지방자치단체는 교육의 자주성 및 전문성을 보장해야 한다."라고 규정하고 있다. 여기서 제시된 자주성은 교사의 교육적 자율성을 법률로 뒷받침해 주는 근거이다. 교육공무원법 제43조 1항은 "교권은 존중되어야 하며, 교원은 그 전문적 지위나 신분에 영향을 미치는 부당한 간섭을 받지 아니한다."라고 명시하고 있다.

교사의 교육 자율권은 교육과정 편성권, 교재의 채택 및 선정권, 교육방법의 결정권, 평가권, 징계권 등에서 행사된다. 정진환과 이영희(2001)가 연구한 결과에 따르면 현장의 교사는 자율적 판단 및 행동을 제대로 하지 못하는 것으로 나타났다. 특히 교육내용의 편성·운영권, 교재 채택 및 선정권은 중학교보다 초등학교의 교사가, 부장교사보다 평교사가, 남자 교사보다 여자 교사가 권리를 제대로 누리지 못하는 것으로 나타났다. 반면 비교적 많은 교사는 교육방법 결정권을 행사하고 있는 것으로 나타났다. 또한 학

교사의 교육 자율권은 어디까지 허용되어야 하는가?

2006년 6월 19일 조선일보는 전교조 소속인 부천시 한 고등학교 이 모 교사가 학생들에게 '국기와 국가를 부정하는 세뇌 교육을 하고 있고 군대 역시 살인 기술과 복종의 문화만 배우기 때문에 되도록 안 가는 것이 좋다'고 가르쳐 학부모들이 이를 문제 삼고 있음을 보도하였다(조선일보, 2006).

이에 데일리서프라이즈는 전교조 교사가 학생들에게 편향된 가치관을 주입한 것인지, 보수 언론이 전교조 죽이기를 시도한 것인지를 확인하기 위해 해당 교사를 직접 인터뷰하고 그 내용을 기사화하였다. 아래의 내용은 이 기사 중 일부를 발췌한 것이다.

이 모 교사의 변 사회에서 언급되는 각종 차이와 그로 인해 차별받는 사람들에 대해 논하던 중 다수가 맞다고 하는 것이 반드시 옳은 것은 아니다, 그러한 것이 자칫 국가주의, 전체주의로 흐를 위험성이 있다고 말하면서 나온 이야기가 그것이다.

국기에 대한 경례는 국기에 대한 맹세에서 오는 전체주의적인 속성에 대한 우려, 즉 일본의 일장기가 전시에 어떻게 활용되었는지를 보면서 우리의 국기에 대한 맹세와 관련해 이야기했다. (중략) 군대에 가지 말라는 것은 소수자들에 대한 사회적 차별, 양심적 병역 거부에 대해 이야기하면서 군대가 가지고 있는 전체주의적 폭력 때문에 거부하는 사람들이 많고 그런 폭력적 군대라면 안 가는 것에 대해서 생각해 볼 수도 있다고 했다. 다만 군대에 안 갈 수는 없으니 간다고 하더라도 폭력 성향이 내면화되지 않도록 하는 것이 중요하겠다고 말했다. (중략) 학생들도 스스로 판단할 수 있다. 다양한 관점을 제시하는 것일 뿐 강요는 없다. (중략) 청소년들도 자신의 가치관을 중요하게 여기고 판단할 수 있다고 생각한다. 그래서 내가 하는 말 역시 내가 맞기 때문에 하는 것이 아니라 내 생각이고 내가 옳다고 생각하기에 말하는 것이라고 학생들에게 말한다(데일리서프라이즈, 2006).

생평가권 역시 대부분의 교사가 가지고 있는 것으로 결과가 나왔으며, 초등교사가 중등교사보다 평가권을 더 많이 행사하는 것으로 나타났다. 징계권에 대한 반응은 중간 정도로 나타났다.

교육의 자율성을 행사할 때 교사가 주의할 점은 교사의 자율권은 어디까지나 국가, 사회의 교육 지침을 준수하는 선에서 이루어져야 한다는 것이다. 교사의 전문성 차원에서 교육내용의 적합성이나 학생의 발달상황도 고려해야 한다. 또한 사회구성원 다수가 보편적으로 공감할 수 있는 범주 안에서 교사의 자율성이 보장되어야 한다. 이는 왜곡된 가치관이나 편협한 시각에 근거하여 교사의 자율성이 잘못 행사될 가능성을 예방하기 위함이다(Parkay & Stanford, 2004).

(3) 근무조건 개선 요구권

어느 직종이나 능률을 극대화하고 일을 수행하면서 만족감과 성취감을 느끼게 하려면 근무조건을 정비해야 한다. 특히 교원의 경우 교육의 효율성을 높이고 수준을 향상시키며 양질의 교육을 수행하기 위해서는 적절한 근무조건이 구비되어야 하고, 적정량의 근무 부담이 주어져야 한다.

교원지위 향상 및 교육활동 보호를 위한 특별법(교원지위 향상법) 제12조에는 교직단체의 단체교섭 및 협의 사항으로 교원의 처우 개선, 근무조건 및 복지후생 등이 제시되어 있다. 교원노조법 제6조 1항에도 조합원의 임금, 근무조건, 복지후생 등 경제적·사회적 지위 향상에 관한 사항을 교섭의 범위로 규정하고 있다. 물론 이 조항들은 교직단체에 가입한 교원에게만 해당되는 사항일 수도 있으나 교원의 근무조건을 개선하기 위한 법적 근거로 준용될 여지와 가능성이 있다.

교사의 근무조건에 해당되는 요소는 교사 1인당 학생 수, 학급당 학생 수, 교사의 주당 수업시수, 잡무 등이다. 교사 1인당 학생 수에서 교사는 학교 관리자, 담임교사, 특수교사, 사서, 전문상담교사, 보건교사, 영양교사, 순회교사, 계약제 교사를 모두 포함한다. 따라서 교사의 근무 조건을 생각할 때 교사 1인당 학생 수보다는 학급당 학생 수가 몇 명인지를 살펴보는 것이 보다 적절하다(Ehrenberg, Brewer, Gamoran & Willms, 2001).

우리나라의 교사 1인당 평균 학생 수는 2015년 초등학교 16.8명, 중학교 15.7명, 고등학교 14.1명이고, 2015년 기준 OECD 전체 평균은 초등학교 15.2명, 중학교 13.0명, 고등학교 13.1명으로 나타났다. 우리나라의 학급당 평균 학생 수는 초등학교 23.4명, 중학교 30.0명이고, OECD 평균은 초등학교 21.1명, 중학교 23.3명이다. 우리나라 초등학교 교사의 연간 수업일수는 190일이며 연간 순 수업시수는 658시간이다. 한편 OECD 평균 연간 수업일수는 183일이며 연간 순 수업시수는 794시간이다(OECD, 2017).

우리나라 초등교사의 순 수업시수는 OECD 국가 평균보다 적으나 교사 1인당 학생 수, 학급당 학생 수, 수업일수는 모두 많은 상황이다. 이 사실은 우리나라 초등교사의 근무 강도가 일반 선진국과 비교하여 높다는 것을 알려 준다. 또한 학교현장에서 처리해야 할 각종 잡무가 지나치게 많은 것도 교사의 근무 부담을 가중시킨다. 공문서 처리로 교사는 교과 학습지도, 교재 연구, 학생 생활지도 등에 몰입하지 못한다. 따라서 교사가 역량을 교육에 투입할 수 있도록 근무조건을 개선할 필요가 있다(김명수, 2001).

2) 신분상의 권리

(1) 신분 보장 요구권

교사는 법적으로 신분 보장을 받고 있다. 국가공무원법 제68조에 의하면 "공무원은 형의 선고, 징계처분 또는 이 법에 정하는 사유에 의하지 아니하고는 그 의사에 반하여 휴직, 강임 또는 면직을 당하지 아니한다."라고 명시되어 있다. 교육기본법 제14조에는 "학교교육에서 교원의 전문성은 존중되며, 교원의 경제적·사회적 지위는 우대되고 그 신분은 보장된다."라고 제시되어 있다. 교육공무원법 제43조 2항은 "교육공무원은 형의 선고, 징계처분, 또는 이 법에서 정하는 사유에 의하지 아니하고는 그 의사에 반하여 휴직, 강임, 또는 면직을 당하지 아니한다."라고 명시하고 있다. 제3항은 "교육공무원은 권고에 의하여 사직을 당하지 아니한다."이다. 교원지위 향상법 제6조에도 "교원은 형의 선고, 징계처분, 또는 법률이 정하는 사유에 의하지 아니하고는 그 의사에 반하여 휴직, 강임, 또는 면직을 당하지 아니한다."라고 규정되어 있다.

이러한 법 조항을 참고할 때 우리나라 교원의 신분은 다른 어떤 직종에 비해 매우 철저하게 보장됨을 알 수 있다. 사립학교 교원은 국·공립학교 교원과 달리 국가와 공법상의 관계에 있지 않고 학교 법인 등과 사법상의 관계에 놓여 있지만 국·공립학교 교원에 관한 규정을 준용하게 되어 있다. 따라서 사립학교 교원 역시 철저한 신분 보장을 받도록 되어 있다.

그러나 교원의 신분이 국가의 법에 의하여 엄정하게 보장되어 있음에도 불구하고 교원의 신분 피해 사례는 적지 않다. 특히 사립학교 교원의 신분 피해 사례는 국·공립학교에 비해 상대적으로 많다. 한국교원단체총연합회(2006)에서 접수·처리한 2005년 교권 침해 사례 178건 중 사립학교 교원의 피해 사례는 45건이었고 이 중 신분 관련 피해 사례는 21건으로 거의 절반에 달하는 것으로 나타났다. 같은 기간 국·공립학교 교원의 신분 피해 사례는 7건으로 나타나 사립학교 교원의 신분 피해 사례가 월등히 많음을 알 수 있다.

(2) 쟁송 제기권

교원지위 향상법 제9조에는 징계당한 공무원이 징계 처분에 불복하여 행정상 소청을 제기할 수 있다는 내용이 제시되어 있다. 이를 쟁송 제기권이라고 한다. 즉, 교원은 징계 처분에 대하여 소청심사를 청구할 수 있는 권리를 가진다.

징계 처분에 대하여 불복할 경우 징계 처분 대상자는 그 처분이 있는 것을 안 날로부터 30일 이내에 소청심사를 청구할 수 있다. 이때 그 처분에 대한 교원소청심사위원회의 최종 결정이 있을 때까지 후임자의 보충 발령을 내지 못한다. 교원소청심사위원회는 소청심사가 청구된 날로부터 60일 이내에 교원소청심사위원회를 열어야 하며 불가피할 경우 30일을 연장할 수 있다. 징계 처분 대상자는 교원소청심사위원회가 내린 결정서를 송달받은 날로부터 90일 이내에 행정소송법이 정하는 바에 의하여 소송을 제기할 수 있다(교원지위 향상법 제10조).

(3) 불체포 특권

"교원은 현행범인 경우를 제외하고는 소속 학교의 장의 동의 없이 학원 안에서 체포되지 아니한다."(교육공무원법 제48조, 교원 지위 향상을 위한 특별법 제4조) 이것을 불체포 특권이라고 한다. 여기서 '체포'란 사람의 신체에 대하여 직접적·현실적으로 구속을 가하여 행동의 자유를 빼앗는 것으로 손발을 묶거나 몸을 잡는 등의 행위를 말한다.

교원에게 이러한 특권을 인정하는 것은 교원의 교육과 연구의 역할을 존중하고 학원의 자유와 불가침성을 보호하기 위한 의도에 연유한다. 그러나 학교장이 체포할 것을 허가할 경우에는 적용되지 않는다.

(4) 교직단체 결성권

교원은 교권을 옹호하고 교원의 전문성을 함양하기 위하여 교직단체를 조직하고 이에 가입하여 활동할 수 있는 권리를 가진다. 교원의 교직단체 결성권은 교육기본법 제15조와 교원의 노동조합 설립 및 운영 등에 관한 법률(교원노조법) 제4조에 근거한다. 교육기본법 제15조 1항에는 교원은 상호 협동하여 교육의 진흥과 문화의 창달에 노력하며, 교원의 경제적·사회적 지위를 향상시키기 위하여 각 지방자치단체 및 중앙에 교원단체를 조직할 수 있음을 명시하고 있다. 교원노조법 제4조에는 교원이 시·도 단위 또는 전국 단위로 노동조합을 설립할 수 있음을 규정하고 있다.

미국 교사의 권리

미국의 교사들도 교직자로서의 권리를 가진다. 미국의 교사들은 해고, 정직, 재계약 불가, 인원 감축 시 적법한 절차와 행정적인 발언 기회를 요구할 수 있는 권리를 가진다. 이 경우 교사는 서면으로 통고받고, 서면에는 자세한 징계 사유, 청문회 일시 및 장소가 명기되며, 교사는 이때 법적 자문가나 증인을 대동할 수 있다.

일부 주의 경우 단체 협약을 금하기도 하지만 대체로 미국의 교사들은 임금, 기타 이익, 근무조건과 관련하여 단체 협약을 체결할 권리가 있다. 이때 단체 협약 당사자는 교직단체의 대표와 지역 교육위원회의 대표가 대신한다.

그리고 교사에게는 학문의 자유에 대한 권리가 주어진다. 그러나 무한 자유라기보다 주 및 지역 교육위원회, 그리고 학부모들이 수용할 만한 범위 안에서의 자유를 의미한다.

미국의 교사들은 학교 밖에서 자유로울 권리가 있다. 미국의 교사들도 지역사회 안에서 윤리적·도덕적 모범이 될 것으로 기대되나 일반인과 마찬가지로 개인적인 사생활을 보호받으며, 각종 언론 매체에 자기 의사를 표현할 수 있고, 정치 집회에 참여할 수 있는 권리가 있다.

(Grant & Gillette, 2006)

다른 공무원과 비교하여 1940년대 후반부터 교원에게 교육회를 조직할 수 있도록 권리를 부여하고, 1991년에 교직단체를 조직하도록 법으로 보장한 것은 교원을 우대한 조치라고 사료된다. 또한 국가공무원의 신분임에도 불구하고 노동조합 설립을 허용한 것 역시 교원에 대한 특례이다.

3) 재산상의 권리

(1) 생활 보장 요구권

교원은 직업인이기에 앞서 한 개인으로 생활을 해야 하는 일반인이다. 교원이 교육활동에 전념하기 위해서는 적절한 수준의 생활 보장이 전제되어야 한다. 생활이 곤란하고 형편이 어려운 상황에서는 교육에 열정을 다해 몰입할 수 없기 때문이다.

현재 교육기본법 제14조 1항에 "교원의 사회 경제적 지위는 우대되고"라는 내용이 있다. 교육공무원법 제34조 1항에도 "교육공무원의 보수는 우대되어야 한다."라는 규정이 있다. 또한 교원지위 향상법 제3조 1항에는 "국가 및 지방자치단체는 교원의 보수를 특별히 우대해야 한다."라고 명시되어 있으며, 2항에는 사립학교의 경우에도 경영자가 공무원인 교원의 보수 수준에 맞추어 사립학교 교원의 보수 수준을 유지할 것을 언급하고 있다.

생활 보장은 일반적으로 보수나 물질적인 급부에 의하여 이루어진다. 교원의 생활이 제대로 보장되려면 교원에 대한 보수가 다른 직종과 비교하여 적정 수준이 되어야 한다. 우리나라 교원의 초임 연봉은 다른 직종과 비교하여 크게 뒤떨어지지 않으나 근무 연한에 따른 임금 상승 폭이 타 직종을 따라가지 못하는 경향이 있다. 하지만 다른 직종과 비교하여 평생직을 보장받으므로 생활 보장에 대한 안정성은 어느 정도 확보된 상황이다.

(2) 복지후생 제도의 확충 요구권

교원의 복지후생 제도는 가족에 대한 부양책임을 경감시켜 주고, 생활의 질을 향상시키며, 교직생활의 수준을 높이고, 교직에 대한 유인가를 높일 수 있다. 교원지위 향상법 제12조는 교직단체의 단체교섭 및 협의 사항으로 교원의 처우 개선, 근무조건 및 복지후생 등을 제시하고 있다.

현재 교원의 복지후생 제도로 거론되는 사항은 다음과 같다. 첫째, 교원 자녀에 대한 학비 보조 및 장학금 지급이 확충되어야 한다. 현재 중등학교 자녀까지는 학비 혜택을 받고 있으나 대학생은 혜택에서 제외되어 있다. 둘째, 무주택 교원에게 주택을 마련할 수 있도록 지원해 줄 필요가 있다. 주택 자금을 저리로 융자하거나, 교원주택조합을 건립하여 행·재정적인 지원책을 마련해야 한다. 셋째, 대학원에 다니는 교원의 학비를 지원해 줄 것이 요망된다. 넷째, 복지후생 시설을 확충해야 한다. 자녀 보육 및 탁아시설을 마련하고 교원 휴게실, 탈의실을 설치해야 한다. 다섯째, 36년으로 한정된 연금기금 납입기간 제한을 폐지하고 36년 이후의 재직기간에 대한 기여금(기준소득월액의 9%에 해당하는 금액) 납입을 허용하여 퇴직 급여를 확대하는 등으로 교원연금법을 개정할 필요가 있다(김명수, 2001; 안창선, 남경현, 이욱범, 1999).

3. 교사의 의무

의무란 해야 하거나 하지 말아야 할 일을 말한다. 해야 하는 일은 준수 의무이다. 하지 말아야 하는 일은 금지 의무이다. 이러한 의무는 법률에 의해 교사에게 강제될 수도 있고, 그 사회의 도덕 기준에 따라 교사에게 요구될 수도 있다. 교사의 의무는 법과 도덕에 의해 요구되는 강제성과 자율성을 모두 포괄하여 설정된다.

1) 준수 의무

(1) 교육 및 연구 활동의 의무

교사에게 교육 및 연구 활동의 의무는 가장 핵심적인 것이다. 초·중등교육법 제20조 3항에는 "교사는 법령이 정하는 바에 따라 학생을 교육한다."라고 명시되어 있다. 교육을 잘하기 위해서는 연구 활동이 필연적으로 요구된다.

특히 교사의 교육과 연구 활동은 시대와 사회의 변화에 따라 그 내용이 변화한다. 교사는 시대와 사회 상황에 맞추어 자신의 자질을 표준 이상으로 향상시킬 수 있도록, 그리고 교육 및 연구내용이 학생과 학부모, 사회의 요구와 기대에 부응하도록 부단히 노력해야 한다. 교권에 대한 보장은 교사의 철저하고도 훌륭한 교육 수행에서 비롯된다. 교사의 사회적 지위와 존경, 전문성은 교사 스스로의 자질 향상과 거기에서 비롯된 교육 및 연구능력에 좌우됨을 인식할 필요가 있다.

(2) 품위 유지의 의무

국가공무원법 제63조에는 "공무원은 직무의 내외를 불문하고 그 품위를 손상하는 행위를 하여서는 아니 된다."라고 명시되어 있다. 교육공무원인 교사도 국가공무원에 해당되므로 품위를 유지할 의무가 있다. 품위 손상의 형태는 도박, 강·절도, 사기, 폭행, 성폭행, 성추행, 성희롱, 음주운전, 마약류 소지 및 투여 등이며, 공적인 생활뿐 아니라 사생활까지 매우 광범위하게 포함된다(행정자치부 근무지원팀, 2007). 특히 교사는 학생을 지도·교육하는 위치에 있으므로 공적·사적인 생활의 모든 면에서 다른 사람의 모범이 될 수 있도록 행동할 필요가 있다.

교사의 품위, 어떻게 유지되어야 하는가?

사례 1 2006년 9월 27일 제주시 모 초등학교 교장실에서 평소 학생 체벌 및 학생지도 문제 등에 대해 불만을 가져 왔던 학부모들이 이의 시정을 요구하며 항의하자, 해당 영어전담교사였던 고 모 여교사(43세)가 학부모들에게 커피를 뿌리고 신고 있던 신발을 벗어 한 학부모의 머리를 두 차례 때리는 사건이 발생하였다. 제주도교육청은 12월 28일 1차 징계위원회를 열었다. 구두로 진술할 기회를 얻은 교사는 무슨 이유로 부르는지 모르는 상태에서 교장실에 갔는데, 쉬는 시간이 끝나 수업을 하기 위해 가려 했지만 학부모들이 문을 가로막아 일어난 일이고 사용한 신발은 하이힐이 아니라 비닐 슬리퍼였다며 자신의 행위가 정당방위였음을 주장하고 있다.

　도 감사위원회에서는 해당 교사를 국가공무원법 제56~59조인 '성실, 복종, 직장 이탈 금지, 친절, 공정의 의무'와 제63조인 '품위 유지의 의무'를 위반했다며 중징계처분을 요구했다. 2007년 1월 11일 제주도교육청은 사실 조사와 징계위원회에서 양측 진술을 종합한 결과 공무원법상 품위 유지 의무를 위반한 것으로 드러나 부득이 해당 교사를 해임하였음을 밝혔다(노컷뉴스, 2007; 쿠키뉴스, 2007).

사례 2 강원지역 교장, 교사, 교육전문직 중에서 최근 5년 동안 징계를 받은 사례 중 59%가 음주운전으로 밝혀졌다. 징계를 받은 사람은 모두 261명이며, 이 중 155명이 음주운전으로 징계를 받았다. 음주운전은 품위 유지 의무 위반에 해당된다(스포츠조선, 2007).

(3) 선서의 의무

국가공무원법 제55조에 "공무원은 취임할 때 소속 기관장 앞에서 국회 규칙, 대법원 규칙, 헌법재판소 규칙, 중앙선거관리위원회 규칙 또는 대통령령이 정하는 바에 따라 선서를 행해야 한다. 다만 불가피한 사유가 있을 때에는 취임 후에 선서를 하게 할 수 있다."라고 규정되어 있다. 이러한 조항에 따라 대부분의 공무원은 취임할 때 선서를 한다. 신규교사로 발령장을 받으면 발령받은 지역 교육지원청 교육장과 장학사 및 관계 교원들 앞에서 공무원으로서의 선서를 하게 된다.

선 서

나는 대한민국 공무원으로서 헌법과 법령을 준수하고, 국가를 수호하며, 국민에 대한 봉사자로서의 임무를 성실히 수행할 것을 엄숙히 선서합니다.

1. 본인은 법령을 준수하고 상사의 직무상 명령에 복종한다.
1. 본인은 국민의 편에 서서 정직과 성실로 직무에 전념한다.
1. 본인은 창의적인 노력과 능동적인 자세로 소임을 완수한다.
1. 본인은 재직 중은 물론 퇴직 후에라도 직무상 알게 된 기밀을 절대로 누설하지 아니한다.
1. 본인은 정의의 실천자로서 부정의 발본에 앞장선다.

위에서 선서한 사항에 대하여는 끝까지 국가와 국민에게 책임을 질 것을 서약합니다.

년   월   일

(직급)   (성명)   (인)

출처 : 국가공무원 복무 규정 제2조 2항.

(4) 성실의 의무

국가공무원법 제56조에는 "모든 공무원들은 법령을 준수하며 성실히 직무를 수행해야 한다."라고 규정되어 있다. 따라서 교육공무원으로서 교사도 법령을 준수하고 직무를 성실히 수행해야 한다. 여기서 직무는 법령에 규정된 의무, 상관으로부터 지시받은 업무 내용, 사무분장 규정상의 소관 업무 등을 말한다(행정자치부 근무지원팀, 2007).

(5) 복종의 의무

국가공무원법 제57조는 복종의 의무를 제시한다. 즉, "공무원은 직무를 수행함에 있어서 소속 상관의 직무상의 명령에 복종해야 한다."라고 규정되어 있다. 교사도 소속 상관의 직무와 관련된 명령에 복종할 의무가 있다. 소속 상관이란 당해 공무원의 직무에 관하여 지휘·감독권을 가진 자를 말하므로 기관의 장뿐만 아니라 보조기관의 상관과 기타 지휘·감독권을 가진 상급자를 포함한다. 교사의 소속 상관은 학교의 교장, 교감과 아울러 교육청의 장학사, 장학관 등이 포함된다.

직무에 관련된 명령은 첫째, 정당한 권한을 가진 자가 지시하는 것이어야 하고, 둘째, 직무에 관한 명령이어야 하며, 셋째 그 내용이 법률상 실현 가능하고 적법한 것이어야 한다. 아무리 소속 상관이라고 할지라도 직무 명령이 위의 세 가지 요건 중 어느 하나에라도 저촉되면 부당한 것이다(행정자치부 근무지원팀, 2007).

학교에서 교사의 직무는 주로 교육에 관련되어 있고 교육은 교사의 자율적이고 전문적인 판단에 의하여 실제로 행해지므로 교장, 교감과 교사의 관계는 명령을 하고 복종을 하는 수직적인 관계이기보다 서로 조언하고 자문을 구하며 협력하는 수평적 관계를 지향해야 한다.

(6) 비밀 엄수의 의무

국가공무원법 제60조에 의하면 "공무원은 재직 중은 물론 퇴직 후에도 직무상 알게 된 비밀을 엄수해야 한다."라고 규정되어 있다. 비밀 엄수의 의무로 표현되는 이러한 의무는 교육공무원인 교사에게도 그대로 적용된다. 교사는 자신이 처리하는 직무에 관한 비밀뿐만 아니라 직무와 관련하여 알게 된 비밀도 누설하지 말아야 한다.

비밀은 직무상 정보가 일반인에게 알려질 경우 교육목적을 위배할 것인지를 기준으로 판단한다. 구체적으로는 교육기관이 비밀이라고 형식적으로 정한 것에 따를 것이 아니라, 실질적으로 그것이 통상의 지식과 경험을 가진 일반인에게 잘 알려지지 않은 비밀성을 가졌는지, 그리고 누설될 경우 학교, 교직원, 학생에게 교육적으로 불이익을 초래하는지, 교육목적을 달성하는 데 비밀로서 유지할 필요성이 있는지 등을 객관적으로 검토해야 한다(행정자치부 근무지원팀, 2007).

교육기본법 제23조의 3에도 학생 정보의 보호 원칙이 제시되어 있다. 교사는 학교생활기록 등의 학생 정보를 교육목적을 위해 수집·처리·이용·관리해야 하며, 법률로 정하는 경우를 제외하고 해당 학생 혹은 학생이 미성년자(2013년 7월 1일부터 만 19세 미만)일 경우에는 해당 학생과 학부모 또는 보호자의 동의 없이 제3자에게 제공하지 못하도록 규정하고 있다.

(7) 청렴의 의무

국가공무원법 제61조에는 "공무원은 직무와 관련하여 직접적이든 간접적이든 사례, 증여, 또는 향응을 주거나 받을 수 없다.", 2항에는 "공무원은 직무상 관계가 있든 없든 그 소속 상관에 증여하거나 소속 공무원으로부터 증여를 받아서는 아니 된다."라고 명시되어 있다. 이는 청렴의 의무에 해당된다. 받을 의사로 금품을 수수한 후 마음이 바뀌어 이를 반환하였다 하더라도 청렴의 의무를 위반한 것이다. 또한 적극적으로 상대방에게 금품을 요구하고 그 대가로 직무와 관련된 불법적인 이익을 주겠다고 제안한 경우 금품을 받지 않았다 하더라도 징계 책임을 물을 수 있다(행정자치부 근무지원팀, 2007). 여기서 금품이란 돈과 물품을 말한다. 청렴의 의무 위반은 징계 사유가 될 뿐 아니라 형사상의 증·수뢰죄의 사유가 된다(형법 제129조, 제132조). 교사는 소속 상관, 동료와의 관계에서 청렴한 생활을 함으로써 조직의 기강을 흐트러뜨리는 일이 없어야 한다. 교사는 특히 학부모와의 관계에서도 청렴할 의무가 있다. 즉, 교육과 관련하여 사례, 증여, 또는 향응을 수수하지 않음으로써 교사로서의 적법한 태도를 견지할 필요가 있다.

(8) 친절·공정의 의무

공무원은 국민 전체에 대한 봉사자로서 친절하고 공정하게 직무를 수행할 의무가 있다(국가공무원법 제59조). 교사에게는 학생을 교육함에 있어 친절해야 하고 공정하게 지도할 것이 요구된다. 친절함과 공정함은 학생으로 하여금 교사를 신뢰하고 존경할 수 있게 도와주며 교사의 교육효과를 극대화시킬 수 있다. 친절·공정의 의무는 단순히 윤리적·도덕적 의무에 그치는 것이 아니라 교사가 마땅히 지켜야 할 법적 의무이다.

2) 금지 의무

(1) 정치 운동의 금지

교육기본법 제6조 1항에는 "교육은 정치적, 파당적, 개인의 편견을 전파하기 위한 방편이 되어서는 아니 된다."라고 교육의 중립성이 명시되어 있다. 국가공무원법 제65조 1항에는 "공무원은 정당, 기타 정치 단체의 결성에 관여하거나 이에 가입할 수 없다."라고 명시되어 있다. 교육기본법 제14조 4항에도 "교원은 특정 정당 또는 정파를 지지하거나 반대하기 위하여 학생을 지도하거나 선동하여서는 아니 된다."라고 제시되어 있다. 사립학교 교원도 정당법 제22조에 근거하여 정당 가입이 제한된다. 단, 대학 및 대학교의 교원은 여기서 제외된다. 교원노조법 제3조에도 교원들의 노동조합은 일체의 정치 활동을 해서는 안 된다고 규정되어 있다.

교원이 정치 운동을 할 수 없는 이유는 교육 대상인 학생이 아직 사고나 행동 면에서 성숙되어 있지 않으며 자율적으로 판단하고 결정할 수 있는 능력이 상대적으로 부족하다고 보기 때문이다. 교실 안에서 지식, 연령, 신체, 지위 면에서 우월한 위치에 있는 교사가 학생의 사고 및 행동에 미치는 영향력은 그만큼 크다. 가치관이나 판단력, 사고력이 아직 확실하게 정립되지 않은 학생에게 교사 개인의 편협한 가치관이나 주관적 해석, 혹은 왜곡된 사고를 주입할 경우 학생의 균형 잡힌 지적·정신적 성장에 지장을 주게 된다.

(2) 집단행동의 금지

공무원은 노동운동과 기타 공무 이외의 일을 위한 집단행동을 해서는 안 되는데 사실상 노무에 종사하는 공무원은 예외로 한다(국가공무원법 제66조 1항). 우리나라 교원은 현재 교원노조를 결성하고, 사회적·경제적 지위 향상과 근무조건의 개선을 위해 단체 교섭권을 발휘할 수 있으나 노동운동에 해당하는 단체행동권은 제한되어 있다. 교원노조법 제8조를 보면 노동조합과 그 조합원은 파업·태업, 기타 업무의 정상적인 운영을 저해하는 일체의 쟁의행위를 해서는 안 된다는 것을 알 수 있다. 교원들이 파업, 태업, 직장 폐쇄 같은 집단행동을 할 경우 학생의 학습권이 침해되는 결과를 낳기 때문이다. 또한 노동운동이 아니더라도 교사는 공무 이외의 일을 위한 집단행동도 하지 못하게 되어 있다.

전교조 교사의 연가투쟁은 합당한가?

2006년 11월 22일 수요일 오후 1시 서울 시청 앞 서울광장에서 3,000여 명의 전국 전교조 교사를 중심으로 2008년 전면 시행 예정인 교원평가제를 반대하는 연가투쟁 집회가 열렸다. 교원평가제를 반대하는 이유로 전교조는 평가 시범운영 기간이 짧았고, 학생으로 하여금 교원평가를 하게 함으로써 교사와 학생 간의 신뢰에 금이 가며, 교사 상호 간에도 경쟁을 심화시켜 교육력을 오히려 저하시킨다는 점을 들고 있다.

연가투쟁에 대한 전교조의 입장 교육부는 교사들의 합법적인 의사표현을 불법적으로 방해하고 있다. 연가 이용 목적에 대해서는 국가공무원 복무규정에 아무런 제한이 없으므로 연가의 사용은 공무원이 자유롭게 결정할 수 있다. 연가 사용에 대해 행정기관의 장이 간섭하는 것은 불법이다. 교육부가 교사들의 연가 신청을 받아들이지 말라는 공문을 시·도 교육청을 통해 일선 학교에 내려 보낸 것은 교육노동자의 기본권을 침해하는 명백한 부당 노동 행위이다. 김신일 부총리를 중앙노동위원회에 제소하겠다(프레시안, 2006).

김신일 부총리 및 16개 시·도 교육감들의 입장 연가투쟁은 불법 집단행동으로서 권위주의 시대의 유물이며 학생의 학습권을 침해하는 행위이다. 연가투쟁에 참가하는 교사는 주동자뿐 아니라 단순 가담자에 대해서도 엄정하게 대응하겠다. 연가투쟁은 공무원의 집단행동을 금지한 법령에 위배되므로 불법이다. 정당한 연가는 있을 수 있지만 시위에 참가하기 위한 연가는 정당한 것이 아니므로 허용되지 않을 것이다. 정당한 목적이 아닌 연가를 허용한 교장, 교감도 문책 대상이다(프레시안, 2006).

＊연가는 공무원 휴가의 일종으로 재직 연수에 따라 3일에서 최고 21일까지 주어지며, 휴가에는 연가(개인 사유에 의한 휴가) 이외에도 병가, 공가(선거 개표 참여 등), 특별휴가(경조사, 재해 등의 경우)가 있다.

(3) 영리 업무 및 겸직의 금지

국가공무원법 제64조 1항에 의하면 공무원은 공무 이외의 영리를 목적으로 하는 업무에 종사하지 못하며 소속 기관장의 허가 없이 다른 직무를 겸할 수 없다. 영리를 목적으로 하는 업무란 교원의 직무상 능률을 저해하거나, 교원의 직무에 부당한 영향을 주고, 교원으로서 불명예를 초래하는 경우, 그리고 교원이 추구하는 이익이 국가의 이익에 상반하는 경우 등을 말한다(국가공무원 복무규정 제25조). 구체적으로 교원이 상업·공업·금융업, 기타 영리적인 업무를 스스로 경영하여 영리를 추구함이 현저한 업무, 상업·공업·금융업, 기타 영리를 목적으로 하는 사기업체의 이사·감사·업무를 집행하는 무한책임사원·지배인·발기인·기타 임원이 되는 것, 직무와 관련이 있는 타인의 기업에 투자하는 것, 기타 계속적으로 재산상의 이득을 목적으로 하는 업무를 행하는 것 등이다(행정자치부 근무지원팀, 2007).

교육공무원인 교사 역시 공무 이외의 영리적인 업무를 수행할 수 없다. 교사는 교육에만 전념하여 교육의 질과 수준을 향상시켜야 하기 때문이다. 하지만 소속 기관장의

미국 교사의 의무

미국의 교사는 태만하지 않을 의무가 있다. 태만이란 해로운 상황으로부터 학생을 보호하지 않는 것을 의미한다.

미국의 교사는 고의적으로 체벌하지 않을 의무를 가진다.

미국의 교사는 인종적으로 차별하지 않을 의무를 가진다. 이 의무는 교사와 학생, 학생과 학생, 학생의 집단 속에서 발견되는 인종주의에 따른 편견을 교육적으로 다룰 책임을 포괄한다.

미국의 교사는 성별에 따라 평등하게 대할 의무가 있으며, 성 고정 인식의 문제를 교육과정에서 다룰 책임이 있다. 이에 따라 결혼한 여성이나 임신한 여성도 차별당하지 않고 학교에 다니는 것이 가능하다.

미국의 교사는 학생을 성적으로 학대하지 않을 의무가 있다.

미국의 교사는 영어가 모국어가 아닌 학생에게 언어적 평등성과 동등한 교육기회를 제공할 의무가 있다. 이를 위해 음성언어적인 교수방법만을 사용하지 않도록 권장된다.

미국 교사는 신체적·정신적 장애를 가진 학생에게 동등한 학습기회를 제공할 의무가 있다.

(Grant & Gillette, 2006)

허가를 받아 비영리적인 업무를 수행하는 것은 가능하다.

(4) 직장 이탈의 금지

국가공무원법 제58조에는 "공무원은 소속 상관의 허가 또는 정당한 이유 없이 직장을 이탈하지 못한다."라고 규정되어 있다. 따라서 교육공무원으로서의 교사 역시 사사로운 이유로 함부로 학교를 떠나서는 안 된다. 교사는 공무원으로서 직무에 충실해야 한다.

4. 교사의 책임

1) 행정상 책임

교원은 국가공무원법 그리고 이 법에 의한 명령을 위반하는 경우, 직무상의 의무를 위반하거나 직무를 태만히 한 경우, 직무 내외를 불문하고 체면 또는 위신을 손상한 경우 징계를 받게 된다(국가공무원법 제78조).

징계 사안이 발생하면 징계 의결 요구권자인 교육기관 또는 교육행정기관의 장은 서류 양식을 갖춰 관할 징계위원회에 징계 사유를 들어 정식으로 징계를 요구해야 한다. 시·군·구 혹은 시·도 교육행정기관에 설치되어 있는 교육공무원 징계위원회(교원의 경우 일반징계위원회, 교육공무원 징계령 제2조 4항)는 징계 사유를 심의하며 징계위원회의 장은 설치기관의 장 차순위자가 된다.

징계를 받게 되는 구체적인 항목은 성실 의무 위반(직무 태만 또는 회계 질서 문란), 복종 의무 위반, 직장 이탈 금지 위반, 친절·공정 의무 위반, 비밀 엄수 의무 위반, 청렴 의무 위반, 품위 유지 의무 위반, 영리 업무 및 겸직 금지 의무 위반, 집단행동 금지 의무 위반 등이 있다. 이러한 비위의 유형, 정도, 과실의 경중과 평소의 소행, 근무성적, 공적, 뉘우치는 정도, 기타 정상 등을 참작하여 징계 의결을 하게 된다(교육공무원 징계 양정 등에 관한 규칙 제2조). 징계위원회는 징계 혐의자에게 구술 또는 서면으로 해명하거나 진술할 기회를 주도록 되어 있다.

징계는 파면, 해임, 강등, 정직, 감봉, 견책 등이 있다. 2008년 12월에는 강등이 새로 포함되었다. 파면, 해임, 강등, 정직은 중징계이고 감봉, 견책은 경징계로 간주한다(교육공무원 징계령 제1조 2). 파면이란 공무원 관계에서 배제되는 것으로 5년 이상 경과하지 않으면 공무원으로 임용이 불가능하다. 또한 재직기간이 5년 미만인 자는 퇴직급여액의 1/4을, 5년 이상인 자는 퇴직급여액의 1/2을 감한다. 해임 역시 공무원 관계에서 배제되는 것이며 3년간 공무원으로 임용되는 데 결격 사유로 작용한다. 해임될 때에는 퇴직급여액은 전액 지급되나 금품, 향응, 수수, 공금 횡령 및 유용으로 해임된 경우 재직기간이 5년 미만인 자에게는 퇴직급여액의 1/8이 감해지며, 5년 이상인 자에게는 1/4이 감해진다(공무원연금법 제64조; 공무원연금법 시행령 제55조; 국가공무원법 제33조). 강등은 한 계급 아래로 직급을 내리는 것으로서 3개월간 직무에 종사하지 못하며, 처분기간 및 종료일로부터 18개월간 승급, 승진, 특별승진이 제한되고, 경력평정 및 연가일수에서 3개월이 공제되며, 보수는 전액을 감한다. 정직이란 공무원 신분은 유지하되 직무에 종사하지 못하는 징계로서 3개월, 2개월, 1개월로 정할 수 있다. 정직당하는 기간 동안 보수는 전액을 감하고, 처분기간 및 처분 집행의 종료일부터 18개월간 승진, 승급에 제한을 받게 될 뿐 아니라 처분기간은 경력 평정에서 제외된다(교육공무원 임용령 제16조; 국가공무원법 제80조).

경징계로서의 감봉은 3개월, 2개월, 1개월로 주어지며 징계기간 동안 보수와 수당의 1/3을 감한다. 또한 처분기간 및 처분 집행 종료일부터 12개월간 승진, 승급에 제한을 받게 된다. 견책은 전과에 대하여 훈계하고 회개하게 하는 징계이다. 처분 집행의 종료일부터 6개월간 승진, 승급에 제한을 받게 된다. 이외에도 불문경고가 있는데 이것은 징계 사유가 충분하나 징계위원회가 그간의 행위 및 정상을 참작해서 징계의결서 사본을 첨부하여 소속 기관장 명의로 서면 경고 조치하는 것을 의미한다. 견책과 마찬가지로 보수, 신분상 큰 피해는 없으나 공무원 인사기록카드에 기록된다(교육공무원 임용령 제16조; 국가공무원법 제80조).

징계위원회의 심의를 거치고 나면 징계의결서를 작성하게 된다. 징계 처분이 파면과 해임일 경우 임용권자가 행하고 정직, 감봉, 견책일 경우 징계 의결의 요구권자가 행하되 반드시 징계처분 사유 설명서를 첨부하도록 되어 있다.

2) 형사상 책임

형법에 규정되어 있는 공무원의 직무 위반사항이다. 공무원이 정당한 이유 없이 직무 수행을 거부하는 경우의 직무유기죄, 직권남용죄, 불법체포, 불법감금죄, 폭행·가혹 행위죄, 피의사실 공표죄, 공무상 비밀누설죄, 선거방해죄 등이 있다. 이에 해당되는 피 의자는 직무범으로서 직무 집행 자체에 의하여 법익을 침해한 것이다. 교사가 자신의 직무를 수행하지 않아 사회적으로 큰 문제가 될 경우 직무유기죄에 해당될 수 있다. 교 사가 학생을 사회적으로 용인하기 어려울 정도로 체벌하거나 학대할 경우 폭행·가혹 행위죄로 처벌을 받을 수 있다.

형법이 정한 직무에 관한 죄는 수뢰죄, 사전수뢰죄, 공무원 또는 중재인이 그 직무에 관해 부정한 청탁을 받고 제3자에게 뇌물을 공여하게 하거나 공여를 요구 또는 약속하 는 제3자 뇌물제공죄, 수뢰 후 부정처사 및 사후수뢰죄, 공무원이 자신의 지위를 이용 하여 다른 공무원의 직무상 부정행위를 주선하고 뇌물을 받는 알선수뢰죄, 뇌물공여죄 등이 해당된다. 이 경우의 피의자는 준직무범으로서 직무와 관련이 있는 행위로 인하여 법익을 침해한 것이다(고전, 박경묵, 2007).

3) 민사상 배상 책임

학교에서 학생의 안전사고가 발생했을 때 그동안은 교사가 과실의 책임을 졌다. 교원지 위 향상법 제5조에는 "각 급 학교 교육시설의 설치·관리 및 교육활동 중에 발생한 사 고로부터 교원 및 학생을 보호함으로써 교원의 직무 수행의 안정을 기하기 위해 학교안 전공제회를 설립·운영한다."라고 명시되어 있다. 교육부는 2007년 9월부터 교사에게 고의성이 있거나 중과실에 해당되는 경우가 아니면 학교안전공제회에서 피해 학생에 게 보상을 하도록 하고 있다. 보상의 범위는 교내와 등·하굣길에서 발생하는 안전사고 및 폭력에 의한 피해로서 부상으로 인한 호송, 진찰, 검사, 치료, 간병 등에 필요한 모든 비용을 포함한다.

교원에게 고의성이 있거나 중대한 과실이 있을 때에는 학교의 장이나 피해자의 보호 자가 원할 경우 시·도 교육청 혹은 학교안전공제회가 피해자에게 우선 배상한 후 교원에게 추후 그 배상한 금액을 청구할 수 있다. 이를 구상권이라고 한다. 사립학교 교사의 경우에는 사립학교 설립자인 법인 이사장이 먼저 배상한 후 구상권을 행사할 수 있다 (고전, 박경묵, 2007).

교사 지위[*]

1. 지위의 특성과 사회계층 및 사회계급

1) 지위의 개념과 특성

사람들은 모여서 사회집단을 형성하고 그 안에서 상호작용을 하면서 살아간다. 사회집단에서 상호작용을 하다 보면 일정한 상호작용의 틀이 생긴다. 틀 지어진 상호작용의 양상을 지속적으로 반복하면 이에 따라 사람들의 지위가 결정된다.

윤덕중(1994)은 지위를 다른 사람들과의 사회관계 속에서 한 개인이 차지하는 위치라고 하였다. 지위란 어느 누가 그 자리를 차지하더라도 비슷한 양상으로 다른 사람과 상호작용하는 체계, 즉 사회관계를 맺어야 하는 사회 구조상에서의 위치이다. Schafer(1983)는 가장 낮은 자리부터 높은 자리에 이르기까지 서열화된 사회구조 속에서 사회적으로 규정된 어느 한 위치를 언급하는 것으로 지위의 개념을 설명하였다. 조영선(1985)은 지위의 개념을 단순한 개인의 위치뿐 아니라 집단 안의 상대적인 서열을

---

[*] 이 장은 고재천, 강원근, 고전, 권동택, 김은주, 박경묵, 박상완, 박영만, 서명석, 이정선, 정혜영이 쓴 초등학교 교사론(2007) 중 김은주가 쓴 교사의 지위와 역할 부분을 수정한 것이다.

포함하는 것으로 규정하였다. 사회집단 속의 지위는 한 사람이 사람들과의 관계에서 차지하는 위치성(position) 및 자리(place)와 사람들 간의 위계성(hierarchy)을 동시에 나타낸다.

지위가 위치성과 위계성이라는 두 가지 특성을 가진다고 할 때, 오늘날 사회에서 각 개인의 지위 혹은 교사의 지위를 논함에 있어 사람들이 보다 많은 관심을 가지고 이야기하는 부분은 위계성이다. Schafer(1983)도 사람들이 일상적인 대화 속에서 사용하는 지위라는 용어는 보통 영향력, 부, 명성의 차이를 전제로 한 서열임을 지적하였다. 따라서 이 장에서 지위는 위계성에 초점을 두고 논의될 것이다.

2) 지위와 사회계층 및 사회계급의 관계

위계적인 지위는 미시적으로는 한 조직 안에서의 서열을 의미하지만 거시적으로는 사회계급이나 사회계층 같은 사회구조로 나타난다. 먼저 사회계급은 Marx와 Engels (1848)가 처음으로 개념화하고 그 결정 요인으로 자본의 소유 여부를 주장하였다. 사회계급은 자본의 소유 여부에 따라 자본가 계급과 노동자 계급으로 구분된다. 사회계급은 자본이라는 단일 기준에 의하여 구분되므로 위계적으로 서열화가 용이하다. 상하 계급집단 간의 경계는 명료하며 또한 서로 단절되어 있다. 집단구성원은 소속 집단에 대한 귀속 의식, 즉 계급의식을 가지고 있으며 이들은 상호 적대적이다(Marx & Engels, 1848).

반면 김채윤(1984)은 사회구성원이 점유하고 있는 지위를 몇 개의 중층적 범주로 구획할 수 있는데 이 위계적인 범주들을 사회계층이라고 설명하였다. 사회계층이란 사회구성원의 다양한 지위를 연속적으로 서열화한 체계로서 상·중·하 또는 상상·상하·중상·중하·하상·하하 등으로 표현된다. 사회계층은 사회계급과 비교하여 보다 다차원적인 요인에 의하여 결정된다. Weber(1946)는 사회계층의 기준으로 경제력, 권력, 지위를 제시하였다. 여기서의 지위(status)란 존경, 영예, 위광에 따른 한 개인의 위상을 말한다(Giddens, 1978). Weber는 경제력의 차이는 계급을 형성하며, 권력의 차이는 정당을, 그리고 위신의 차이는 지위집단을 만들어 낸다고 주장한다. 지위집단의 차이는 생활양식의 차이로 이어지며, 생활양식의 차이로 인해 지위집단 간의 폐쇄성이 조성되기도 한다. Weber에 의하면 경제력의 차이로 인해 계급이 달라져도 동일한 지위집단 안에 속한다면 비슷한 생활양식을 공유할 수 있다(Weber, 1946). 사회계층은 이 모든 요인들이 복잡하게 얽힌 결과이다. 사회계급에 의한 지위의 위계성은 경제력이라는 단일 요인에 의해 결정되지만 사회계층에 의한 지위의 위계성은 경제력, 권력, 명예(지위)의 복합적 요인에 의하여 결정된다.

3) 사회계층 및 사회계급 이론

사회계층 및 사회계급 이론은 지위의 위계성을 결정짓는 경제력이나 권력, 명예 등이 어떠한 이유와 원인으로 불공평하게 분배될 수밖에 없는지를 설명해 준다. 사회계층 이론은 주로 기능론적 접근으로 설명되며, 사회계급 이론은 갈등론적 접근으로 설명된다(Coser & Rosenberg, 1976).

(1) 기능론적 계층 이론

먼저 계층 이론에 대한 기능론적 접근은 사회가 제대로 기능하고 그 체계를 유지해 나가기 위해 사회계층이 필요하다고 주장한다. 이 입장에서는 사회계층의 사회적 유용성과 기능성에 대한 강조가 두드러진다(김은주, 2008).

Davis와 Moore는 사회 안의 사람들이 하는 일이 매우 다양함을 지적한다. 이러한 다양한 일은 사회적 기여도와 중요도가 모두 다르다. 사회적 기여도와 중요도가 높은 일에 종사하는 사람은 제한되어 있다. 그러한 일을 감당하는 사람에게 그 일을 하도록 동기화하려면 보다 높은 사회적 보상을 줄 필요가 있다. 재정적 보상, 위세 등으로 차등화된 보상은 사회계층, 즉 불평등으로 나타난다. 따라서 사회적 불평등, 사회계층 현상은 불가피하며 사회의 존속과 유지, 기능의 활성화를 위해 필요불가결한 것이다(Davis & Moore, 1945).

Tumin은 Davis와 Moore의 계층 이론에 대해 반박한다. 첫째, 기능적으로 더 중요하다는 용어 자체가 아주 모호하고 주관적이다. 공장에 있는 기술자든 비숙련공이든 모두 열심히 일하도록 동기화할 필요가 있다. 둘째, 사회의 중요한 업무를 담당하는 재능을 가진 인원은 제한되어 있다고 하는데 사실 재능은 부모가 가진 부의 정도에 따라 교육을 차등 있게 받은 결과이기도 하다. 많은 사람은 자신의 재능을 계발할 기회조차 가지지 못한다. 그리고 엘리트는 엘리트 집단에 들어오는 인원을 인위적으로 제한하기도 한다. 셋째, 재능 있는 사람은 그 재능을 연마하느라 희생을 치렀다고 하지만, 이 희생을 훈련과정에 소요된 비용이라고 간주한다면 그 비용은 훈련자보다 특권을 가진 그들의 부모가 지불한 것이다. 넷째, 희생을 치르고 고된 훈련과정을 통해 중요한 업무를 감당하게 하려면 응분의 사회적 보상을 주어야 한다고 하지만 사람들은 그러한 보상만으로 어려운 일을 감당하는 것은 아니다. 일에 대한 흥미, 내면적인 직무 만족도, 사회적 의무, 자긍심 등에 의해서도 어려운 일을 기꺼이 맡을 수 있다(Tumin, 1945).

(2) 갈등론적 계급 이론

갈등론적 계급 이론은 사회계급 자체가 계급 간 갈등의 소산임을 전제로 한다. Marx는 근대 산업사회의 사회계급을 두 집단으로 구분하였다. 즉, 생산수단을 소유한 자본가 계급과, 생산 수단을 가지지 못하고 노동력을 제공하여 생계를 유지하는 노동자 계급이다. Marx는 자본가는 노동자의 잉여 가치를 착취하는 집단으로서 이 두 집단의 관계가 적대적일 수밖에 없다고 주장하였다. 노동자는 일치단결하여 자본가 집단을 타도하는 혁명을 일으켜서 사회주의, 공산주의 사회를 건설해야 한다. Marx는 자본주의 사회가 두 계급으로 이루어진다고 주장하였지만 자본주의 사회에는 실제로 두 계급 사이에 소부르주아, 즉 프티부르주아(petite bourgeoi)가 존재함을 인정하였다. 하지만 중간계급으로서의 소부르주아 역시 대규모 독점기업의 발달로 결국 프롤레타리아화된다.

Marx의 이론은 20세기에 들어 여러 가지 각도에서 비판되고 수정되었다. 먼저 Poulantzas는 노동가 계급을 생산적 노동자와 불생산적 노동자 계급으로 구분한다. 생산적 노동자는 직접적인 육체노동으로 잉여 가치를 창출하고 임금을 지급받는 노동자를 말하며, 불생산적 노동자는 자본가의 이윤으로 임금을 지불받는 노동자를 말한다. Poulantzas는 불생산적 노동자를 새로운 임금 취득 집단으로서 신소부르주아라고 지칭하였다. 신소부르주아는 전통적인 소부르주아와 함께 모두 소부르주아에 속한다고 주장되었다(권태환, 홍두승, 설동훈, 2006, 재인용).

Wright는 Poulantzas의 입장을 비판적으로 보완하였다. Wright는 자본주의 기업에는 관리자 계급이 존재함을 주목하면서 관리자 계급의 모순적 위치를 지적하였다. 관리자는 기업주가 부여하는 권력의 상당 부분을 행사하고 노동자를 관리·감독한다는 점에서 자본가 계급의 특성을 지니지만, 자본가에게 고용되어 있고 언제든지 자본가에 의하여 해고될 수 있는 위치에 놓임으로써 노동자로서의 특성도 공유하고 있다. Wright는 자본주의 사회는 부르주아, 프롤레타리아 계급과 더불어 관리자와 감독자가 존재하고, 소고용주와 반자율 임금 노동자로 구성되는 소부르주아도 공존한다고 주장한다. 여기서 관리자 및 감독자, 소부르주아 계급은 모두 모순적 지위에 놓여 있는 계급이다(권태환, 홍두승, 설동훈, 2006, 재인용).

Mills는 자본주의가 발달하면서 화이트칼라 노동자가 아주 많이 증가하였음을 지적한다. Mills는 기술이 발달하면서 생산 노동자의 수가 감축되었고, 대기업의 팽창과 정부 활동 영역의 확대 등은 조정, 행정, 관리에 필요한 인력을 증가시켰음을 주목하였다. Mills는 이들 계급을 신중간계급이라고 지칭한다(권태환, 홍두승, 설동훈, 2006, 재인용).

Darendorf(1959)는 Marx의 이론을 계승하기는 하였으나 Marx의 경제 결정론에 대해 반박하였다. 후기 자본주의 사회는 자본과 경영이 분리되고 노동이 다양화되면서 법률가, 정부 고위관리 같은 신중간계급이 나타남으로써 계급구조가 매우 다양해졌다는 것이다. 또한 중산층이 비대해지고 민주화로 인하여 시민권이 증대됨으로써 시민의 평등을 가져오고 결과적으로 계급 투쟁의 가능성이 약화된다. 경제적인 생산관계보다 권위의 소유 여부가 계급을 결정지으며 사회 갈등 역시 이와 관련하여 파생된다고 주장한다(Darendorf, 1959).

(3) 기능론적 계층 이론과 갈등론적 계급 이론의 종합

Lenski(1966)는 기능론적 계층 이론과 갈등론적 계급 이론을 종합하였다. Lenski는 사회적으로 중요한 역할을 담당하는 사람에게 보다 높은 보상을 분배해야 한다는 기능론적 계층 이론에 기본적으로 공감한다. 하지만 과학 기술이 발달하면서 재화의 상당한 잉여 생산이 가능하게 되었는데 이러한 잉여 생산으로 인한 자산은 권력, 지위, 영향력이 가장 강력한 집단과 그렇지 않은 집단에 불평등하게 분배된다는 것이다. Lenski는 불평등한 자산의 분배가 곧 Marx나 갈등론적 계급 이론가들이 지적한 사회적 긴장과 갈등을 야기하게 됨을 설명한다(김은주, 2008).

4) 계층 측정방법 및 측정 변수로서의 직업

사회계층 혹은 사회계급을 측정하기 위해 사회학자들이 고안해 낸 대표적인 방법은 주관적 접근법, 평판적 접근법, 객관적 접근법이다. 주관적 접근법은 자기평가를 통해 특정 계층 혹은 계급에 대한 소속감을 알아보는 방법이다. 주관적 접근법의 한계점은 평가 결과가 객관적이지 않다는 것이다. 특히 계층 지위가 높은 사람은 자신의 계층을 하향 평가하는 경향이 있다. 평판적 접근법은 지역 구성원으로 하여금 가령 가장 명망 있는 사람이 누구인지를 지칭하도록 하는 방법이다. 평판적 접근법은 지식과 정보의 한계성, 지역 제한성이 단점으로 지적된다. 객관적 접근법은 이러한 단점을 보완하여 계층 혹은 계급 지위를 측정할 수 있는 비교적 객관적인 척도를 개발하고자 한 접근법이다. 객관적 척도는 교육 정도, 직업, 수입, 가족이 소유한 각종 가재와 자산, 거주하는 주거지, 가옥의 소유 형태, 사회적 상호작용망 등으로 나타난다(김경동, 1978).

오늘날 계층 혹은 계급을 측정하기 위해 가장 많이 사용되는 객관적 척도는 직업이다. 직업은 경제력의 정도를 통해 계급의 위계성을 드러낼 뿐 아니라 권력, 명예를 집약하여 보여 줌으로써 계층을 분석하기 위해서도 적절한 매체이다. 그동안 사회·경제적 지위를 측정하기 위해 많이 사용되었던 교육, 수입 등도 직업과 밀접한 관련성을 가진다. 현대사회에서 직업은 교육 정도에 의하여 결정되며 직업활동의 결과는 수입으로 나타나기 때문이다(방하남, 김기헌, 2001; 유홍준, 김월화, 2005b). 1980년대 이후 우리나라에서 시도된 계급 구성에 대한 연구들도 주로 직업을 매개로 하여 분석되었다. 이 부분은 계급 구성을 연구하고자 하면서 계급 이론에 토대를 두지 못하고 직업구조 분석에 귀결되었다는 비판을 받기도 한다(양춘, 2002). 결과적으로 계층 연구나 계급 연구모두 그 지위를 파악하는 데 직업을 가장 많이 선호하고 활용해 왔음을 알 수 있다(김은주, 2008).

2. 교사의 지위

사회계층 지위는 사회·경제적 지위로 표현되어 주로 직업, 소득, 교육 정도를 중심으로 분석되었다. 사회계급을 보다 다차원적인 기준에 따라 분석해 온 연구에 근거하여 교사의 사회계급적 지위도 생각해 볼 수 있다. 사회적 지위는 직업이 가진 명예로서 사람들이 주관적으로 다르게 부여하는 평가와 인식에 근거한 위상을 말한다. 한 직업이 취득하는 소득을 중심으로 경제적 지위만을 분석하기도 한다. 경제적 지위는 경제력을 기준으로 분석하기는 하나 계급적 시각으로 접근하기보다는 사회계층적 시각으로 접근해 왔다. 경제적 지위는 계급 간 구분이라기보다는 경제력의 정도에 따른 지위 측정의 성격을 더 많이 띤다.

1) 교사의 사회계층적 지위

1950년대 일본에서 직업의 위광과 소득을 중심으로 점수화한 16개 직업 서열 중에서 교사는 대학교수, 의사, 관리(시 과장) 다음으로 높은 4위의 점수를 나타냈다. 1950년대 필리핀의 자료에 의하면 1위는 의사, 2위는 국회의원, 3위는 법조인으로 나타났으며, 교사는 18개의 직업 중 아홉 번째의 사회·경제적 지위를 차지했다. 1960년대 미국은 의사, 국회의원, 대학교수가 차례대로 1, 2, 3위를 차지했으며 교사의 지위는 81점으로 21개 직업 중 9위였다. 1950년대 폴란드에서는 16개의 직업 중 교사가 대학교수, 의사 다음으로 높은 사회·경제적 지위를 나타냈다. 이로써 1950년대 일본과 폴란드에서 교사는 사회·경제적 지위 면에서 중상의 지위이나 1950년대 필리핀, 1960년대 미국에서는 교사의 지위가 중간 정도임을 알 수 있다(김경동, 1978).

1960년대 우리나라의 근로자를 대상으로 사회적 위광과 소득에 근거하여 평가한 자료에 의하면 교사의 사회·경제적 지위는 25개 직업 중 12위였다. 1위는 국회의원, 2위는 대학교수, 3위는 법조인으로 나타났다. 1960년대 우리나라의 도시 성인을 대상으로 조사한 자료에서 교사의 지위는 19개 직업 중 8위로 나타났다. 이 자료에서 1위는 대학교수, 2위는 의사, 3위는 법조인으로 나타나(김경동, 1978) 1960년대 우리나라 교사의 사회·경제적 지위는 중간 정도였음을 알 수 있다. 1972년 교사는 우리나라 25개 직업 중 12위를 차지하여 교사의 사회·경제적 지위가 중간 정도로 나타났다. 1위는 국회의원, 2위는 대학교수, 3위는 법조인, 4위는 회사 사장, 5위는 의사였다(김경동, 1978).

2000년대에 들어와서 한상근 등(2002)이 우편집배원의 점수를 60점으로 제시한 후 권력, 돈, 명예를 종합하여 각 직업의 지위를 0~100점으로 평가하게 한 결과가 〈표 12-1〉에 나타나 있다. 24개 직종 중 내과의사, 변호사, 프로축구 선수, 대기업체 사장 등은 80점 이상을 보이고 초등학교 교장, 초등학교 교사, 컴퓨터 프로그래머, 펀드매니저, 국회의원, 은행원, 토목 기술자는 70점대의 점수를 얻었다. 그다음으로 요리사, 연예인, 육군 대위, 대기업체 사무원, 전기 기술공, 경찰관이 순위를 잇고 있으며, 마지막으로 농민, 생활설계사, 선반공, 목수, 어부, 광원, 단순노무자가 낮은 서열에 놓여 있었다. 최근 우리나라 사람들이 생각하는 직업 지위에서 초등교사는 24개 직종 중 6위를 차지함으로써 중상 정도의 서열에 놓여 있음을 알 수 있다.

유홍준, 김월화(2005a)는 교육과 수입을 기준으로 389개의 직업에 대한 사회·경제적 지위 점수를 산출하고 이를 서열화하였다. 점수는 50점 미만에서 80점 이상까지 분포되어 있는데 그 결과를 보면 관리직은 대체로 75점 이상의 점수대에 위치하고 있다. 과학 공학 및 정보 시스템 관련직과 교육 및 법률 관련직, 문화, 예술 및 스포츠 관련직은 대체로 65점 이상의 점수대이며 사무, 금융 및 사무 관련직, 보건 의료, 사회 서비스 및 종교 관련직은 60점 이상의 점수대에 분포되어 있다. 그에 반해 판매 서비스 관련직, 건설·기계·전기전자·운송 관련직, 제조 및 전기, 가스·수도 설비 관련 조작직은 주로 55점 이상 70점 미만의 점수대에 포진해 있으며, 농림·어업 관련직은 60점 미만의 점수대에 주로 집중되어 있는 양상을 나타냈다. 각 분야에서 기업 고위임원, 변리사, 세무사, 비행기 조종사, 자연과학 관련 연구원, 대학교수, 변호사, 의사 등은 77점 이상의 점수대에 놓여 있었다. 이 중 초등학교 교사, 중학교 교사는 모두 73.99점을 받음으로써 사회·경제적 지위가 중상 정도였다.

한상근 등(2002)은 24개 직종 중 10개의 직업을 추출하여 미국의 직업 서열과 비교하였다. 그 결과 우리나라에서 1위는 내과의사, 2위는 변호사, 3위는 초등학교 교장으로 나타났으며 초등학교 교사는 4위였다. 미국의 경우는 1위 내과의사, 2위 변호사, 3위 토목 기술자, 4위 초등학교 교장이었으며 초등학교 교사는 7위로 나타났다.

표 12-1 직업위세(권력, 돈, 명예 종합) 평균

직업	N	평균	표준편차	서열	직업	N	평균	표준편차	서열
내과의사	2508	83.28	13.57	1	연예인	2507	69.63	19.38	13
변호사	2508	81.53	16.01	2	육군대위	2507	69.61	14.69	14
프로축구선수	2508	81.34	14.45	3	대기업체 사무원	2504	69.57	12.64	15
대기업체 사장	2509	80.37	17.39	4	전기기술공	2507	68.34	13.47	16
초등학교 교장	2508	79.91	14.13	5	경찰관	2508	67.70	14.71	17
초등학교 교사	2508	78.31	13.15	6	농민	2508	61.36	20.68	18
컴퓨터프로그래머	2509	78.04	13.34	7	생활설계사	2508	56.76	15.70	19
펀드매니저	2506	76.14	15.49	8	선반공	2504	55.77	16.53	20
국회의원	2508	72.08	25.45	9	목수	2506	54.99	17.49	21
은행원	2509	71.57	12.97	10	어부	2507	53.42	18.93	22
토목 기술자	2508	71.35	13.35	11	광원	2507	52.39	19.35	23
요리사	2508	69.93	14.06	12	단순노무자	2506	47.89	19.30	24

※단, 평균 점수는 100점 만점

출처 : 한상근, 임언, 이지연, 이경상, 정윤경(2002). 한국인의 직업조사II. 한국직업능력개발원.

2) 교사의 사회계급적 지위

직업에 대한 사회계급적 접근은 1980년대 이후부터 서관모, 홍두승, 구회근 등에 의하여 이루어졌다(김채윤, 1984; 양춘, 2002). 서관모는 현대 한국 사회의 계급구조를 Marx의 이론에 근거하여 자본가 계급, 프티부르주아, 노동자 계급으로 구분한다. 자본가 계급은 산업자본가, 상업자본가, 대부자본가와 같이 생산수단을 소유한 자, 그리고 회사 임원, 관리 직원, 관리직 공무원과 같은 기능적 자본가로 구성된다. 프티부르주아는 농촌 및 도시 프티부르주아를 모두 포함한다. 노동자 계급은 샐러리맨층, 생산적 노동자층, 비생산적 노동자층으로 구분되며 실업자도 들어간다. 서관모의 분류에 의하면 교사는 프티부르주아에 속하며 중간의 위치에 놓인다.

구회근, 홍두승은 생산수단의 소유와 비소유, 노동력의 구매와 판매, 육체노동과 비육체노동의 구분을 조합하여 5개 범주의 계급이 형성된다고 주장한다. 자본가 계급, 신

표 12-2 구회근, 홍두승의 계급 범주

구분	또 다른 계급 명칭		
상류계급	부르주아지, 자본가 계급, 자본가		
중간계급	중산계급	구중간계급	프티부르주아지, 소부르주아지, 자영업주
		신중간계급	화이트칼라, 신프티부르주아지, 신소부르주아지, 비육체노동자, 정신노동자, 봉급생활자
노동계급	프롤레타리아트, 노동자계급, 근로계급, 불루칼라, 육체노동자, 임금노동자		
하류계급	룸펜프롤레타리아트, 도시하류계급, 주변계급		

출처 : 권태완, 홍두승, 설동훈(2006). 사회학의 이해. 서울: 다산출판사. 153.

중간계급, 프티부르주아(구중간계급), 노동 계급, 주변 계급이다. 여기에서 주변 계급이란 노동 계급, 프티부르주아에도 속하지 않는 행상이나 가두 판매자 같은 사람들을 말한다. 구회근과 홍두승의 계급 분류에 따르면 교사는 신중간계급에 해당된다.

홍두승(1983)은 계급구조를 설명하는 데 부문의 개념을 도입하였다. 홍두승은 도시와 농촌 부문으로 구분한 후 도시 부문은 다시 조직 부문과 자영업 부문으로 분류하였다. 그리고 사회적 자원의 통제 수준이라는 변수를 도입하여 사회를 각 부문별로 삼분하고 이를 교차시켜 최종적으로 8개의 계급 모형을 만들었다(김채윤, 1984, 재인용; 홍두승, 1983). 홍두승의 8계급 모형에 따르면 교사는 조직 부문의 신중간계급에 소속된다.

표 12-3 홍두승의 8계급 모형

사회 자원의 통제수준	부문		
	조직부문	자영업부문	농업부문
상	중상계급	상류계급	
중	신중간계급	구중간계급	독립자영농 계급
하	근로 계급	도시 하류계급	농촌 하류계급

출처 : 홍두승(1983). 직업분석을 통한 계층연구–한국표준직업분류를 중심으로. 사회과학과 정책연구, 5(3), 81.

3) 교사의 사회적 지위

사회적 지위는 한 직업이 사회적으로 가진 위광, 영예, 존경, 인정의 정도에 근거하여 정한 서열 중에서 차지하는 위치를 말한다. 교육 정도나 수입과 달리 위광, 영예, 존경의 정도는 객관적으로 측정하기가 아주 애매하다. 따라서 교직의 사회적 지위는 주로 교사 자신이나 사회 구성원의 주관적인 인식에 근거하여 측정하는 것이 보편적이다(김은주, 2008).

Hoyle(2001)은 직업의 위계적 순위가 시대에 따라 상당히 안정적인 경향을 보이며 문화, 정치, 경제 발달의 정도에 관계없이 사회, 국가를 넘어서 매우 비슷한 양상을 나타낸다고 하였다. 각종 연구들을 살펴보면 교사의 사회적 지위는 보통 상위 4분의 1 범위 안에 있으며, 의사와 변호사 같은 주요 전문직 아래에 위치하는 것이 보통이라고 설명하였다.

1970년대 Treiman(1977)은 53개의 개발도상국과 선진국을 포함하여 모두 60여 개국을 대상으로 사회인으로부터 받는 존경의 정도에 근거하여 교사의 사회적 지위를 조사하였다. 이 자료에 의하면 초등학교 교사는 26개의 직업 중 17위를 차지하고 중등학교 교사는 15위에 해당되었다. 사회적 지위 1위는 중앙정부 국회의원, 2위는 정부각료, 3위는 판사로 나타났다(Few & Wang, 2002, 재인용).

1979년 대한교육연합회가 조사한 교사의 직업적 위신은 32개 직종 중 초등교사가 25위, 중등교사가 21위로 나타났다. 초등교사의 사회적 지위는 중하에 위치함으로써 직업적 위신이 간호사보다 낮고 개인택시 기사나 순경보다 약간 높게 평가되었다(정우현, 1996).

1984년 대한교육연합회가 1,873명의 각계각층 일반인을 대상으로 조사한 자료에서는 40개의 직업 중 사회적 지위 1위는 판사, 2위는 검사, 3위는 국회의원으로 나타났으며 중등교사는 20위, 초등교사는 24위로(정우현, 1996) 교사의 사회적 지위는 중간 정도임을 알 수 있다.

윤정일 등(1994)은 한국과 일본의 초·중·고 교사 600명과 학부모 900명을 대상으로 교사의 사회적 지위에 대한 인식을 비교하였다. 우리나라의 일반인은 26개의 직종 중 사회적 지위의 측면에서 1위 국회의원, 2위 변호사, 3위 의사로 응답하였다. 일반인에게 초등학교 교사의 사회적 지위는 14위, 중학교 교사는 7위로 인식되었다. 우리나라 교사는 초등학교 교사의 사회적 지위를 20위, 중학교 교사를 18위로 생각하였다. 1위는 국회의원, 2위는 변호사, 3위는 의사로 나타났다. 일본의 일반인은 초등학교 교사의 사회적 지위를 8위로 생각하였고, 교사는 초등학교 교사의 사회적 지위를 16위로 인식하였다. 일본의 교사가 생각하기에 사회적 지위가 높은 직종은 1위 의사, 2위 변호사, 3위 대학교수였으며, 일반인도 같은 양상으로 응답하였다.

Few와 Wang(2002)이 Treiman의 척도를 가지고 대만에서 조사한 자료에 의하면 26개 직종 중 초등학교 교사는 11위, 중학교 교사는 9위의 사회적 지위를 차지하였다. 이 연구에서 1위는 대학교수, 2위는 정부 각료, 3위는 판사였다.

최근 우리나라에서는 교직에 대한 선호도가 급격하게 변화하고 있다. 1998년 김병숙 등(1998)이 한국직업능력개발원에서 조사한 자료에 의하면 우리나라 사람이 직업을 선택할 때 가장 우선적으로 고려하는 조건은 신분 보장, 정년 연한, 직업의 안정성으로 나타났다. 한국직업능력개발원이 1980년대에 조사하였을 때 부모와 자신이 바라는 직업은 의사, 교수, 경영자, 판검사, 고급 공무원의 순이었으나, 1998년에 조사한 자료에 따르면 부모가 자녀에게 가장 바라는 직업은 1위 교사직, 공무원, 2위 회사원, 3위 현모양처, 4위 의사, 5위 농업인이었다. 자녀가 원하는 직업은 1위 교사, 2위 공무원, 3위 상업인/자영업, 4위 회사원, 5위 기업가였다.

한상근 등(2002)이 2002년에 조사한 결과도 비슷한 특징을 나타낸다. 전국의 15세 이상 2,514명을 대상으로 시도한 연구에서 부모가 자녀의 청소년 시기에 바랐던 직업을 개방형으로 응답하게 한 결과 1순위 교사(응답자의 25.3%), 2순위 공무원(경찰, 장관)(20.5%), 3순위 의사(7.2%), 4순위 회사원(6.1%), 5순위 간호사(4.1%)로 나타났다. 자녀 본인이 이상적으로 생각하는 직업에 대한 개방형 응답의 경우에도 1순위 교사(16.1%), 2순위 공무원, 3순위 상업인(자영업, 유통업)(12.5%), 4순위 기업가(7.6%), 5순위 의사(5.4%)로 나타났다.

교직에 대한 선호도가 급격하게 높아진 이유는 직업의 안정성, 삶의 질에 대한 가치를 새롭게 인식했기 때문으로 보인다. 교직은 정년까지 장기적인 활동이 가능한 안정성

표 12-4 부모와 자신이 바라는 직업

순위	청소년 시기에 부모가 바라는 직업	명	비율 (%)	순위	현재 본인이 생각하는 이상적인 직업	명	비율 (%)
1	교사	637	25.3	1	교사	406	16.1
2	공무원(경찰, 장관)	516	20.5	2	공무원(경찰, 장관)	378	15.0
3	의사	180	7.2	3	상업인(자영업, 유통업)	315	12.5
4	회사원	153	6.1	4	기업가	192	7.6
5	간호사	104	4.1	5	의사	137	5.4
6	주부	88	3.5	6	교수	69	2.7
7	법조인(검사, 변호사, 판사, 법무사)	86	3.4	7	회사원	66	2.6
8	교수	67	2.7	8	디자이너	55	2.2
9	금융관련원(은행원, 금융업)	57	2.3	9	법조인(검사, 변호사, 판사, 법무사)	50	2.0
10	직업군인(여군)	52	2.1		기술자		
11	기업가	49	1.9	11	프리랜서	44	1.8
	기술자			12	전문직	35	1.4
13	디자이너	26	1.0	13	간호사	35	1.4
14	농림어업인(농부, 축산업, 어부)	25	1.0	14	컴퓨터프로그래머	32	1.3
15	상업인(자영업, 유통업)	24	1.0	15	주부	28	1.1
16	정치인(대통령, 국회의원)	22	0.9	16	미용사	27	1.1
					컴퓨터 관련 직업		
17	약사	21	0.8	18	서비스업	26	1.0
18	미용사	20	0.8		직업운동선수		
19	직업운동선수	19	0.8	20	회계사	16	0.6
20	성직자	13	0.5				
21	기타	306	12.2	22	기타	496	19.7
	총계	2514	100.0		총계	2514	100.0

출처 : 한상근, 임언, 이지연, 이경상, 정윤경(2002). 한국인의 직업조사II. 한국직업능력개발원.

있는 직업, 방학이 있고 정시 퇴근을 보장하여 정신적으로 여유 있는 생활이 가능한 직업으로 부각되고 있다. 그러나 교직에 대한 선호도가 높아진 것을 교직의 사회적 지위가 상승한 것으로 속단할 수는 없다. 교직에 대한 사회인의 선호도가 높아진 것은 직업

조건이 현대인의 요구에 부합되기 때문이며, 교직 종사자에 대한 존경도가 높아지거나 교직이 가진 명예를 높게 인식한 결과는 아닐 수 있기 때문이다. 하지만 이러한 선호도의 변화는 교직을 새롭게 인식하고 평가하게 한다. 중 혹은 중하에 머물던 교사의 사회적 지위는 교직에 대한 인식 전환과 함께 상승할 가능성이 있다(중앙일보, 2005b).

4) 교사의 경제적 지위

Hoyle(2001)은 교사의 집단이 거대하므로 경제적 지위가 낮아진다고 주장한다. 교사의 주 고객은 학생인데 어느 사회, 국가나 학생 집단은 다른 집단에 비하여 과다함을 특징으로 한다. 학생 수가 많음은 교사의 수요 증대와 교사 집단의 거대함으로 연결된다. 공공 자금으로 충당되어야 하는 교사의 임금은 교사의 수가 많으므로 줄어들게 된다.

1984년 대한교육연합회는 사회 각계각층의 직업인 1,873명을 대상으로 40여 개의 직업 중 교직이 차지하는 경제적 지위를 조사하였다. 그 결과 초등교사는 30위, 중등교사는 25위로 나타나 교사의 경제적 지위가 중하에 머무는 경향을 보였다. 윤정일 등(1994)이 우리나라와 일본의 일반인과 교사를 대상으로 조사한 연구에 의하면 우리나라 일반인은 26개 직종 중 초등교사의 경제적 지위를 19위, 중학교 교사를 18위로 응답하였다. 1위는 의사, 2위는 변호사, 3위는 국회의원이었다. 우리나라 교사는 초등학교 교사의 경제적 지위를 20위, 중학교 교사의 경제적 지위를 22위로 생각하였으며 1위는 의사, 2위는 변호사, 3위는 국회의원으로 나타났다. 일본의 일반인은 초등교사의 경제적 지위를 18위, 중등교사를 17위로 인식하였으며 1위는 의사, 2위는 국회의원, 3위는 변호사였다. 일본의 교사는 초등교사의 경제적 지위를 22위로, 중등교사를 20위로 인식하였다. 일본 교사가 인식하는 경제적 지위 1위는 의사, 2위는 국회의원, 3위는 변호사였다. 따라서 1990년대 우리나라나 일본의 교사가 생각하는 교사의 경제적 지위는 중하이고 일반인의 인식보다 더 낮았다.

Leclerq(1996)는 중앙 유럽 및 동유럽의 많은 국가가 교육개혁의 중요성을 인지하고 이를 추진할 교사의 역할을 중요하게 생각하고 있지만, 교사에 대한 대우가 좋지 않으므로 교사의 이직이 많음을 문제로 제시한다. 헝가리의 경우 1990년 교사의 보수는 산업, 농업, 서비스 분야에 종사하는 노동자보다 30~40% 낮았다. 1988년 러시아 교사의

표 12-5 2006년, 2015년 OECD 국가 초등학교 교원 법정 급여[구매력 단위 : 미국 달러지수(PPP 환산액, 년)(2015년 법정 급여)]

구분	초임 연간급여	15년 경력자 연간급여	최고호봉자 연간급여
한국	30,528(28352)	52,666(49596)	84,263(78628)
룩셈부르크	50,301(68348)	69,269(108470)	102,519(122466)
스위스	40,338(54968)	52,191(무응답)	64,057(84052)
독일	40,277(54426)	50,119(68266)	52,259(72473)
미국	34,895(42563)	42,404(60705)	무응답(68478)
호주	31,171(40902)	42,688(59361)	42,688(66524)
핀란드	27,708(33034)	35,798(40531)	45,164(42963)
일본	26,256(29009)	49,097(50636)	62,645(63215)
이탈리아	24,211(27942)	29,287(37753)	35,686(41073)
프랑스	23,317(28525)	31,366(34956)	46,280(51325)
OECD 평균	27,828(30838)	37,832(42864)	46,290(52748)

주 : 적용된 2006년도 PPP 환율은 $1당 775.47원임.

출처 : 교육과학기술부(2008). 2008년 OECD 교육지표 결과발표. 보도자료. 9. 9. OECD(2017). Teacher's salary. Data. https://data.oecd.org/eduresource/teachers-salaries.htm

보수는 산업 노동자보다 30% 정도 낮았다. 루마니아의 경우도 1989년 이래 여러 차례 인상되었지만 교사의 평균 보수가 월 80달러 정도에 지나지 않는 것으로 나타났다.

유홍준과 김월화(2005b)가 383개 직업의 2001년 월수입 평균값을 구한 결과 1위는 변호사(607.8만 원,) 2위는 사회과학 연구원(529.1만 원), 3위는 항공기 조종사(491.7만 원)로 나타났으며 초등교사는 96위로 190.9만 원, 중등교사는 80위로 203.3만 원이었다. 이 연구에서 순위상으로 볼 때는 초등교사의 경제적 지위가 중상 정도임을 알 수 있다. 월평균 수입액을 기준으로 보면 400만 원 이상인 직종이 9종, 300만 원 이상이 16종, 200만 원 이상이 57종, 100만 원 이상이 253종, 100만 원 미만이 46종으로 나타나 조사된 직종 중 약 80%가 월평균 수입이 100만 원대 수준임을 알 수 있다. 대다수 직종과 비교하여 교사의 월평균 수입은 중간을 조금 상회하는 것으로 나타난다.

McNergney와 McNergney(2007)는 교사가 흔히 다른 전문 직종의 종사자보다 적은 급여를 받는다고 생각할지 모르나 급여 액수만을 액면 그대로 비교하는 것은 교사의 경제적 지위를 논함에 있어 적절하지 못하다고 설명한다. 교사가 누리는 건강보험, 치과보험, 병가, 방학, 연금 등의 혜택을 생각하면 교사는 다른 전문 직종보다 더 나은 조건에 놓여 있다. 또한 교사는 다른 전문 직종에 비해 교사가 되기까지의 교육과정에 경제적 비용이 많이 들지 않았으며, 교육 연한 또한 상대적으로 길지 않으므로 비교적 적은 나이에 돈을 벌기 시작한다. 이를 기회비용이라고 한다. 게다가 교사는 다른 전문 직종처럼 1년 내내 근무하지 않는다. 미국의 경우 교사는 연간 40주를 근무하는 데 반하여 다른 전문 직종의 종사자들은 50주를 근무한다. 이러한 모든 상황을 종합해 보면 교사의 경제적 지위가 낮다고 볼 수 없다(ERIC, 1997).

이상의 결과를 놓고 볼 때, 일반 사회인은 전반적으로 교사의 경제적 지위를 중간 정도로 인식하고 있다. 또한 다른 나라 초등교사와 비교해 볼 때 우리나라 초등교사의 보수는 적지 않고 오히려 경력에 따라 상당히 높아진다(교육과학기술부, 2008; 김은주, 2008).

3. 교사의 지위 향상을 위한 방안

일반인이 인식하기에 우리나라 교사의 사회 · 경제적 지위는 중상 정도에 놓여 있다. 사회적 지위와 경제적 지위는 중하에서 중 혹은 중상으로 상승하고 있는 것으로 나타났다. 일반인의 인식과 비교해 볼 때, 교사는 자신의 사회계층적 · 사회적 · 경제적 지위를 아주 낮게 인식하는 경향이 있다(김희수, 2001; 양상명, 1980; 이영학, 1988). 교사는 자신을 직업 위신 면에서 비하하는 경향이 있었으며, 특히 경제적 지위에 대한 인식이 일반인의 인식에 비해 상당히 낮았다. 대도시 교사의 경우에는 다수가 교사의 수입에 대해 불만을 토로하였다. 교사가 자신의 지위에 대해 불만족스러워하면 직무 사기가 저하되며, 교육에 대한 헌신과 열정도 시들어 버리고 만다. 교사의 불만족이 생겨나는 원인과 이유를 파악하는 것은 교사의 지위를 높일 수 있는 방향 모색에 도움을 줄 것이다.

첫째, 교사를 존중하고 우대하던 사회적 분위기가 지속적으로 변화하고 있다. 학부모는 과거처럼 교사를 존경하거나 어려워하지 않는다. 자녀의 문제에 대해 학부모의 항의와 비난이 거침없이 전달되는 경우도 있다. 교사에 대한 기본적인 예의와 우대가 약화된 상황에서 맞닥뜨리게 되는 학부모와의 충돌은 교사의 자긍심과 사기를 꺾는다. 학생 역시 교사를 존경하거나 무서워하지 않는다. 사회에서도 소수 문제 교사의 사례를 극단적으로 부각시켜 교사의 명예를 집단적으로 훼손한다.

둘째, 국제적으로 비교하였을 때 우리나라 초등교사의 보수는 낮은 편이 아니다(OECD, 2005; OECD, 2008; OECD, 2017). 하지만 급변하는 우리 사회 산업구조 및 경제발달 속에서 고보수 직종이 지속적으로 생겨나고 있다. 타 직종의 상대적인 경제적 우위성은 교사의 경제적 지위를 더 낮게 평가하도록 만들 수 있다. 또한 우리 사회의 다른 직종에 비해 교직은 연한에 따른 임금 인상 폭이 낮아서 상대적인 박탈감을 느낄 수도 있다.

김은주(2009a)에 의하면 교사의 전문직 위상은 교직이 가진 사회적 명예에 달려 있으며, 사회적 명예는 교사의 전문적 지식과 윤리성의 영향을 받는다. 교사가 사회적으로 존경받고 우대받기 위해서는 무엇보다도 교사 자신의 전문적 능력을 향상시킬 필요가 있다. 초등학교 교사가 학생을 잘 가르칠 때 교사에 대한 사회인의 존경심도 높아진다. 또한 교사는 윤리적으로 처신해서 사회구성원의 존경을 받을 필요가 있다.

사회적으로 볼 때 초등교사의 업무를 교육내용 측면에서 접근할 것이 아니라 교수의 측면에서 접근할 필요가 있다. 그리고 일반인이 교사의 전문성을 인정할 수 있는 안목을 키우도록 계도하고 홍보해야 한다. 언론매체는 소수 교사의 비리를 상업적으로 이용할 것이 아니라 귀감이 될 수 있는 교육 사례를 발굴하여 교사의 긍지와 사기를 높여 주어야 한다.

최근 직업의 안정성이 중요시되면서 교직에 대한 선호도가 대단히 높아지고 있으며, 앞으로 이러한 사회적 분위기는 교사의 지위 상승에도 긍정적으로 작용하리라 본다. 김은주(2009b)에 의하면 교사의 경제력을 상대적으로 가장 높게 생각한 연령대는 30대와 40대였으며 20대 역시 교사의 경제력을 높게 평가하였다. 구직난에 시달리는 20대와, 구직을 하였어도 직업의 안정성으로 인해 불안해하는 30~40대에게 교직은 경제적으로 매력적인 직종임에 틀림없다. 하지만 50대 이상은 다른 연령대와 달리 교사의 경제력을 낮게 평가하는 경향을 보였다. 50대의 일반인은 70년대 교직의 사회적 지위가 극도로 떨어졌을 때의 교직 이미지를 가지고 있기 때문으로 사료된다. 하지만 교직에 대한 사회인의 인식은 변화하고 있다. 교사도 이를 자각함과 동시에 자신의 직업에 대한 인식을 보다 긍정적으로 전환할 필요가 있다.

우리나라는 정치적 · 경제적으로 괄목할 만한 성장을 해 왔다. 이러한 발전의 일정 부분은 교사의 헌신적 교육에 힘입은 바 크다. 교사를 우대하지 않고 교사의 사명감과 열정만으로 교육의 효과를 높이기는 매우 어렵다. 타 직종과 비교할 때 연한에 따른 보수의 낮은 인상률은 교사의 사기 앙양에 도움이 되지 못한다. 따라서 앞으로의 비약적 도약을 위해서 교사의 교직 헌신도를 한층 더 높일 수 있는 실제적인 심적 · 물적 지원책이 요구된다.

교직문화   13

1. 문화의 개념과 특성

1) 문화의 개념

(1) 문화의 정의

문화만큼 개념을 규정하기가 어렵고 복잡한 용어도 없을 것이다. 학자들은 다양한 관점에서 문화를 정의해 왔다. Tylor(1920)는 문화란 지식, 신념, 예술, 도덕, 법, 관습, 사회구성원으로서 습득한 능력, 습관 등을 포괄하는 복합적 전체라고 정의했다. Baldridge(1980)는 과거에는 문명을 문화로 간주하였지만 오늘날의 문화는 인간사회 생활 속에서 만들어진 지식이라고 하였다. 윤덕중(1986)은 문화란 사회구성원이 생활하면서 제반 문제에 대처할 수 있도록 구성원 간에 공유하고 있는 지식, 언어, 가치관, 규범을 말한다고 하였다. 이들의 정의에 따르면 문화는 규범(관습, 도덕, 법), 가치관, 신념, 지식, 예술, 언어 등을 말한다.

　　반면 이광자, 엄신자, 손승영, 전신현(1999)은 문화는 물질문화와 비물질문화 유형으로 구분되는데, 물질문화는 인간이 만들어 사용하는 물리적 대상으로 단순한 연장에서

부터 복잡하고 정교한 컴퓨터까지 포괄하는 것이고, 비물질문화는 어떻게 행동해야 하는지 알려주는 것이라고 하였다. Kroeber는 문화란 상징을 통하여 습득하거나 전수하는 명시적이거나 묵시적인 행위의 양상과 이의 구현이라고 하였으며(윤덕중, 1986, 재인용), Biesanz와 Biesanz(1969)는 문화란 행위 양상과 사물, 생각, 감정, 행동이 가지는 의미 및 가치의 조합이라고 하였다. 행위 양상과 의미의 조합은 사회집단 안에서 언어적 상호작용으로 발생되며 사람들에 의하여 학습된다. Bassis, Gelles, Levin(1988)은 문화란 삶을 위한 디자인이라고 정의했다. 이상의 정의를 살펴보면 문화란 의미가 부여된 행위 양상으로서 어떻게 행동해야 하는지를 규정하는 것이라고 요약할 수 있다. 문화를 규범, 가치관, 신념, 지식, 예술, 언어라고 정의한 입장과 문화를 행위양식으로 규정한 학자들의 입장은 같은 맥락의 정의이다. 그 이유는 인간의 모든 행위양식은 사실상 규범, 가치관, 신념, 지식, 예술, 언어와 밀접한 관련성을 맺기 때문이다.

(2) 문화의 개념

문화는 교양, 예술, 그리고 기술 및 공학 같은 문명 등으로도 정의되어 왔지만 오늘날 문화는 문화인류학의 총체론적 견해에 영향을 받아 보통 인간사회의 행위양식 혹은 생활양식으로 이해된다(이철우, 2013; 한상복, 이문웅, 김광억, 2011). 양식이란 공유되면서 표출되는 모양이나 형식으로 행위양식 혹은 생활양식은 언제, 어디서, 누가, 무엇을, 어떻게, 왜 하는지에 대해 사회구성원이 공유하는 인식, 태도, 행동하는 방식이다.

인간의 행위양식과 생활양식은 규범과 밀접한 관련성을 가지고 있다. 규범은 사회질서나 안녕을 위해 인간 행동을 구속하고 준수하도록 기대하거나 요구하는 기준으로서 금기사항 같은 원규(mores), 무의식적으로 따르는 집단적 민습인 관습(folkways), 그리고 자율적으로 지켜야 하는 윤리와 도덕, 강제적으로 준수해야 하는 법률 등을 포함한다(두산백과; Bassis, Gelles, Levin, 1988). 규범은 사회구성원이 공유하는 가치나 신념에 영향을 받는다(두산백과). 가치는 무엇이 옳고 그른지에 대해 구성원이 공유하고 있는 추상적 기준이며, 신념은 세상에 대해 구성원이 공유하는 생각과 믿음이다(Bassis, Gelles, Levin, 1988). 가치관과 신념은 규범에 영향을 주고, 규범은 인간의 행위양식과 생활양식을 결정한다.

행위양식과 생활양식은 인간의 일상생활에서 나타난다. 예를 들어 인사하는 방법, 식사하는 예절 등은 일상생활 속에서 인간이 지켜야 할 행위 혹은 생활양식이다. 그런데 행위양식, 생활양식은 일상생활 속에서 구현되면서 동시에 사회의 각종 제도 (institution) 속에서 체계화된다. 행위양식과 생활양식이 제도 속에서 구현되는 관계는 문화의 구조를 살펴보면 보다 잘 이해할 수 있다. 문화의 구조는 문화특질, 문화복합, 그리고 제도로 구성된다(이철우, 2013). 문화의 가장 기본 요소들을 문화특질(cultural trait)이라고 한다. 문화특질이 보다 상위 단계인 문화복합(cultural complex)으로 발전할 때 생활양식, 행동양식이 나타난다(이철우, 2013). 그리고 문화복합이 특정한 목적을 가지고 조직화되어 사회 안에서 일정한 기능을 담당할 때 제도가 만들어진다(이철우, 2013; 한상복, 이문웅, 김광억, 2011). 예를 들어 사람들이 보다 나은 생존과 생활을 위해 물물교환을 시작할 때 교환하는 물고기, 농산물 등은 문화특질이다. 물물교환의 불편함을 감소시키기 위해 사람들은 조개나 돌 등에 교환의 의미와 가치를 부여하고 이를 교환 단위로 상징화하여 사용할 수 있다. 물물교환할 때 교환의 단위로 조개나 돌을 사용하는 행위양식과 생활양식이 나타난 것이다. 그러나 보다 편리함을 추구하기 위해 인간은 가벼운 소재인 종이로 화폐를 찍어내게 되고, 혼란과 무질서를 막기 위해 화폐의 종류, 발행, 유통의 체계인 화폐제도를 발전시키게 된다.

제도는 인간이 환경에 적응하는 과정에서 만들어진다. 제도는 규범에 근거하여 만들어진 사회구조의 체계이다(두산백과). 여기에서 사회구조란 인간의 행동양식을 규정하는 틀이고, 체계란 짜임새 있게 조직된 전체를 말한다. 즉, 사회제도는 규범에 근거하여 인간 행동양식을 규정하는 짜임새 있는 틀, 그 조직 전체를 의미한다. 사회제도야말로 고차원적인 문화의 단계로서 문화특질(cultural trait)의 상위 단계인 문화복합(cultural complex)이 특정한 목적을 가지고 조직화되어 일정한 기능을 담당하는 체계이다(이철우, 2013; 한상복, 이문웅, 김광억, 2011). 이러한 사회제도는 가족, 교육, 정치, 경제, 종교제도 등 사회생활의 각 영역으로 나타난다. 그러므로 인간의 행위 및 생활양식은 규범이 구현된 가족, 교육, 정치, 경제, 교육, 종교제도 등 각종 사회제도의 목적에 맞추어 나타난다. 일상생활 속에서 실행되고 동시에 사회 각 제도 안에서 체계화된 인간의 행위양식 및 생활양식은 지식으로 정리되기도 하고, 예술로 표현되기도 한다. 지식으로 집적되고 예술로 표현되는 것은 언어와 상징을 매개로 하여 가능하다.

이를 요약하면 문화는 인간 가치와 신념의 영향을 받은 규범에 근거하여 정해진 행위양식과 생활양식이다. 인간의 행위양식과 생활양식은 일상생활 속에서 구현되며, 동시에 각종 제도 속에서 보다 체계적으로 실행된다. 인간의 행위양식과 생활양식은 언어와 상징을 매개로 하여 지식이라는 결과로 정리되고, 예술을 통해 표현되기도 한다. 따라서 문화란 인간의 행위양식 및 생활양식으로서 이에 관련되는 가치관, 신념, 규범, 일상생활, 제도, 지식, 예술, 언어, 상징 등의 총 복합체라고 개념 지을 수 있다. 문화의 개념을 쉽게 설명하기 위해 문화와 관련된 요인들이 순차적으로 영향을 받는 듯 설명하였지만, 사실상 문화의 요인들은 서로 복합적으로 영향을 주고받는다. 영향은 일방향이 아니라 다방향으로 일어나며, 또한 동시다발적이다. 예를 들어 인간의 가치와 신념은 규범에 영향을 주지만, 규범으로 인하여 인간의 가치와 신념이 영향을 받을 수도 있다. 또한 지식과 예술이 문화의 결정체이기도 하지만, 지식과 예술로 인해 인간의 가치와 신념이 변화하고, 규범, 제도 등이 변화할 수도 있다.

이상의 문화에 대한 개념은 주로 총체론적 관점에서 조명한 것이지만, 문화는 관념론적 시각으로도 볼 수 있다. 관념론적 시각은 총체론적 관점의 일부로서 인간 행위양식 및 생활양식의 이면에서 작동하는 관념과 개념을 문화로 본다. 예를 들어 우리나라의 경우 할머니를 친할머니, 외할머니 등으로 구분하는 데 반하여 서양에서는 할머니라는 한 범주가 있다. 할머니를 세분하여 호칭하고 상호작용하는 행위양식은 우리나라 사람의 인식 속에 남성 중심의 질서를 중요하게 생각하는 관념과 의식이 자리 잡고 있기 때문이다. 관념론적 시각에서 보면 행위양식 및 생활양식을 결정짓는 관념이 문화가 된다. 문화를 조명할 때 총체론적 관점과 관념론적 관점 두 가지 접근을 함께 적용하는 것이 문화를 다각적으로 조명하게 하고 문화에 대한 이해를 풍성하게 할 것이다.

2) 문화의 특성

첫째, 문화는 인간 고유의 사회적 산물이다. 문화는 인간의 본능에 의해서 결정되는 것이 아니라 후천적인 노력과 인간 집단의 합의로 만들어 내는 것이고, 집단 안에서 공유되며, 축적되고, 학습되고, 사회화되며, 전파된다(이철우, 2013; Bassis, Gelles, Levin,

1988).

둘째, 인간 삶에 적용되는 문화는 다원성을 가진다. 문화는 국가나 사회 같은 거시적 차원에서 생성되는가 하면, 가정, 학교, 학급, 심지어 학급 내 또래집단 같은 미시적 차원에서도 생성된다. 거시적 차원의 문화를 상위문화 혹은 전체문화라고 한다면 미시적인 차원에서의 문화는 하위문화 혹은 부분문화라고 할 수 있다. 하위문화를 가르는 기준은 매우 다양하다. 인종, 민족, 국가, 성별, 계층, 지역, 연령, 직업, 종교, 신분, 성정체성, 특수성, 이데올로기, 취미, 가치관 등에 따라 문화는 다양한 하위문화로 세분화될 수 있다. 한 개인은 거시적인 차원과 미시적인 차원 모두에 걸쳐 생활하므로 다원적인 문화 속에서 살아간다(이철우, 2013).

그러나 사실상 상위문화, 하위문화는 맥락에 따라 달라질 수 있다. 전 세계의 차원에서 보면 지구촌의 인간문화가 상위문화이고 각 국가와 민족의 문화가 하위문화가 되지만, 한 국가가 상위문화가 될 경우 그 안에서 다양한 기준에 따라 하위문화가 파생될 수 있다. 분명한 것은 인간은 어떠한 상황에서든 여러 가지 문화에 얽혀 있으며 다층적이고 복합적인 문화 속에서 생활하고 있다는 것이다.

셋째, 문화가 다원적이므로 문화는 통일성과 공통성, 보편성을 가지고 있지만 또한 특수하고 다양하다. 즉 거시적 차원의 문화는 보편문화라 할 수 있고, 통일성과 공통성을 가지지만 미시적 차원의 문화는 특수문화라고 할 수 있으며 다양하고 독특하다.

넷째, 문화는 통합적 성격을 지니기도 하지만 상호 갈등하기도 한다. 특히 하위문화가 상위 문화와 다르기만 한 것이 아니라 그에 대항할 때 이를 저항문화라고 한다(Bassis, Gelles, Levin, 1988). 사춘기 청소년이 기성세대의 문화를 거부하며 자신들만의 문화를 창출하여 대항할 때도 저항문화를 형성했다고 할 수 있다.

다섯째, 문화는 상호 대등한 위치에 있는가 하면, 주류문화와 비주류 문화, 지배 문화와 피지배 문화, 중심부 문화와 주변부 문화처럼 상하 서열로 차등화되는 경우도 있다(이철우, 2013). 문화 제국주의는 주류문화를 문화로 간주하고 모든 사람은 주류문화에 동화되어야 함을 강조한다. 반면 문화 상대주의는 모든 문화의 독자성과 특성을 강조하며 공존해야 함을 강조한다.

여섯째, 문화는 안정적으로 유지되지만 또한 시대에 따라 계속 변화한다. 시대와 사회를 넘어 인류 보편적인 특성을 지니고 절대적으로 변화하지 않는 문화도 있지만 문화는 지속적으로 변형되어 간다. 그 이유는 문화가 인간이 만들어 내는 사회적인 산물이기 때문이다. 인간은 개선, 혁신, 창안 등을 통해 문화를 새롭게 변화시켜 간다. 또한 사회의 교류가 왕성해지면서 이질적인 문화가 상호 충돌하는 경우도 발생한다. 문화 충돌은 문화 적응을 거쳐 문화 지체 혹은 문화 동화로 발전해나감으로써 문화를 변화시킨다(이철우, 2013).

2. 교직 하위문화의 내용

문화를 행위양식 및 생활양식으로 본다면 모든 집단은 자기들의 고유한 문화를 가진다. 직업이 하위문화의 한 기준이듯이 교사의 집단인 교직도 예외 없이 하위문화인 교직문화를 가진다. 교직문화는 교직 종사자가 공유하고 있는 행위양식이며 또한 이러한 행위양식을 뒷받침하는 인식체계이다. 교사는 문화를 함께 형성해 나가면서 동시에 문화로부터 영향을 받으며 교직에 임한다고 할 수 있다.

교직문화는 다양한 세부적 하위문화로 다시 구분될 수 있다. 학교 관리자, 동료 교사, 학생, 학부모와 같은 학교 구성원 및 관련인과의 인간관계, 수업지도, 생활지도, 학급경영, 학교운영 참여, 학교행사, 교무분장 업무, 연수 등과 같은 교사의 각종 직무, 승진, 전보, 전직 등과 같은 교사의 임용, 교원윤리, 교원평가, 교직단체활동 등의 각 분야에서 교직 구성원이 공유하고 있는 인식의 체계와 태도 및 행위 양식이 존재한다.

물론 교직 하위문화는 학교가 위치한 지역, 학교의 크기, 관리자의 학교 경영 방식, 동료 교사들의 성향, 성별, 경력 정도, 교육철학 및 신념 등에 따라 다르게 나타날 수 있다. 따라서 여기에서 기술하는 교직 하위문화를 모든 초등학교에 일반화시키기에는 무리가 따른다. 그러나 교직 하위문화의 내용은 교직을 들여다보는 창이 되고, 교직을 다면적으로 이해하는 데 도움을 줄 수 있다.

1) 교육활동 문화

교사들은 교직에 대한 사명감을 가지고 교단에 서며, 학습지도와 수업활동에 가장 많은 관심과 열정을 쏟고, 궁극적으로 학생의 성장, 발전 속에서 교직의 보람을 추구한다(홍생표, 김진희, 2004). 황기우(2002)에 의하면 교사들은 전통적인 교육방식을 선호하는 보수주의적 성향을 가지기도 하지만 각자의 교육관과 학생관, 교육적 신념과 가치관을 가지고, 교육내용을 재조직하며, 교수방법을 개선하면서 자신만의 독특한 교육활동을 실행해 나간다.

교사의 직무 중 가장 많은 비중을 차지하는 것이 학습지도이다. 교사들은 교과 수업을 잘 이끌어 나가는 교사를 가장 이상적으로 생각하며, 수업의 준비 및 진행에 충실하고 학생을 제대로 배우게 했다고 느낄 때 자아효능감을 느낀다(김한별, 2008). 수업이 중요한 만큼 교사들은 수업 중에 업무 지시 받는 것을 싫어한다. 보통 행정적인 업무로 인해 교무실로 불려 가거나 인터폰으로 지시를 받는 경우가 있는데 교사들은 본연의 업무인 교육에 몰입하기를 원하므로 수업의 흐름을 방해하는 각종 지시에 거부감을 가진다. 또한 수업에 이익이 되지 않고 시간을 빼앗아 학급 운영에 집중할 수 없게 만드는 각종 기획 사업 등에도 호의적이지 않다(이은주, 김병찬, 2013).

교육은 교사 각자의 전문성과 자율성을 바탕으로 수행된다. 요구가 없는데도 다른 교사의 교육 전반에 대해 지시하고 간섭하는 것은 상대방의 권한을 훼손하는 일이 될 수도 있으므로 교사들은 상호 간섭하거나 개입하는 데 조심할 수밖에 없다. 더구나 교사들은 교실 안에서 단독으로 교육을 수행하고, 관련된 모든 과정과 결과에 대해 교사 스스로 책임지므로 다른 조직체보다 상호 간섭과 개입을 더더욱 허용하지 않는다. 이러한 성향은 상호 존중과 자율성 보장이라는 긍정적 결과도 낳지만, 반대로 개인주의적인 분위기를 낳고(황기우, 2002), 심화될 경우에는 극도의 이기주의와 상호 방관주의를 낳기도 한다(홍생표, 김진희, 2004). 특히 초등교사들은 중등교사들과 달리 하루의 대부분을 주로 교실이라는 독립된 공간에서 교육에 매진하고, 각종 업무를 수행하므로 고립된 성향이 더 강하다. 교직 내에 인간관계를 중요시하는 문화가 있어 소통이 잘될 것 같지만 수업지도 및 생활지도 영역만큼은 상호 단절된 경향이 있다(김갑용, 2005).

그러나 교육과정과 그 운영은 교사들 간의 협력과 공조를 필연적으로 요구하는 방향으로 나아가고 있다. 최근 강조되는 배움 중심 교육과정은 학생들에게 선택의 기회와 체험의 기회를 더 많이 주는 방향으로 나아가다 보니 교사들 간의 소통, 나눔, 동조가 필수 요인이 되었다. 교육과정을 재배열, 재구성하고, 교과와 더불어 초등교육과정의 2대 구성요소인 창의적 체험활동을 어떻게 구성할 것인가를 위해 창의력을 발휘하고 집단적 중지를 수렴하는 과정에서 의사교류와 협력은 필연적으로 요구된다(이보경, 2014).

초등학교의 경우 학년협의회가 있어 교육과정의 실행에 대해 동학년 교사들이 지식과 정보를 공유하고 협력하고 있다. 하지만 이러한 협의는 업무 수행의 차원에서 요식적으로 행하여지는 경우도 있으며(김성천, 양정호, 2007), 공유는 하지만 '튀지 않기'가 함께 요구되기도 한다(류방란, 2002). 예를 들어 동학년 합의하에 교육을 하지만 한 교사가 학생의 호응과 동기 유발을 높이는 흥미로운 교수방법을 도입하게 되면 곧장 학부모들 사이에서 회자되고, 다른 반 학부모들은 자신의 담임교사에게도 그와 같은 방식의 수업을 요구하거나, 요구가 수용되지 않을 경우 불만을 가지기 때문에 교사들이 부담을 가지게 된다. 교사들이 튀는 교사를 싫어하는 이유는 그 교사로 인해 비교당하는 과정에서 심리적 열등감이나 경쟁에 대한 중압감을 느껴 불편하기 때문이다. 또한 예를 들어 핸드폰 사용과 같이 연대하여 지도해야 효과를 보는 상황에서 소수의 교사가 다른 행보를 취하게 되면 교육의 공조를 취하기 곤란해지고 아동 지도상 애로가 생기기 때문이다. '튀지 않기'는 '남들 하는 만큼만 하기'나 '동료 교사에게 편승하기'와 맥을 같이 한다.

앞서지도 않고 뒤떨어지지도 않으면서 적당히 보조를 맞추려는 분위기 속에서 학년 간의 통일성이 이루어지고 교육의 공조 및 조화를 꾀하기도 하지만(이은주, 김병찬, 2013), 교사들은 신념과 소신에 따른 교육을 펼치지 못한 점에 대해 자괴감을 느끼기도 하고, 교사의 개성에 따른 독특한 교육이 묻혀버리는 결과를 낳기도 한다(김대현, 이도영, 이상수, 2014). 이러한 상황에서 교사들에게는 상호 협력과 개인의 교육적 신념 사이의 적절한 균형이 요구된다. 공조를 취해야 하는 사안에서는 같은 행보를 취해야 하지만 교사 각자의 교육적 신념과 철학에 근거한 학급운영이나 교육까지 은연중에 제재하는 것은 합리적이지 않다. 경쟁심에 대한 부담으로 인해 개성이 넘치는 교사들을 통일성으로 규제하기보다 각 교사의 소신 대로 교육할 여지를 허용하여 교사들의 자율성을 격려하는 교직 문화를 조성할 필요가 있다.

2) 교무분장 문화

학교 안에는 종적 관계 중심의 문화가 존재한다. 이러한 문화는 학교 업무를 나누는 교무분장 과정에서 여지없이 나타난다. 학교의 교무분장 업무들이 곤란도와 난이도를 달리 하다 보니 어렵고 힘든 일, 그리고 꺼려지는 학년이 주로 신규교사나 나이 어린 교사, 그리고 새로 전입하는 교사에게 암묵적으로 맡겨진다(김갑용, 2005; 이보경, 2014).

교무분장 중 하나인 담임반 배분은 교사들에게 민감한 사안이다. 초등학교 교사들은 생활지도하기가 수월하고, 교재 연구하기에 적절한 시간이 확보되며, 어린 자녀의 양육을 병행하기 좋은 학년을 선호한다. 주로 2, 3학년이 선호하는 학년이다. 1학년은 학교생활 적응 및 준비에 신경을 많이 써야 하므로 힘이 들고, 고학년은 수업 시수가 많으며, 생활지도가 어렵고, 수련활동 및 수학여행 등의 인솔을 책임져야 해서 자녀 양육에 어려움을 주므로 교사들이 맡기 꺼려 한다(이은주, 김병찬, 2013).

특히 6학년 담임에 대한 선호는 분명하다. 6학년은 교사와 소통만 잘되면 협조적이고 자발적으로 움직이는 편이어서 오히려 학급경영하기가 수월하고, 시사적인 이야기나 인생에 관한 의미 있는 이야기도 가능하여 예외적으로 선호하는 교사도 있다(손형국, 2015). 그러나 대부분의 경우 6학년을 기피하는 현상이 극심하다 보니(이은주, 김병찬, 2013), 6학년 담임은 초임이나 전입한 교사, 젊은 남자 교사, 관리자의 말을 잘 듣는 만만한 교사에게 주어진다(손형국, 2015). 6학년 담임을 기피하는 이유는 중입 배정, 졸업 관련 업무가 있고, 지역에 따라 국제중학교 입학원서 작성 업무가 추가되며, 수학여행 등과 같이 6학년 고유의 업무가 주어져 업무 부담이 가중되기 때문이다. 수업 내용도 많고, 어려워지며 학생의 질문도 깊이가 있으므로 교재 연구를 철저히 해야 한다. 기초 학력의 부진이 누적되어 6학년에 오면 학습 부진아가 증가하고, 사교육의 증가로 학생 수업 동기가 활성화되지 않아 수업을 진행해 나가기도 수월하지 않다. 또한 학생들은 사춘기에 들어가 반항과 일탈이 심하고 따돌림이 증가하여 생활지도가 힘들 뿐 아니라 스마트폰, 카카오톡이나 컴퓨터 관련 생활지도를 병행해야 하는 것도 교사를 힘들게 한다. 그럼에도 불구하고 6학년을 맡은 교사들은 각종 연수에 참여하여 교사의 전문성을 높이고, 동학년 교사들과 연대하여 학생들의 교육을 위한 중지를 모으고 노력하는 과정 속에서 반항적인 학생을 성공적으로 변화시킴으로써 보람을 맛보기도 한다. 초등

시절을 마무리 짓고 상급 학교에 진학시키면서 제자를 키우는 뿌듯함에 젖는 것도 6학년 담임교사들이 누릴 수 있는 특별한 기쁨이다(손형국, 2015).

교무분장에 있어서도 교사들이 기피하는 업무가 존재한다. 기피 업무는 학교 내 여러 개의 학원을 운영하는 것과 마찬가지인 방과 후 교육관리 업무, 때로는 주말이나 방학을 반납해야 하고, 야영도 해야 하는 컵스카우트, 아람단, RCY 등의 청소년 단체활동, 잦은 대회 참여와 출장을 수반하는 체육활동 지도, 행사 때마다 동원되어야 하고, 때로는 무거운 장비를 옮기기도 하며, 방송사고 날까 봐 늘 마음을 졸이는 방송 담당, 자격 미달로 어설프게 교육하면서도 지도교사의 조언과 충고를 거부하고 자기주장만 강한 원어민 강사를 다루는 업무도 기피 업무이다. 더군다나 지도교사의 회화 능력이 부족하여 세밀하고 조리 있게 맞대응하기 어려운 경우도 있으므로 영어 원어민 관리 업무는 수월하지 않다. 또한 지속적으로 개발되는 신기술을 익혀야 하는 전산 업무 등도 교사들이 선호하지 않는 업무이다(이보경, 2014; 조상우, 2004). 이러한 기피 업무는 주로 젊은 남교사들에게 주어진다. 젊은 남교사들은 학교의 모든 짐을 짊어지고 간다고 표현해도 무방할 정도로 온갖 기피 업무들을 도맡아서 처리한다(김영천, 2005; 손형국, 2015). 이 과정에서 젊은 남교사들이 여교사들에게 불만을 터트리기도 하나, 학교 관리자로부터 좋은 인상을 얻으며 주요 업무를 함께 공론화하고 처리하는 과정에서 실질적인 업무 역량이 향상되고, 교원평가에서 좋은 성적을 받기도 한다(손형국, 2015).

교무분장 업무는 학교의 규모와 크기에 관계없이 동일하게 처리해야 하는 업무들이다. 교직원 수가 많은 대형 학교에서는 할당받는 교무분장 업무가 상대적으로 가벼울 수밖에 없다. 그러나 학교 규모가 작아 교직원 수가 적은 학교에서는 교사당 담당하는 업무의 종류와 수는 폭증한다. 특히 농어촌에 소재하는 학교에 부임한 교사들은 다양한 업무에 대한 숙련도를 키우기까지 적지 않은 노력과 시간을 투자해야 한다. 하지만 이렇게 습득한 다양한 업무 처리 능력은 이후의 학교생활에서 어떠한 업무든 능히 감당할 수 있는 토대가 된다.

3) 공문과 업무 처리 문화

교사들은 각종 공문을 처리한다. 최근 도입된 문서 처리의 전자화는 오히려 공문의 수를 늘리는 데 일조한 경향이 있다. 직접 관련이 없는 문서들도 모두 공문으로 날아온다 (김영태, 2001; 이보경, 2014). 교사는 등교하면서 학생들의 얼굴을 보기보다 먼저 그 날 업무 포털을 통해 각종 공문과 처리해야 할 업무를 확인한다. 업무 포털을 통해 수 업 시작 전뿐 아니라 수업 중간 중간에도 급히 처리해야 할 업무가 무엇인지 확인하고, 어떤 업무는 수업 중에 급하게 처리하는 경우도 발생한다. 그야말로 하루가 공문과 업 무 확인으로 시작하여 업무로 끝난다고 해도 과언이 아니다(김대현, 이도영, 이상수, 2014).

현장에서 잡무로 표현되는 이러한 업무는 수업에 막대한 지장을 초래한다. 초등교사 들은 각종 공문 처리로 인해 수업 준비 시간을 할애하지 못한 채 수업에 임하여 불안해 하고, 수업 중에는 학생들에게 미안함과 죄책감을 느낀다. 경우에 따라 처리해야 할 공 문이 당일날 아침에 주어지기도 하고 몇 시간 전에 임박하여 주어지기도 한다. 이러한 경우에는 부득이 수업시간을 희생하면서 공문을 처리할 수밖에 없게 된다. 학교현장에 서는 시간이 남아돌 때 수업 준비를 한다는 자조적인 목소리까지 나오고 있다. 교사들 은 수업을 중단하면서 조사를 해야 하는 공문, 교육에 도움이 되지 않는 공문, 보고했음 에도 재보고하라는 중복적인 공문, 그리고 촉박한 시간 속에서 급하게 처리하지 않을 수 없게 만드는 공문에 대해 불만이 많다(김대현, 이도영, 이상수, 2014).

수업의 진행과 공문 처리의 임박성 속에서 교사들은 공문을 형식적으로 대충 처리하 게 되는 것을 요령으로 익힌다. 형식적인 공문 처리가 일상화되다 보면 정말 많이 고민 하고 중요성을 인식한 뒤 처리해야 할 공문까지 대충 형식적으로 처리하는 문제를 낳기 도 한다. 공문의 결과가 학교 및 관리자의 이미지를 좌우할 경우에는 관리자의 독려하 에 공문을 허위로 처리하는 경우도 발생한다. 이러한 형식적이면서 결과 중심적인 공문 처리 경향은 본질과 과정을 중요하게 생각하는 교육을 담당하는 교사들, 특히 이상적 교육을 꿈꾸며 학교에 부임한 신규교사들에게 충격과 혼란을 준다. 이에 교사들은 처음 에는 불만을 품기도 하고 회의를 느끼기도 하지만, 점차 적응하여 꺼리지만 따라가 주 기로 하는 경향성도 보인다(김갑용, 2005).

교직의 잡무로 표현되기도 하는 이러한 공문들은 교육에 대한 신념과 사명감을 가지 고 교단에 선 교사들의 열정을 꺾어버리고 좌절하게 만든다. 따라서 교육의 본질과 거리가 면 잡무의 양을 대폭 줄이는 노력이 필요하다. 강원도의 경우 2011년 업무 경감을 위해 타 시·도에서 일부 시행되던 교무행정사 125명을 전면 일선학교에 배치함으로써 교사가 직접 처리할 필요가 없는 공문은 교무행정사가 처리 가능하도록 하였다(이해용, 2011). 이 제도는 교사들의 잡무를 대폭 경감하는 데 상당한 기여를 하고 있고 전국적으로 확산되어 가고 있는 실정이다.

4) 교직원회의와 의사소통 문화

학교 안에서는 교직원(교무)회의나 수업협의회, 학교 운영위원회의 등 각종 회의를 통해 학교의 중요한 사안에 대해 의사소통하고 학교 정책에 대해 결정을 내린다. 교무회의나 기타 각종 회의에서 의사소통이 원활히 일어나기도 하지만 많은 경우 교장의 일방적인 지시와 권위주의적인 주재 방식으로 회의가 진행된다. 회의 중에는 교직의 위계성이 드러남과 동시에 일방적인 지시에 따른 교사들의 침묵이 주로 나타나기도 한다(김갑용, 2005; 김한별, 2008). 특히 신규교사들은 스스로 학교 실정에 어둡고 정보와 지식이 부족하다는 인식을 가져 침묵하기도 하지만 학교 안에서 차지하는 위계적 지위가 낮고 연륜이 짧으므로 겸손의 미덕을 보이는 것이 합당하고 바람직하다는 유교적인 교직문화에 순응하면서 구조적 침묵을 보인다(김한별, 2008).

교직원 간의 의사소통은 주로 규모가 작은 학교보다 큰 학교에서 원활하지 않은 경향이 있다(홍생표, 김진희, 2004). 학교 안에는 구성원 간의 인화를 중요시하는 경향에 따라 동료 간의 갈등이 생기면 회피하고, 건설적인 비판이 필요한 경우에도 인간관계를 깨지 않기 위해 노력하므로 서로 조심하는 과정에서 의사소통이 막히는 경우가 발생한다(김갑용, 2005).

회의를 통해 충분하게 의사전달이 이루어지지 못할 경우, 회의가 끝난 후 동학년 교사 사이에서 문제에 대한 이의와 공감대가 형성되면, 그 내용을 학교 관리자에게 건의하여 줄 것을 학년 부장교사에게 요청하기도 한다. 이 경우 학년 부장교사가 평교사들과 학교 관리자들을 매개하는 중간 관리자 역할을 얼마나 잘하느냐에 따라 교사들의 의사소통 부재에 대한 불만이 완화되거나 해소되기도 한다(김갑용, 2005; 홍생표, 김진희, 2004). 학년 부장교사들의 경우에는 학교 관리자에게 말하기 껄끄러운 건의사항을 동료 교사의 대변자로서 전달해야 하고 학교 관리자와 동료 교사의 의견을 조율하고 선도하는 과정에서 성취감과 자신감을 가지기도 하지만 중압감과 부담감을 가지기도 한다.

특히 학교 안에서 젊은 교사와 여교사는 자신들의 의사를 자유롭게 개진하지 못함으로 인해 의사소통에 대한 불만이 상대적으로 높게 나타났다(홍생표, 김진희, 2004). 젊은 교사일수록 학교경영 전반에 대한 경험과 지혜가 부족할 수도 있고, 여교사의 경우 학교경영에 대한 관심이 부족하고, 적극적인 참여 기회도 취약하며, 정보도 부족하므로 자신들의 의견을 개진하기 곤란할 수도 있다. 그럼에도 불구하고 학교 안에서 젊은 교사와 여교사의 의사 표명이 어렵다면, 이러한 현상은 학교의 의사소통 구조 속에 연공서열적인 문화와 남녀 차별적인 문화가 잔존하고 있음을 암시한다. 홍생표, 김진희(2004)는 여교사가 남교사보다 학교의 풍토가 권위주의적이라고 인식함을 밝혔다.

학교경영의 민주성이나 학교의 탈권위주의적인 문화의 정도에 따라 이러한 성향도 달라질 수도 있지만, 대부분의 교사는 학교 안에서 갈등을 유발하는 가장 큰 요인으로 의사소통의 미흡과 참여적 의사결정 시스템의 부재임을 보고하였다. 따라서 학교 안에 보다 합리적인 의사소통과 구성원의 적극적 참여를 독려할 수 있는 의사결정 시스템이 필요하다. 이를 위해서는 교장의 학교경영 방식이 보다 민주화될 필요가 있고 제도의 정비도 필요하다.

5) 교원평가 문화

김태수와 신상명(2011)은 초등학교 교원평가 문화를 분석하였다. 연구 결과에 따르면 초등학교 교원능력개발평가에서 자기중심적인 방어문화, 이미지로 평가하는 문화, 관성의 법칙이 지배하는 문화, 우리끼리 봐주기 문화의 특성이 나타났다. 교사들은 교원능력개발평가를 교사의 전문성 신장을 위한 방편으로 보기보다 교사를 통제하고 감시하기 위한 또 다른 기제로 인식하는 경향이 있었다. 따라서 평가에 호의적이지 못하고 방어적인 태도를 취하는 경향이 있었다. 또한 초등교사들은 주로 교실에서 생활하고, 동학년 단위로 교류하기 때문에 서로에 대한 정보가 충분하지 못한 상황에 놓여 있다. 학교 규모가 클 경우에는 서로 이름과 얼굴을 기억하지 못하고 지내는 경우도 있다. 이러한 상황에서 동료 교사를 평가하게 되면 주로 이미지나 평소에 가졌던 느낌으로 평가하는 경향이 나타나게 된다.

초등교사들은 변화를 받아들이기보다 기존의 방식을 고수하려고 하는 관성적 성향을 보이는데 교원능력개발평가에 대해서도 거부적이고 반발하는 경향이 있었다. 또한 교직 내의 온정적인 분위기로 인해 서로 후하게 평가하는 경우가 있으며, 연공서열에 근거한 연로자 우대에 근거하여 경력이 많거나 나이가 많은 교사를 높게 평가하는 경향도 나타났다.

6) 연수 문화

연수는 시대 사회의 변화가 급속하게 변화함에 따라 교사의 자질을 향상시키기 위해 받는 재교육이다. 평교사가 주로 받는 연수에는 1급 정교사 자격연수와 직무의 전문성을 향상시키기 위한 직무연수 등이 있다. 교사들에게 자격연수는 '통과의례' 혹은 '점수 따기'로 이해되는 경향이 있다(김영태, 김희복, 2005). 자격연수는 대다수의 교사들이 특별한 사유가 없는 한 받아야 하는 하나의 의례적인 행사로 인식된다. 이 경우 교사들 사이에는 10분의 9 정도의 출석만 열심히 하면 자격연수를 통과할 수 있다는 의식이 공유되고 있다. 그러나 최근 자격연수의 성적이 승진할 때 반영된다는 인식이 확산되면서 미래의 승진 가능성을 염두에 둔 교사들이 자격연수에서 최선을 다하는 모습도 나타나고 있다. 이러한 경향은 경우에 따라 과열현상을 빚어 다소 경쟁적인 분위기를 낳거나 점수 따기 위주로 공부를 하며, 좋은 점수에 영향을 준다고 인식되는 '대표 맡기' 등으로 이어지기도 한다(김영태, 김희복, 2005).

직무연수는 교사의 직무 전반에 관련된 연수로서 전문성 향상에 직결되는 연수이다. 승진을 생각하는 교사들은 직무연수의 실적이 승진 시점을 기점으로 하여 10년 이내의 것 2개가 반영되고 1개의 직무연수 성적이 반영되므로 직무연수를 받지 않을 수 없다. 위 3개를 제외한 직무연수는 직무연수 이수 실적으로 점수화되어 승진할 때 최대 1점까지 반영되므로 직무연수에 상당한 기간 동안 공을 들여야 한다. 교사들은 직무연수에 매진하다가 필요한 점수를 채운 이후에는 더 이상 연수를 받지 않거나 연수를 받더라도 교직 직무와 직접적인 관련성이 적은 교양, 취미 등의 종목에 집중되는 연수를 받는 경향도 있다(조정혜, 2009).

그러나 이 모든 연수는 승진을 염두에 둔 교사에게 주로 해당되므로 승진을 원하지 않는 교사는 직무연수의 동기가 약화될 수도 있다. 직무연수의 목적이 시대 사회 변화에 따른 교사들의 전문성 향상이므로 교육행정 당국은 교원이 받게 되는 연수시간을 정량으로 평가하여 학교평가에 반영하는 방안을 강구하였다. 따라서 학교평가에 민감할 수밖에 없는 학교 관리자는 교사들에게 연수받을 것을 종용하게 되고, 승진을 염두에 두지 않은 교사들도 학교 관리자의 눈치 때문에 형식적으로라도 연수에 참여하지 않을 수 없는 형편이다. 자율이 아니라 의무적으로 받아야 하는 연수는 교사들에게 효과를 발휘하지 못하며 스트레스만 가중시키는 결과를 가져온다(김대현, 이도영, 이상수, 2014).

하지만 발전하려는 의식을 가진 교사들은 단절되고 제약적인 학교 안 환경에 답답함을 느끼고, 전문성 부족을 채우기 위해 스스로 학교 밖에서 교사들의 자율연구모임이나 교사 전문가 공동체 등을 결성하기도 한다(김성천, 양정호, 2007). 또한 교직 문화의 주요 특징 중 하나로 교사들의 개인주의가 자주 지적되고 있지만 초등교사들은 인터넷의 발달에 힘입어 인디스쿨이나 개인 블로그 등을 통해 다양한 학습자료와 교육활동을 소개함으로써 교육에 대한 정보를 활발하게 공유하고 있다. 이러한 의사소통을 통해 교사들은 교육전문가로 거듭나고자 하는 열망을 충족시키고 있다. 이 같은 모임들이 교사들의 자생적 노력으로 형성되고 있다는 것은 교사에 대한 희망과 기대를 가질 수 있는 여지를 남겨 준다. 그러나 보다 바람직한 것은 교외뿐 아니라 교내에서도 이와 같은 교사 연구 모임 및 공동 협의체가 많이 생성되는 것이다. 이를 위해 교내 교사들의 연구 및 발전을 억제하는 각종 교직 내의 문화적 · 제도적 맥락을 점검하고, 이를 개선하려는 노력이 확산되어야 한다. 또한 학교 관리자의 지원과 더불어 정책적이고 제도적인 지원책이 모색될 필요도 있다.

7) 승진 문화

승진은 평교사에서 교감으로, 혹은 교감에서 교장으로 직위가 위로 이동하는 것이다. 교사들 중에는 승진 경쟁이 치열하고, 승진 준비 과정이 수월하지 않으며, 승진 준비 과정 속에서 학생에 대한 애정과 교육적 열정이 식어버리는 것을 원하지 않아 승진을 원하지 않는 교사들이 있다. 그러나 일부 교사들은 단위 학교 차원에서 자신의 교육철학을 구현하고 싶은 기대와 포부를 가지고 있으므로 승진을 하고 싶어 한다.

승진에 대한 욕구는 지역에 따라 달리 나타나기도 한다. 예를 들어 강원도의 경우에는 대부분 춘천교육대학교 출신의 교사들이 근무하므로 교장, 교감으로서 명령을 내리면 다소 불만이 있더라도 후배로서 따르지 않을 수 없다. 소위 말하여 '명령이 서는 분위기'가 조성되어 있다. 따라서 학교 관리자로서 지시와 명령에 순응하는 분위기 속에서 자신감을 가지고 직무를 수행해 나갈 수 있다. 이러한 분위기는 승진에 대한 기대와 열망을 강화시키는 요인이 된다. 교사들은 승진에 필요한 여러 가지 요인들을 세심하게 진단하고 점검한 후 학교 전보를 결정하고, 학교 안에서의 각종 보직을 기꺼이 감당한다.

그러나 경기도는 전국 각 교육대학교 출신 교사들이 함께 근무하고 있다. 학교 관리자는 다양한 연고를 가진 교사들을 관리 통솔함에 있어 상당한 어려움을 겪는다. 교장, 교감으로서 학교정책을 기획하고, 이끌어 나가려면 교사들의 협조가 필수적인데, 학연, 지연 등으로 교사들은 분열되고, 서로 갈등을 겪기도 하기 때문에 학교를 운영해 나가기가 대단히 어렵다. 따라서 교장, 교감으로의 승진은 매력적이지 못하며, 오히려 개인적인 삶의 질을 향상시키고, 교사 자신의 전문적 역량을 강화하여 성취감을 얻으려는 방향에 더 관심을 기울이는 경향이 있다. 이러한 분위기는 학교 안에서의 보직 배분에서 서로 기피하는 모습으로 나타난다. 부장교사를 맡게 되면 승진을 하는 데는 유리할 수 있으나 승진을 염두에 두지 않는다면 공연히 부담과 책임만 떠안는 꼴이 되기 때문이다. 서로 맡지 않으려 하다 보니 교장 선생님은 동문 교사들에게 일방적으로 배분하거나, 심지어는 투표로 결정하는 경우도 발생한다(이은주, 김병찬, 2013).

> 교무기획 부장, 교육과정 부장을 임명하기 위한 교장의 제안을 모든 교사들이 거절하자 2009년 12월 교직원협의회에서 교사들이 후보 추천을 거쳐 교무기획 부장, 교육과정 부장 선출을 위한 투표를 실시한다. 이러한 부장 선출 투표는 샛별초등학교(경기도) 개교 이래 처음 있던 일이고—중략 (이은주, 김병찬, 2013).

경기도가 아닌 다른 지역에서도 승진을 목적으로 하지 않는 교사들은 부장 등의 보직을 맡으려 하지 않는다. 굳이 피곤하고 힘들게 부장의 업무를 맡을 이유가 없다고 생각하기 때문이다. 상황이 이러하므로 학교를 운영해야 하는 학교 관리자의 입장에서는 보직 인선에 애로를 겪는다(손형국, 2015).

3. 신규교사의 교직 문화 적응

신규교사들은 자신들이 여러 가지 면에서 부족하다고 인식하다 보니 학교 안에서 매우 수동적인 자세로 복무하게 되는 경향이 있다. 교무분장 업무의 처리, 수업 및 생활지도 면에서 미숙하다고 인식하고, 교직원 회의나 기타 회의에서 자신의 의견을 능동적으로 제시하지 못하고 겸양의 자세를 보여야 한다는 인식을 가지고 있다(김한별, 2008). 그렇지만 신규교사들 역시 가장 이상적인 교사는 수업을 잘하는 교사라는 인식과 함께 주어진 현실 속에서 수업방법을 개선하거나 흥미로운 수업방법을 고안하는 등의 노력을 스스로 경주하고 있다. 혹은 신규교사들은 동료 교사를 흉내 내거나, 각종 인터넷 매체 등을 통해 스스로 터득하거나, 선배 교사들에게 적극 도움을 요청하는 등의 방법으로 교육 문제를 해결하며 학교현장에 적응해 나가고 있다(김갑용, 2005). 신규교사들의 현장 적응을 체계적으로 높이기 위해서뿐 아니라 시대 사회 변화에 따른 현직 교사의 교육 전문성 신장을 위해서도 교사들 간의 상호 협력체가 매우 필요한 상황이다.

교직 여성화

14

1. 교직 여성화의 실태

1965년 초등학교 여교원 수의 비율은 25.5%였다. 그러나 여교원의 비율이 계속 증가하여 2002년에는 67.7%, 2016년에는 77%에 이르고 있다. 여교원의 비율이 높아지는 경향은 중학교나 고등학교에서도 마찬가지로 나타나고 있다. 중학교의 경우 1965년 16.1%에서 2002년 58.8%, 2016년 68.8%로 여교원의 비율이 증가하였으며, 고등학교도 같은 기간 동안 8.9%에서 34.7%, 2016년 50.8%로 증가하였다. 이러한 교직의 여성화 현상은 전 세계적으로 공통된 일이다. 미국도 1993년을 기준으로 볼 때 초등학교 여교사의 비율이 85.4%에 육박하는 것으로 나타났다(Brookhart & Loadman, 1996). 2015년을 기준으로 살펴보면 러시아의 여교사 비율은 98.8%로 세계에서 가장 높으며, 미국은 87.1%, 독일 86.8%, 영국 84.5%, 프랑스 82.1%, 핀란드 79.8%, 룩셈부르크 75.8%, 일본 64.8%로 모두 여교사의 비율이 높다(OECD, 2017).

여교사의 비율이 늘어남에 따라 우리나라 교육대학교는 1980년 초부터 입학할 때 성별 할당제를 실시하고 있다. 현재 교육대학교는 입학 정원 중 한 성이 일정 비율을 넘지 못하도록 규정하고 있다. 2018년 이 비율은 경인교육대학교 80%, 공주교육대학교

표 14-1 우리나라 각 급 학교 여교원 비율 증가

연도	초등학교			중학교			고등학교		
	교원 총수	여교원 수 (%)	증가 비율	교원 총수	여교원 수 (%)	증가 비율	교원 총수	여교원 수 (%)	증가 비율
1965	79,164	20,207(25.5)		19,067	3,078(16.1)		14,108	1,250(8.9)	
1970	101,095	29,428(29.1)	3.6	31,207	5,805(18.6)	2.5	19,856	1,784(9.0)	0.1
1975	108,126	36,440(33.7)	8.2	46,917	5,950(25.1)	6.5	35,755	4,557(12.7)	3.7
1980	119,064	43,792(36.8)	3.1	54,858	6,225(32.8)	7.7	50,948	8,729(17.1)	4.4
1985	126,785	54,600(43.1)	6.3	69,533	26,808(38.6)	5.8	69,546	14,181(20.4)	3.3
1990	136,800	68,604(50.2)	7.1	89,719	41,718(46.5)	7.9	92,683	21,229(22.9)	2.5
1995	136,747	75,428(55.2)	5.0	97,820	47,844(48.9)	2.4	99,067	23,660(23.9)	1.0
2000	137,615	90,825(66.0)	10.8	90,562	51,407(56.8)	7.9	104,351	31,030(29.7)	5.8
2002	144,308	97,724(67.7)	1.7	92,919	54,681(58.8)	2.0	113,095	39,255(34.7)	5.0
2016	183,452	141,248(77.0)	9.3	109,525	75,375(68.8)	10	135,427	68,788(50.8)	16.1

출처 : 교육인적자원부(2002). 교육통계연보; 교육부(2016).

70%, 광주교육대학교 60%, 대구교육대학교 70%, 부산교육대학교 65%, 서울교육대학교 75~80%, 전주교육대학교 75%, 진주교육대학교 70%, 청주교육대학교 75%, 춘천교육대학교 75%로서 대체로 60~80%의 수준을 유지하고 있다.

그러나 입학할 때 성별 할당제를 실시함에도 불구하고 남학생의 경우 임용고시 합격률이 낮은 관계로 현장의 여교사 수가 계속 증가되는 상황이다. 서울 지역의 경우 2006년 여학생의 합격률이 88%이며, 부산 지역은 97%에 육박하였다. 급기야 2007년 서울시교육청은 임용 시 남교사 할당제를 실시할 것을 교육과학기술부에 건의하겠다고 발표하였는데, 초·중등교원 임용의 남교사 비율을 최대 30%까지 유지함을 내용으로 한다. 이 안은 정책화되지 않았지만 뜨거운 찬반 논란을 불러일으켰다. 찬성하는 입장은 체육 등의 수업에 남교사가 적합하고, 사춘기에 이른 남학생에게 남교사의 조언과 지도가 필요하며, 남아가 남자의 역할을 제대로 배울 수 있음을 이유로 제시한다. 하지만 반대하는 측에서는 남녀 성비가 맞지 않는 사회의 여타 분야에서는 여성 할당 제도를 채택하지 않는데 유독 교직에만 이러한 제도를 도입하는 것은 새로운 성차별임을 지적한다(이상언, 박수련, 2007).

학교 현장에서 남교사, 여교사의 비율이 인위적인 노력 없이도 적절하게 균형을 이룬다면 가장 바람직할 것이다. 하지만 제도적인 차원에서 성별 할당제를 지속시켜 나가는 것은 교사가 되고자 하는 여성에게 일종의 불이익 처분이다. 의도적으로 성비의 균형을 꾀하기보다는 직업의 유인가를 높임으로써 자연스럽게 남성의 교직 유입을 높이는 것이 보다 공정한 방법이다. 이를 위해 교육 관계자들 모두가 다각적으로 고민하고 노력해야 한다.

1) 여교사 증가의 원인

어느 나라나 교직에서 여교사의 비율이 증가하는 원인 중 하나는 유능한 남성이 교직을 기피한 데에 연유한다. 산업화되면서 고소득 직종이 많이 생겨났고, 상대적으로 낮은 보수 및 열악한 근무조건 때문에 남성이 교직 입직을 달가워하지 않는 경향이 있었다. 또한 교직의 취약한 전문직 이미지, 육아와 흡사한 여성적 업무의 성격도 교직 기피의 이유로 작용하였다(Brookhart & Loadman, 1996). 반면 여성의 경우에는 교육 기회의 확대로 고학력자가 늘어났으나 사회 일반 직장의 문턱이 여전히 높고 채용 연령 한계가 여성에게 불리하게 작용하며, 동일 학력일 경우 남성보다 낮은 직급으로 채용되고, 같은 일을 함에도 임금 차별 등의 문제가 있었다(한명희, 1987).

사회 일반 직종과 비교하여 우리 사회의 교직은 남녀 차별이 없는 대표적인 직종 중 하나이다. 교직은 임금, 근무시간, 승진, 정년 보장 등의 부분에서 제도적으로 남녀 평등성이 보장된 직업으로 제도적 평등성은 여성의 교직 유입을 촉진하였다. 무엇보다도 교사의 업무가 여성 고유의 역할로 여겨지던 육아 및 교육 역할과 연결되기 때문에 사회적 인식이 호의적인 것도 여성이 교직을 선호하게 된 요인으로 작용한다(민무숙 등, 2002). 최근에는 직업의 안정성이 중요한 구직의 변수가 되면서 초등교직에 대한 선호가 급등하였다.

2) 교사 성별에 대한 학부모의 선호

대부분의 학부모와 학생은 초등학교 담임교사로 남녀 교사 모두에 대해 특별한 선호를 보이지 않는다. 그러나 학부모의 연령, 학력에 따라 약간의 견해차가 있는 것으로 나타났다. 차령아(1996)는 서울시 5, 6학년 초등학생과 학부모를 대상으로 조사한 결과 학생, 학부모 모두 남녀 교사에 따라 특별한 선호가 없음에 가장 많이 응답한 것으로 나타났다. 이영미(2001)도 경기도 평택시의 학부모가 교사의 성별에 구애받지 않음을 연구하였으며, 중졸 학력 학부모의 경우 상대적으로 남자 교사를 선호하는 경향이 있음을 밝혔다. 정석수(1995)에 의하면 부산시 학부모도 초등학교 담임교사의 성별에 대해 남녀 무관하다는 반응 비율이 가장 많았다. 하지만 어머니에 비해 아버지가, 그리고 연령이 40대인 학부모가 그 이하 연령대인 학부모보다 남자 교사를 선호하는 경향이 있었다. 또한 학력이 중졸 이하로 낮아질수록 남자 교사를 선호하는 경향이 있었다. 이러한 연구 경향을 보면 어머니에 비해 아버지가, 연령이 높을수록, 그리고 학력이 낮을수록 여교사보다 남교사를 희망하는 것으로 보인다.

2. 교직 여성화에 대한 우려

교직에 여교사가 늘어나면서 초·중·고를 막론하고 교직의 여성화 현상이 보편화되고 있다. 교직에 여교사의 비율이 높아짐에 따라 '교직의 여성화'를 우려하는 시각이 사회 일각에서 제기되었다. 과연 여교사가 많아짐으로써 학교현장에 문제가 발생하는지는 주의해서 분석할 필요가 있다. 교직 여성화로 인한 문제는 주로 학생의 교육, 학교 관리 및 경영, 성역할 사회화 등에서 나타난다고 주장된다.

> 1996학년도 새 학급에 배정되어 새로 오신 선생님들과의 만남! 그런데 반가움과 교차되는 또 다른 걱정. 여자 선생님이 여덟 분이나 오셔서 남녀 비율이 완전히 기울기 때문이다. 교장·교감 선생님도 왠지 서운해하신다(조상우, 2004).

1) 교육의 어려움

여교사가 많아짐으로써 학생의 교육 문제가 많다고 지적되어 왔다. 특히 여교사의 경우 체육, 실과, 과학 교과를 지도하는 데 어려움이 있다고 주장된다. 하지만 일반적으로 여

교사가 이러한 과목에서는 취약할지 모르나 상대적으로 음악이나 미술 등의 과목 지도는 남교사보다 우월하다는 인식도 있어 왔다. 생활지도에서는 여교사가 남학생의 생활지도나 문제 학생을 선도하는 문제, 교외지도, 단체활동 지도에서 남교사보다 취약하다고 지적된다(손형국, 2015). 또한 돌발 상황을 능숙하게 처리하지 못하는 경향도 있다고 한다. 하지만 여교사는 남교사보다 일상적인 학교생활 지도에서 더 세심하고 자상하게 학생들을 지도한다고 주장하고 있다(김용숙, 1987; 민무숙 등, 2002).

학생들의 학습 및 생활지도상 남녀 교사의 능력 차이를 지나치게 단순화해 단정 지을 수는 없다. 여교사 중에서도 체육, 과학, 실과를 잘 지도할 수 있는 교사가 있고, 남교사 중에서도 이 과목을 잘 지도하지 못하는 교사가 있을 수 있다. 또한 여교사 중에서 음악이나 미술의 지도에 취약한 사람이 있는 반면 남교사 중에서 이 분야에 특별한 재능을 가진 사람이 있을 수도 있다. 생활지도에서도 마찬가지이다. 과목지도 및 생활지도의 교육 문제는 교사 개인차의 문제로 접근해야지 남녀 차이로 접근하기에는 무리가 따른다. 따라서 교직의 여성화로 인해 교육상 문제가 나타난다는 주장은 지나치게 문제의 한 단면만을 과장하는 경향에 근거한다.

> 오늘은 특별활동이 있는 목요일이다. 모자를 쓰고 호루라기를 입에 물고 운동장으로 나가야 한다. 나는 대학에서 음악교육과였고 음악을 가르치고 싶었지만 남자 교사라는 이유로 체육 과목을 담당하게 되었다. 나는 합주반을 만들어서 아이들과 같이 연습하고 싶었다. 호루라기가 아닌 단소나 트럼펫을 입에 물고 싶었다. 남자라는 이유로 체육과 관련된 특별활동을 담당하고 싶지는 않다(김영천, 2005).

2) 학교경영의 어려움

여교사의 증대는 학교관리 및 경영에 문제를 유발한다는 주장이 있어 왔다. 특히 교육관리자들은 여교사가 할 수 없는 일이 남교사가 할 수 없는 일보다 많다면서 남교사의 업무 과중을 지적한다. 그 예로 숙직이나 육체적인 힘을 필요로 하는 일 등이 거론되었다. 그러나 이러한 일은 본질적으로 교사의 전문적인 자질을 요구하는 일과는 거리가 멀고, 또한 용역으로 얼마든지 해결이 가능하다. 따라서 이러한 업무 처리의 곤란으로 교직의 여성화를 문제 삼는 것은 적절하지 않다(민무숙 등, 2002). 실제로 학교 현장의 이러한 문제는 용역 업체의 도움으로 대부분 해결된 상황이다.

하지만 현실적으로 학교를 운영함에 있어 여교사의 증대는 관리 운영상 애로점을 낳는 측면이 있다. 조상우(2004)에 의하면 학교에서 남교사는 고학년을 주로 맡는다. 고학년은 다루기 힘들어 생활지도와 학습지도가 어렵고 수업시수도 많아 대다수 여교사가 기피하는 학년이다. 교장은 나이가 많거나 업무량을 많이 할당받은 남교사를 제외하고 나머지 남교사에게 고학년을 주로 배정하고 있다. 남교사는 이를 관행처럼 묵묵히 받아들이고 있는 형편이다. 특히 교육경력 10년 이내의 소위 젊은 남교사는 고학년을 담당할 뿐 아니라 고학년 교사에게 주로 면제되는 힘들고 어려운 업무 부담에서도 자유롭지 못해 이중고를 겪는다.

또한 학교경영 관리의 여러 가지 업무가 원활하게 잘 처리되어야 하는데 그 업무들 중에는 상대적으로 더 많은 노력을 들여야 하거나 시간을 투자해야 하는 일이 있다. 청소년 단체활동, 컴퓨터 전산 업무와 방송, 체육행사 및 체육시설 관리 등의 업무는 학교 현장에서 상대적으로 어려운 업무를 대표한다. 청소년 단체활동은 주로 교과 외 시간, 주말을 이용하여 이루어지므로 가외의 시간과 노력을 투여해야 하는 업무이다. 컴퓨터 전산 업무 및 방송 등은 최신형 기자재가 계속 쏟아져 나오고 있으며, 그때마다 업무 담당자는 사용 방법을 익히고 내용을 연구하고 노력하여 기량을 향상시켜야 한다. 체육 관련 업무는 관련된 각종 행사가 잦고 학교 밖으로 출장을 가야 하는 일이 많아 부담스러운 업무로 인식된다(조상우, 2004).

> 매년 업무 배정이 새롭게 이루어지고 있으나 업무 배정자가 갈수록 달라지는 업무의 형태와 양을 이해하지 못하고 기존 것을 답습함으로써 없어져야 할 업무가 그대로 존재하고 인원이 보충되어야 할 업무가 한 사람에게 과다하게 배정되어, 수업이 많은 고학년인데다가 학교 방송처럼 매 행사 때나 방송이 필요할 때마다 불려 다니는 업무로 인해 학급 운영에 피해를 보는 경우도 종종 있다(김경희, 2004).

이러한 업무는 거의 남교사의 차지가 된다. 일명 이러한 업무를 맡은 남교사를 '따까리', 이들의 활동은 '막노동'으로 지칭된다. 이렇게 힘들고 어려운 일을 도맡아 처리하는 과정에서 남교사들은 교육 고유 업무와의 괴리감, 업무의 과중함으로 인한 심적 부담감, 건강 문제로 인해 괴로워한다.

> 오후가 되어 내일 있을 운동회의 마지막 작업을 하러 나왔다. 트랙 그리기, 천막 치기. 집에 가는 여선생님들이 보인다. 쳇, 누구는 집에 가고 누구는 횟가루나 뿌리고. 일이라도 시킬까 봐 겁나는지 내 시선을 피한다. 내가 투명인간처럼 눈에 보이지 않는가 보다. 귀찮거나 힘쓰는 일은 죄다 남교사들 몫이다. 여선생들 팔다리는 폼으로 달렸나. 남자가 아무리 여자보다 힘이 세다고는 하지만 그렇다 쳐도 나 혼자서 들 수 있는 것을 자기네들 3~4명이서 못 들까. 이놈의 마당쇠 삶은 대학 다니던 시절이나 변화가 없다(김영천, 2005).

학교를 운영하는 관리자의 입장에서는 방과 후 시간을 할애해야 하거나 주말, 교외 행사, 출장 등이 잦은 업무를 여교사에게 일임하기 어려운 상황이다. 대부분의 여교사가 가정생활과 출산 및 육아에 얽매여 있다고 본다면 남교사는 상대적으로 이로부터 자유롭다고 판단되기 때문이다. 상황이 이렇다 보니 학교 운영자는 원활한 학교경영을 위해 남교사를 더 많이 배정받기를 바라게 된다(손형국, 2015).

그러나 최근 교직의 여성화에 따라 일부 학교에는 남교사가 전무하다시피한 상황도 속출하고 있다. 따라서 여교사도 고학년을 담임하고 청소년 활동지도, 전산 및 방송 업무, 체육 지도 등을 맡지 않을 수 없는 것이 현재 학교의 실정이다. 학교현장에서 여교사도 이제는 가릴 여지 없이 모든 업무를 처리하고 있다(장용규, 김동식, 2015). 아래의 예문은 한 여교사가 아동의 야구를 지도하면서 오히려 종래 남교사의 주 업무 영역에 들어섬으로써 겪었던 심리적 위축을 잘 보여 주고 있다.

> 교장·교감 선생님께 처음에 야구를 가르쳐 보겠다고 했더니, 의심의 눈초리를 보내시더라고요… (중략) …경기에 들어가면 항상 심판들이, 제가 감독인지 재차 확인하고, 굳이 룰을 재차 설명합니다. 상대편 감독들도 여자가 감독인 게 신기한지 긴장은 하지 않

는 것 같아요. 항상 그게 자존심 상했습니다. 감독이 여자라 무시받는구나 싶었거든요.

(한 교사 인터뷰)(장용규, 김동식, 2015)

구분 없이 업무를 분장하면서 여교사의 경우 여성 리더십, 지도능력 등에 대한 의심과 차별적인 시선을 감내해야 하는 부분이 있기는 하지만, 그럼에도 불구하고 이러한 과정 속에서 교육자로서의 삶의 의미를 찾아가며, 또한 맡은 분야에 대한 전문성을 신장시키는 보람과 긍지를 가지게 된다(장용규, 김동식, 2015). 또한 최근 가정 및 사회 전반적으로 여성의 사회 · 경제적 활동을 이해하고 지원하는 분위기가 조성되는 상황이므로 여교사도 각종 학교 업무를 효율적으로 처리하고 적극적으로 학교활동에 참여하고 있다. 또한 의식이 전환된 열정적인 여교사도 늘어나고 있어 기피 업무를 오히려 의욕적으로 감당하기도 한다. 따라서 학교경영상의 곤혹스러움도 점차 개선되리라고 본다.

3) 남학생의 여성화 문제

학교 현장에 여교사가 많아짐으로써 남학생의 역할 모델이 부족하고, 따라서 남학생이 여성화됨을 문제시하는 시각이 있다. 남성성은 근엄하고, 박력이 있고, 의욕적이며, 씩씩하고, 결단력이 있으며, 모험적인 특징 등으로 나타난다. 여성성은 부드럽고, 온화하고, 순종적이고, 얌전하며, 차분함 등을 나타낸다(정옥분, 2002). 남학생이 여성화된다는 비판은 과거 남성의 고유한 특성으로 인정되었던 성향을 상실해 가고 여성의 특성을 나타냄을 지적하는 것이다.

실제로 여교사가 학생에게 은연중 여성적인 태도나 행동을 더 많이 강조할 개연성이 있다. 따라서 초등학교 과정을 거치는 동안 다수의 여교사가 담임을 맡음으로써 남학생이 점진적으로 여성화되었다는 주장이 나올 수 있다. 하지만 이러한 논리에 근거하면 과거의 남교사가 많았던 시절에도 여학생의 남성화가 문제시되었어야 한다. 그동안 여학생의 남성화를 우려하였던 적은 거의 없었다. 만약 여교사로 인해 초등학교 남학생이 여성화된다는 것이 사실이라면 인간발달에서 보다 결정적인 시기인 유아기부터 교사의 성비를 적절하게 맞추어야 한다. 현재 대부분의 유아교사는 여교사이다(한명희, 1987). 또한 영 · 유아기 아동을 둔 가정의 경우 자녀 양육 및 교육에서 아버지와 어머니의 역할을 적절하게 나누어야 한다.

　여교사, 남교사에 관계없이 학교 문화 자체가 일정 부분 여성성을 필요로 하다 보니 남학생의 여성화가 강화되었다는 지적도 있다. 학교의 일상을 관리하기 위해서는 규칙지향적이고, 교사의 지시와 지도에 순응하는 태도를 강조하지 않을 수 없다. 교사의 설명이나 지시가 있을 때 학생들에게는 조용히 경청하는 자세가 요구된다. 공격적이거나 활동적인 남학생은 정적·수동적·순응적 태도를 요구하는 학교상황에서 비난의 대상이 되기 쉽다. 남학생은 은연중 여성 지향적인 문화에 익숙해지도록 강요받는 것이다. 하지만 학교의 특성이 여성 지향적이라면 과거의 학교에서도 남학생의 여성화가 문제가 되었어야 한다. 또한 학교의 문화가 늘 여성 지향적인 것만은 아니다. 진취적이고 적극적이며 활동성을 요구하는 측면도 분명히 학교 안에 존재한다.

　여교사의 증가로 남학생이 여성화되었다는 사실을 실증적으로 입증해 낸 연구 결과는 거의 없다. 설령 남학생이 여성화되었다 하더라도 여교사로 인해 여성화되었다기보다 변화되어 가는 가정 및 사회·문화의 영향을 받아 남성성이 축소되었을 개연성이 더 높다. 현대사회는 여성 해방 운동, 여권 신장, 남녀평등의 사회·문화로 인해 가정 및 사회 내에서 여성의 지위가 달라졌고, 사회 각 분야에서 여성의 성공적 활약상이 두드러지고 있다. 과거와 비교하면 실제 남성의 지위, 입지, 활동력이 상대적으로 줄어든 경향이 있다. 가정과 사회·문화의 전반적인 변화 속에서 남학생의 사회화도 남성성 약화로 방향 지어졌을 가능성이 있다.

　최근에는 남학생의 여성화를 문제시하는 시각 자체를 비판하는 경향도 있다. 현대사회는 여성성과 남성성을 고루 갖추어 인간다움을 풍부하게 지닌 중성적인 인간상을 바람직하게 본다. 남성도 감성적이며 부드럽고 온유한 자세와 태도를 가질 것이 요구되며, 여성에게도 진취적이고 적극적이며 활달한 태도가 기대된다. 시대·사회적 추세를 감안하면 남학생의 여성화나 여학생의 남성화 모두 오히려 가치 있는 현상이다(한명희, 1987). 여성성과 남성성이라는 범주로 사람의 성향을 나누기보다 인간성을 가진 인간으로 키우는 것이 오히려 바람직할 것이다.

3. 관리직 교원의 양성 불평등

1) 관리직 교원의 양성 불평등 실태

1980년 교감, 교장 중 여교감의 비율은 4.0%, 여교장의 비율은 1.8%에 지나지 않았다. 관리직에 진출한 여교사의 비율이 상당히 낮음을 알 수 있다. 그러나 2016년에는 교감의 비율이 56.7%, 교장의 비율은 34.5%에 이르고 있다(교육부, 2016)(표 14-2 참조). 과거와 비교하여 관리직 여교원 수가 많이 증가하였다. 그러나 2016년 여교원이 77%에 이르고 있는 상황을 감안하면 관리직 여교원 수가 많다고 볼 수 없다.

2016년 지역에 따른 초등학교 교감 중 여교원의 수는 인천, 강원, 경북 등에서 30~

표 14-2 연도에 따른 학교 급별 여성 관리직 비율

연도	초등학교				중학교				고등학교			
	교장		교감		교장		교감		교장		교감	
	교원 수	비율	교원 수	비율	교원 수	비율	교원 수	비율	교원 수	비율	교원 수	비율
1980	115	1.8	255	4.0	66	3.8	118	5.8	57	4.7	22	1.7
1985	122	1.9	284	4.0	98	4.9	122	5.2	60	4.0	27	1.7
1990	159	2.5	311	4.4	136	6.3	139	5.6	64	4.0	27	1.5
1995	222	3.8	429	6.6	181	7.6	165	6.1	66	3.7	36	1.8
2000	367	7.0	489	8.9	206	8.7	213	8.9	84	4.5	52	2.7
2005	490	8.7	892	14.6	255	9.9	474	17.7	132	6.5	100	4.7
2006	531	9.3	996	16.0	294	11.1	523	19.0	123	6.0	116	5.3
2007	589	10.3	1,116	18.1	343	12.8	564	20.7	126	6.1	127	5.7
2008	653	11.3	2,207	19.8	394	14.4	294	22.2	122	5.8	120	5.5
2009	747	12.9	2,374	22.7	463	16.7	636	23.7	126	5.9	135	6.0
2010	832	14.3	1,623	26.9	493	17.6	687	25.6	139	6.4	174	7.6
2011	895	15.3	1,964	32.7	522	18.4	698	25.7	157	7.0	195	8.5
2012	978	16.7	2,382	39.3	556	19.4	713	26.2	176	7.8	205	8.9
2013	1,096	18.6	2,730	45.1	577	20.0	724	26.6	199	8.7	221	9.7
2014	1,299	22.0	2,981	49.2	618	21.3	763	28.1	204	8.9	235	10.3
2015	1,701	28.7	3,295	54.3	680	23.2	811	30.1	218	9.5	258	11.3
2016	2,058	34.5	3,455	56.7	713	24.3	850	31.8	229	9.9	316	13.9

40%대로 다른 지역에 비교하여 적게 나타난다. 교장의 비율도 20%대로 비교적 적다 (교육부, 2016)(표 14-3 참조). 이 지역은 도서 · 벽지가 많고 교통이 불편하기 때문에 여교사가 근무하거나 출퇴근하기 어려운 곳이다. 승진할 때 농어촌 학교나 벽지 학교 에서 근무한 경력이 높게 반영된다는 점을 상기해 본다면 여교사는 상대적으로 남교사

표 14-3　지역에 따른 학교 급별 여성 관리직 비율(2016)

지역		초등학교				중학교				고등학교			
		교장		교감		교장		교감		교장		교감	
		교원수	비율	교원수	비율	교원수	비율	교원수	비율	교원수	비율	교원수	비율
전국		2,058	34.5	3,455	56.7	713	24.3	850	31.8	229	9.9	316	13.9
지역규모	대도시	721	42.8	1,175	62.6	292	29.5	376	38.7	81	10.0	138	17.3
	중소 도시	553	30.5	1,084	56.5	252	26.2	298	30.9	81	9.8	117	13.4
	읍 · 면지역	685	31.8	1,074	52.4	156	17.3	166	24.6	62	10.1	57	10.2
	도서 · 벽지	99	31.9	122	49.8	13	15.5	10	15.9	5	8.9	4	8.7
시 · 도	서울	293	48.8	475	67.3	120	31.2	121	33.1	41	13.1	62	21.5
	부산	120	39.1	228	71.3	63	38.0	63	38.2	10	7.0	13	9.8
	대구	107	47.8	145	60.7	34	28.3	55	45.8	4	4.4	11	11.1
	인천	56	23.0	111	40.4	17	13.4	38	32.2	19	15.7	30	24.4
	광주	93	61.6	104	63.0	36	41.4	42	48.3	2	3.0	7	10.1
	대전	55	37.7	102	63.4	22	26.2	43	48.3	4	7.0	10	15.9
	울산	29	24.8	70	58.3	11	18.0	27	43.5	4	7.1	8	14.3
	세종	19	51.4	28	68.3	5	27.8	6	33.3	-	0.0	1	7.7
	경기	426	34.9	766	59.4	214	36.8	240	39.5	63	13.5	100	19.8
	강원	70	20.1	133	43.6	14	12.5	16	14.0	8	7.1	7	6.9
	충북	97	37.7	141	53.2	19	15.7	18	18.0	8	9.8	4	4.9
	충남	117	29.1	213	52.3	26	16.6	21	15.8	10	8.6	8	7.3
	전북	141	34.1	223	59.0	28	14.7	33	25.2	15	12.1	9	7.9
	전남	134	31.6	221	54.7	28	12.0	40	28.4	14	10.1	17	12.7
	경북	94	20.3	140	35.3	22	10.9	24	14.1	15	7.9	8	4.4
	경남	166	33.2	237	54.6	48	19.0	58	27.5	11	5.8	19	11.0
	제주	41	37.6	82	66.3	6	14.3	5	12.5	1	3.3	2	7.1

에 비해 높은 승진 점수를 받기 어려운 상황에 놓여 있다. 자연히 여교사가 관리직으로 진출하는 경향은 떨어질 수밖에 없다. 하지만 교통의 발달로 인해 벽지의 개념이 많이 희석되고 있다. 또한 관리직으로의 진출에 뜻을 둔 여교사가 농어촌 근무를 적극적으로 자원하고 있는 상황이다. 따라서 향후 이들 지역의 관리직 성비도 변화될 여지가 있다.

2) 관리직 교원의 양성 불평등 원인

관리직에 진출하는 여교사의 비율이 낮은 이유는 첫째, 여교사의 생애 개발 및 발전에 대한 의식이 남교사에 비해 상대적으로 결여되어 있고, 성취하고자 하는 욕구나 의욕도 부족한 탓으로 볼 수 있다(민무숙 등, 2002).

> 여선생들, 남선생이 무슨 봉인 줄 안다. 교장 선생님 의견에 불만이 있으면 자기네들이 직접 말할 것이지, 꼭 남자 중 누군가가 해 주기를 바란다. 그리고 그 누군가가 이 학교 에서는 나밖에 없다는 것이 너무 싫다. 나는 이 학교에서 투쟁가이자 일꾼이고 수업시 간이 되어야 비로소 교사가 된다(김영천, 2005).

여교사가 상대적으로 발전의식 및 의욕을 가지지 못하는 이유는 첫째, 평생직으로서 확고한 교직관을 가지고 있지 못한 데 연유할 수 있다. 여교사는 여성의 직업 활동이 가정 경제면에서 볼 때 어디까지나 보조적이며 가정에서의 경제적 책임이 일차적으로 남성에게 주어진다고 생각하는 경향이 있다. 따라서 자신의 경제 활동이 언제든지 중단되어도 무방하다는 안이성이 여교사의 발전 의욕을 저하시킨다(Bascia, 1998). 이러한 상황은 남성 우월주의적인 문화 속에서 의존적이고 부차적인 여성의 지위에 안주해 버린 결과이다.

둘째, 여교사가 관리직으로 진출하지 못하는 것은 교직사회에 잔존하는 성차별 관행에 원인이 있을 수 있다. 즉, 교장, 교감이 주로 남성이므로 능력을 발휘할 수 있는 기회나 조건이 남교사에게 주로 부여된다. 학교 내의 역할 분담에 있어서도 중요한 일은 주로 남교사에게 맡기며, 보직교사의 기회도 남교사에게 더 많이 부여하고, 근무성적을 평정할 때도 남교사에게 더 높은 점수를 준다. 결과적으로 관리직으로 진출하는 데 남교사가 여러 면에서 유리한 고지에 놓인다(민무숙 등, 2002).

Bascia(1998)는 미국과 캐나다의 경우에도 남교사와 여교사 사이에 차별이 존재해 왔음을 지적한다. 여교사는 보다 적은 임금에 만족해야 했고 더 낮은 근무성적을 받았으며 자연히 행정적으로 진급도 늦었다. 남교사가 빠른 시일 안에 학교 내의 권위적인 지위를 차지하는 데 반해 여교사는 보조적인 지위에 머물렀다. 여교사의 직업 안정성도 더 불안하여 1900년대 중반까지도 여교사의 결혼은 해직 사유가 되었다.

> 학교 현장에서 다수를 차지하고 있는 여교사들에게는 방패가 없다. 물론 창도 없다. 그녀들은 다수라는 수적 우위에도 불구하고 학교 현장에서 소외되고 나아가 자신도 모르게 피해자가 되고 있다. 이러한 상황을 만드는 것이 여교사 스스로의 선택인 경우도 있다. 하지만 학교의 관리직이 남교사들에 의해 독점되고, 그들에 의해 소수의 젊은 남교사들이 좁은 관리직의 길을 안내받고 있는 구조적인 상황이 여교사들을 더욱 소외시키는 경우도 다반사였다(김영천, 2005).

초등 남교사와 남성 관리자는 남교사 중심의 학교 문화 및 구조를 의도적으로 재생산하려는 경향도 있다. 남교사는 연구회, 연수원, 교육청, 장학 등의 조직과 활동을 통해 남성들 간의 우호적인 인맥 관계를 돈독히 한다. 이러한 관계는 남성 중심의 술 문화에 의해 강화되기도 한다(이종일, 2004).

> 대부분의 관리직과 행정직은 남자들로 구성되어 있다. 그들은 업무와 관련된 일이라는 핑계로 업무시간 외에 자리를 마련하고 친목을 도모하는 활동을 하고 있다. 그런 일들의 대부분은 술자리와 관련되어 이루어지고 있다. 일의 연속이기는 하지만 퇴근 후 술자리까지 참석하기에는 여교사들에게 무리가 따른다. 그런 자리에서 여교사들이 할 수 있는 일이라고는 분위기를 띄우는 일이나 시중을 드는 정도의 일이다. 그런 일들은 여교사들에게 간혹 수치감을 느끼게 하는 경우도 있다(김영천, 2005).

조상우(2004)는 남교사가 학교 안에서 더 많이 인정을 받는 것은 학교 안에서 들인 수고와 노력의 정당한 대가임을 지적하고 있다. 초등 남교사는 학교 안의 궂은 일, 힘든 일, 어려운 일을 짊어짐으로써 심리적·육체적 고충도 많이 겪지만, 나름대로 관리자와 동료 교사의 인정이라는 보상을 받고 그에 대해 만족하는 경향도 있다.

셋째, 사회 구조적으로 여전히 남성 우월주의적인 이념이 존재하는 결과일 수도 있다(민무숙 등, 2002). 남성 중심의 문화는 사회 및 가정생활 속에 아직도 뿌리 깊게 잔존해 있다. 아무리 남녀 평등한 시대가 도래하여 가정에서 부부의 상호 협조가 원만하게 이루어진다고 해도 아직까지 우리나라나 전 세계적으로 가사노동과 육아의 상당 부분은 여성의 몫이다.

Bascia(1998)는 미국의 경우에도 많은 여교사가 자신의 생애 발전을 위해 노력하기보다 가족을 위하여 시간을 보낼 수밖에 없음을 지적한다. 관리직으로 승진하기 위해서는 일정 부분 가족과 자녀의 희생이 뒤따라야 하거나 여교사 자신의 정신적·육체적 고통을 무릅쓴 남다른 각오가 있어야 한다. 이러한 문화 속에서 평범한 여교사가 관리직에 도전하기는 쉽지 않다.

> 가정이 있고 아이들을 돌보는 여교사들의 삶은 그야말로 원더우먼의 일생이라고 볼 수 있다. 아침 일찍 아이들을 씻기고 먹이고, 아이들을 돌봐 줄 도우미 아주머니에게 데려다주고, 학교에 와서도 아이들과 한바탕 실랑이를 벌이고, 또 돌아서서 자신의 업무를 처리해야 하고, 퇴근과 더불어 맡겨 놓은 아이들을 찾아 집으로 돌아온다. 돌아온 그녀들 앞에는 저녁식사 준비, 아이들 돌보기, 청소, 빨래 등의 일들이 널려 있다. 학교 업무에 대한 능력을 인정받더라도 많은 희생이 필요했다. 가정에서의 이해와 더불어 스스로 자신의 일을 우선으로 하고 아이들과 남편이라는 존재를 뒷전에 두어야 했다(김영천, 2005).

> 승진을 하기 위해서 여교사들은 모든 것을 버려야 한다. 가정은 뒷전으로 밀리더라도 학교의 일이 우선되어야 한다. 승진한 여교사들에게는 "능력도 있지만 참 독하게 하더군", "교장, 교감에게 하는 것을 보면 정말이지 같은 여교사로서 부끄럽다는 생각도 들더군.", "승진하려고 부단히 노력했지. 근데 저 집 아이들은 엉망이라더군."과 같은 동료 여교사들의 입방아가 꼬리표처럼 따라다니고 있었다(김영천, 2005).

3) 관리직 교원의 양성 불평등 해결

여교사의 비율이 앞으로 점점 높아지는 것을 감안할 때 교직의 불평등 현상은 여교사에게 고무적이지 못하다. 교직의 양성 평등을 구현하기 위해서는 첫째, 성취와 발전을 위한 여교사의 의식 전환이 필요하다. 여교사의 교직생활은 임시적인 것이며, 교직생활에 따르는 수입은 가정 경제를 위해 보조적인 것이라는 인식을 바꿀 필요가 있다. 이러한 인식은 교사의 교직생활을 적당주의로 흐르게 할 가능성이 있기 때문이다. 교직 생애에 대한 가벼운 의미 부여는 열정과 최선을 다하는 교사의 교육활동을 기대하기 어렵게도 만든다.

그러나 오늘날 현실적으로 여교사의 교직생활이 더 이상 가정 경제를 도와주는 부수적인 위치에 놓이지 않을 수도 있다. 이미 많은 여교사는 경제적 자립에 대해 절대적 의미를 부여하고, 가정 경제에 대해 확고한 책임 의식을 가지고 있기도 하다. 여성의 경제력 확보를 중시하는 사회적 추세, 원 가족의 부양, 독신의 증가, 모자 가족 등 다양한 가족의 출현은 교직사회라고 해서 예외가 아니다. 이러한 모든 요인은 여교사로 하여금 교직을 평생직으로 인식하게 하며, 또한 장기적인 교직 생애 속에서 발전하고 성취하고자 하는 욕구를 신장시킬 수 있다.

둘째, 교직의 양성 평등을 위해서는 교직사회에 고착화된 성차별적 관행을 개선할 필요가 있다. 학교 관리자의 입장에서는 학교경영을 위해 남교사가 보다 헌신하는 부분이 있으므로 남교사에게 유리하도록 기회를 주고 근무성적을 높이 평가하는 것은 어쩔 수 없는 일이라고 항변할 수도 있다. 하지만 남성 위주의 문화를 강화하기 위해 학교 내의 주요 지위나 중요한 의사결정에서 여교사를 의도적·무의도적으로 배제한 결과 여교사의 능력 발휘 기회가 축소될 가능성도 있다. 따라서 관리자에게 남녀 구분 없이 교사의 능력 및 특성에 맞추어 학교의 업무를 분담하고, 능력을 발휘할 수 있도록 공정하게 기회를 주며, 업무 수행 결과에 대해 공평하게 평가하는 자세가 요망된다. 성별에 따라 구분하지 말고 업무를 공정하게 분담하면 남교사들도 교육 본연의 업무에 몰입할 수 있을 것이다. 과중한 업무로부터의 해방은 정신적·심리적 여유와 신체적 건강을 고려할 여지를 줌으로써 교직 생애를 보다 의미 있게 만들어 준다.

최근 일선 학교현장은 남교사의 과부족으로 성별에 따라 업무를 구분하기 어려운 지경에 놓여 있다. 여교사도 기피 업무였던 체육 지도를 위해 방과 후 운동장에 나서고 있으며, 각종 청소년 단체활동을 맡아 기꺼이 주말을 헌납하기도 한다. 전산 업무와 방송 활동도 예외가 아니다. 학교의 남교사 부족은 역설적으로 여교사의 업무에 대한 책임의식을 고양시키는 동시에 학교의 중요한 의사결정에 적극적으로 참여하도록 하며, 능력을 발휘할 수 있는 기회를 제공한다. 이러한 과정 속에서 여교사도 관리직으로 진출할 수 있는 자기발전의 디딤돌을 쌓아 가고 있다.

셋째, 여교사가 직업인으로서 학교 업무에 매진할 수 있도록 가정에서는 전통적인 남성 위주의 문화를 변화시킬 필요가 있다. 여성의 일방적인 희생 위에서 지탱되는 가정이 아니라 가족 구성원 모두의 협조하에 조화롭게 유지되는 가정 문화가 형성되어야 한다. 이를 위해서는 무엇보다도 가정의 성 불평등을 강조하는 사회적 관습 및 인식 변화가 수반되어야 한다. 아울러 사회 전반적으로 의식을 개선하기 위한 계몽이 다각적 방식으로 이루어질 필요가 있다.

교직의 양성 평등을 강조하는 것은 성별에 따른 평등이 교직사회에서 잘 실현되지 않았기 때문이다. 수적 우위에도 불구하고 여교사가 관리직 및 교육 지도자로 진출하지 못하는 현실이 성차별 문제를 제기하도록 만들었다. 따라서 이에 대한 개선과 변화가 포괄적인 차원에서 이루어져야 한다.

그러나 보다 중요한 것은 앞으로 성별에 따른 인위적인 평등을 넘어서 교사 개개인의 특성과 능력에 따라 업무를 수행하고 공정하게 평가받는 체제를 정착시켜야 한다는 것이다. 즉, 남녀의 구분을 떠나 교사 개개인이 가지고 있는 능력, 특기, 재능을 마음껏 구현할 수 있는 교직 분위기를 조성할 필요가 있다. 남교사, 여교사 관계없이 뛰어난 교사가 학교의 지도자가 됨으로써 학교경영 관리의 수준을 향상시킬 때 교육의 수준과 질도 같이 높아질 수 있기 때문이다.

교직단체

15

1. 교직단체의 역할

교원은 교직생활을 하다 보면 여러 가지 문제에 봉착하게 된다. 이러한 문제를 각자 해결할 수 있지만 혼자의 힘으로 해결하기 곤란한 일이 있다. 교원 개개인의 노력으로 해결하기 어려운 일은 교원 다수의 힘을 모아 처리하면 보다 효과적으로 문제를 해결할 수 있다. 이것은 교원들이 자신들을 위한 조직과 협의체를 결성하는 중요한 이유 중 하나이다.

우리나라의 교직단체는 전문직 단체를 표방하는 교원단체와 노동조합의 성격을 가진 교원노조 두 가지 유형으로 구성된다. 최근 들어 용어상 혼란을 피하고 이 두 단체를 통칭하기 위해 정부는 교직단체라는 용어를 정책적으로 사용하기 시작하였다(고전, 2007).

교직단체는 교사들에게 정치적 · 경제적 · 조직적 · 사회적으로 여러 가지 혜택을 주며 또한 혜택을 부여하기 위해 활동하도록 기대된다. Bascia(1998)는 교원조합(union)의 역할로 교사의 보수와 직업 안정, 교사의 변호, 교직 생애 발달 촉진, 교직 지도를 제시한다. 미국과 캐나다의 교원조합은 전통적으로 교사의 보수와 직업 안정성, 행정적인 승진의 문제에 가장 많은 노력과 관심을 기울여 왔음을 지적한다. 또한 조합은 교육의 질 향상과 연관되는 교수 재정, 교실 크기, 업무 부담, 전문성 계발, 안전 및 훈육 정책 등에 대해 정보를 얻고, 정책 결정 과정에 참여하며, 영향력을 행사하고, 교육 당국과 의사소통할 수 있는 통로를 마련한다. 즉, 교사들의 입장을 변호하고 옹호하는 역할을 하는 것이다. 교원조합은 또한 교사의 생애 발달을 돕는다. 전문성 계발, 교수 업무, 행사, 형식적·비형식적 각종 활동의 탐색과 정보 제공, 각종 세미나, 학회 등의 개최가 교사의 생애 발달을 돕기 위해 포함된다. 교원조합은 교직 현안에 대한 교사들의 투표를 주도하며, 각종 회의를 개최하고, 교사들 간의 갈등을 해결하며, 교사와 학교 관리자의 권력 불평등으로 인한 문제를 시정한다. 또한 교사와 학교 관리자 사이의 매개자 역할을 함으로써 교직 사회가 잘 운영될 수 있도록 통솔력과 지도력을 발휘한다.

전제상(2002)은 교직단체의 역할을 이익 단체, 전문직 단체, 대변 단체, 봉사 단체의 역할로 정리한다. 첫째, 교직단체는 교원의 사회·경제적 지위를 향상시키는 데 목적을 둔다. 사회·경제적 지위는 경제적 처우, 사회적 대우 또는 존경의 정도, 사회적 위치 등을 의미한다. 둘째, 교직단체는 교원의 전문적 자질을 향상시킨다. 셋째, 교직단체는 교원의 교육정책 형성 과정에 참여한다. 넷째, 교직단체는 이상사회를 실현하기 위해 봉사한다.

신현식과 이경호(2009)는 교원단체로서의 한국교원단체총연합회(교총)와 교원노조로서의 전국교직원노동조합(전교조)이 공동으로 추구해야 할 바람직한 역할로 첫째, 교원의 사회·경제적 지위 향상과 교권 옹호, 둘째, 사회 및 교육 발전을 위한 연구와 실천, 셋째, 교육 및 교원정책 과정에 책임 있는 주요 당사자로서 참여하는 것을 제시하였다. 전문직 단체로서의 교총은 전문성 신장을 위한 프로그램 제공, 교원 복지 서비스를 제공할 것으로 기대되었으며, 노동조합으로서의 전교조는 참교육 실천, 교육 소비자의 인권 및 교육권 옹호, 사회 교육개혁을 주도할 것으로 기대되었다.

교직단체의 역할로 지적되는 공통 요인은 첫째, 교직원의 보수 및 처우 개선이다. 교직단체는 다른 직종과 비교하여 교직의 경제적 처우나 근무 여건, 복지의 측면에서 상대적으로 열등하지 않도록 노력해야 한다. 이는 우수한 인력을 교직으로 유치하기 위해서이기도 하고, 현직에 있는 교원들의 사기를 고무하고 앙양함으로써 교육에 전념하여 질 높은 교육이 이루어지도록 하기 위해서도 필요하다.

둘째, 교원의 전문성을 신장시키는 일이다. 교원의 가장 핵심적인 역할은 교육에 있고, 따라서 무엇보다도 시대와 사회의 변화에 따라 자질을 향상시키고 개선하고자 하는 노력을 게을리 하지 말아야 한다. 교직단체는 교원이 전문적 자질을 향상시킬 수 있도록 다양한 연구를 수행함과 동시에 연수를 개최하고 세미나 등의 기회를 제공할 필요가 있다.

셋째, 교직단체는 교원을 대신하여 교육정책에 적극적으로 관여한다. 교육정책은 교육의 운영과 발전에 관한 기본 지침과 방향을 제시해 준다. 교원의 지위나 전문성 신장도 정책적인 지원 없이는 실질적인 효과를 볼 수 없다. 교원정책은 매우 중요하지만 교원 개개인은 정책의 결정ㆍ집행ㆍ평가 과정에 개입할 수 없다. 따라서 교직단체를 통해 정책의 입안과정이나 결정에 영향력을 행사하게 된다.

2. 교직단체의 유형과 발전과정

1) 교원단체

우리나라 최초의 교원단체는 1947년 11월 23일 출범한 조선교육연합회이다. 조선교육연합회는 1948년 8월 15일 대한민국 정부 수립 이후 대한교육연합회로 명칭을 바꾸었다. 1949년 교육법이 제정되면서 제80조 "경제적ㆍ사회적 지위를 향상시키기 위해 교원은 각 지방자치단체 및 중앙에 교육회를 조직할 수 있다."라는 규정에 의하여 대한교육연합회의 설립 근거가 마련되었다. 그러나 대한교육연합회가 미처 체제도 정비하기 전인 1950년 6ㆍ25 전쟁이 일어났다. 이에 대한교육연합회는 일시 사업 활동을 중단하고 부산으로 피난하는 등의 시련을 겪었으며, 전쟁이 끝나고 서울로 환도한 후 조직을 재정비하고 중단되었던 사업을 재추진하게 된다. 그 후 자유당 정권과 유신 정권, 그리고 제5공화국 정권하에 있으면서 대한교육연합회는 유일한 교원단체로 존립하였다.

대한교육연합회가 대표적인 교원단체로서 교원의 처우 개선, 전문적 자질 향상을 위한 다양한 시도를 해 온 것은 사실이다. 그러나 교육행정 및 학교운영의 비민주적인 측면을 해소하기 위한 정책적 노력을 등한시하고 자율적인 사업도 전개하지 못했다. 교육을 통한 인간의 자아실현 및 이상적인 사회 구현에 대한 책무도 소홀히 하였다. 그로 인해 많은 교원들의 무관심과 불만을 불러일으켰고, 이러한 문제는 1980년 중반 이후 교육 민주화 운동을 일으키는 틈새를 초래하였다.

1989년 11월 대한교육연합회는 한국교원단체총연합회(교총)로 개칭하였다. 교총은 교육의 본질 구현, 학생, 학부모와 함께 교육 발전을 도모하는 전문직 공동체주의, 교원의 권익 옹호와 교권 확립, 다양한 교육 주체와 조화를 이루는 교육 운동 선도, 국제사회의 변화에 대한 관심과 교육운동으로의 연계를 주장하였다. 교총은 1991년 교원 지위 향상을 위한 특별법(교원지위법, 2016.2. 교원지위 향상 및 교육활동 보호를 위한 특별법으로 변경: 교원지위 향상법) 제11조에 의거하여 교섭·협의권을 확보함으로써 체질 개선을 할 수 있는 절호의 기회를 얻었다. 또한 1997년 교육기본법이 제정되면서 교원단체를 결성할 법적 근거를 새로이 부여받았다(김은주, 2008).

2) 교원 노동조합

교원노조 운동은 1960년 4·19 직후 시작되었지만 본격적으로 활동이 시작된 것은 1980년대에 이르러서이다. 1985년『민중교육』출판 사건을 시작으로 교육의 민주화를 주장하던 교사들은 1986년 5월 10일에 '교육 민주화 선언'을 하였다. 교육 민주화 선언은 첫째, 교육의 정치적 중립 보장, 둘째, 교사의 교육권 및 시민적 권리 보장, 학생과 학부모의 교육권 보장, 셋째, 교육행정의 비민주성과 관료성을 배제하고 교육의 자율성을 확립하기 위한 교육 자치제 실시, 넷째, 전국적인 자주적 교원단체 설립, 다섯째, 정상적 교육활동을 저해하는 교육적 잡무의 제거를 표방한다.

교육의 민주화를 주장하는 교사들은 1987년에 전국교사협의회를 결성하였고, 이를 발전시켜 1989년 2월 19일 전국교직원노동조합(전교조)을 결성하기에 이르렀다. 전교조는 민족, 민주, 인간화 교육을 실천하는 참교육 운동을 기치로 내세웠다. 그러나 전교조는 합법 단체로 인정받지 못함으로써 관련된 많은 교사가 해직당하여 교직을 떠나는 고통을 겪었다. 1999년 합법화될 때까지 전교조의 모든 집회 및 활동은 불법이었고 이에 대한 제재와 탄압이 뒤따랐다. 이러한 압력은 전교조의 활동을 극한투쟁으로 몰고

갔으며 합법화되기까지 10여 년에 걸쳐 과격한 투쟁과 제재의 악순환이 거듭되었다.

문민정부가 들어서자 해직되었던 교사가 다시 복직하여 교단에 서게 되었다. 그리고 국민정부가 출범하면서 노동계, 사용자 측, 정부가 노동 현안에 관한 협의를 위하여 대통령자문기구인 노사정위원회를 구성하면서 교원노조의 법제화 문제가 본격적으로 거론되었다. 노동조합 및 노동관계조정법 제5조에는 근로자는 자유로이 노동조합을 설립하거나 이에 가입할 수 있지만 공무원과 교원에 대한 법률은 따로 정하도록 명시되어 있다. 이에 근거하여 1999년 1월 '교원의 노동조합 설립 및 운영에 관한 법률(교원노조법)'이 제정되면서 전교조는 합법성을 인정받게 되었다(전제상, 2002). 하지만 그 후에도 전교조의 조합 운동 방식이 과격하고 극단적인 양상을 보임으로써 사회적으로 많은 지탄을 받았고, 반전교조를 표방하는 노동조합들이 출현하는 계기가 되었다.

1999년 2월에는 한국교원노동조합(한교조)이 결성되었다. 한교조는 1999년 2월 전교조와 달리 중도 합리주의를 내세우며 설립되었다. 보수적인 사고로는 진정한 교육개혁과 발전을 도모하기 어렵고, 한편 급진적인 개혁이나 현실을 외면한 일방적인 개혁으로도 실제적인 교육의 발전을 기대하기 어렵다는 판단에 따라 합리적인 중도성을 내세운 것이다. 한교조는 민주 복지사회를 건설하고, 교원 운동의 자주성과 민주성을 보장하며, 인간 중심의 참된 민주 교육환경을 실현하고, 푸른 교육을 실천하고자 하였다. 여기에서 푸른 교육이란 푸른 새싹 같은 학생들이 즐겁게 다닐 수 있는 학교, 교육에 열과 성을 다하는 교사, 그러한 학교를 신뢰하고 흐뭇해하는 학부모가 어우러져 모두 함께 미소 지을 수 있는 푸르른 날을 위한 교육을 말한다.

2006년 5월에는 반전교조를 표방하는 자유교원조합이 결성되었다. 자유교원조합은 새로운 교사상 창출, 자유 시대에 걸맞은 새로운 조합 운동, 대한민국 국가 체제의 옹호 및 헌법적 가치 수호 등을 표방하였다. 새로운 교사상이란 연구하고 자기 계발에 열심인 교사로, 권위적인 교육 문화와 열악한 교육환경에 대한 비판도 중요하지만 이와 동시에 교사 자신의 책무를 소홀히 하지 않는 교사를 말한다. 자유 시대에 걸맞은 새로운 조합 운동은 계급주의 이념 투쟁이나 정치 투쟁이 아니라 개인의 성과에 상응하는 사회·경제적 보상 체계를 구축하고 갈등과 투쟁보다는 협력과 상생을 중시하는 조합 운동을 말한다. 자유교원조합은 대한민국의 정통성을 비판하거나 국가 정체성을 훼손하기보다 대한민국의 국가 체제를 옹호하고 튼튼히 하는 애국 운동의 선봉이 될 것을 선언하였다(자유교원조합, 2010).

2006년 1월 태동된 뉴라이트교사연합은 2008년 노동조합 신고를 마침으로써 대한민국교원조합으로 새로 창립되었다. 대한민국교원조합도 이념적 편향으로 유린당하고 방황하는 교원 운동을 참다운 교육 공동체 형성과 미래 교육을 약속하는 발전적 동력으로 바꿀 것을 주장한다. 미래 교육의 구체적인 모습은 교사, 학생, 학부모 등 모든 교육 주체가 협력하는 가운데 자율적이고 책임감이 있으며 다양성이 구비된 교육으로 나타난다고 주장한다(대한민국교원조합, 2010).

2010년 4월 한국교원노동조합, 자유교원조합, 대한민국교원조합은 교원노조협의체를 구성하였다. 이들 교원노조는 교육 현장의 이념적 대결과 교육의 정치화를 방어하기 위해 장기적으로 통합을 지향하며 지속적으로 정책 공조를 취할 것을 선언하였다.

2010년 3월부터 고용노동부는 해고되어 근로자가 아닌 자의 가입을 허용하는 노동조합은 설립신고서를 반려해야 한다는 노동조합 및 노동관계 조정법(제2조 제4호, 제12조 제3항 제1호)과 그 시행령(제9조 제2항)에 의거하여 전교조 규약 부칙 제5조를 개정할 것을 명령하였다. 그러나 전교조는 조합원의 총투표 결과 68%에 이르는 찬성으로 해직된 조합원 9명의 자격을 유지하기로 결정함으로써 양측 간의 행정소송이 시작되었다. 이 소송의 결과 전교조는 서울고등법원 2심 항소심에서 패소하여 2016년 1월 법외노조가 되었다. 법외노조란 법적 지원과 혜택을 받지 못하는 노조로서 전교조에 대한 각 시·도 교육청의 지원금이 중단되고, 노조 전임자로 근무하기 위해 휴직했던 전교조 소속의 교사는 복직해서 학교로 돌아와야 하며, 매달 월급에서 노조회비를 일괄 징수하던 행정적 지원 등을 더 이상 받지 못하게 된다. 2017년 현재 전교조는 대법원의 판결을 기다리고 있는 중이다. 교육부는 전교조와 맺은 단체 협약의 효력이 상실되었음을 각 시·도 교육청에 통보한 반면 일부의 전교조 출신 교육감은 각 시·군 교육지원청 및 각 급 학교에 협약 이행을 요청하고 있는 상태이므로 교육계의 갈등이 지속되고 있다(강성명, 2017).

미국의 교직단체

미국의 교직단체로는 미국교육연합회(NEA)와 미국교원연맹(AFT)이 있다. 미국교육연합회는 1857년에 설립되었으며, 회원들의 전문성 발달과 경제적 복지 증진에 역점을 두고 사업을 추진하고 있다. 미국교육연합회의 목적은 교육에서의 인간 및 시민 권리 신장, 사회 문제 해결을 위한 지도성 함양, 독립적으로 결성된 교사 조직, 전문적 수월성 향상, 모든 교육자들을 위한 경제적·전문적 보장, 공공교육을 위한 법률적 지원의 영역에서 구현된다. 2006년을 전후하여 200만 7,000명의 회원이 가입되어 있으며, 가입 회원들은 주로 교외나 지방의 학교 및 교육기관에서 근무한다.

미국교원연맹은 1916년에 설립되었으며, 교사 협의회 간 상호 보조와 협력 증진, 교사 및 교육 노동자의 모든 권리 쟁취, 현직교육 기준 증진 및 교사의 근무환경 개선, 교육 프로그램 및 여건 증진, 교육 기회 제공을 통한 아동 복지 증진, 교육상의 모든 편견 타파 등을 목표로 한다. 미국교원연맹은 노동조합의 성격을 가진 교직단체로서 교사가 주 가입 대상이며 주로 중도시와 대도시에서 근무하는 교사들이다. 이는 전통적으로 대도시일수록 근로 인구가 많고 이들의 성향이 노동조합 지향적이기 때문에 이러한 지역적 영향을 받은 결과이다. 미국교원연맹의 2001년 가입 회원은 100만 명에 달한다. 미국교원연맹은 주로 교사의 임금을 중심으로 한 단체교섭을 주도하고 결렬 시 데모와 동맹파업 등의 집단행동도 불사한다.

미국교육연합회는 가입 대상에 행정가가 포함되어 있고 미국교원연맹은 노동조합적 성격이라는 이유로 그동안 두 단체가 합병되기 어려웠으나 최근에 와서는 두 단체의 합병 이야기가 표면화되고 있다. 미국교육연합회는 동맹 파업에 대해 미국교원연맹과 가장 첨예한 대립의 입장을 보였지만 최근에는 미국교육연합회도 이에 동참하는 상황이며, 이에 따라 미국교육연합회의 주 초점도 행정가에서 교사로 옮겨지고 있는 중이다.

(Grant & Gillette, 2006)

3. 교직단체의 교섭 제도와 문제

단체교섭이란 근로자 한 사람 한 사람이 개별적으로 사용자와 교섭하는 것이 아니라 조직을 통해 단체로 사용자와 교섭을 벌이는 것을 의미한다. 넓은 의미로 단체교섭은 노사 혹은 노사정 사이의 의사 타진, 토의 등 이해 조정 과정을 모두 포함하는 과정이라고 정의할 수 있다. 좁은 의미로는 단체 협약의 체결을 목적으로 하는 노사 쌍방 간의 교섭을 의미한다. 보통 노동조합법에서는 협의의 의미를 채택하고 있다(서정화, 황석근, 2001).

1) 우리나라 교직단체의 단체교섭 제도

공무원에게 어떠한 조직의 결성도 허용되지 않았었지만 1947년부터 교육관계법에 의거하여 교원의 지위 향상과 전문성 신장을 위해 교원단체를 결성할 수 있었다. 그러나 교원단체의 조직은 가능하더라도 정부 정책의 결정에 관여하지는 못했다. 단지 정부 정책에 대하여 건의하거나 로비 활동을 하는 것이 정책에 참여하는 유일한 수단이었다.

유일한 교원단체였던 한국교원단체총연합회는 1991년 교원지위 향상법 제11조에 의거하여 교원의 권익 신장과 더불어 교직의 전문성 신장에 관한 사항을 교섭, 협의할 수 있는 제도를 확립하기에 이르렀다. 이것은 노동조합의 원리를 원용하여 교원단체의 정책에 대한 참여 권리를 강화한 조치이다. 1999년에는 교원노조법이 제정되었으며 노동조합법상의 단결권과 단체교섭권이 가능해졌다. 전국교직원노동조합, 한국교원노동조합, 자유교원조합, 대한민국교원조합을 비롯한 노동조합들은 이 법에 의거하여 단결권과 단체교섭권을 확보하였다.

(1) 단체교섭 당사자

교원단체의 경우 교섭의 당사자는 중앙 및 특별시 · 직할시 · 도에 조직된 교육회, 교육부 장관과 교육감이다. 중앙에 조직된 교육회는 교육부 장관과, 시 · 도에 조직된 교육회는 당해 시 · 도 교육감과 교섭 · 협의한다(교원 지위 향상을 위한 교섭 · 협의에 관한 규정 제2조).

교원노조의 경우 노동조합의 대표자와 교육부 장관, 시 · 도 교육감 또는 사립학교를 설립 · 경영하는 자가 교섭의 당사자가 되도록 규정하고 있다. 사립학교를 설립 · 경영하는 자가 교섭 당사자가 될 경우 전국 또는 시 · 도 단위로 연합하여 교섭에 응해야 한다. 조직 대상을 같이 하는 2개 이상의 노동조합이 설립된 경우에는 교섭 창구를 단일화하여 단체교섭을 요구해야 한다(교원노조법 제6조).

(2) 단체교섭 시기

교원단체는 교원지위 향상법에 의거하여 매년 1월과 7월 두 차례 단체교섭을 실시하고 있으며 긴급한 사안이 발생할 경우 임시교섭을 요구할 수 있다(교원 지위 향상을 위한 교섭·협의에 관한 규정 제5조). 교원노조는 구체적인 시기를 정하고 있지는 않지만 협약의 유효기간을 일반적인 사항은 1년, 임금은 2년을 초과하지 않도록 규정하고 있다. 따라서 최소 1년에 1회, 최대 2년마다 단체교섭을 할 수 있다. 교원노조법상에는 임시교섭에 대해 별도로 규정되어 있지 않다.

(3) 단체교섭 사항

교원단체의 경우 교원지위 향상법 제12조에 의거하여 교섭 사항을 교원의 처우 개선, 근무조건 및 복지후생과 전문성 신장에 관한 사항으로 규정하고 있다. 이 내용은 교원지위 향상을 위한 교섭·협의에 관한 규정 제3조에 보다 구체적으로 제시되어 있다. 즉봉급 및 수당 체계의 개선에 관한 사항, 근무시간, 휴게·휴무 및 휴가 등에 관한 사항, 여교원의 보호에 관한 사항, 안전·보건에 관한 사항, 교권 신장에 관한 사항, 복지후생에 관한 사항, 연구 활동 육성 및 지원에 관한 사항, 전문성 신장과 연수 등에 관한 사항, 기타 근무조건에 관한 사항 등이 단체교섭의 범위에 들어간다. 그러나 교육과정과 교육기관 및 교육행정기관의 관리·운영에 관한 사항은 교섭·협의의 대상이 될 수 없다. 교원노조의 경우 교원노조법 제6조 1항에 의거하여 조합원의 임금, 근무조건, 복지후생 등 경제적·사회적 지위 향상에 관한 사항을 교섭의 범위로 규정하고 있다.

(4) 단체교섭 절차

교원단체가 교섭을 요구하고자 할 때에는 교섭 예정일 20일 전까지 교섭 내용을 상대방에게 서면으로 통보해야 하며, 긴급한 사안이 있을 경우에는 7일 전까지 통보하도록 되어 있다. 또 교섭 요구가 있을 때 당사자는 그 소속 직원 중에서 지명한 자로 하여금 교섭 내용의 범위와 교섭 대표, 일시, 장소, 기타 필요한 사항에 관하여 실무 협의를 진행하고 그 결과를 서면으로 작성하도록 하고 있다(교원 지위 향상을 위한 교섭·협의에 관한 규정 제4조).

교원노조가 교섭을 요구하는 경우 노동조합의 대표자는 교섭 예정일 30일 전까지 상대방에게 통보해야 한다. 조직 대상을 같이 하는 둘 이상의 노동조합이 있을 경우에 노동조합의 대표자가 연명으로 교섭 상대방에게 통보하도록 하고 있다. 교섭 통보가 있을 때 노동관계 당사자는 그 소속원 중에서 지명한 자와 교섭 개시 예정일까지 교섭 내용,

교섭 위원 수, 교섭 일시 및 장소, 기타 교섭에 필요한 사항에 관하여 협의하도록 규정한다(교원의 노동조합 설립 및 운영 등에 관한 법률 시행령 제3조).

(5) 단체교섭 효력

교원단체의 경우 교원지위 향상법 제11조 2항과 교원 지위 향상을 위한 교섭·협의에 관한 규정 제6조에 준하여 교육부 장관 또는 교육감이 교섭·협의에 성실히 응하고 합의된 사항을 성실하게 이행해야 한다고 규정하고 있다. 이 경우 법령의 제정·개정 또는 폐지, 예산의 편성·집행 등에 의하여 이행될 수 있는 사항에 관해서는 쌍방이 적법한 절차와 방법에 따라 그 이행을 위해 노력해야 한다.

교원노조의 경우 단체교섭을 하거나 단체 협약을 체결하려 할 때 관계 당사자가 국민 여론 및 학부모의 의견을 수렴하여 성실히 교섭하고 단체협약을 체결해야 하며 그 권한을 남용해서는 안 된다고 규정한다(교원노조법 제6조 4항). 교원노조의 단체 협약 체결은 교원단체의 합의 사항과 비교하여 더 강한 효력을 가진다. 그러나 체결된 단체 협약의 내용 중 법령, 조례 및 예산에 의하여 규정되는 내용과 법령 또는 조례에 의한 위임을 받아 규정되는 내용은 단체 협약으로서의 효력을 갖지 않는다. 단체 협약의 효력이 없는 내용에 대해서는 그 내용이 이행되도록 성실히 노력할 것을 규정하고 있다(교원노조법 제7조 1항, 2항).

2) 우리나라 교직 단체교섭의 문제

(1) 교섭 단위의 문제

교원지위 향상법과 교원노조법 모두 교섭 단위를 중앙 혹은 시·도 단위로 설정하고 있다. 교섭 단위를 이처럼 광역화해 잡은 것은 교섭 단위를 조직의 설립 단위별로 인정한 데 따른 것이다. 학교 단위의 조직과 교섭을 허용하면 학생의 수업권을 침해하거나 교육의 정치적 중립성을 저해할 가능성이 있다는 판단도 광역화된 교섭 단위 설정의 배경이다.

그러나 교섭 단위의 광역화는 교섭 의제가 개별적·구체적인 것보다는 거시적인 정책에 치중될 수밖에 없는 문제를 나타낸다. 따라서 단체교섭의 결과는 현장 중심의 문제를 해결하는 데 한계를 드러내게 된다. 교섭 단위의 광역화로 인한 문제는 특히 단체교섭의 대표적 기능 중 하나인 갈등 조정의 기능이 제대로 발휘될 수 없다는 점에서 두드러지게 나타난다. 교사들의 갈등은 정부와의 사이에서도 발생하지만 상급자, 동료, 학부모와의 사이에서 더 많이 나타나는데 광역화된 교섭 단위로는 이러한 갈등을 해결하기 곤란하다. 따라서 학교 단위에서 교사들의 갈등을 조정하고 해결할 수 있는 보완책이 필요하다(서정화, 황석근, 2001).

(2) 교섭 범위의 제한

교원지위 향상법상 교섭의 범위는 교원의 처우 개선, 근무조건, 복지후생, 교원의 전문성 신장에 관한 사항으로 한정되며, 교육과정, 교육기관 및 교육행정기관의 관리 운영에 관한 사항은 금지하고 있다(교원지위 향상법 제12조). 교원노조법 역시 교섭의 범위를 조합원의 임금, 근무조건, 복지후생에 국한시키고 있으며 실제 교육활동과 밀접한 상관이 있는 교육정책은 교섭 사항에 포함되지 않는다.

하지만 처우 개선, 근무조건, 복지후생, 교원의 전문성 신장 등의 문제는 교육과정, 교육기관의 관리 운영, 교육정책 등과 이론적으로나 분리 가능하다. 실제적으로 교육현장에서 이러한 문제들은 인과적으로 밀접하게 얽혀 있는 것이 보통이다. 예를 들어 교육과정에 수행평가가 도입되면 개정된 교육과정에 관한 전문성을 신장하기 위한 개인적 · 집단적 · 제도적 노력이 경주되어야 한다. 이를 위한 공동 연구, 세미나 등이 개최되면 교육기관은 교원의 참여를 행 · 재정적으로 뒷받침해야 한다. 따라서 교육기관의 관리 운영에 관한 문제가 거론되지 않을 수 없다. 뿐만 아니라 수행평가가 제대로 시행되기 위해서는 교원의 강화된 업무 처리에 준하는 처우 개선, 근무조건의 부분도 변화되어야 한다.

이처럼 교육 현실이 상당히 복합적으로 여러 문제와 관련되어 있음을 고려하지 않은 채, 교섭의 범위를 처우 개선, 근무조건, 복지후생, 전문성 신장 부분으로 한정한 것은 교원의 다양한 문제를 근본적으로 그리고 총체적으로 해결하는 데 한계를 유발한다. 그리고 근본적 문제의 미해결은 교원과 정부의 관계가 늘 안정적이지 못하게 만드는 결과를 초래한다(서정화, 황석근, 2001).

(3) 교섭 합의 도출의 한계

교원단체 및 교원노조의 경우 정부와의 사이에서 합의점을 도출할 때 문제를 완전히 해결할 수 없는 곤혹스러움을 안고 있다. 그 이유는 교원단체 및 교원노조의 교섭 절차가 가진 한계에서 비롯된다. 민간단체의 경우 단체교섭의 일반적 절차는 노동조합의 교섭안 준비, 교섭안에 대한 조합 총회의 인준, 사측에 대한 교섭(안) 제출 및 요구, 사용자 측의 대응 자료 준비, 실무 협상 진행, 본 교섭 진행, 소위원회 개최(필요 시), 결렬 선언(교섭 결렬 시), 노측 쟁의행위 돌입 선언 및 신고, 알선 및 조정, 중재(각종 행정기관), 파업(필요 시 교섭 동시 진행, 사측은 직장 폐쇄 등 대응 조치 강구), 교섭 타결, 합의 도달, 합의 사항 집행의 순으로 이어진다. 이러한 절차를 진행해 갈 때 민간단체는 어디까지나 당사자주의를 채택하고 있다. 교섭 결렬과 이에 따른 쟁의 발생 시 행정기관의 중재가 있기도 하지만 수용 여부는 어디까지나 당사자의 의견에 달려 있어 가능한 한 정부의 개입을 지양하고 자주적인 해결 방안을 모색한다. 파업 등 격렬한 대립의 상황에서도 당사자 간의 합의에 따라 언제든지 공식적·비공식적 재교섭에 들어갈 수 있다. 따라서 당사자 간의 충분한 교섭에 의하여 문제를 해결할 가능성이 있다.

그러나 교원단체의 경우 당사자주의가 채택되고는 있지만 교섭 당사자의 합의하에 교섭 협의 사항에 대한 심의 요청이 있을 때 제3자인 교원지위향상심의회에서 이를 심의 의결한다. 심의 요청은 교섭 협의가 시작된 날부터 30일이 경과하면 당사자 일방이 단독으로 요청할 수도 있다. 교원지위향상심의회에서 의결하면 교섭 당사자들은 그 의결 사항을 성실하게 이행해야 한다(교원 지위 향상을 위한 교섭·협의에 관한 규정 제7조, 제11조).

교섭 결렬 시 교원노조의 경우는 중앙노동위원회에 조정을 신청할 수 있다. 교섭 당사자 쌍방 혹은 일방으로 조정 신청이 들어오면 중앙노동위원회는 지체 없이 조정을 시작하고 교섭 당사자들은 이에 성실하게 임해야 한다(교원노조법 제9조). 관계 당사자는 중재 결정이 위법하거나 월권에 의한 것으로 인정될 경우에는 중재 결정서를 송달받은 날부터 15일 이내에 행정소송을 제기할 수 있으나 행정소송이 제기되지 않으면 중재 결정이 확정된다. 그리고 관계 당사자는 이에 따르도록 되어 있다(교원노조법 제12조). 중재안에 따르도록 한 것은 양자 간의 극단적인 대립과 국민적 피해를 줄이기 위해서이다. 그러나 교섭을 통해 만족할 만한 합의점을 도출할 수 없어서 불만족을 유발시킬 여지가 있다.

(4) 교섭 사항 효력의 한계

교원지위 향상법이나 교원노조법상으로 볼 때 교섭을 통해 합의가 이루어졌다고 해도 이에 대한 강제이행 장치가 없다. 물론 교원단체의 합의 사항보다는 교원노조의 협약 체결이 이행에 보다 강한 효과가 있기는 하다. 그러나 법이나 예산 등에 의해 규정되는 내용에 대해서는 교섭의 효력이 상실되며 단지 당사자에게 이행을 위해 성실히 노력할 것만 부과하고 있다. 교섭 합의에 대한 강제이행 장치의 부재는 이행력 부실을 초래할 가능성을 항상 내포하므로 교섭 합의의 효용성 자체를 저하시킬 우려가 있다.

이러한 현상의 원인은 교직의 특수성에서 찾을 수 있다. 즉, 교직단체의 경우 단결권과 단체교섭권만 인정되지 단체행동권은 금지되어 있다. 그 이유는 교원은 공공 부문의 종사자이기 때문이다. 교원이 집단행동을 할 경우 그 일차적인 피해는 미성숙한 학생에게로 돌아가며 이것은 국민의 교육받을 권리를 침해하기도 한다. 또한 교육활동이 다른 사회의 업무에 비하여 윤리성, 자주성, 중립성, 공공성을 더 많이 필요로 한다는 점에서도 교섭 합의 사항에 대해 강력한 이행을 촉구하기 어려운 면이 있다(서정화, 황석근, 2001).

(5) 이원적 교섭 구조의 문제

현재 우리나라에서는 교원이 노동조합에 이중으로 가입하는 것이 금지되어 있다. 그러나 교원단체와 노동조합에 동시에 가입하는 것은 가능하다. 교원단체는 전문직 단체이기 때문이다. 따라서 한 교원이 전문직 교원단체와 교원 노동조합에 동시에 가입하여 동일한 사안을 놓고 이원적으로 교섭할 수 있다.

교섭 구조가 이원화되면 동일한 사항에 대하여 각각의 교직단체가 다른 해결 방식으로 교섭하고자 할 수 있다. 물론 정부가 동일한 사항에 대하여 각각의 단체들과 다르게 합의할 가능성은 거의 없다. 하지만 동일한 사항에 대하여 각각 다른 단체와 이중적으로 교섭하는 것은 행정력의 낭비를 초래한다. 극단적일 경우 교섭의 이원화로 인해 정부에 이용당할 가능성도 있다.

교직단체로서는 비슷한 시기에 비슷한 쟁점을 가지고 교섭을 시도할 경우 교섭 내용의 선명성과 경쟁성을 확보하기 위해 필요 이상의 신경전을 벌일 가능성이 있다. 또한 교원의 비난을 회피하기 위하여 과감한 타협이나 양보를 하지 못함으로써 실리보다는 명분에 집착할 우려가 있다(서정화, 황석근, 2001).

(6) 법적·행정적 기반의 미흡

우리나라는 일정한 요건만 갖추면 단체교섭권을 부여받는 개방형 법률 체계가 아니라 노동조합만이 노동 3권을 부여받을 수 있는 폐쇄형 법률 체계를 유지하고 있다. 따라서 노동조합이 아닌 교원단체가 교원지위법에 의거하여 교섭권을 구사할 수 있는 상황에 대하여 법률적 정당성이 제기될 가능성이 있다. 한편으로 교원노조는 교감, 교장, 대학교수 및 교육전문직의 가입을 제한함으로써 교원 포용력이 미흡하다는 지적과 함께 행정 대표성의 어려움을 겪을 수 있다(서정화, 황석근, 2001).

3) 우리나라 교직 단체교섭 문제의 해결

서정화와 황석근(2001)은 우리나라 교직단체의 교섭 제도 문제에 대하여 다음과 같은 해결 방안을 제시하고 있다. 첫째, 이중적인 교섭 구조를 단일화해야 한다. 이를 위해서는 정부가 교직단체 설립 근거 법률의 단일화를 추진하거나 교섭 창구의 단일화를 꾀할 필요가 있다. 교섭 창구의 단일화를 위해 교원노조는 노동조합의 구조를 포기해야 한다. 반면 교원단체는 노조의 교섭 대상에 포함되지 않는 교원의 전문성 신장에 관한 사항과 1년에 두 차례 이상 교섭할 수 있는 교섭 횟수 등을 양보해야 한다. 이를 위해서는 교직단체들 간의 꾸준한 대화가 요구된다.

둘째, 교직단체는 공공기관이므로 여러 가지 정책 집행과정과 결과에 한계성을 가질 수밖에 없다. 공공기관으로서 소기의 목적을 달성하기 어려운 한계성을 보완하려면 그에 대해 광범위한 국민의 지지와 동의가 필요하다. 따라서 교직단체의 교섭이 효용성을 가지려면 무엇보다도 먼저 국민을 설득하고 사안을 공론화해야 한다.

또한 교육 관련 문제를 다루는 데 교육 주체가 모두 참여할 수 있도록 광범위한 논의의 장을 제도화하고 활성화할 필요가 있다. 그리고 이러한 논의를 시·도 단위, 시·군 단위뿐 아니라 학교 단위까지 활성화해야 한다. 이러한 논의의 활성화로 서로의 입장을 충분히 논의하고 협의하여 교섭이 결렬될 가능성을 줄이고 합의 사항의 불이행을 제어하는 일이 중요하다.

부록 1

사례로 본 학교경영 1

사례로 본 학교경영 2

사례로 본 학교 경영 1

강원 양구국민학교장 김영기
(교육관리기술, 1986년 2월호)

은행에서는 고객과의 금융거래 상황을 결산하기 위해 창구를 닫고 밤늦게까지 그날의 업무를 정리하곤 한다. 그런 심정으로 나는 지금 한 학교에서 5년 동안 정성을 다하느라 애쓴 지난날을 돌아보며 조용히 냉각된 마음에서 학교경영의 전 분야를 회고하고 반성하며 정리하고자 필을 든다.

그러니까 춘천시 내의 봉의학교에 부임한 것은 사회 정화의 물결이 거세게 몰아오던 1980년 8월 초하루였다. 그로부터 근무 만기를 채우는 동안 나는 학교운영에 임하는 자세로서 항상 다음과 같은 기준선을 염두에 두었다.

- 이런 생각은 합리적이고 옳은 것인가?
- 이런 방법은 가장 효과적인가?
- 어린이의 가슴에 남는 것이 무엇인가?

환언하면, 합리적인 운영 자세로 매사의 원인·실태를 분석하여 계획을 세우고, 계획을 현장과 밀착시키도록 실천에 힘쓰며, 그 결과의 처리 검토와 평가를 다시 계획에 되돌려 반영하는 데 진력하는 한편, 그 노력이 효과적이었느냐에 초점을 맞추려 하였다.

그러나 생각할수록 교육은 어렵고 생각과 의욕은 무뎌지기 쉬운 것이 현실이고 나의 처지인 것 같았다. 도와 중앙의 정화 시범과제 수행과 교육 내실 문제, 건물 개축과 교지의 전면적 재개발, 교육환경의 개혁과 처리 등 할 일은 태산같이 닥쳐오고 재정은 태부족이어서 실의와 아연으로 고민하는 경우도 비일비재였다.

하지만 다행히 교직원들의 동질 의식과 열성 어린 상승 작용으로 용기는 가세되고, 내 나름대로의 교육관과 견해, 또한 오랜 장학진 생활의 경험을 바탕으로 해 보고 싶은 모든 것을 아낌없이 실천에 옮겨 볼 수 있었다. 그 결과로 교직원이나 학부모도 많이 공감하고 실적도 얻어진 것 같다. 흐뭇한 감정과 미소를 머금을 수 있었음을 큰 다행으로 여긴다.

여기 소개하는 자료는 그동안의 실천과정을 교육 기획과 내용, 교육행사, 교원 및 사무 관리와 사회교육, 교육시설 면의 사례들을 설화로 엮어 학교경영의 실제상을 간추려 본 것이다.

교육 기회 및 내용

1. 토요일을 현장학습의 날로

우리 교육계엔 10여 년 전에 자유학습의 날이 있었으나 별로 실효를 거두지 못하고 흐지부지된 일이 있다. 그 의도와 취지는 천편일률적인 또 경색된 커리큘럼 운영에만 집착한 교육활동을 보다 생생한 현장성과 자유롭고 활발한 움직임으로 변화시키고자 기대했다는 점에서 교육적 가치는 높았지만, 주변 여건의 불충분과 의욕의 부족함으로 말미암아 오래가지는 못했다.

하지만 우리 주변에 크든 작든 교육효과를 기대할 만한 자료들이 의도하는 데 따라서는 얼마든지 있을 수 있다. 책가방으로부터의 해방, 고정된 커리큘럼에서의 해방, 교사로부터 일방적으로만 주어지는 교육방법의 탈피로 보다 자유롭고 활발하며 현실감 넘치게 운영하기 위해 매 토요일을 현장학습의 날로 정하여 연간 계획을 수립하였다.

월의 1, 3주는 교외학습, 한 주는 학년별 체육대회, 나머지 한 주는 실기 행사를 학년 단위로 기획하여 추진하였다. 교외학습은 자연관찰, 농장과 농촌 현장은 물론 행정관서와 보도기관, 공장과 산업시설, 시가지와 산업시설, 거리 질서와 교통시설, 도서관, 과학관, 반공관, 어린이 회관과 향토 자료실, 격전지와 유적 명승지 등등 학년 정도에 알맞은 대상물과 자료들을 얼마든지 물색할 수 있다. 간단한 필기도구를 휴대하여 조사하고 설명을 요약하며 자료들을 살피면서 탐구하는 학동들의 진지하고 흥미로워하는 모습은 참으로 아름다운 광경이다.

학년별 체육대회에선 공부 못하는 아이들은 물론 전 학년의 사기가 충천하여 학교 앞을 지나는 행인이나 부모에겐, "이 학교는 토요일마다 운동회를 하느냐?"는 질문을 받기도 한다.

교내의 숲 속과 스탠드, 또는 동산과 호숫가에서 실기 행사에 참여함으로써 생활이 윤택해지고 삶의 멋을 만끽하며 아름다운 정경을 형성하는 사회 풍물이 이룩된다. 현장학습의 날은 비단 어린이에게만 활기를 불어넣는 것이 아니라, 교원들에게도 기분과 분위기를 쇄신하여 활력소를 환기하는 데 도움이 되었음은 물론이다.

2. 식물명 알기 경진대회

어느 봄날 교내를 순시하다가 한창 복숭아꽃이 만발한 나무 밑에 노닐던 중학생 아이에게 "이 나무가 무엇이냐?"고 질문하였더니 거침없이 나온 대답이 "몰라요."였다. 또 한번은 6학년 야영훈련 행군 때 길가에 흔한 풀과, 밭에 자라고 있는 콩을 가리켰더니 하나같이 고개를 갸웃거리며 의아해한다. 〈고향의 봄〉에서 수없이 부르는 복숭아꽃이나 중요 식량인 콩도 모른다면 항차 다른 것이야 물으나 마나라고 생각되어 한심스러운 생각이 났다.

학교 주변과 무한한 자연 속에 흔하게 보는 나무와 풀조차 제대로 알지 못하면 교과의 학력 점수가 아무리 높다 하더라도 그 의미는 무엇인가? 이런 동기에서 식물명 알기 경진대회가 실시되었다. 먼저 교내의 모든 수목과 잡초 명을 학급별로 일정기간 공부하게 하였다. 자연시간 또는 쉬는 시간에 하나라도 더 알려는 활동은 매우 왕성하였으며, 어느 일요일엔 아버지와 선생님을 억지로 모셔와 열심히 배우는 모습도 보여 '이게 바로 산 공부를 하는 탐구 활동이다'라고 흐뭇하게 생각하기도 하였다.

먼저 학급별로 학생을 현장에 인솔하여 선생님이 지적하는 이름을 쓰게 하고 학년별로 다시 실시하였더니 그 효과는 학생은 물론 교사들에게도 큰 도움이 되었다.

3. 학급별 애창곡 10곡씩 지정

제주도 학도체전에서 체조 선수들의 입상을 축하하고 위로하기 위해 차를 대절하여 관광길에 나섰을 때의 일이다. 고된 훈련의 1년, 온갖 쓰라림이 한꺼번에 사라진 어린 선수에겐 이 관광의 즐거움이란 이만저만한 것이 아니어서 절로 노래와 박수가 울려 나왔고 환희가 차 안을 꽉 메웠다.

그러나 교장인 나로선 아연실색할 현실 앞에 얼굴이 달아올랐다. 남녀 어린이들이 부르는 노래는 단 한 남자아이와 선생님을 빼고는 하나같이 대중가요였다. 어처구니없는 저속한 가사와 소화해 내지도 못하는 곡의 선율을 설사하듯 마구 뱉어 대는 철부지들. 천진스럽다기엔 너무나 오염된 어린이상에 한 줄기 교육자적 책임과 부끄러움을 느꼈다.

노래는 감정을 통합·순화하고 사람의 마음과 마음을 연결하여 일체감을 조성하며 화합시키는 큰 힘을 나타내기 때문에, 군가와 응원가를 불러 사기를 드높이고 건전가요를 불러 생활 공동체로서의 정신적 응결과 정서의 공유는 물론, 나아가 사상의 통일을 기할 수도 있는 것이다. 아름다운 가사와 곡에 심취되어 정서가 순화되며 명랑하고 발랄한 성격 형성을 기하는 것이 교육적 의도이자 지니고 있는 가치이다.

덴마크의 농부들은 농장에 나갈 때에도 악기와 악보를 들고 가서 휴식시간에 함께 어울려 합창을 한다지만, 우리의 현실은 국민적 공감의 노래를 함께 부르는 기회와 부를 노래도 적은 형편이다.

학교에 돌아와 학급 담임과 협의해 학년 정도를 고려하여 학급별로 10곡의 애창곡을 선정하고, 학급회의 때는 물론 기회 있을 때마다 불러 익히도록 하였다. 6학년 수학여행 때에는 특별 지시로 유행가요의 가창을 금지하고, 6년간 배운 모든 노래를 상기시켜 부르도록 하였다. 어린이는 어린이답게 육성해야지, 아무렇게나 방관하는 자세는 분명히 현장의 문제점이라 여긴다.

4. 작문시간을 특설

광복 후의 새 교육 사조가 들어온 다음, 우리 학원의 가장 큰 고민거리와 문제점으로 제기된 것은 문장력이 현저히 떨어져 자기 의사나 주장을 표현하는 기능이 심히 부족하다는 점이다. 사지선다형 평가에선 논리적으로 사고하거나 고등 정신 기능이 길러지기 힘들기 때문에 필연적으로 그런 결과가 나타난 것이다.

국어시간의 1시간을 필히 작문시간으로 특설하여 체계적인 교육을 하도록 계획하였고, 연초에는 준거 작품을 수집·보관하여 연말과 비교·평가하도록 하였다. 전 학생에게는 의무적으로 일기를 쓰게 하여 문장력을 기르고, 학년 또는 학교 단위의 백일장, 시화전을 자주 열어 정서적으로도 성장하게 시도하고 시 낭송 행사도 곁들여 개최하였다. 연말에는 개인적으로 문장이나 일기장 모음을 전시하여 인정과 자극의 기회가 되게 하며 자기 삶을 간직하고 기록하는 기쁨과 멋을 느끼게 하였다.

5. 교내 우체국 경영 활동

교육결과의 맹점을 든다면 우선 손꼽을 수 있는 것이 편지 한 장 제대로 쓰지 못하는 일일 게다. 전화가 있고 교통이 편리하니 편지 한 장 쓰는 필요성이 적어진 것도 사실이지만, 자기의 의사와 생각을 문장으로 나타내고 예를 갖추어 정중하게 써 보내는 편지의 교육적 가치를 모른대서야 되겠는가? 이러한 필요성을 절감하여 교내 우체국을 운영하기로 하였다.

우선 학급별로 편지함(수신, 발신)을 만들어 걸고 우편번호를 정해 주었다. 봉투와 우표는 만들어 쓸 것을 권장하고, 특히 모의 우표는 자기가 도안하거나 아름다운 그림과 무늬를 오려 만들어 붙였는데 그 다양한 모양과 색채는 감탄할 정도였다. 발신함에 넣은 편지는 당번이 학교 우체국에 가져가면 소인을 찍고 우편기호별로 발송함에 넣어 준다.

편지를 보내고 받는 기쁨에 흠뻑 젖어 동심이 부풀고, 부모님이나 선생님께도 안부를 물으며, 말하고 싶은 사연을 문장으로 전하는 흐뭇함에 도취된다. 이러한 활동의 결과는 표현 기능도 길러지려니와 동 학년이나 상하 학년, 나아가서는 타교 학생들과도 소식과 퀴즈, 문예작품, 학습 문제를 주고받아 대상과 안목을 넓혀 사회생활 기능이 향상됨을 엿볼 수 있다.

6. 학생 계영을 위한 수영 훈련

체육과 교육과정엔 수영 기능을 익히도록 되어 있으나 여건이 맞지 않아 그냥 지나쳐 버리는 경향이 많다. 경비의 부담만 가능하면 비록 전 학년이 아니라고 해도 해안에 데려갈 수 있겠지만, 그럴 형편도 아닐 뿐더러 영서의 아이들이 많은 부담을 지고 해변에 가도 고작 해안 상식이나 호기심을 충족시킬 뿐, 수영의 기본 기능을 익히기에는 어려움이 많다. 그럴 바에야 차라리 가까이서 수영 훈련을 실시하는 게 보다 효과적이겠다고 여겨져 하계휴가 전 수일 풀장을 빌려 전교생이 참가하는 활동을 가졌다.

1인당 1,000원의 부담으로 3일간을 임대하여 해양 훈련 절차에 따라 지도에 임하였다. 잠수하기부터 시작하여 물장구치기, 물장구쳐 나가기, 그다음 단계에 몸 띄워 헤엄치기의 순서로 진행하는데, 지도하는 교사나 배우는 어린이 모두가 얼굴과 몸통이 홍당무가 되고 콧등이 벗겨져 흉하지만 희희낙락이다.

어느 땐가 이슬비가 내리는 날, 우산을 받쳐 들고 수영 훈련을 출발시켰는데 학부모로부터 '비 오는데 물놀이 간다'며 '감기가 들면 어쩌려느냐'는 항의를 받았다. 그러나 '물놀이로 즐기러 가는 게 아니라 수영 훈련을 가는 것이며, 댁의 자녀가 귀엽거든 좀 강하고 억세게 키워야 되지 않겠느냐'는 설득에 끝내는 굴복하고 그 후론 수영 때문에 항의를 받은 일이 없다.

매년 정례적인 훈련으로 어린이들이 물을 두려워하는 일이 없어지고 헤엄 기능이 뚜렷이 향상되니 수상 안전이나 문화인의 기본 자질을 갖추는 것 같아 매우 만족스러웠다. 더욱이 찌는 듯한 더운 날, 교실에서 공부에 시달리는 아이들이 환희와 열광으로 훈련에 임하니 그저 흐뭇하기만 하였다.

7. 독서시간 상설

학교교육에서 당장 나타나기를 기다리는 반짝 점수는 아득한 인생의 항로를 개척해 감에 있어 그다지 큰 비중이 아닐 것 같다. 더구나 평생학습의 차원에서 볼 때, 주어지기만 하는 교육과 또 그 범주 안에서의 점수가 얼마나 큰 포용력과 잠재력과 발전성을 갖는 것일까? 차라리 교과의 점수는 약간 부족하더라도, 스스로 책을 읽고 깨치고 탐구하는 독서 활동이 평생에 걸쳐 쓰일 기초 지식을 얻게 하는 길이요, 발전을 예언하는 능력 교육이 아니겠는가? 또 평생 동안 적용하게 될 학습 의욕과 자세로 연결된다고 본다면 형식적인 독서교육을 격상시켜야 할 것이다.

국어시간을 할애하여 수시로 독서 요령, 속독법, 독후감 쓰기, 독서록 정리 방법 등의 지도 기회를 갖게 하고, 또 한편으로 매일의 특별 교육시간 20분을 주당 수회에 걸쳐 반복 활동케 하여 독서 분위기와 의욕 활기를 도모하였다. 방과 후나 휴식시간에 등나무 덕이나 수목 그늘에서 동화책을 펼쳐 든 장면과 분위기는 한 폭의 그림같이 아름다운 정경이다.

독서록을 제정·보급하고, 학교나 학년을 초월하여 활용·보존케 하며, 인생의 기록물로서의 가치 부여와 전시회 개최, 다독서 시상, 독후감 발표회 및 글짓기 행사를 실시하였고, 학년별로 독서량에 따라 독서 급수를 판정해 주었다. 전 학년의 연간 독서량 평균이 34권 정도이며, 고학년의 경우 500권 이상의 독서 실적도 흔하게 나타나니 그들의 초롱초롱한 눈망울이 한없이 귀엽게 보인다.

8. 졸업 기념 문집 발행

6·25 직후 학교 건물과 시설이 모두 소실된 가운데 6학년을 담임한 일이 있었다. 젊은 정열을 쏟아 지도에 힘쓰는 한편, 졸업 때엔 〈발자욱〉이란 기념 문집을 천신만고로 만들어 제자들에게 나누어 주었는데, 그로부터 30여 년이 지났을 무렵 당시의 졸업생들이 그 문집을 복간한다며 서문을 써 달라고 한 적이 있어 여간 흐뭇하지 않았다. 그러한 연유도 있었지만, 어렸을 때의 동심을 간직하는 그릇을 만들어 주어야겠다고 생각되어 매년 6학년 담임들과 의논하여 졸업 문집을 학급별로 만들도록 하였다.

첫 몇 해는 겨울방학 과제로 1인당 100매의 같은 원고를 써 오게 하여, 서문과 추억 그리고 격려가 되는 내용을 덧붙여 편집하고 반별로 예쁜 이름을 명명하여 발행하였다. 같은 사연(동시, 산문, 추억의 글과 삽화)을 100매나 써야 한다는 괴로움이 있었지만, 그 고통이 크면 큰 만큼 문집이 탄생되었을 때의 환희와 기쁨이 컸다.

얼마 후 복사시설이 개발·보급되었기 때문에 원안 1매씩만 제출해도 보다 쉽게 만들 수 있었고 경험과 기술 향상으로 아주 멋진 책자가 만들어졌다(문집명 예시 : 천년의 보금자리, 푸른 하늘, 꿈 모아 뜻 모아, 좁쌀친구들, 맑은 마음, 새싹, 너랑 나랑). 졸업식 날 졸업장과 통지표, 상장과 사진첩, 졸업 기념 문집, 졸업을 축하하는 사연을 인쇄된 각 봉투에 넣어 수여하면 그것이 영원한 인생의 기록이며 동심을 간직하는 그릇임을 새삼 절감하면서 한편으론 기쁘고 한편으론 엄숙한 표정을 짓는 것을 읽을 수 있다.

9. 교장실에서의 학생 면담

학생에게 교장이란 위치는 무슨 의미를 지니고 있는 것일까? 있어도 되고 없어도 될 존재라면, 또 학생에게 교육적 영향이 직접 미치지 못한다면 그 존재 가치는 없는 것이나 다름이 없지 않은가? 전교생의 명부를 연초에 만들어 놓고 선행이나 사안이 나타나면 기록하여 학부모의 상담에도 요긴하게 활용하니, 학생 신상에 대한 교장 자신의 관심도 높아지고 어린이들도 훨씬 더 친근감을 느낀다.

평소에 느끼던 일이지만, 교장의 이름으로 졸업장을 수여하면서 말 한 마디 이름 한 번 불러 보지 못할 사이라면 이를 인간교육이라 할 수 없다. 한편, 실제로는 영원한 모교이며 마음의 고향인 모교의 교장실에 들러 보지 못한 어린이도 의외로 많다.

이런 아쉬움에서 교장실을 장소로 하루 10여 명씩 불러 의자에 앉히고 일대일의 인간관계를 맺는 상담을 폈다. 어린이의 성명과 부모의 성함, 본관과 고향, 가족과 하는 일, 가정에서의 일거리와 효도 실천 상황, 장래의 희망과 포부, 취미와 특기생활 등등 정다운 얘기를 나누면 그렇게 친근해질 수 없다. 처음 불러 보는 이름, 처음 나누어 보는 말, 그리고 처음 찾아보는 교장실, 모두가 흐뭇하고 즐거운 기분이다. 가슴과 가슴에 연결된 감정은 그 후 다시 시선이 마주칠 때엔 더욱 부드럽고 정다움을 느낀다. 아동과의 대담에서 뜻밖에 좋은 사례나 자료를 얻는 경우가 많이 있기 때문에 이 대면 활동은 매우 효과적이었다고 생각된다.

10. 훈화 연구와 기록제

주에 1, 2회 또는 수시로 이루어지는 훈화, 그것은 교장으로서 학생에 대한 유일한 교육 기회가 된다. 결코 아무렇게나 마구 떼어 치우는 식으로 넘어갈 수 없는 교육적 의미가 내포되어 있고, 또한 교장이 학생에게 미치는 영상과 존재 가치 면으로 보아 매우 중요한 비중을 차지한다고 보겠다.

그러므로 교장으로선 각종 매스컴을 통해 밝은 시사 정보를 입수해야 하며 일일의 역사 기록과 훈화 자료집을 항시 좌우에 비치하여 연구하고 간추려 감명 깊은 훈화를 실시해야 한다. 교사에게 매 시간 지도안을 쓰게 하는 비중만큼 교장에게는 훈화 연구도 필히 선행되어야 할 책무라 생각한다. 3분을 넘지 않는 짧은 훈화, 그러나 그것은 심중에서 또 열정과 혼에서 우러나는 설득력과 호소력이 있어야 한다.

어린이들에게는 일기장 또는 수첩을 휴대케 하여 조회나 방송을 통해 청취한 내용을 요약 정리하게 하면 평소의 청취 태도와 자세도 좋아질 뿐더러 청취 상태도 확인할 수 있어 편리하다. 보편적으로 우리나라 사람들은 기록하고 정리하는 습관이 부족하다고 하는데, 이러한 제도는 매사를 진지하게 받아들이고 요약하는 능력도 기를 것으로 보아 장차의 학구생활이나 사회생활에 크게 도움이 될 것이다.

교과 발달 상황

11. 바른 학력관과 통지표 양식 개혁

학기 말이나 학년 말에 가끔 당하는 경우는, 학부모들이 시험점수의 합계와 평균은 '수'라야 하는데 그렇게 기록 안 된 이유는 무어냐고 항의를 받는 것이다. 시험과 지필검사가 학업성취의 전부인 양 판단하고, 더욱이 음악이나 미술, 체육조차도 필기시험 결과로 성적이 사정되고 처리된다고 생각하는 현상은 아직도 지배적인 경향이다.

오늘날 교육과정이 요청하는 이치, 기능, 태도 등의 균형적이고 전인적인 발달을 꾀하고 있는 기본 정신이나, 기예와 기능을 추구하는 예체능·실과 교과 및 심성과 가치관, 태도, 의지의 정의적 영역을 꾀하는 행동 발달 분야를 감안할 때 전기한 지필검사의 점수가 학력의 전부 또는 대부분으로 평가되기는 정당성이나 합리성을 지녔다고 할 수 없다.

요즘에 이르러 많은 경우 고학년 교과 담당제를 채택하는 일이 있음으로써 저학년에서 흔히 발견하는 전 과목 '수'의 현상은 그 사례가 아주 적어졌고, 개성의 특성과 성장에 의하여 지적 교과나 도구 교과는 부진하지만 예체능 교과는 우수하거나 특기가 나타나는 현상이 많기 때문에 성적의 오르내림이 매우 심한 형편이다.

부모의 질의나 항의는 교육적 의도나 처리과정을 모르는 데서 야기되는 문제점이므로, 떳떳한 해명과 설득력 있는 성적 처리 결과를 가정에 알려 주기 위해서는 평소 각종 자료 수집과 처리가 공정하고 정착하게 이루어져야 한다.

교원들 스스로도 바른 학력관을 인식하고 일상적인 교육활동을 정상적이고 균형적으로 다루며, 각 교과가 요구하는 목표 충족의 학력을 향상시키는 의도 아래 다음과 같은 성적 처리 기준과 통지표 양식을 구안하여 적용해 보았다.

각 교과의 고유 기능을 분류하여 평가 항목을 정하며, 지필점수는 교과에 따라 비중을 달리하고 수차의 점수를 평균하여 나타냄으로써 학부모의 이해를 돕는다. 기타의 기능 및 태도 평정이나 관찰 항목을 세분하고, 일정한 원칙과 척도로 평가 비중을 달리하여 성적 처리의 공정과 해석 자료의 선명을 기하게 하였다. 각기 기능과 태도의 평점은 최상급을 ☆표, 중간급을 ◎, ○, △표, 최하위급을 ∨표의 5단계로 하였다.

교원의 각개 특성, 개성에 따라 성적 사정의 불균형이 우려되어 세항목별로 평정 내용과 평정 분포 비율을 기준으로 제시하여 적용시켰고, 교과 담당제는 담당자의 평정 자료를 통고받아 그대로 처리하였다.

국어과는 고학년의 경우 지적 비중을 60%로 하고 말하기=10%, 읽기=5%, 짓기=20%, 쓰기=5%로 하였으며, 저학년의 체육과는 기능=70%, 태도=10%, 보건위생=20%로 하여 페이퍼테스트는 아예 반영하지 않았다.

위와 같이 각 교과는 각 항목의 평정 기초 자료에 의하여 종합적으로 '수', '우' 5단계 판정을 하였으며, 행동 발달은 1, 2학기 공히 평어로 개인의 특징적 경향을 쓰게 하고 2학기만을 생활기록부 처리상 가, 나, 다의 3단계 평정을 겸하게 하였다. 이러한 성적 처리 사정의 결과는 학부모의 학력관을 바로잡는 데 크게 도움이 되었고, 사전 홍보와 해명으로 본 통지표 제정 후 한 건의 성적 처리 항의를 받은 일이 없었다.

행동 발달 상황

12. 우등상을 없애고 시상제 세분 실시

어린이들이 미분화된 상태에서 우수한 어린이가 각 교과에서 두루 또 고루 우수한 성적이나 결과를 나타내고, 부진아는 문자 이해와 셈이 능숙치 못하여 각 교과의 지필점수나 표현이 부진하게 나타나 성적이 고루 하향하는 경향을 자주 본다. 그러므로 '전 과목 수'이거나 '전 과목 가'의 현상이 흔하게 발견되고, 심지어는 교과가 우수하면 행동 발달도 함께 우수하게 보이거나 평가되는 경우가 많은 게 현실이다. 더욱이 학년이 올라갈수록 교과의 범위와 기능이 다양하고 세분화되기 때문에, 종합적으로 우수하거나 열등 일변도의 극단적 현상은 점차 줄어들게 마련이다.

근래에 이르러 절대평가제가 실시됨에 따라 대체적으로 성적의 상향 현상이 나타나고, 특히 저학년엔 전반적 성취율이 높게 나타나는데, 국한된 인원의 우등상 시상에도 문제가 있지만 5등과 6등의 차이가 과연 얼마나 의미 있는 것이며 또 얼마나 뚜렷한 것인가? 특히 '우등상'에는 '공부 잘하고 품행이 방정하여'라 하여 학력만 높으면 실행이 절로 따라오거나, 학력이나 행동 중 한 분야만 좋아서는 안 되며 종합적으로 우수해야만 시상하는 제도가 큰 교육적 의미가 있는 것인가? 이러한 관점에 의하여 학생의 성적이나 기능, 행실을 세분하여 각기 한 분야에서 특출한 성과를 나타내고 성취하였거나 현저한 변화·발전을 이루었을 때 그 부분에 대해서만 시상을 하기로 하였다.

예시하면 학력고사는 물론 달리기, 노래 부르기, 사생, 만들기, 글짓기, 웅변, 독후감 발표 등의 교육 행사나 시화전, 또는 교내외의 생활 중에서 표출된 효행, 미담, 선행 사례 등에 대하여 표창 시상하여, 교과성적이 우수한 학생만이 독점하다시피 한 현상을 지양하게 하였다.

모든 학생이 활기차게, 모든 어린이가 상장을 탈 수 있는 가능성을 지닌 제도와 분위기는 특히 초등교육에 있어서는 어린이에게 성취 의욕과 자성 예언적 역할을 자아내는 데 큰 몫을 한다고 본다.

13. 마지막 강의

5년간이나 정들었고 열성을 쏟았던 학생 곁을 떠나는 아쉬움은 컸다. 평소에도 자주 학급 또는 학년 단위로 강의를 하였지만, 인사 발령이 불원 있을 것을 생각하니 또다시 마지막 열정을 쏟아 놓고 싶은 심정이다. 발령 나기 하루 전 5, 6학년 전원을 강당에 집합시키니 아이들도 어렴풋이 나의 인사 소식을 아는 듯 이날따라 엄숙하고 열심히 귀를 기울여 주었다.

혼신의 열기로 의국을 논하고 효도의 실천과 인생 성공을 강조하며, 유위유능한 삶을 펼칠 것을 호소하였다. 시큰한 콧날을 애써 억누르며 그 어느 때보다도 벅찬 강의를 마치니, '아! 이제 나는 이 학교에서 할 일을 다하였구나!' 하는 벅찬 감회가 가슴을 메워 절로 긴 한숨이 나온다. 너무나 정열을 쏟았기에, 너무나 정들었기에 인간적 미련이 남아서인지 허전하고 쓸쓸한 여운이 길게 남는다.

사례로 본 학교 경영 2

강원 양구국민학교장 김영기

(교육관리기술, 1986년 3월호)

교육행사

1. 조회 의식도 시나리오에 의하여

학교의 조회가 갖는 교육적 의의는 자못 크다. 전교의 교직원과 학생이 한데 모인 가운데 엄숙히 교육의 방향과 방법을 제시하는 한편, 교육활동과 생활 면을 골똘히 익히고 인지하며 강조하는 기회가 되기 때문이다. 그러나 엄숙한 의식, 절도 있는 절차로 진행되어야 할 조회가 무규칙하고 사회 진행자의 의도에 의하여 좌우되거나 시기에 따라 달라져서 즉흥 의식을 면치 못하는 경우가 많다.

크고 작은 의식 진행에서 세밀하고 자세한 시나리오를 마련하고서도 시행착오하는 일을 자주 본다. 국기에 대한 맹세도 평소에는 자신 있게 암송하다가 정작 사회를 할 때엔 틀리고 실수하는 예를 흔히 발견한다. 이러한 착오를 없애기 위해 매 조회 형태별로 진행 순서와 사회 절차의 시나리오를 작성하면 누가 주번장이나 지휘자가 되더라도 무난히 이끌어 나갈 수 있다.

학생의 반수는 여자이기 때문에 조회의 진행 사회를 남녀 교대로 담당케 하면 여권도 신장되려니와 여아들의 사기도 높아진다. 주번 교사도 남녀가 교체하여 지휘와 지도를 하면 여교사의 존재도 뚜렷해지고 학교 분위기도 명랑해진다.

월요 조회는 대개 애국 조회로 통했다. 애국가 제창도 월의 제1주는 1절을, 제2주는 2절을 부르면 가사도 익히고 끝까지 부를 수 있어 효과적이다. 특히 실외 조회가 어려울 때엔 방송을 통한 실내 조회 진행 시나리오에 따라 진행하면 교육 행사가 공남아 가는 일이 없어 더욱 능률적이다.

2. 전교생이 참여한 6 · 25 반공 웅변대회

교내외를 막론하고 웅변 하면 으레 몇몇 대표 아이가 독점하다시피 행사 참여와 대외
출연을 도맡아 오고 있다. 다른 아이들은 '아예 안 될 일'을 '왜 애만 쓰며 참가하느냐'
는 생각으로 오불관언의 자세이며 담임교사 또한 그런 사고 방식이 지배적이다. 그러고
는 의당히 정해진 연사의 웅변에 절대다수의 아이들은 청중으로서 박수만 치는 대상이
되는 것이다. 남이 하는 일을 수수방관하는 위치에서 기대되는 교육효과는 무엇이며,
더구나 반공 의식 강화의 대열에서 몇몇 아이들만 열중하고 나머지는 알 둥 말 둥 하여
도 좋은 것인가? 6 · 25의 날을 전후하여 실시된 교내 반공 웅변대회는 전통적 양식을
일대 전환하여 전교생이 참여하는 행사를 개최키로 하였다.

2주일 전쯤 행사를 예고하고 전교생이 자기의 능력과 진도에 맞는 원고를 작성케 하
여 암송과 몸짓, 억양 등의 기능을 연습케 하였다. 6 · 25가 속한 1주일 내내 국어시간
을 몽땅 학급별 반공 웅변대회로 충당하여 하루 1분단씩 웅변케 하였다. 3분 안팎의 길
거나 짧은 원고는 각자의 소산물이라서, 또 어른들이나 기성작의 대변자가 아닌 까닭
에 실감 있는 웅변이 되었고, 1학년에 한해서는 교과서의 문장을 인용하는 것을 허용하
였다.

며칠을 두고 원고를 외우고, 자기 나름대로 또는 부모, 형제의 지원을 받아 가며 몸짓
을 익히는 등 온통 수 주일 동안 이 반공 웅변 연습으로 가정도 학교도 떠들썩하다. 평
소엔 발표도 못하던 아이, 벙어리로 통하던 아이가 말문을 여는 기적이 나타나고 남의
앞에서 자기주장을 소신껏 표현하며 절규하는 모습들이 진기하게 펼쳐진다.

선생님과 친구들에게 새로움을 인정받는 기회도 되는 이 행사, 이 교실 저 교실에서
"여러분! 우리가 사는 길을 반공뿐입니다." 하고 외치는 고함과 박수가 1주일을 메아리
치는 동안, 미소를 머금고 참관하는 내 마음에 대견한 어린이들의 열기 띤 홍조가 한없
이 귀엽게만 느껴진다.

이 행사 후 정평 있는 연사를 제외하고 각 반별로 우수상, 장려상, 수 명을 시상하여
격려와 자부심을 심어 주었다. 이러한 결과는 다른 학습활동에도 크게 전이의 효과가

나타남을 볼 수 있어 퍽 다행스러운 일이었다.

3. 학년별 학예발표회 개최

어렸을 적의 꿈은 한 인생을 능히 좌우할 수 있는 계기가 됨을 우리는 자주 본다. 한번은 학교의 12회 졸업생이 찾아와 감회 어린 모습으로 옛 교실과 학교 주변을 살펴본 일이 있었다. 그의 말에 의하면 자기가 '생물학 박사가 된 동기는 어렸을 때 학교 뒷산에 자주 올라 꽃과 잡초를 뜯으며 호기심을 키운 덕'이라 회고하며, 동기생인 김청자도 국제적인 오페라 가수가 된 계기가 국민학교 시절 학예회 독창에서 갈채를 받은 덕이라고 하였다.

우리가 가르치는 제자 중에서 가수가 나올지, 무용가, 과학자가 나타날지는 누구도 예측 못한다. 모든 아이들에겐 발전의 가능성이 있고 또 잠재력이 있는 것을 무시한 채, 학급 대표 몇몇만으로 때우는 학예발표회를 가끔 본다. 어떤 학생은 무대에 올라가 기능과 재롱을 보여 주며 꿈이 부푸는데, 어떤 학생은 단하에서 박수만 치고 부러워해야 하는 불합리와 비교육성, 이것은 뚜렷한 교육 현장의 모순이다.

모름지기 교육의 대상은 학생 전원이므로 번거롭다고 하여 또 귀찮다고 여겨 약식으로 치러 넘기기엔 너무나 마음의 가책을 받는 일로 생각되어 학년별로 학예발표회, 음악회 등을 개최하였다. 물론 전 학급생이 반드시 1회 이상 출연해야 하고 관람 대상은 당해 학년의 학부모에 한하였으며, 분위기 조성과 격려를 위하여 인근 학년을 교환, 초청하도록 하였다.

특출한 몇 아이들만 참여하던 과거의 학예회에 비해 모든 어린이와 학부모들은 희색이 만연하고 의기양양한 분위기다. 모든 학년은 주임이 중심이 되어 프로 내용의 선정, 연습의 추진, 무대 장치, 프로 진행 등 초청된 전 교직원과 학부모 앞에서 창의와 협동으로 믿음직한 교사상을 보여 주는 흐뭇한 축제가 된다.

행사의 다양함과 경험의 확대를 위해, 한 해는 종합 학예발표회를 개최하고 다음 해는 합창, 합주, 독창 등의 음악회를 열어 어린이의 균형적 발전을 꾀해 보았다. 이러한 학년별 행사의 추진은 운동회의 진행 부서 담당에서도 적용되어, 전교적인 부서 조직이 없이도 동 학년끼리 출발 준비, 결승 진행 담당을 맡아 하루 종일 같은 임무만 담당하는 지루함과 부담, 불공평을 없앨 수 있어 퍽 바람직스러운 일이었다.

4. 지체부자유아를 방송 요원으로

가을이면 학교의 최대 행사인 운동회가 열리는데 그때마다 양복점을 경영하시는 학부모 한 분이 학교를 찾아오곤 하였다. 그분의 말은, "우리 집 아이는 몸이 불편하여 운동회엔 참가하지 못하지만, 운동회를 성대히 치르기를 원하여 조그만 뜻을 전한다"며 매년 같은 액수인 10만 원을 희사하는 것이다.

금지옥엽으로 사랑하는 딸이 소아마비로 겨우 죽마에 의지하여 통학하는 형편에 그 마음이 얼마나 아프고 가슴이 무너지는 괴로움이 있으련만, 다른 아이들을 위한 활동 지원금을 희사하는 그 심중이 오죽하랴! 자기 아이가 불참하는 운동회에 무슨 기쁨이 있어 그 부모가 관람을 올 것인가? 이 아이에게 기쁨을 줄 수 있는 방법이 없을까? 이와 같은 천사들을 행사에 참여시키는 묘안은 없을까? 궁즉통이라 한 가지 생각이 떠올랐다.

운동회는 커다란 종합적이고 입체적 교육활동일진대, 방송과 노래조차 정상아의 독점물이어야 할 까닭은 없다는 착안에서 전교의 지체부자유아를 방송 요원으로 삼아 활동 임무를 부여하였다.

낭랑한 음성이 넓은 운동장과 같은 가을 하늘에 메아리치는 방송 요원, 그들의 의기가 혹은 시나리오로 혹은 가창으로 울려 퍼지는 운동회의 분위기는 한결 부드럽고 정겹게 느껴진다. 좀 서툴러도 좋고 순조롭지 못해도 좋다. 아이들의 함성과 관중의 박수 소리, 유량한 음악이 범벅으로 물결치는 사이사이에 지체부자유아의 동심과 노래와 음향이 멀리멀리 퍼져 가는 운동회가 저물어 갈 땐, 비록 몸은 나른하지만 보람과 만족으로 그들의 가슴은 터질 것만 같다.

지체부자유아도 그 부모도 모두 함께 참여하는 운동회, 아이들의 활동은 여의롭지 못하지만 그들의 공허감을 작으나마 메워 주는 방송 활동은 운동회 때마다 고려해야 할 필요성인 것이다.

5. 강당과 다양한 교육행사

소규모이기는 하지만 175평의 강당을 갖고 있는 여건 때문에 다른 학교에서 생각할 수 없는 다양한 행사를 개최하게 되어 퍽 다행한 일이다. 12개 학급은 거뜬히 수용할 수 있고, 무리하면 3개 학년 18학급도 들어갈 수 있기 때문에, 학년 단위 또는 저·중·고 학년별로 이루어지는 행사는 물론 전교 단위의 각종 행사도 충분히 펼칠 수 있다.

추진한 행사를 대강 열거하면 체육행사를 제외하고는 전 학급원이 출연하는 학예회, 음악회를 비롯하여 학급 또는 학년 단위의 1차 선발을 거쳐 온 개인 출연의 독창회, 웅변대회, 자연관찰 및 정화 사례 독후감, 동화 발표회, 동시 낭송 등 어린이의 지식과 기능, 정서와 생활 자세를 향상 발전시키며 활기찬 학습도장으로 크게 활용되었다.

한편 학교장이나 주임교사 또는 학년 단위의 협동 강의와 영화 슬라이드 교육 등 팀티칭의 학습 형태를 실천할 수도 있고, 교사들은 합동 연수회, 연구 수업, 직원 체육 행사를, 학부모들은 교육 강좌, 간담회, 경로잔치, 어머니회 활동 등을 개최함으로써 학교 운영의 일대 활력소 역할을 지니게 하였다.

교육행사는 직접 또는 간접적인 경험과 참여 기회를 부여하고 산교육을 실천하며, 특히 초등교육에 있어서는 폭넓은 교육을 전개함으로써 다양한 활동과 꿈을 심어 줄 수 있기 때문에 강당의 효용도가 매우 높을 뿐더러 학교교육을 역동적으로 이끌어 가게 하는 구심을 담당하고 있는 실정이다.

6. 악수로 고별하는 졸업생

2월 중순이면 학교로선 기쁨과 아쉬움이 교차되는 졸업식을 맞이한다. 6년간 잔뼈가 굵고 이제 의젓한 모습을 갖추어 교문을 나서는 졸업생들은 학교의 건물이나 시설, 나무 한 그루, 풀 한 포기는 물론, 선생님과 헤어지고 친구들과 작별하는 허전함에 가슴이 묵직해진다. 인생의 큰 탈바꿈을 겪은 그들, 제법 사리를 분별하고 은혜로워하는 심신 성장을 보는 것만으로도 대견하고 믿음직스럽다.

졸업식 날 아침 나는 어김없이 연례행사를 치르는 절차가 있다. 그것은 식이 시작되기 전 졸업생 각 반을 교감과 함께 순회하면서 짤막한 인사말을 남기며 한 사람 한 사람굳은 악수를 나누는 일이다.

공부 잘했던 학생, 말썽만 피웠던 학생, 각종 행사로 학교의 명예를 떨쳤던 학생, 어린이회 임원으로 활약하던 면면들이 한 사람씩 되새겨지며 정다운 말 한마디로 앞날을 축복해 준다. 굳은 악수는 맥과 맥, 정과 정이 통하며 감사와 다짐의 심경을 눈빛으로 읽을 수 있는 값진 기회가 된다.

학교장 이름으로 졸업장을 수여받는 졸업생의 손을 잡아 보는 일, 어쩌면 인생살이의 처음이자 마지막이 될지도 모르는 악수, 이 얼마나 값있고 정겨운 장면인가? 재학 시 걱정 들으며 기합받던 일, 칭찬받고 인정받던 일, 이 모든 것이 한꺼번에 용해되는 용서와 자비로움의 기회, 그리고 존경과 감사의 염이 충만한 졸업식 날 아침의 이 행사는 교직 생활을 지속하는 한 계속될 나의 소신이다.

7. 송 · 답사는 학생이 작성

학교행사에서 왕왕 목격하는 불합리점 가운데엔 어린이의 이름으로 발표하거나 표현하지만 내용이 학생들의 자기 의사가 아닌 선생님이나 어른들의 생각이나 문장을 대변하는 일들이 있다. 교내외 행사에서 웅변대회 원고는 거의 전부 어른들의 작품인데도 어린이들이 줄줄 암송하여 대변하고는 한다. 그것도 학생들의 원고를 수정한다든지 또 어린이의 입장에서 쉬운 말로 풀어서 써 준다면 자기 것으로 소화나 할 수 있지만, 그렇지도 아니한 것에서 교육적 의도나 의미를 얼마나 찾을 것인가?

졸업식의 송 · 답사는 헤어지는 아쉬움과 앞날을 기약하고 다짐하는 아기자기한 사연이 담겨질 문안이어야 한다. 5, 6학년이면 충분히 작성할 수도 있는 것을 굳이 선생님이 대필하여 주는 데에 무슨 의미가 있는 것인가? 선생님의 뜻을 전달하는 대역은 제발 삼가야 할 문제점이라 여긴다. 실제적으로 5, 6학년생에게 전원 송 · 답사를 쓰게 하고 그중에서 대표작을 졸업식 당일에 낭독케 하였더니 문장도 내용도 좋으려니와 그 정감이 훨씬 살아나 매우 효과적이다.

이 밖에도 작품전이나 경시대회에서 어린이의 솜씨가 아닌 것이 입상하거나 우수작으로 인정되는 경우가 있는데, 어린이들은 어느 것을 본받아야 하고 무엇을 배워야 할 것인가에 의문이 갈 것이다. 잘했든 못했든 자기의 소산일 때 그에 대한 집착과 자부심이 큰 것이다. 우리는 교육현장에서 우리 스스로가 위선이나 불합리를 저질러도 안 되지만, 어린이들이 은연중에 부정직하고 부당하고 위장하는 마음씨와 행동을 배우는 일이 없도록 항상 유념해야 할 것이다.

8. 교육 시책 구현을 위한 운동회 상품

매년 실시되는 운동회는 학교 최대의 축제이며 교육 종합의 최고 문화 제전이다. 소요 예산으로도 단연 그 비중이 높아 학교 행사의 왕좌의 위치임에 틀림없다. 한데 그 행사의 시상품이 전통적으로 천편일률적인 공책을 택하는 현상이 있어 이에 '교육 의도와 시책을 반영하는 시상품으로 바꿀 수는 없을 것인가?'란 착안점을 가져 봤다. 기성 제품을 지양하고 상품을 제작하여 시상한다면 교육적으로도 의미가 살아날 것이고, 또한 예산 투자도 큰 차이 없이 가능한 것으로 학생 용품의 인쇄물을 생각하게 되었다.

　해마다의 운동회에 인쇄·제작하여 시상한 품목을 예하면 양면 원고지, 독서록, 나의 생활 기록장 등인데 일정 양식을 구안하여 학교교육 방침에 연결하여 사용하게 하니 일시에 전교생이 호응하고 실천하는 효과를 얻을 수 있었다. 경우에 따라서는 일기장, 자연관찰장, 정화 실천 기록장 등의 노트일 수도 있고, 향토 설화집, 구국 위인전, 격언·명언집, 건전가요집 등의 책자일 수도 있겠다.

　수년 전 독서록과 나의 생활 기록장은 도내의 수십 개 학교가 공동 제작에 참여하여 활용한 바, 하나의 교육적 의도가 많은 학생에 침투되는 흐뭇함을 느낄 수 있어 퍽 만족스러웠다. 특히 인근 학교와의 공동 제작은 가격도 저렴하려니와 교육 정보 교환에도 많은 도움이 되었다.

9. 개교 40주년 기념 축제

이 학교가 개교된 것은 광복 전의 봄이었으니 작년이 꼭 40주년이 되는 해이다. 인생의 생일인 학교 개교기념일을 그냥 휴업으로 보내기엔 너무나 아쉽고, 더구나 10년이면 강산이 변한다는데 네 번이나 변한 40년을 뜻있게 보내야 할 필요성을 느껴 기념 축제를 성대히 하기로 하였다.

　기념식 거행과 시화전 개최, 백일장과 기념 문집 발행, 체육대회 개최와 기념 볼펜 시상, 역대 교장 사진 게시 등이 자축 행사의 규모이다. 모처럼 초청된 1, 2회 졸업생, 흰 머리가 성성한 선배가 축사를 하는 모습을 바라보는 학생들의 시선은 기이롭기만 하다. 더구나 40년 전에 뛰놀던 그 운동장에서 아득한 후배와 한데 어울려 계주를 달리는 선후배 만남의 장, 넓은 교정과 학교, 마을은 온통 함성으로 메아리친다. 금상첨화 격으로 지난해에 이룩된 본관 건물의 말끔한 위용과 봄철 내내 정돈된 아름다운 환경 속에서 펼쳐진 이 개교 기념행사는 역사 감각과 뿌리에 대한 인식이 크게 고조된 계기가 되었다.

나는 나 스스로가 이 역사적인 순간에 감명하며, 어린이들에게도 공감을 청하고자 소회의 일단을 축시의 형태로 기념사에서 다음과 같이 읽어 갔다. 제목은 '등꽃'. 봉의교의 등나무 덕은 장장 250미터는 되는데, 이는 선임 교장들이 수대에 걸쳐 스탠드를 만들고 등나무 숲을 이루어 전교생을 그 그늘 아래 수용할 수 있도록 한 강원도 명물이다.

노오란 연두색 새싹이 파릇파릇 돋아나는 화창한 봄, 자줏빛 등꽃송이가 탐스럽게 주렁거리는 등나무 숲 속, 향긋한 꽃 냄새와 보랏빛 자욱한 분위기에 도취되어 난무하는 벌, 나비, 티 없이 맑디 맑은 동심이 재잘거리며 노래하는 어린이 천사들, 이 모든 정경이 곧 위대한 자연의 음악이며 그림이다. 그 등나무 숲 속에 동심이 자라고 둥실둥실 하늘과 우주로 웅비하는 꿈의 펼침이 이룩되는 마음의 동산, 꿈의 궁전이 봉의학교의 등나무 숲이다.

〈등꽃〉

친구의 얼굴이 보랏빛에 물들고
웃음소리 노랫소리 등꽃처럼 향기롭다
푸른 꿈 밝은 마음 멀리멀리 퍼지고
5월의 교정이 환하게 웃는다.

펼쳐 든 도화지 보랏빛에 물들고
동화 속의 주인공 벌 나비 되어 춤춘다
몸이 둥둥 마음 둥둥 하늘 높이 떠오르고
5월의 태양이 환하게 웃는다.

아름다운 정경을 어렴풋이나마 나타낸 이 노랫말에 친구인 김공선 교장에게 청하여 곡을 붙이니 전교생이 애창하는 나의 영원한 기념 작품이 된 것이다. 해마다 등꽃이 필 무렵이면 개교기념일이 돌아오곤 하여, 정례 행사인 등꽃맞이 백일장과 시화전이 등꽃 밑에서 열려 동심을 키운다. 시적·정서적 황홀경에 흠뻑 젖어드는 이 행사는 교사들이나 어린이들 모두에게 아름다운 추억과 심미감을 만끽하는 기회가 된다.

전년의 교지 개발 공사 때, 운동장이 사다리꼴에서 네모반듯하게 확장되는 과정에서 새로 마련된 스탠드 위에 이 학교의 영원한 명물인 등나무 덕만은 기어이 복구해야겠다는 직원들의 의지가 일치되어 지난 봄철에 훌륭하게 원상을 재생시켰으니, 저마다 역사를 계승해 놓은 주역임을 자처하는 흐뭇함이 가슴을 메웠다.

부록 2

선생님의 후배가 되고 싶어요

장차 선생님이 될 수양딸 왔어요

일기장 속의 선생님

선생님의 보이지 않는 손

우리 선생님 그렇게 안 해도 나 예뻐해

초등 시절을 수놓고 있는 가을날의 추억

잊을 수 없는 선생님

1+1=11

달려라, 신애야

에이즈 선생님

나를 반장으로 키워 주신 선생님

신기한 물건, 단소

저분이 나의 은사님이다

선생님의 후배가 되고 싶어요

마지연(춘천교육대학교 실과교육과)

우리 아버지는 내가 어릴 때부터 자그마한 사업체를 운영하셨다. 그런데 초등학교 4학년이던 5월 5일 어린이날 아버지의 공장에 화재가 발생하여 모든 것이 다 타 버렸다. 어린 마음에 어찌나 무서웠던지 소리도 못 내고 이불 속에서 울었던 기억이 난다. 우리 가족들은 뒷수습을 하느라 너무 바빠 나에게 신경을 쓸 틈이 없었다. 엄마, 아빠 모두 아침 일찍부터 보험 회사, 은행 등 많은 곳을 다니시느라 집에는 항상 나 혼자였다. 학교에서도 집 걱정에 항상 우울했고 아이들과 어울려 놀기도 싫었다.

그때 내게 도움을 주신 분이 담임 선생님이셨다. 아침 1교시가 끝난 후면 선생님은 나를 부르셨다. 그리고 손을 꼭 잡아 주시고는 잠은 잘 잤는지, 아무 일 없었는지, 무섭지는 않은지 꼭 물어봐 주셨다.

또 나는 한 달 넘게 수업이 끝난 후 선생님과 함께 시간을 보냈다. 집에서 혼자 무서워하며 있을 나를 생각하셔서 선생님은 동물원, 식물원, 어린이회관 등으로 나를 데리고 다녔고 선생님 댁에서 맛있는 밥도 해 주셨다. 선생님은 그때 내게 가장 큰 위로가 되었다. 선생님은 내게 가장 좋은 친구였다.

지금도 여름이면 선생님과 휴가를 같이 보낸다. 부모님도 그때 일로 선생님께 고마워하시고 나도 내 인생을 설계하는 데 있어 부모님과 더불어 많은 도움을 구했다. 선생님은 내가 교대에 가겠다고 결정할 때 많은 조언을 해 주셨다. 내가 진주교대가 아닌 춘천교대를 선택한 것도 선생님의 제자이자 후배가 되고 싶어서였다. 내가 교사가 되면 꼭 그분과 같은 선생님이 되어 선생님이 내게 해 주셨던 것처럼 내 아이들에게 큰 힘이 되는 사람이 되고 싶다.

장차 선생님이 될 수양딸 왔어요

김화영(춘천교육대학교 과학교육과)

여섯 살 때 아버지, 어머니께서 이혼하신 뒤로 나는 몹시도 어머니의 손길을 그리워했다. 비 오는 날 우산을 들고 아이들을 기다리는 어머니들 모습, 학부모회의 때 오셔서 반에 들러 보는 모습, 학예회 때 오셔서 꽃다발 주는 모습, 운동회에 오셔서 같이 뛰는 모습 등등 어머니와 함께 있는 친구들의 모습은 그 자체가 나에게 부러움이었다. 하지만 나에게도 어머니와 같은 선생님이 한 분 계시다. 바로 초등학교 6학년 때 담임선생님이시다.

나는 어머니가 없다는 이유 하나만으로 위축되어 몇몇 아이들과만 어울리는 내성적인 아이였다. 6학년 담임선생님께도 그런 아이로 비춰졌던 것이 분명했다. 개학한 지 한 달이 흐르고 가정환경을 조사하는 기간이 왔다. '한 번은 선생님과 또 상담을 해야 하겠구나' 하고 나는 생각했다.

아이들이 모두 가고 혼자 남아 상담하는 날, 그날따라 봄비가 내려 창밖에는 우산을 주기 위해 오신 어머니들이 많이 계셨다. 나는 언제나 그랬듯이 창문으로 그 모습을 하염없이 부러운 눈으로 바라보았다. 그때 한 손에 따뜻한 코코아를 들고 선생님께서 들어오셨다.

"화영아, 부럽니?"

"그렇게 부럽지 않아요."

나는 깜짝 놀라 거짓말을 하였다.

"그런 거 같지 않은데…."

선생님께서는 환하게 웃으시더니 이리 앉으라고 말씀하셨다. 나는 매해 그렇듯이 '어머니가 없는 것이 외롭고 새어머니와 사이가 안 좋더라도 잘 참아야 한다는 훈계가 또 시작되리라'고 생각했다.

그런데 갑자기 선생님께서 뜻밖의 말씀하시는 게 아닌가?

"화영아, 선생님은 아들 둘밖에 없어서 딸이 필요한데 선생님 수양딸 하지 않을래?"

그러시면서 선생님도 어렸을 때 어머니가 돌아가셔서 새어머니 손에 자랐다고 말씀하셨다. 화영이가 선생님 닮은 거 같아 꼭 수양딸이 되었으면 좋겠다는 말씀도 덧붙이셨다. 너무 의외의 제안에 나는 그냥 멍하니 앉아 있었다. 선생님께서는 대뜸 우산을 주시며 "미리 챙겨 놓았어. 이 정도면 훌륭한 엄마지?"라고 말씀하셨다. 선생님은 어서 우산 쓰고 집에 가라고 말씀하셨다. 나는 그 우산을 쓰고 집에 가는 내내 행복하기만 했다. '나에게도 친절하게 말씀해 주시는 분이 계시구나'라는 느낌이 너무 좋았다.

그 뒤로 나는 학교에 가는 것이 너무나 즐거웠다. 마치 그곳에 어머니가 계셔서 언제나 나를 지켜보는 것 같은 느낌이 들었다. 어느 사이 내 성격도 활발해지고 발표도 예전과는 다르게 씩씩하게 할 수 있었다.

다른 아이들이 집에 가서 어머니께 시시콜콜하게 다 이야기하듯이 나는 선생님과 일기장을 통해 이야기를 했다. 하루에 있었던 이야기를 친딸처럼 모두 적어 놓으면 선생님께서는 친어머니처럼 그에 따른 답변을 적어 주셨다. 선생님은 비 오는 날 우산을 챙겨 주시는 것은 물론 소풍날 언제나 김밥을 사 가지고 갔던 나에게 김밥을 손수 싸 주셨다. 생일 선물도 받았다. 내 생일을 알고 챙겨 준 사람은 친구를 제외하고 선생님이 처음이었다. 그해 크리스마스 날에는 처음으로 크리스마스 선물도 받았다. 예쁜 시계였는데 비록 지금 가지는 않지만 내 보석 상자의 한자리를 차지하고 있다.

그렇게 한 해가 흐르고 졸업식이 왔다. 선생님과 헤어진다는 생각에 너무나도 많이 울었다. 그날도 선생님은 어려운 일 있으면 찾아오라면서 '언제까지나 화영이는 선생님 수양딸'이라고 말씀하셨다. 졸업을 축하한다는 작은 꽃다발도 함께….

초등학교를 졸업하고 나서 한 번밖에 찾아뵙지 못한 선생님께 이 글을 쓰면서 너무나 죄송스럽다. 올해에는 꼭 한 번 찾아뵙고 싶다. 그리고 '선생님, 장차 선생님이 될 수양딸 왔어요.'라고 말씀드리고 싶다.

일기장 속의 선생님

이영직(춘천교육대학교 과학교육과)

나는 가끔씩 일기를 쓴다. 검사를 받기 위한 일기가 아니라 나 자신이 원하여 스스로 일기를 쓴 지 어언 10여 년이 지났지만 아직도 일기를 쓸 때면 초등학교 5학년 때 선생님 생각이 난다.

우리 학교는 아파트가 밀집한 지역에 있어서 학생들이 많았다. 한 반에 인원이 50여 명이나 되었다. 당연히 숙제 검사며 일기 검사 등 과제물 점검이 매우 힘들었을 것이다. 남자 선생님 이신 담임선생님은 다른 반과는 달리 5명 정도를 무작위로 불러 세워 낭독하게 하는 걸로 일 기 검사를 대신하셨다.

나는 매일 일기를 써야 하는 것을 아주 지겨워했고, 특히 일기 검사를 무척이나 못마땅해 했 다. 친구들 앞에서 읽어야 하므로 좋은 일, 잘한 일 등만 골라 써야 한다고 생각했기 때문이 다. 일기 낭독에 선택되지 않은 것을 '오늘의 행운'이라 여겼으며 점점 배짱이 늘어나서 일기를 쓰지 않고 학교에 가는 날도 많아졌다.

그러던 어느 날, 운명의 그날에는 불행하게도 나의 이름이 다섯 번째로 불렸다. 일어나서 일기장을 가지고 앞으로 나가는 나는 눈앞이 깜깜해졌다. 호랑이 선생님으로 유명하신 선생 님께 일기를 안 써 왔다고 말씀드릴 용기는 없고 일기장에는 단 한 줄의 글도 없었으니…. 앞 의 4명이 일기를 읽는 동안 약간의 여유가 생기자 나는 잔머리를 굴리면서 머릿속으로 글짓기 를 시작해 보았다.

'잘하면 선생님께서 속아 넘어 가실 거야. 별로 신경 써서 검사하시는 것도 아니잖아.'

이렇게 생각한 나는 조금 용기를 냈다. 드디어 나의 차례가 되었다.

"○월 ○일 ○요일 날씨 ○○. 나는 오늘…."

아무리 임기응변에 능한 나지만 백지 일기장으로 잠시 잠깐 생각한 내용을 자연스럽게 읽어 나갈 수는 없었으므로 얼마 지나지 않아 더듬거리기 시작했다. 한 번 막히니까 뒤의 말은 더 욱 생각이 나질 않았다. 그런데 그 사이 교실 뒤에서 뒷짐을 지고 왔다 갔다 하시던 선생님께 서 어느새 나의 등 뒤에 와 계신 것이 아닌가? 나의 얼굴은 순식간에 붉어지며 온몸이 마구 떨 리기 시작했다.

'난 오늘 죽었구나.'

더듬더듬 겨우 마무리를 하고 혼날 생각 때문에 두 눈에 눈물이 그렁그렁한 채 선생님을 바라보는데 선생님께서 이렇게 말씀하시는 것이 아닌가!

"영직아, 너 참 일기를 잘 썼구나. 간단한 내용이지만 짧은 내용 중에 자기의 생각이나 느낌을 잘 표현했어."

그러고는 친구들을 향하여 말씀하셨다.

"여러분, 일기는 사실만 나열하여 쓰는 것이 아니라 자신의 생각과 느낌을 많이 표현해야 좋은 일기입니다."

그러자 아이들은 모두들 나에게 박수까지 쳐 주는 것이었다. 난 순간 너무나 아찔했다. 10초 전까지만 해도 내가 상상한 내용은 무시무시했다. 50여 명의 친구들 앞에서 거짓말한 것과 일기 쓰지 않은 것, 그리고 선생님을 속인 것 등으로 큰 벌을 받으리라 생각했었다. 그런 후 친구들의 손가락질에 난 더 이상 우리 반에서 설 자리가 없을 거라고 생각했는데….

공포의 그날은 그렇게 지나갔다. 수업이 끝난 후에도 선생님께서는 나를 부르지도 않았고 남으라는 말씀도 없었다. 그다음 날도 또 그다음 날도 그렇게 넘어갔다. 나는 생각하게 되었다.

'그래, 그날 선생님께서 내 등 뒤에 계셨지만 내 백지 일기장을 보지는 못하신 거야. 괜히 겁먹었잖아. 내가 너무나 완벽하게 잘 해낸 거야.'

그 후 마음 편하게 학교를 다니다가 졸업을 하게 되는 날 선생님께서는 어머니께 이렇게 말씀하셨다.

"영직이는 정말 훌륭한 아이입니다. 이 아이는 중학교에 가서도 잘 해낼 겁니다. 친구들과도 잘 지내고 모든 면에 뛰어나며 글짓기 실력도 가지고 있는 학생입니다."

그러고는 선생님께서 나를 부르셨다. 어머니께서는 들을 수 없는 작은 목소리로 내 두 손을 꼭 잡으며 말씀하셨다.

"넌 글짓기에 소질이 있는 것 같아. 백지 일기장을 들고도 그렇게 잘 꾸며서 말하는 것을 보고 널 참 대단하다고 생각했어. 중학교에 가도 넌 무엇이든지 잘할 수 있으니 스스로를 속이지 말고 선생님 말씀 잘 듣고 열심히 공부해라."

머리를 쓰다듬는 선생님의 손길을 느끼면서 나는 쥐구멍이라도 있으면 들어가고 싶었다. 선생님께서 그렇게 나를 감싸 주지 않았더라면 지금의 난 어떻게 되었을까? 나를 용서해 주시고 도리어 큰 용기를 주신 선생님! 이날까지 일기장만 펼치면 함께 펼쳐지는 선생님의 얼굴. 난 죽을 때까지 선생님의 넉넉함에 감사하면서 글짓기에 소질이 있다는 말을 믿으며 살아갈 것이다. 지금은 시골 초등학교에서 또 다른 아이들에게 일기 쓰기를 시키고 낭독시키실 선생님. 선생님께서 나에게 보여 주신 그 여유로움과 사랑, 그리고 넉넉함 등을 다 흉내 낼 수는 없지만 나 역시 적어도 아이들의 마음을 다치게 할까 조심하고 한 번 더 생각하는 그런 교사가 되고 싶다.

선생님의 보이지 않는 손

엄진희(춘천교육대학교 국어교육과)

초등학교 4학년 시절 담임선생님을 나는 잊지 못한다. 당시 우리 반에는 목소리가 명확하지 못하고 발음도 부정확해 말을 잘하지 못하며, 다른 아이들보다 지능도 약간 부족한 영아라는 친구가 있었다. 그 친구는 집안 사정이 어려웠는지 매일 같은 옷을 입고 등교했고, 가까이 다가가면 몸에서 청국장 냄새가 나고는 했었다. 초등학교 4학년. 이제 고학년이고 어느 정도는 스스로 성장했다고 생각하는 우리에게 그 아이는 아이들 모두가 조금씩 멀리하고 바라보며 수군거리게 하는 그런 존재였다.

그때 당시 우리 반에서 최고로 예쁘고 싸움 잘한다고 소문이 자자하던 상이란 아이가 있었다. 상이는 남자아이들과 최측근 여자아이들의 지지를 등에 업은 우리 반 최고의 인기녀였다.

어느 점심시간이었다. 상이는 그날따라 체크무늬가 참 예뻤던 원피스를 입고 와서 한껏 멋을 내고 있었다. 그런데 그날 배식 당번이었던 영아의 실수로 뜨거운 김칫국이 상이의 옷에 쏟아졌다. 상이는 뜨거움과 새 옷을 망친 분을 이기지 못해 눈물을 흘렸다. 영아는 어쩔 줄 몰라 했지만 어눌한 말투로 사과조차 제대로 하지 못했다. 이날부터 영아는 상이에게 말 그대로 찍힌 아이가 되어 버렸다.

상이의 지시에 따라 영아와 노는 아이는 무조건 왕따였다. 우리 4학년 2반 아이들은 누구도 영아에게 말 한마디 걸 수 없었고, 준비물을 빌려 줄 수도 공부를 도와줄 수도 없었다. 하다못해 둘이 해야 하는 주번 일마저도 영아와 함께 하는 친구는 모든 일을 영아에게 떠넘기도록 상이의 지시가 있었다. 영아를 왕따로 만들고 나서도 상이의 심술은 점점 더 심해져만 갔다. 지나가는 영아의 발을 걸어 넘어뜨리고, 화장실에서 걸레를 빨고 난 후에 그 물을 양동이째로 영아에게 뿌리기도 했다. 영아가 아무 말도 하지 못하고 그저 눈물만 보이자 그 강도는 점점 심해져 나중에는 가만히 있는 영아의 머리카락에 박스 테이프를 붙이고 영아가 괴로워하는 모습을 둘러싸고 구경하며 깔깔거리고 웃기도 했다.

나도 울곤 하는 영아의 모습을 보았지만 앞장서서 도와주기엔 상이의 힘이 너무도 무서웠었다. 상이의 만행을 보다 못한 우리 반 한 아이가 그러지 말라고 하며 상이를 다그쳤지만 결국 돌아오는 것은 영아에게 했던 것과 똑같은 괴롭힘이었다. 우리 반은 점점 이상하고 무거운 분위기로 바뀌며 학기 초의 발랄했던 분위기는 사라져 갔다.

　그러던 어느 날 담임선생님께서 제안을 하나 하셨다. 마니또라고 하는 것이었다. 제비뽑기로 우리 반 아이들 중에 자신의 마니또를 뽑고, 1주일 동안 마니또를 지켜보며 도와주고 그 아이의 고충을 해결해 주며 편지 써 주기 등이었다. 아이들은 비밀스럽게 누군가를 도와준다는 것과 나를 지켜보고 도와주는 누군가가 있다는 것에 매우 흥미로워하며 진지하게 마니또에 임했다. 매일 아침 마니또 책상에 이름 모를 편지와 선물 가져다 놓기, 우렁각시처럼 자신의 마니또가 가져오지 않은 준비물을 쉬는 시간에 마니또가 자리를 비운 틈을 타 살짝 가져다 놓기 등 아이들은 자신의 마니또를 늘 지켜보고 도와주곤 했다. 이러다 보니 영아를 마니또로 뽑은 아이들은 남모르게 영아를 챙겨 주고 도와줄 수 있었다. 담임선생님이 제안한 마니또라는 제도를 통해 이루어지는 일이었으며 누가 영아를 도와주는지 알 수 없었기 때문에 상이도 그런 아이들을 괴롭힐 수 없었다. 이렇게 매주 돌아가다 보니 반 분위기는 자연히 서로 아끼고 돕는 분위기로 변했고, 상이 또한 누군가를 챙겨 주고 챙김을 받는다는 즐거움에 영아를 괴롭히는 일에 대한 흥미를 잃어 갔다. 마니또 제도가 몇 달간 지속되고 나서 아이들은 조금씩 영아에게 말도 걸고 표면적으로도 도와주게 되었다.

　사실 그 당시에는 마니또라는 제도 자체에만 흥미를 가졌지 그 뒤에 선생님의 어떤 지혜로운 생각이 숨어 있는지는 알지 못했다. 그러나 지나고 나서 보니 선생님의 깊은 뜻을 알 것 같다. 왠지 모르게 이상해지는 우리 반의 분위기를 눈치 채신 선생님이 상이가 영아를 괴롭힌다는 것을 모르실 리 없었을 것이다. 늘 선생님이 계시지 않는 틈을 타 영아를 괴롭히던 상이의 용의주도함 때문에 증거가 없기도 했지만, 직접적으로 상이를 불러 세워 면박을 주며 타이르기엔 아직 상이도 영아도 같은 아이라고 생각하셨던 것 같다. 상이가 영아를 괴롭힌다고 해서 상이만을 야단친다면 마음에 상처를 받을 것이고, 영아를 감싸 주기만 하는 것은 근본적인 도움이 될 수 없다고 판단하신 것 같다.

　이에 마니또라는 효과적인 제도를 도입하셔서 우리 모두를 말없이 타이르신 선생님의 마음. 유독 아버지 같고 편한 선생님이었지만 지나고 나서도 가장 기억에 남는 선생님이다.

우리 선생님 그렇게 안 해도 나 예뻐해

노누리(춘천교육대학교 사회교육과)

나는 학창 시절 내내 반장을 했었다. 어렸을 적엔 소위 '치맛바람'이라는 것 때문에 나도 모르게 반장이 되어 버렸다. 엄마가 학교 임원이셨고 학교 일에 적극적으로 활동하셨다. 점점 자라면서는 나도 모르게 꼭 반장이 되어야 한다는 강박관념까지 생겼다. 그래서 새 학기가 되면 우선 담임선생님이 어떤 분이신지를 파악하여 선생님의 눈에 들기 위해 발버둥치곤 하였다.

지금 돌이켜 보면 내 자신이 너무 창피하고 꼭 그렇게 해야 했는지 부끄럽다. 엄마도 종종 선물을 들고 선생님을 만나러 오셨고 그러는 다음 날에 왠지 선생님께서 나를 더 예뻐해 주시는 것 같았다. 어렸을 적 나는 선생님들은 공부도 잘하지만 엄마가 학교에 자주 오는 아이들을 예뻐한다고 생각했었다. 아이들도 그렇게 생각하는 것 같았다.

그런 나의 생각을 180도 바꿔 주신 분이 있다. 그분은 초등학교 5학년 때 담임선생님이다. 지금은 연락이 되지 않지만 고 2 때 선생님께서 나라에서 주는 '참교육자상'을 받으셨다는 소문을 들었다. 그분은 충분히 자격이 있는 분이고 내가 선생님의 길을 택한 이유도 그분의 삶을 이어 가기 위해서이다.

새 학기가 시작되던 날 교실 앞문을 열고 인자하게 생기신 중년의 여선생님께서 들어오셨다. 내심 예쁘고 젊은 선생님을 바랐던 아이들은 실망했지만 난 나름대로 좋았다. 우리 학교에 처음 오셨다는 선생님께서 칠판에 '역지사지'라는 말을 쓰시곤 아이들에게 그 뜻을 물어보셨다. 난 얼른 대답을 했고 선생님께서는 잘했다며 칭찬을 해 주시며 이름도 불러 주셨다. 난 선생님이 너무 좋았고 왠지 1년이 재미있을 것 같았다.

그런데 이 선생님은 재미있기보단 좀 특이하셨다. 다른 선생님과는 달리 아침에 수학 문제를 내 주시는 것이 아니라 『마음을 열어 주는 101가지 이야기』라는 책을 읽고 매일매일 느낀 점을 쓰게 하셨다. 우리가 책을 읽는 동안 선생님께선 조용히 교실 구석구석을 청소하셨다. 처음엔 '뭐 얼마 안 가겠지' 했는데 이런 일이 매일 반복되었다.

수업도 언제나 조별 활동이었다. 첫 수업은 미술시간이었는데 아주 큰 도화지에 모두가 다 그려야 완성되는 과제를 내주셨다. 준비물을 안 가져온 아이들에겐 빌려 줘야 했고 서로 도와 가며 그럴 수밖에 없었다. 선생님께서는 앞으로 우리 반은 하나라고 하시면서 친구들끼리 서로 도와 가면서 지내라 하셨다. 나는 '나 혼자만 잘해서 칭찬받고 싶은데…' 하면서 이 선생님은 다른 선생님과는 달리 참 특이하다고 생각했었다.

출석을 부를 때도 선생님은 아이들 이름을 부르시면서 종종 안부를 묻곤 하셨다. 그런데 그것은 공부를 잘하는 아이들에게만 해당되는 특권이 아니라 우리 반 아이들 모두가 매일 아침 느낄 수 있는 선생님의 사랑이었다. 예를 들면 이런 것이다.

"전우람, 어제 운동장에서 늦게까지 축구하던데 오늘은 일찍 집에 가거라."

"방연주, 아까 동생 봤는데 동생이랑은 잘 지내지?"

아무튼 나는 나만 특별하게 예뻐해 주시지 않는 것이 실망스럽기도 하였다. 선생님께서는 우리에게 "공부 못한다고는 절대 혼내지 않겠다. 하지만 다른 사람들에게 상처가 되는 행동을 하거나 이기적으로 행동하는 사람은 용서하지 않겠다."라고 하시면서 우리에게 사람답게 사는 교육을 하셨다. 우리끼리 교실 내에서 지켜야 할 약속을 만들어 스스로 지키게 하셨고, 한 달에 한 번은 〈우리들 소식〉이라고 하여 조끼리 신문을 만들게 하셨다. 서로에게 짧은 편지를 쓰는 시간도 갖게 하셨다. 한 달에 한 번은 아이들이 낸 벌금으로 생일 파티를 하기도 했다.

그러던 어느 날이었다. 학교가 끝나고 집에 도착해 보니 엄마가 화가 나 계셨다. 이유인즉 엄마가 선물을 들고 선생님께 갔는데 선생님께서 선물을 받지 않으셨다는 것이다. 나는 엄마에게 화를 냈다.

"왜 그랬어? 우리 선생님 그렇게 안 해도 나 예뻐해. 다른 엄마들은 그런 거 안 하는데도 우리 선생님은 애들 다 예뻐한단 말이야."

나는 은근히 내일이 걱정되었다. 선생님 보기도 창피하고 내일부터는 선생님을 어떻게 대해야 할지 막막했다. 무거운 마음으로 학교를 가고 있는데 어찌된 우연인지 선생님을 만났다. 내가 먼저 선생님을 봤지만 차마 인사를 하지 못하고 뒤에서 종종걸음으로 따라가고 있었다. 뒤돌아보신 선생님께선 나를 보시곤 "누리야" 하며 아는 체를 하셨다. 선생님께선 조금은 어두운 내 얼굴을 보고 짐작하셨는지 낮고 차분한 목소리로 말씀하셨다.

"누리야, 어제 어머니께서 오셨는데 알고 있니? 어제 선물을 주셨는데 선생님이 받지 못했어. 혹시 그 일로 어머니께서 화가 나셨다면 누리가 잘 말씀드리거라. 어머니 성의는 충분히 고맙고 꼭 잊지 않겠다고. 저번에도 주셨는데 너무 감사했어. 누리야, 선생님은 시골에 있는 학교에서 아이들을 가르치다 왔는데 거기 아이들은 준비물 살 돈이 없어도 서로 도와 가면서 만족하고 지내. 도시 아이들은 좀 바쁘게 사는 것 같아. 그치? 그래도 선생님은 거기 아이들이나 여기 아이들이나 마음속에 간직하고 있는 순수함은 다 똑같다고 생각해. 벌써부터 어른 흉내 내지 않아도 세상 살다 보면 자신도 모르는 사이에 마음이 오염되거든. 선생님은 누리가 친구들하고 잘 지내고 선생님 말씀 잘 듣는 착한 아이란 걸 알 수 있어. 아마 누리가 진실한 마음으로 사람들을 대한다면 사람들 눈엔 분명히 누리의 진심이 보일 거야."

그 순간 나도 모르게 코끝이 찡해지면서 눈물이 날 뻔했다. 어느새 내 손을 꼭 잡고 계시던 선생님. 지금도 그때 선생님께서 내게 해 주신 말씀이 귓가에 쟁쟁하다. 그동안 사람들은 모두 내 속마음보다는 겉으로 보이는 나의 행동과 말에 더 관심을 갖고 그 이유로 날 사랑한다고 생각했었다. 하지만 내가 믿은 것은 나의 오만이고 착각이었던 것이다. 순간 내 자신이 너무나 초라하게 느껴졌다.

봄기운이 완연했던 그날은 나에게 잊을 수 없는 하루였다. 햇살 가득 내리쬐던 창가에 앉아서 여러 가지 생각을 했었다. 아이들이 쉬는 시간에 놀자고 해도 아프다고 하고는 누워서 계속 선생님의 말씀을 생각했었다. 아무렇지도 않게 대하시는 선생님. 오히려 그 전보다 더 밝은 미소를 보이시는 선생님과 예전과 똑같은 친구들… 그런데 나만 다시 태어난 느낌이었다.

그날 이후 난 조금씩 달라졌다. 당시 난 선생님의 부탁으로 특수반에서 공부하는 아이와 짝꿍을 하였는데 그 아이에게도 예전과 다르게 대했다. 짝꿍에게 편지를 쓰는 시간, 그 전에는 선생님 앞에서 공부도 가르쳐 주고 친절한 척하면서 어차피 선생님은 편지를 보지 않으니까 "야, 공부 좀 하고 씻고 다녀." 이런 식으로 썼는데 그날은 꽤 길게 썼던 것 같다. 괜히 미안했다는 둥, 앞으로 잘 지내자는 둥. 나도 모르게 그 아이가 너무 불쌍하고 반장이면서 다른 아이들하고 똑같이, 아니 어쩜 더 심하게 따돌렸던 내 자신이 너무 미웠나 보다. 그 아이도 그 편지를 보더니 나에게 더 잘해 주었다. 그 전에도 내 연필을 종종 깎아 주고는 했는데 그날 이후론 내 필통을 열어서 연필을 깎아 주고 특수반에서 나눠 주는 간식도 주곤 했다. 우리는 그렇게 조금씩 친해졌고 선생님께서 다음 주에도 짝꿍을 하라고 하실 때도 나는 환하게 웃으며 그렇게 하겠다고 했다. 서로가 서로에게 진심을 보여 준다는 것은 정말 아름다운 일이다. 그리고 그것을 내게 가르쳐 주신 선생님을 나는 존경한다. 나도 선생님처럼 살고 싶다.

허성찬(춘천교육대학교 영어교육과)

초등학교 5학년 때 난 학급에서 공부를 잘하지 못하는 아이였다. 아니 열등생이라고 말할 수 있을 정도였다. 남들보다 뚜렷하게 잘하는 것도 없었다. 그해 가을 모형 비행기 날리기 대회가 있었다. 무슨 이유에서인지는 모르겠지만 난 반 아이들을 대표해서 그 대회에 참가하게 되었다. '보라매'라 불렸던 모형 비행기를 하루 종일 정성들여 만들었던 기억이 난다. 그리고 대회 아침 설레는 마음으로 나의 보라매를 가슴에 꼬옥 안고 학교로 향했다.

드디어 결전의 순간이 다가오고 비행기 날리기가 시작되었다. 반을 대표해서 참가한 학생들은 자신의 비행기가 오래도록 날기를 염원하며 하나 둘씩 손에서 비행기를 놓았다. 아마 다들 나처럼 속으로 '오래, 오래 제일 오래!'라고 외치면서 비행기를 날렸을 것이다.

"아뿔싸!"

그런데 눈앞에서 차마 받아들이기 힘든 일이 일어났다. 내가 혼신을 쏟은 보라매… 그 보라매가 남들보다 제일 먼저, 그것도 손에서 떠나가기가 무섭게 땅에 예쁘게 착지해 버렸던 것이다. 선생님과 아이들 모두 스탠드에 앉아 대회를 관람하고 있었고, 난 그들 눈에 꼴찌, 그것도 우스운 꼴찌가 탄생하는 광경을 선사했던 것이다. 나는 아이들의 비웃음 소리를 들으며 땅바닥에 속 편하게 누워 있는 보라매를 주워 들고 멍하니 홀로 교실로 향했다. 그날 나는 어떻게 보냈는지 모를 정도로 정신없이 그리고 멍하니 하루를 보냈다.

많이도 울었던 그 이튿날, 아마 토요일이었던 걸로 기억한다. 정오에 수업을 마치고 나는 친구들과 청소를 한 뒤 선생님께서 귀가시켜 주기를 기다리고 있었다. 선생님께서는 친구들을 모두 집에 보내시면서 조용히 나를 부르셨다. 교실에 홀로 남겨진 나는 선생님께서 어제의 코미디쇼에 대하여 나무라실 줄 알고 잔뜩 겁이 나 있었다. 그런데 선생님께서는 내게 조용히 상장을 내밀어 보이셨다. '모형 비행기 날리기 대회'라고 제목이 붙여진 상장은 '장려상'이라는 이름으로 내게 다가왔다. 상을 어떻게 받을 수 있었는지 어리둥절했지만 어린 마음에 상장을 받는 것이 마냥 기쁘거니와 혼도 나지 않았기에 기분이 꽤나 좋아져서 노래를 부르며 집으로 향했다.

그 이후로 상장을 주신 선생님을 너무도 좋아하게 되었다. 나는 선생님의 격려 속에 '수학 경시대회'에도 참가하여 전교에서 가장 우수한 성적을 냈다. 그 후 성적이 꾸준히 향상되면서 그다음 해부터는 줄곧 반에서 1등을 차지하게 되었다.

머리가 제법 굵어진 언젠가 느닷없이 과거를 회상하다가 문득 깨달은 바가 있었다. 초등학교 5학년, 그해 가을 담임선생님은 조용하고 보잘것없는 나의 기를 펴 주시기 위해 반대표로 대회에 참가하게 해 주셨다는 것을… 그리고 결과와 상관없이 용기가 꺾이지 않도록 손수 상장을 만들어 주셨다는 것을… 선생님! 감사합니다.

잊을 수 없는 선생님

이소형(춘천교육대학교 과학교육과)

나에게는 존경하는 사람이 한 분 계시다. 초등학교 6학년 때 담임선생님이다. 많은 세월이 지났지만 그분께서 보여 주신 모습을 잊을 수 없다.

6학년 때 우리 반에는 학습이 다른 아이들보다 느린 아이가 한 명 있었다. 그 아이는 기본적인 곱셈이나 덧셈 같은 문제도 풀지 못하고 한글도 잘 읽지 못했다. 심지어는 구구단조차 제대로 외우지 못했다. 흔히 그렇듯이 그 아이는 다른 아이들의 놀림감이 되곤 했었다. 선생님께서는 그때마다 조용히 아이들을 타이르셨다. 그리고 방과 후에는 그 아이를 남겨서 따로 혼자 공부도 가르쳐 주셨다. 그렇게 그 아이에게 방과 후 지도도 해 주시면서 한참이 지나갔다.

선생님께서 어느 날 수업시간 중간에 그 아이를 일으켜 세우시고 구구단을 외워 보라고 하셨다. 힘들게 외우기는 했지만 그 아이는 구구단을 끝까지 다 외웠다. 선생님께서는 그 아이를 업고 반을 한 바퀴 도셨다. 그때 반 아이들은 박수를 치면서 선생님을 따라다녔다. 그 뒤로는 반에서 그 아이를 놀리거나 괴롭히는 일이 없어졌다.

그때 나는 많은 감동을 받고 많은 걸 느꼈다. 비록 선생님은 한 분이시지만 선생님께서 아이들에게 보여 주신 행동으로 많은 아이들의 행동과 생각이 변하게 되었다. 사람의 행동이나 가치관, 생각 등을 변하게 만드는 것은 무척 어려운 일이다. 어렸을 때 그것을 올바르게 잡아 주지 않으면 커서는 더욱 어렵다고 생각한다. 하지만 교사는, 특히 초등학교 교사는 그것을 가능하게 한다고 생각한다. 그렇기 때문에 나도 교사가 되어 아이들이 올바른 가치관을 형성하도록 노력하고 싶다.

1+1=11

손민영(춘천교육대학교 과학교육과)

나는 초등학교 1학년 때 담임선생님 이야기를 할까 한다. 많은 세월이 지났지만 아직까지 좋은 기억으로 남아 있는 분이다. 초등학교 1학년 때 나는 조금 엉뚱한 어린이였다. 에디슨의 전기를 읽으면서 '나도 닭처럼 달걀을 품고 있으면 병아리가 태어나지 않을까?' 하며 달걀을 품어 보는 그런 아이였다.

어느 날 산수시간이었다. 덧셈, 뺄셈 이런 것들을 배우고 있었다. 1+1=2, 1+2=3, … 그런데 나에게 한 가지 의문이 생겼다.

'ㄱ+ㅏ = 가인데 왜 1+1=11이 아니고 2지?'

나는 수업을 듣는 동안에도 그 생각이 머릿속을 떠나지 않았다. 하지만 궁금해도 참았다. 왜냐하면 집에서 하도 이상한 질문을 많이 하니까 엄마가 학교에 가서는 질문을 하지 말라고 하셨기 때문이다. 아마 이상한 질문을 계속하면 수업에 방해가 될까 봐 걱정하셨던 모양이다. 다음 날 수업시간에 선생님은 앞 시간에 배운 것을 시험 보겠다고 하셨다. 나는 어떻게 해야 할지 고민을 했다.

'내 생각대로 문제를 풀어야 하나? 아니면 선생님이 가르쳐 주신 대로 풀어야 하나?'

곧 나는 내 방식대로 문제를 풀었다. 그리고 빵점을 받았다. 물론 나는 아이들의 웃음거리가 되었다. 나는 억울했다. 내 방식대로 한다면 나는 만점을 받아야 했다. 나는 궁금해도 참으라고 하셨던 엄마의 말을 잊은 채 선생님께 질문을 했다.

"선생님 ㄱ+ㅏ = 가인데 왜 1+1=11이 아니죠?"

선생님은 처음에는 조금 당황하시는 듯했다. 나는 선생님이 화를 내실 줄 알고 엄마의 말을 떠올리며 혼날까 봐 마음을 졸이고 있었다. 그런데 선생님은 그제야 내가 왜 빵점을 받았는지 아시겠다는 듯 웃으셨다. 그러고는 이런 말씀을 하셨다.

"여러분, 민영이가 좋은 질문을 했어요. 여러분은 왜 이런 생각을 하지 않죠? 다들 왜 그런지 궁금하지 않아요? 여러분, 모르는 게 있으면 이렇게 자신 있게 질문하는 거예요. 알겠죠?"

그러시고는 차근차근 내 질문에 대한 답을 설명해 주셨다.

"우리는 옛날부터 많은 사람들이 약속한 것을 배워야 해요. 하지만 그 약속은 이런 약속도 있지만 또 저런 약속도 있어요. 항상 약속이 같을 수는 없어요. 여러분이 쓰는 말에서의 약속과 산수에서의 약속은 다른 거예요. 말에서 ㄱ+ㅏ =가이지만 그 약속을 그대로 산수에 쓰면 안 되는 거예요. 그러니까 1+1=11이 되는 게 아니에요. 모든 사람들이 쓰고 있는 약속을 어기면 안 되겠죠?"

확실하게는 기억이 나지 않지만 대강 이렇게 설명해 주셨던 것 같다. 나는 그때 선생님이 해 주신 말씀이 무슨 뜻인지 이해할 수 없었다. 그 후에도 한동안 산수를 그렇게 했기 때문이다. 하지만 수업시간에 칭찬을 받았다는 것이 나를 기쁘게 했다. 엄마가 하지 말라던 행동으로 선생님께 칭찬을 받다니… 참 기뻤다.

그 후 한동안 나는 선생님께 특별지도를 받았던 것으로 기억된다. 방과 후 학교에 남아서 선생님과 같이 공부를 했다. 지금 생각하면 그 특별지도가 성적이 부족한 학생들을 모아 놓고 하는 수업이었는데, 그때는 무슨 특권이나 누리는 사람처럼 의기양양해서 다녔다. 물론 친구들에게 자랑도 하고 말이다.

지금 이 글을 쓰면서 다시 생각해 보니 황당하고 엉뚱한 그런 생각들을 존중해 주셨던 선생님의 배려가 사고의 틀을 깨 주었고 창의적인 생각들을 마구 쏟아 내게 한 밑거름이 되었다고 생각한다. 내가 교사가 되어 현장에 나갔을 때 만약 나처럼 그런 생각을 하는 아이를 만난다면 나는 어떻게 해야 할지 알고 있다. 그 아이에게 무슨 말을 해 주어야 할지 말이다. 나에게 그런 기회가 꼭 오길 바란다. 어린아이의 보잘것없는 생각에도 귀 기울이고 관심을 가져 주신 선생님께 감사드린다. 선생님, 사랑합니다.

안신애(춘천교육대학교 수학교육과)

나는 어렸을 때 튀지 않는 얌전한 아이였다. 늘 동네 친구들에게 얻어맞고 놀림당하기 일쑤였다. 아주 소심하고, 누가 조금만 뭐라고 하면 눈물부터 나는 그런 아이였다. 수업시간에 손을 들어서 발표하는 것도 아니고, 얼굴이 예쁜 것도 아니고, 활동적인 것도 아니다 보니 내가 선생님 눈에 띄지 않는 것은 당연한 일이었다.

이런 나에게 정말 없어서는 안 될 선생님이 나타났다. 초등학교 5학년 때 우리 학교에 새로 남자 선생님 한 분이 오셨다. 잘생긴 외모에 키도 아주 크고 젊으신 멋쟁이 총각 선생님이었다. 여자아이들은 그 선생님께 이것저것 물어보기도 하고 얘기도 하며 허물없이 잘 지냈다. 하지만 나는 말 한 번 해 보지 못하고 그냥 옆에서 보기만 했다.

나는 그 당시 발을 앞만 디디고 걷는 버릇이 있었다. 어렸을 때 발레 한다고 까불면서 따라 하던 것이 버릇이 되었다. 친구들은 그런 내가 웃기다면서 놀렸다. 물론 선생님도 나의 그 웃긴 걸음을 보셨다. 나는 창피해서 숨고 싶었는데 선생님께서는 나를 부르셨다. 나는 선생님께서 똑바로 걸으라고 말씀하실 줄 알았다. 그런데 뜻밖의 말씀을 하시는 것이 아닌가? 그렇게 걷는 아이들이 달리기를 잘한다는 것이었다. 선생님께서는 육상부를 만들려고 하신다며 나한테 들어오라고 하셨다. 나는 대답하지 않고 그냥 가만히 있었다. 나와는 별로 상관없는 일이라고 생각하며 선생님의 말씀을 잊었다.

그런데 평창군 대회가 한 달 정도 남았을 때 선생님께서는 다시 나에게 육상부에 들어오라고 권유하셨다. 한번 학교에서 달려 보고 기록을 재 보자고 하셨다. 나는 방과 후에 몇몇 아이들과 함께 80미터 정도를 뛰었다. 선생님께서는 기록을 보고 매우 놀라셨다. 친구들 두 걸음의 거리를 나는 한 걸음에 뛴다고 하시며, 점프력이 아주 좋아서 높이뛰기를 해도 되겠다고 하셨다. 나는 친구들 앞에서 멋쟁이 미남 선생님께 칭찬도 듣고, 아이들이 부러워하는 모습도 보니 너무 기분이 좋았다. 나는 그날부터 방과 후 운동장에서 달리기 연습을 하고 기록 재기를 반복하면서 맹훈련에 돌입했다.

드디어 종합운동장에서 평창군 대회가 열렸다. 학교 운동장과는 비교가 안 되는 큰 운동장은 어린 나에게 큰 위협과 두려움을 주었다. 선생님께서는 나에게 용기를 주시며 말씀하셨다.

"학교에서 하던 것처럼만 하면 평창군에서 네가 최고야."

나는 떨리는 마음으로 스타팅 블록에 앉아 스타트 준비를 하였다.

"제자리에, 차렷… 탕!!"

총소리가 들렸다. 나는 그냥 앞만 보고 열심히 달렸다. 옆에 사람이 보이지 않았다. 내가 1등이었던 것이다. 80미터를 뛰는 동안 정말 숨이 멈춰 있던 것 같았다. 뛰고 나니 다리가 후들거리고 멍한 기분이었다. 누군가와 대결해서 내가 이기다니… 나는 너무 감격스러웠고 내 자신이 자랑스러웠다. 곧바로 결승전이 열렸고, 나는 6학년 언니들을 제치고 80미터 달리기 여자부 1등을 하였다. 결승점에는 평소 엄하기로 소문난 여자 교감 선생님이 계셨는데 내가 1등으로 들어오자 나를 꽉 안아 주시며 등을 마구 두드리셨다.

나는 아직도 그 그림이 떠오른다. 내게는 결코 잊을 수 없었던 날이었으니까 말이다. 그리고 이어서 열린 200미터 경기에서도 나는 당당히 1등을 했다. 마지막 400미터 이어달리기가 남아 있었다. 나는 마지막 주자였는데 앞의 주자들이 너무 잘 해 주어서 그냥 달리기만 했는데도 1등을 하였다. 우리 학교는 모든 종목을 휩쓸었다. 평창군 내의 초등학교들이 모두 모인 시합에 내가 참여해 좋은 성적을 냈던 것이다.

그다음 날 조회시간에 교장 선생님께서 어제 있었던 육상 경기에 대해 말씀하시며 나의 학년과 반, 이름을 정확하게 부르시고 단상 위로 올라오라고 하셨다. 나는 내 생애 처음으로 교장 선생님께 상장과 부상을 받았고, 전교생에게 박수를 받았다. 친구들은 교실에 들어온 나를 둘러싸고 이것저것 물어보며 부러워했다. 멋쟁이 선생님께서는 나에게 오셔서 선생님 눈이 정확하다고 하시며 앞으로 더욱더 열심히 연습하자고 하셨다. 선생님께서는 내가 가진 재주를 발견하시고 그것을 밖으로 끌어내 주셨다. 나는 자신감을 회복했고, 긍정적이고 적극적이고 진취적인 아이가 되었다. 선생님의 교육효과는 실로 컸다.

지식교육은 누구나 할 수 있는 이 시대에 아이들 가슴속에 뜨거운 불구덩이를 경험시켜 주지 못하는 교사는 더 이상 교사가 아니다. 나는 선생님을 통해서 뜨거운 불구덩이를 경험했다. 초등교사가 되고자 춘천교대에 입학하게 된 지금 나의 움츠린 어깨를 펴 주신 선생님이 더욱 보고 싶다. 4년 동안 열심히 교육받아서 발령받으면 멋쟁이 선생님을 찾아가서 꼭 말씀드리고 싶다.

"제가 선생님 은혜를 갚는 길은 아이들에게 선생님처럼 하는 것이겠지요? 선생님, 정말 감사합니다."

에이즈 선생님

김미연(춘천교육대학교 사회교육과)

'에이즈(AIDS).' 이것은 내가 전학 갔던 초등학교 6학년 때 담임선생님의 별명이다. 한 번 걸리면 죽는다는 뜻의 표현인 만큼 담임선생님은 엄격한 분이었다. 당시 선생님은 학생 지도를 담당하고 계셨기 때문에 에이즈라는 선생님의 별명이 더욱 잘 어울렸다. 그러나 언제나 무섭기만 했던 선생님이야말로 내가 기억하는 최고의 선생님이다.

내가 전학 갔을 당시 한 남자아이가 있었다. 그 아이의 이름은 김민호였다. 민호는 내가 전학 갔을 때 유일하게 짝이 없었던, 그래서 처음 나의 짝이 된 아이였다. 민호는 말이 없었다. 내가 말을 걸어도 고개만 끄덕일 뿐이었다. 민호는 언제나 혼자서 책상 위에 펴 놓은 교과서만 바라보았다. 그래서 나는 그저 '쑥스러움을 많이 타는 조용한 아이구나'라고 생각했다.

어느 정도 시간이 흘러 학교에 적응이 되자 내 눈에는 반장과 민호의 관계가 보이기 시작했다. 반장은 민호를 무척 싫어했다. 반장인 자기의 말을 듣지 않는다며 언제나 민호를 괴롭혔다. 아이들은 민호를 괴롭히는 반장의 행동에 별 제재를 가하지 않았다. 반장이 민호를 괴롭히는 정도는 심각했다.

한번은 이런 일이 있었다. 수학시간이었는데 그 시간에는 가끔 선생님이 직접 내주신 문제로 시험을 보곤 했다. 반장은 언제나 그 시험에서 1등을 독차지했다. 그런데 딱 한 번 그 시험에서 민호가 반장보다 높은 점수를 받았다. 선생님은 민호의 답안지를 보여 주면서 "열심히 하면 누구나 100점을 맞을 수 있다. 우리 모두 열심히 한 민호에게 박수를 쳐 주자."라고 말씀하셨다. 반장이 1등을 했을 때는 단 한 번도 없었던 일이었다.

그것이 반장은 억울했던 모양이다. 반장은 선생님이 잠시 자리를 비우자 가지고 있던 교과서를 모두 꺼내 들어 민호의 머리를 내리쳤다. 아이들은 모두 당황했다. 반장은 민호에게 "딱 한 번 1등 한 거 가지고 뭘 그렇게 잘난 척이야?"라고 소리쳤다. 민호는 조용히 교실 밖으로 나가 버렸다. 그 어떤 말도 어떤 반응도 하지 않은 채 말이다.

그다음 날부터 민호는 학교에 나오지 않았다. 선생님이나 아이들은 모두 평소의 모습 그대로였다. 나도 그랬었고 말이다. 1주일 후 다시 학교로 돌아온 민호의 얼굴은 예전보다 많이 수척해 보였다. 그날부터였다. 선생님은 체육시간마다 다른 아이들보다 한두 바퀴 정도 민호를 더 뛰게 하셨다. 반장은 민호가 벌 받는 것이라 생각하여 고소해하곤 했다. 그렇게 여름방학을 맞이했다. 여름방학이 끝나고 개학 후 만나게 된 민호는 어딘가 모르게 달라져 있었다. 여름 내 많이 타서 피부도 검어졌고 키도 컸다. 삐쩍 마른 체구였던 아이가 탄탄해 보였다.

얼마 후 가을 운동회가 열리게 되었다. 경기에 나갈 선수를 정하기 시작했고 마지막으로 계주 선수를 뽑게 되었다. 아이들은 누가 못 뛴다, 누가 잘 뛴다 하면서 요란스러웠다. 선생님이 말씀하셨다.

"추천을 받았거나 자원을 한 아이들이 방과 후 100미터 달리기 시합을 해서 결정하도록 하자."

그래서 추천을 받기 시작했고 자원을 한 아이들도 있었다. 4, 5명 정도 후보가 결정되었지만 그 안에 민호는 없었다. 선생님은 갑자기 민호의 이름을 다른 후보자들 이름 옆에 나란히 쓰시면서 말씀하셨다.

"김민호! 너는 선생님이 추천한다."

매번 체육시간마다 민호를 더 달리게 하셨기 때문일까? 방과 후 있었던 시합에서 민호는 당당하게 1등을 했고 우리 반 대표 계주 선수가 되었다. 청팀과 백팀으로 나눠서 하는 운동회에서 우리 반은 청팀이었다. 줄다리기에서 백팀에게 지는 바람에 우리는 남은 계주에서 이겨야만 했다. 다른 반이지만 같은 청팀인 아이 중 하나가 축구를 했기 때문에 달리기를 잘한다는 소문이 있었다. 아이들은 그 아이에게 기대를 걸었다.

스타트를 알리는 총소리가 가을 하늘 사이로 울려 퍼졌다. 계주가 시작되었다. 첫 선수는 빠르다고 소문난 아이였고 민호는 제일 마지막 주자였다. 아이들은 있는 힘을 다해 뛰었고 우리도 열심히 응원을 했다. 그런데 첫 주자가 다음 주자에게 바통을 넘기려는 순간 그만 자기 발에 걸려 넘어지고 말았다. 그때부터 백팀과 간격이 생기기 시작했다. 두 번째 주자가 따라잡으려고 했지만 첫 주자가 넘어지면서 생긴 틈을 좀처럼 메울 수 없었다. 어느새 마지막 주자 차례가 되었다. 민호가 바통을 넘겨받았다. 민호가 뛰는 순간 우리는 모두 입을 다물 수 없었다. 민호의 달리는 속도가 보통이 아니었던 것이다. 민호는 바람처럼 빠르게 달렸다. 백팀과의 간격이 조금씩 좁혀지기 시작했다. 마침내 민호는 백팀을 따라잡고 결승점의 테이프를 끊었다. 아이들의 환호성이 하늘을 찔렀다. 경기 후 자리로 돌아오는 민호를 향해 아이들은 모두 일어서서 다시 한 번 환호성을 질렀다.

그 이후부터 반장은 민호를 쉽게 괴롭히지 못했다. 아이들은 반장보다는 민호를 더 따랐고 민호는 조금씩 변해 갔다. 시간이 흘러 우리가 졸업할 즈음 민호는 가끔은 웃기도 하고 화를 내기도 하는 감정이 풍부한 아이가 되어 있었다. 원래 조용했던 녀석이라 말이 많아진 것은 아니었지만 예전처럼 고개를 푹 숙이고 책상만 바라보던 아이가 아니었다.

졸업 후 어떤 계기로 인해 민호와 나는 친한 친구가 될 수 있었다. 그리고 민호에게서 그 무렵 담임선생님에 대한 이야기를 들을 수 있었다. 그날 그런 일이 있은 뒤 민호는 1주일가량 학교에는 가고 싶지 않다고, 아이들은 모두 자신을 싫어한다고, 자기는 어차피 아무것도 할 수 없다고 말했다고 한다. 그러자 선생님께서 찾아오셔서 이렇게 말씀하셨다고 한다.

"민호가 얼마나 대단한 일을 할 수 있는지 선생님이 보여 주마. 그러니 학교에 나와라."

선생님은 민호가 반 아이들과 점점 멀어지고 있다는 것을 눈치 채셨다. 그리고 생활기록부를 통해 민호가 다른 아이들보다 100미터 달리기를 잘한다는 것도 알게 되셨다. 선생님은 자신감을 잃고 점점 겉돌기만 하는 민호를 그냥 둘 수 없어 직접 집까지 찾아가 민호를 학교로 끌어오신 것이다. 학교로 돌아온 민호에게 자신감을 심어 주기 위해 달리기를 시키셨고, 방학 동안에도 민호를 찾아가 집 근처에서 함께 달리기 연습을 하셨던 것이다.

민호의 이야기에 나는 담임선생님이 무섭기만 한 분이 아니라 정말 말 그대로 '선생님'이라는 것을 깨달았다. 아이들을 이끌어 주고 올바른 길로 지도해 주며 소외된 아이들을 기꺼이 무대의 중앙으로 올려놓는 사람. 그것이 진정한 선생님이 아닐까? 지금은 연락이 끊겼지만 들은 바로 민호는 현재 체대에 다니고 있다고 한다. 한 아이의 인생에 기꺼이 빛이 되어 주셨던 에이즈 선생님. 내 인생에 그 선생님을 만났던 것은 정말 행운이었다.

나를 반장으로 키워 주신 선생님

김한나(춘천교육대학교 과학교육과)

나는 어릴 때부터 매우 조용한 아이였다. 초등학교 3학년 때 나는 다른 학교로 전학을 갔다. 처음 전학 간 곳이 너무 낯설어 적응하기 힘들었고, 그러다 보니 말수도 적어지고 누가 말을 걸어도 부끄러워하면서 대답도 잘 못했다.

그러던 내가 3학년 2학기에는 부반장을 하고 4학년 때는 반장을 하는 등 엄청난 변화를 겪었다. 그 과정은 3학년 때 담임선생님이 계셨기에 가능했다. 나중에야 알았는데, 선생님께서는 내가 공부도 곧잘 하고 성실하였지만 발표를 시키면 아는 것도 제대로 대답하지 못하고 얼굴이 빨개지고 친구들과 말도 잘하지 못하여 안쓰러워하셨다고 한다.

매일 친구도 없이 홀로 조용히 학교생활을 하던 어느 날 선생님께서 나에게 방과 후에 남으라고 하셨다. 나는 내가 무슨 잘못을 했나, 혼나는 건 아닐까 이런 걱정을 하며 마음을 졸이고 있었다. 그런데 갑자기 선생님이 시내에 함께 가자는 것이었다. 나는 그때까지도 선생님의 뜻을 알 수 없었다. 선생님은 내게 맛있는 저녁밥을 사 주셨다. 함께한 사람도 선생님뿐이었고, 밥을 먹는 동안 선생님께서 계속 질문을 하셔서 나는 이야기의 끈을 놓지 않았다. 그러자 선생님께서는 말씀하셨다.

"한나가 말을 이렇게 잘하는 줄 처음 알았어. 한나, 선생님 해도 되겠는데."

그리고 한 가지 제안을 하셨다. 내가 매일매일 교실에 있는 모든 아이들과 한마디 이상 말을 하면 한 달 후에도 맛있는 저녁을 사 주시기로 했다. 철부지였던 나는 맛있는 저녁을 사 주신다는 말씀에 그 제안을 받아들이기로 약속했다.

그런 후 나는 선생님과의 약속을 지키기 위해 정말 매일매일 하루도 빼놓지 않고 반의 모든 아이들과 대화를 했다. 처음에는 "안녕"과 같은 일상적인 표현만 했지만 날이 지날수록 어제 있었던 일, 좋아하는 가수 이야기 등 대화가 길어졌다. 그러다 보니 차츰차츰 친한 친구들이 생기게 되고, 그로 인해 자신감이 생겨 수업시간에 발표도 잘하는 등 이전과는 다른 수업 태도를 보였다.

그렇게 한 달이 지난 후 선생님께서는 정말로 나에게 오늘은 선생님이 약속을 지키는 날이라고 하시면서 1학기 반장과 함께 시내에 가셨다. 함께 저녁을 먹으면서 나는 선생님께서 약속을 지키시고 저녁을 사 주시는 것에 너무 감사했다. 저녁을 다 먹은 후 선생님께서는 우리에게 함께 노래방에 갈 것을 제안하셨고 우리는 너무나 기뻐했다. 이 노래 저 노래를 선곡하고, 혼자서 부르기도 하고, 함께 부르기도 하고, 선생님과 친구의 노래를 듣기도 하면서 나는 그날 저녁시간을 정말 즐겁게 보냈다.

시간이 흘러 2학기가 되어 새로운 임원을 뽑아야 할 날이 되었다. 물론 1학기 때 친구들과 친해졌고 자신감이 좀 생기기는 했지만 아직은 숫기가 부족하던 터라 나는 자기 추천을 할 때 손을 들지 않았다. 친구들 몇 명은 손을 들었다. 선생님께서는 이제 다른 사람 중에서 임원을 잘할 것 같은 친구를 추천해 달라고 하셨다. 그때 내 옆에 앉은 짝이 나를 추천했다. 나는 당황스러워 어쩔 줄 몰라 하고 있는데 선생님께서 미소와 함께 나를 쳐다보시면서 고개를 끄덕이셨다.

선생님과 눈이 마주친 나는 어린 마음이었지만 순간적으로 '꼭 임원이 되어야겠다'는 생각을 했었다. 자기 소개할 차례가 되어 나는 잠깐 생각했던 말들을 꺼내고 만약 반장이 된다면 정말 성실히 잘하겠다는 말을 덧붙인 후 자리에 앉았다. 물론 나는 그렇게 말했지만 임원이 될 거라고는 생각하지 못했다.

그런데 투표 결과 내가 반장과 2표 차이로 부반장이 되었다. 선생님께서는 부반장이 된 나에게 축하와 격려를 해 주셨다. 그런 선생님께 감사했고, 또 뽑아 준 친구들에게 보답하기 위해 나는 누구보다도 열심히 일했고 그 결과 4학년, 5학년 때는 반장을 연속해서 맡게 되었다.

지금 나는 활발하고 내 주장을 뚜렷하게 밝힐 줄 아는 성인으로 자라 있다. 그렇지만 만약 초등학교 시절 선생님의 관심과 사랑이 없었다면 아마 나는 아직도 조용하고 부끄러워서 친구도 잘 사귀지 못한 채로 남아 있었을지도 모른다. 초등교사가 되기 위해 교대에 온 지금, 그 어느 때보다도 내 성격을 변화시켜 주신 선생님께 너무나 감사드린다. 나도 선생님의 뒤를 이어 아이 하나하나의 성격이나 행동을 관찰하고 사회에서 잘 적응할 수 있도록 이끌어 주고 싶다.

 신기한 물건, 단소

윤선순(춘천교육대학교 수학교육과)

내가 교대에 온 건 많은 이유가 있다. 대학을 다니다 그만두고 다시 공부를 시작한 첫 번째 이유는 취업이었다. 그리고 어렸을 적부터 늘 동경해 오던 직업, 교사. 아마도 그 두 가지가 한꺼번에 작용했기 때문인 것 같다. 교사가 되고 싶었던 이유 중에는 아마도 좋은 선생님들을 많이 만난 것도 큰 이유일 것이다. 그런 점에서 난 참 운이 좋은 사람이라고 생각한다.

초등학교 5학년 때 담임선생님은 내가 선생님의 모습으로 존경하는 분이다. 우리 학교는 옆에 큰 아파트 단지가 생기면서 증축 공사를 하게 되었다. 그래서 각 학년의 1반들은 다른 임시 교실로 옮겨 수업을 해야 했다.

선생님은 과학 선생님이셔서 우리는 과학실에서 1학기 동안 수업을 하게 되었다. 알다시피 과학실은 매우 위험하고 산만하며 어두워서 수업을 하기에 적당한 환경이라고 보기 어렵다. 아이들은 학년이 바뀌고 얼마 안 되서 교실을 옮겼기 때문에 극도로 산만한 상태였고, 또 다른 반 아이들과는 층까지 달랐기 때문에 매우 싫어했다. 지금 생각해 볼 때, 내가 선생님이었다면 아마 매일 화를 참느라 병이 났을지도 모른다. 아무튼 우리 반은 절정으로 시끄럽고 산만했다.

그때 담임선생님께서 우리에게 신기한 물건을 보여 주셨다. 대나무 피리같이 생긴 것이었는데 소리가 리코더도 아니고 참으로 신기했다. 그 악기는 '단소'였다. 우리는 그날부터 담임선생님의 지도로 단소를 배웠다. 매일 아침에 단소 부는 것을 알려 주고 수업이 끝난 후에 검사를 하는 식이었다.

처음에는 신기하고 소리도 잘 나지 않고 해서 아이들은 즐겁게 배우는 아이들과 짜증을 내는 아이들로 나뉘었다. 담임선생님은 못한다고 혼을 낸다거나 잘한다고 칭찬을 하시지 않고 모두가 한소리를 낼 수 있게 도와주셨다. 한 달이 지나자 아이들은 리코더를 부는 만큼 소리를 자유자재로 낼 수 있게 되었다.

그리고 나서부터는 아침마다 아이들이 자습을 하거나 떠들 때 국악을 틀어 주셨다. 특히 단소나 대금같이 부는 악기로 된 산조를 많이 들려주셨는데, 아이들은 자신들이 배운 악기가 그렇게 예쁜 소리가 난다는 것에 매우 신기해했다. 선생님은 조를 짜서 아이들에게 단소 합주를 할 수 있는 악보를 주셨고, 작은 음악회를 열기도 했다. 아이들은 매우 열심히 연습을 했고, 음악회 역시 아주 성공적이었다.

그런데 이상한 일이 생겼다. 아이들이 단소를 배우고 나서 언제부터인지 불평을 한다거나 수업시간에 심한 장난을 치는 일이 점점 줄어들었다. 그리고 점점 아이들이 차분해지는 것이 눈에 보일 정도였다. 지금 생각해 보면 단소와 그 음악들이 많은 도움이 되었던 것 같다.

요즘 음악 실기시간에 단소를 배운다. 거의 10년 만에 다시 불어 보는 것이라 처음 배우는 것처럼 소리도 잘 안 나고 힘들다. 단소를 볼 때마다 초등학교 5학년 때가 생각나곤 한다.

저분이 나의 은사님이다

권헌진(춘천교육대학교 과학교육과)

초등학교 1학년 때 만난 선생님. 나에게 가장 소중하고 아름다운 추억을 많이 남겨 주셨던 분이다. 지금 생각해 보면 초등학교 선생님이란 호칭이 그분께는 완전히 딱 들어맞는 듯하다. 초등학교에 입학해서 모든 게 어려웠고 서툴렀던 시절, 선생님께선 단순히 지식만 전달하신 게 아니라 마치 자상한 아버지와 같이 따뜻한 정을 나누어 주셨다. 이런 자상함 때문이었을까? 비록 오래전이긴 하지만 초등학교 1학년 때 겪었던 다양한 일들은 나의 머릿속에서 지우려야 지울 수가 없게 되었다.

입학식 다음 날 인사를 드리고 대화를 나누던 중 선생님이 나와 같은 동네에 살고 계신 걸 알게 되었다. 나는 매일 아침 선생님을 만나러 간다는 기쁨에 눈을 뜨자마자 밥도 안 먹고 학교부터 가려고 했던 기억이 난다. 학교에서도 하루 종일 선생님을 쫓아다니며 엄청 귀찮게 했다. 특히 방과 후면 선생님 집에 놀러 가곤 했다. 그때마다 사모님께선 맛있는 초콜릿과 간식거리를 주시곤 했다. 나 같으면 짜증 날 만도 한데 선생님께서는 어린 나의 행동을 모두 이해해 주셨다.

스승의 날이 되었다. 어머니께서는 내가 자주 선생님 댁에서 밤늦게까지 노는 것이 미안하셨는지 선생님 댁을 직접 방문하기로 했다. 어머니는 잠시 먹을거리를 사려고 슈퍼에 가셨고, 나는 그 사이를 참지 못하고 선생님 댁 앞 놀이터로 뛰어갔다. 평행봉에서 놀던 나는 흥분을 감추지 못하고 마구 놀다가 떨어졌는데, 하필 돌 위로 떨어져 코뼈가 내려앉는 대형 사고가 나고 말았다.

당시 나에겐 그 일이 너무 두렵기도 했고 서러워서 어머니를 기다릴 생각도 않고 선생님 댁으로 달려갔다. 울면서 피를 흘리며 들어오는 나를 보고 놀라신 선생님께선 나를 업고 병원으로 뛰어가셨다. 아파하는 나를 보고 선생님께선 "남자가 쉽게 눈물을 보이면 안 돼!" 라고 말씀하셨다. 이 한마디는 나에게 잊지 못할 말이 되어 버렸고, 힘들 때마다 귓속에서 메아리치곤 한다. 선생님의 한마디가 인생에서 크나큰 기둥이 되었다.

그렇게 3년이 흘렀다. 3년이 흐르는 동안 선생님 댁에 놀러 가기가 부끄럽고 민망해서 방문하는 횟수가 달이 기울 듯 서서히 줄어들었다. 그러던 어느 날 선생님이 다른 학교로 전근을 가시게 되었다. 결국 선생님이 떠나시던 날 어머니의 강요로 전화 한 통만 달랑 하였다.

그리고 6년이 흘러 7년째 접어든 해였다. 〈6시 내 고향〉이라는 프로그램을 통해 선생님을 뵙게 되었다. 선생님께서는 남대리라는 시골 오지 초등학교의 분교에 계셨는데 부모님 없이 할머니 밑에서 자라나는 아이를 자식같이 돌보고 계신다는 그런 내용이었다.

나는 텔레비전을 보다가 깜짝 놀라 한참 웃었다. '일반적으로는 제자가 성공해서 방송에 출현하면 스승이 제자의 모습을 보고 흐뭇해하는 것이 정석인데'라고 생각했다. 정신 차리고 나서 나는 한동안 '저분이 나의 은사님'이라고 자랑을 했다. 선생님은 나에게 모범이 되는 인간상이다. 나는 그 모습을 닮아 갈 것이고 넓은 마음과 사랑을 아이들에게 펼치고 싶다. 정말 선생님을 만났던 시간은 행복했었다.

참고문헌

강기수(2002). 인간학적 교사론. 부산 : 세종출판사.

강성명(2017). 전교조 출신 경남교육감 "전교조와 단협 이행" 논란. 동아일보. 6. 24.

강원근(2002). 초등교원의 수급 정책과 질 확보 방안. 초등교육연구, 15(1), 397-416.

강원도교육청(2009). 강원도 교육공무원 인사관리지침(초등).

강원도교육청(2016). 강원도 교육공무원 인사관련 규정.

강원도교육청(2017). 강원도 교육공무원 인사관련 규정.

강중민(2016). 학폭 가산점 상한점 1점으로 축소된다. 한국교육신문, 3. 31.

경기도교육청(2016). 2017. 3. 1. 임용 교장공모제 추진계획.

경상대학교 사범대학 중등교육연구소(2000). 세계의 학교교육과 교사양성교육. 서울 : 교육과학사.

경향신문(2007). 무조건 수업 거부는 안 된다는 법원의 판결. 10월 2일. http://news. khan. co.kr.

고경석, 박인기, 노석구, 석문주, 이대식, 최유현, 한진수(2003). 교육대학교 교육과정의 미래형 모델 개발을 위한 외국 교사교육과정의 관찰과 탐색. 한국교원교육연구, 20(1), 5-31.

고등교육법

고미경(2001). 유아 행동 통제에 대한 유치원 교사의 실천적 지식의 의미. 유아교육학논집, 5(2), 187-206.

고미경(2004). 유치원 교사의 학급 운영에 대한 실천적 지식 형성과정. 유아교육학논집, 8(2), 101-128.

고용노동부 워크넷. 한국직업사전. www.work.go.kr

고재천, 강원근, 고전, 권동택, 김은주, 박경묵, 박상완, 박영만, 서명석, 이정선, 정혜영(2007). 초등학교 교사론. 서울 : 학지사.

고재천, 권동택(2007). 초등교육과 초등교사. 고재천, 강원근, 고전, 권동택, 김은주, 박
경묵, 박상완, 박영만, 서명석, 이정선, 정혜영(2007). 초등학교 교사론. 서울 : 학지사,
9-29.

고전(2007). 교직단체. 고재천, 강원근, 고전, 권동택, 김은주, 박경묵, 박상완, 박영만, 서
명석, 이정선, 정혜영(2007). 초등학교 교사론. 서울 : 학지사, 463-489.

고전, 박경묵(2007). 교사의 권리와 의무. 고재천, 강원근, 고전, 권동택, 김은주, 박경묵,
박상완, 박영만, 서명석, 이정선, 정혜영(2007). 초등학교 교사론. 서울 : 학지사, 215-
235.

곽병선(2001). 교실교육의 개혁과 교사의 수업 전문성. 한국교사교육, 18(1), 3-13.

교원노동조합 설립 및 운영 등에 관한 법률.

교원능력개발평가 실시에 관한 훈령(2016.1.1.)

교원 등의 연수에 관한 규정.

교원자격검정령

교원지위 향상 및 교육활동 보호를 위한 특별법

교원지위 향상을 위한 교섭 · 협의에 관한 규정

교육과학기술부(2008). 2008년 OECD 교육지표 결과 발표

교육공무원법.

교육공무원 승진 규정.

교육공무원 임용령.

교육공무원 징계령.

교육공무원 징계 양정 등에 관한 규칙.

교육기본법.

교육부(2016). 2016 교육통계분석자료집. 유초중등교육통계.

교육부(2016). 교원능력개발평가 실시에 관한 훈령(1.1.)

교육부고시 제2017-109호(2017). 교(원)장 · 교(원)감 · 수석교사 · 정교사 자격연수 표준
교육과정.

교육부 학교폭력/성폭력 상담 http://kin.naver.com/profile/mestcon

교육인적자원부(2002). 교육통계연보.

구원회(2007). 교사의 실천적 지식에 관한 국내 연구의 동향 고찰. 한국교원교육연구,
24(1), 299-321.

국가교육과정 정보센터.

국가공무원법.

국가공무원 복무 규정.

국민권익위원회(2017). 청탁금지법 시행 100일간 주요 빈발 질의 사례.

권경(2009). 초등학교 교직의 여성화 경향에 대한 교사들의 인식과 직무스트레스 실태 분석. 건국대학교 교육대학원 석사학위논문.

권기욱(2003). 유 · 초 · 중등학교 학생 교육성취 제고를 위한 학급규모 감축 전략. 교육방법연구, 15(2), 23-54.

권태완, 홍두승, 설동훈(2006). 사회학의 이해. 서울 : 다산출판사.

권혁운(2010). 초등학교 교사의 직무 기준 설정에 관한 연구. 한국교원교육연구, 27(3), 191-214.

권현정(2002). 초등교사의 직무스트레스와 직무만족도와의 관계. 대구교육대학교 교육대학원 석사학위논문.

권현진, 김언지, 안중상, 이현진, 정기원, 정원엽(2002). 새내기 초등교사를 위한 학급경영 길라잡이. 서울 : 양서원.

기순신(2001). 교사론. 서울 : 학지사.

김갑용(2005). 초등학교 초임교사의 교직문화 적응에 관한 연구. 광주교육대학교 교육대학원 석사학위논문.

김경근(1999). 대학 서열 깨기. 서울 : 개마고원.

김경동(1978). 현대의 사회학. 서울 : 박영사.

김경식, 노희선, 문형만, 박균섭, 이두휴, 이영길, 이용길, 임재윤, 최미숙(2001). 지방교육사, 광주, 전남, 전북. 서울 : 한국교육사학회.

김경옥(1998). 교사의 전문성 개발을 위한 초보 및 숙련교사의 인지과정 비교 연구. 교육문제연구, 10(1), 55-75.

김경희(2004). 평생교육 관점에서의 초등교사 전문성 고찰-행위과학(action science)을 통한 초등교사의 실제활용이론(theories in use) 탐색. 평생교육학연구, 10(3), 101-150.

김대현, 이도영, 이상수(2014). 초등교원의 근무부담에 대한 질적 사례연구. 한국교원교육연구, 31(3), 1-33

김두정(2009). 교육과정 실행에 관한 교사의 이론 : 혼합적 연구방법을 통한 교사의 실천적 지식의 탐구. 교육과정연구, 27(3), 127-157.

김명수(2001). 보수 및 근무여건에서의 교직발전 종합방안 실행과제. 한국교사교육, 18(2), 157-182.

김병숙, 강일규, 진미석, 장원섭, 김해동, 권진희, 정윤경, 김헌식, 이양구(1998). 한국인의 직업의식 조사. 한국직업능력개발원.

김병찬(2004). 현직 교원교육의 변화 동향 고찰. 한국교원교육연구, 21(3), 363-388.

김보람, 박영숙(2012). 초등교사의 직무환경과 직무열의 및 심리적 소진의 관계에서 직무 스트레스 대처방식의 조절효과. 대한스트레스학회, 20(3), 199-208.

김봉수(1986). 교사와 초등교육. 서울 : 형설출판사.

김봉수(1993). 초등교사론. 서울 : 형설출판사.

김상돈, 김현진(2012). 초·중등 교직실무. 서울: 학지사.

김상무(2015). 2015 독일의 교사양성교육 개혁동향과 현장실습 강화 사례. 서울: 한국교육개발원.

김성렬(2005). 성공적인 교원에 대한 단상. 교원교육소식, 40, 1.

김성열, 고창규(2000). '교실 붕괴'와 교육정책 : '교실 붕괴' 담론 분석을 중심으로. 교육인류학연구, 3(2), 153-191.

김성천, 양정호(2007). 교사자율연구모임을 통해 본 교직문화의 새로운 가능성: 구성 배경과 참여동기를 중심으로. 한국교육, 34(3), 51-74.

김신호, 전세경, 이명주(2001). 초등교원 양성체제의 문제점과 개선방안. 초등교육연구, 14(3), 89-116.

김연주(2007). 평교사로 돌아온 교장선생님, 지금이 내 황금기. 조선일보. 10월 1일.

김영기(1986). 사례로 본 학교 경영 2. 교육관리기술, 3월호.

김영우, 피정만(1995). 최신 한국교육사 연구. 서울 : 교육과학사.

김영천(2002). 네 학교 이야기 : 한국 초등학교의 교실생활과 수업. 서울 : 문음사.

김영천(2005). 별이 빛나는 밤 2. 서울 : 문음사.

김영태(2001). '2월의 교직문화'에 대한 문화기술적 연구. 교육인류학연구, 4(1), 45-81.

김영태, 김희복(2005). 1급 정교사 자격연수과정에 대한 문화기술적 연구. 교육인류학연구, 8(2), 1-30.

김영화(2008). 지금 6학년 교실에서는… 서울 : 미니허니.

김영환(2017). 권익위원장. "김영란법 개정. 총리주도? 여론수렴 과정." 이데일리. 12월 20일.

김용숙(1987). 교직의 여성화에 문제 있다. 대학교육, 27호, 108-112.

김용주(1999). 교직 정체성의 탐구를 위한 분석적 연구. 한국교사교육, 16(2),

김용택(2006). 김용택의 교단일기. 파주 : 김영사.

김윤태(2001). 교육행정 경영의 이해. 서울 : 동문사.

김은주(1983). 학교 일탈의 주관적인 형성과정. 사회교육연구, 3. 전북대학교 사회교육연구소. 39-52.

김은주(1987). 대학 진학열에 대한 이론적 논의. 교육연구, 5. 춘천교육대학 초등교육연구소. 165-184.

김은주(1990). 교실 일탈의 비일관적 규정과정의 제도화 연구. 이화여자대학교 대학원 박사학위논문.

김은주(1991). 고정적 학생관에 의한 교실 일탈의 비일관적 규정과정 연구. 교육사회학연구, 1(2), 137-151.

김은주(1995). 교사의 차별적 태도에 대한 학생들의 지각과 학생의 학년, 성별, 학업 성적이 지각에 미치는 영향. 교육사회학연구, 5(1), 141-175.

김은주(1996). 대비되는 상황 유형에 따른 학생들의 교사 기대 수용 정도 차이 연구. 교육학연구, 34(3), 271-290.

김은주(2002). '교육열과 정책에 대한 7가지 신사고'에 대한 토론. 한 · 중 · 일 · 이스라엘 교육열의 진단, 해부, 대책. 강원대학교 교육연구, 141-145.

김은주(2003a). 학생들이 지각하는 교실 붕괴의 원인과 대책. 인문사회교육연구, 6, 139-163.

김은주(2003b). 초등학교 교실 붕괴에 영향을 주는 요인 분석. 교육연구, 21, 31-51.

김은주(2005a). 초등학교 수업 붕괴 발생과정 분석. 초등교육연구, 18(2), 149-171.

김은주(2005b). 초등학교 수업 붕괴 발생의 경로 분석. 교육연구, 23(1), 81-103.

김은주(2007). 교사의 지위와 역할. 고재천, 강원근, 고전, 권동택, 김은주, 박경묵, 박상완, 박영만, 서명석, 이정선, 정혜영(2007). 초등학교 교사론. 서울 : 학지사, 157-203.

김은주(2008). 초등교사론. 춘천 : 강호출판사.

김은주(2009a). 초등교직의 전문직 성립요건과 전문직 위상의 관계 : 사회계층의 매개효과 분석. 한국교원교육연구, 26(3), 261-287.

김은주(2009b). 초등교사의 전문직 위상 탐색. 교육연구, 27(2), 22-50.

김은주(2010a). 교사의 전문성 함양을 위한 실천적 지식의 시사. 교육연구, 28(2), 1-21.

김은주(2010b). 실천적 지식의 탐색 : 교사교육에의 함의와 문제. 한국교원교육연구, 27(4), 27-46.

김은주(2011). 초등교직과 교사. 서울: 시그마프레스.

김은주(2012). 효과적인 학교 생활지도를 위한 교사의 대화. 교육연구, 30(2), 1-22

김은주(2013a). 학교폭력 예방을 위한 효과적인 교실관리, 교육연구, 31(1), 53-73.

김은주(2013b). 학교 집단따돌림 동조자의 적극적 동조 분석, 교육연구, 31(2), 1-22.

김은주(2015). 초등학생의 교실관리 지각에 따른 학교폭력의 차이. 한국초등교육, 26(4), 1-34.

김자영(2003). 초등교사의 수업 속에 나타난 실천적 지식에 대한 이해 : 초등 수학수업을 중심으로. 초등교육연구, 16(1), 141-159.

김재만(1984). 교육의 의미. 이규환, 김재만, 김윤태, 김상호(1984). 교육학개론. 서울 : 배영사, 1-31.

김재우(1996). 교직교육론. 서울 : 양서원.

김정휘(2007). 교사의 직무 스트레스와 탈진, 그 대처방안. 이윤식, 김병찬, 김정휘, 박남기, 박영숙, 송광용, 이성은, 전제상, 정영수, 정일환, 조동섭, 진동섭, 최상근, 허병기(2007). 교직과 교사. 서울: 학지사.

김종철, 김종서, 서정화, 정우현, 정재철, 김선양(1994). 최신 교사론. 서울 : 교육과학사.

김창걸(1992). 교육행정학신론. 서울 : 형설출판사.

김창석(2006). '교사가 스스로 무릎 꿇은 것'. 한겨레신문. 5월 29일.

김채윤(1984). 한국사회계층론 40년. 특집 : 한국사회학 40년. 한국사회학, 71-85.

김충기, 신현숙, 장선철(2001). 교육학개론. 서울 : 동문사.

김태수, 신상명(2011). 교사평가의 하위문화적 특성, 한국교원교육연구, 28(3), 353-372.

김한별(2008). 초임교사의 학교문화 적응과정에서의 학습경험 이해. 평생교육학연구, 14(3), 21-49.

김현숙(2007). 사도의 첫걸음을 축하합니다. 9월 17일. http://www.kbmge.go.kr/coding.

김혜경(2007). 학교의 조직풍토가 초등교사의 직무스트레스와 조직몰입에 미치는 영향. 경희대학교 교육대학원 석사학위논문.

김혜련(1999). 학교종이 땡땡땡. 서울 : 미래 M & B.

김혜숙(2006). 고등학교 초임과 경력 지리교사의 실천적 지식 비교연구. 사회과교육, 45(3), 91-113.

김호권(2000). 학교 붕괴 : 그 현실과 의미. 김호권, 이성진, 이상주(2000). 학교가 무너지면 미래는 없다. 서울 : 교육과학사, 11-24.

김희수(2001). 중등교원의 사회경제적 지위에 대한 교원의 지각 반응에 관한 연구. 한성대학교 행정대학원 석사학위논문.

김희정(2005). 아동과의 교육적 관계에서 나타나는 초등교사의 실천적 지식 연구. 한국교원대학교 대학원 석사학위논문.

나동진(1998). 교직의 전문성 개발을 위한 교사양성 교육과정-한미 양국의 교사양성 교육과정의 비교연구. 한국교원교육연구, 15(1), 198-207.

남정걸(2001). 교육행정 및 교육경영. 서울 : 교육과학사.

노경주(2009). 교사의 개인적 실제적 이론 구성과 교사교육의 과제. 초등교육연구, 22(2), 335-361.

노동조합 및 노동관계 조정법

노동조합 및 노동관계 조정법 시행령

노은호, 김영출, 김부국(1998). 교육과 삶. 서울 : 동문사.

노컷뉴스(2007). 하이힐로 학부모 머리 가격한 여교사 징계 '차일피일'. 1월 9일. http://www.nocutnews.co.kr.

대한민국 교원조합(2010). http://www.kotu.kr

데일리서프라이즈(2006). 편향된 가치관 주입? 〈조선〉의 '전교조 죽이기'다. 7월 8일. http://www.dailyseop.com/section/article.

두산백과. www.doopedia.co.kr

류방란(2002). 초등학교 교사의 생활과 문화. 한국교육개발원.

맹미경(2003). 초등학교 교사의 직무수행과 스트레스와의 관계. 인천교육대학교 교육대학원 석사학위논문.

문락진(1994). 학교 학급경영의 이론과 실제. 서울 : 형설출판사.

민무숙, 심미옥, 김재웅, 원순식(2002). 교직의 성 균형성 제고를 위한 정책방안 연구 : 초·중등 관리직을 중심으로. 교육인적자원부.

박경실, 전기선, 진규동, 한우섭, 최영준, 김대식, 김주섭, 송민열, 신재흥, 최용범(2017). 평생교육론. 서울: 학지사.

박남기(1997). 초등교원 양성 교육의 현주소. 서울 : 교육과학사.

박남기(2000). 21세기를 대비한 초등교사 자격제도의 발전방향. 21세기를 여는 초등교육의 쟁점들. 광주교육대학교 초등교육연구소(편). 서울 : 교육과학사, 327-352.

박남기(2002). 주요국 초등교원 교육체제 비교 분석. 21세기 교육과 교육대학교의 위상 정립. 2002학년도 전국교육대학교 연합학술대회.

박남기(2007). 교원의 자격과 신규채용. 이윤식, 김병찬, 김정휘, 박남기, 박영숙, 송광용, 이성은, 전제상, 정영수, 정일환, 조동섭, 진동섭, 최상근, 허병기(2007). 교직과 교사. 서울 : 학지사, 101-127.

박영숙(2001). 자격 및 승진체제에서의 교직발전 종합방안 실행과제. 한국교원교육연구, 18(2), 139-156.

박영숙, 신철지, 정광희(1999). 학교급별, 직급별, 취득자격별 교원직무수행 기준에 관한 연구. 한국교육개발원.

박영희(2009). 교육전문직 임용제도에 관한 중학교 교사들의 인식과 요구. 인천대학교 교육대학원 석사학위논문.

박재용(2010). 충남교육청, 전국 첫 '초등 수습교사제' 운영. 뉴시스. 2월 1일.

박종우(1997). 전문직 이론에 관한 일고찰 : 사회사업을 중심으로. 사회과학연구, 13, 123-137.

박종필(2002). 교사평가의 문제와 발전방향. 초등교육평가의 발전방향. 2002학년도 한국초등교육학회 연차학술대회, 55-69.

박창언, 이종원(2002). 초등교원 양성 대학의 교육과정 비교 · 분석 연구. 초등교육연구, 15(1), 263-288.

방하남, 김기헌(2001). 변화와 세습 : 한국 사회의 세대 간 지위세습 및 성취구조. 한국사회학, 35(3), 1-30.

배소연(1993). 유아교사의 실천적 지식과 교사교육의 방향. 교육학연구, 31(5), 153-171.

부정청탁 및 금품 등 수수의 금지에 관한 법률.

서경혜(2005). 반성과 실천 : 교사의 전문성 개발에 대한 소고. 교육과정연구, 23(2), 285-310.

서봉연, 이순형(1984). 발달심리학. 서울: 중앙적성출판사.

서울대학교 교육연구소(1995). 교육학용어사전.

서정화, 황석근(2001). 교원 단체교섭 제도의 한계와 가능성. 한국교원교육연구, 18(3), 63-88.

손형국(2015). 초등학교 남교사의 교직생활에 관한 문화기술적 연구. 한국교육학연구,

21(4), 347-372.

송수갑(2009). 농촌 학교의 한계를 희망으로 바꾸다. 작은 학교 행복한 아이들. 서울: 우리 교육.

신현식, 이경호(2009). 교직단체의 역할과 기능 분석 : 한국교원단체총연합회와 전국교직 원노동조합을 중심으로. 교육정치학연구, 16(2), 35-68.

안양옥(2002). 교육대학에서의 초등교사 양성의 타당성. 21세기 교육과 교육대학교의 위 상 정립. 2002학년도 전국교육대학교 연합학술대회, 79-94.

안창선, 남경현, 이욱범(1999). 교사론. 서울 : 교육과학사.

양상명(1980). 교원의 사회경제적 지위 개선방안에 관한 연구. 충남대학교 교육대학원 석 사학위논문.

양춘(2002). 한국 사회계층 연구 동향과 전망. 한국사회학, 36(1), 121.

연합뉴스(2007). 전교조 수업거부는 불법, 손해배상해야, '대법원' 교사 수업권보다 학습 권 교육권이 우선. 10월 1일. http://blog.naver.com.

연합뉴스(2009). 임용 때부터 수업 잘하는 교사 만든다. 10월 27일.

오인환, George Won, 이상희(1974). 역할개념에 관한 연구. 한국사회학, 9(1), 31-38.

옥성수(2012). 초등교사의 직무스트레스 수준 분석. 경인교육대학교 교육대학원 석사학 위논문.

우주완(2016). 직무 스트레스가 초등교사의 심리적 소진에 미치는 영향. 한국외국어대학 교 교육대학원 석사학위논문.

유아교육법

유영옥(2008). 유아교사의 미술 수업에 나타난 실천적 지식 탐구. 성신여자대학교 대학원 박사학위논문.

유정애(2000). 교사 전문성 연구. 한국스포츠교육학회지, 7(2), 41-59.

유한구(2001). 수업 전문성의 두 측면 : 기술과 이해. 한국교원교육연구, 18(1), 69-84.

유홍준, 김월화(2005a). 한국 사회의 직업지위에 관한 연구. http://youthpanel.work.go. kr/docs/f8/1/31/.pdf.

유홍준, 김월화(2005b). 직업위세 조사방법 비교와 직업지위 변화에 대한 연구. http:// youthpanel.work.go.kr/docs/f8/3/31.pdf.

윤경남, 명윤희(2014). 그 선생님은 어떻게 해외학교에 근무했을까?. 서울: 퍼플.

윤덕중(1986). 최신사회학. 서울: 형성출판사.

윤덕중(1994). 현대사회학. 서울 : 형설출판사.

윤정일, 박용헌, 이돈희, 박승재, 김기석, 이종재, 송기창, 김문희(1994). 한일 간 교원의 사회경제적 지위 및 교직관 비교연구. 서울대학교 사범대학.

이경호(2010). 교원능력개발평가 정책분석 및 발전방향 탐색. 한국교원교육연구, 27(3), 43-68.

이경화(2007). 장건우한테 미안합니다. 서울 : 바람의 아이들.

이광자, 엄신자, 손승영, 전신현(1999). 21세기의 사회학. 서울: 학지사.

이금진(2009). 초등학교 교사 다면평가제에 대한 평가자들의 인식. 서울교육대학교 교육대학원 석사학위논문.

이동주(2010). 개학, 새 짝꿍, 한국교육신문. 8월 23일.

이병진(2003). 21세기 초등교육의 위상과 바람직한 초등교사상. 21세기 바람직한 초등교사상. 제2회 전국교육대학교 연합학술대회, 3-18.

이보경(2014). 진짜 평범한 학급운영 이야기. 서울: 교육과학사.

이상언, 박수련(2007). 남자 선생님 못 본 지 6년 됐다. 중앙일보. 4월 9일.

이선경, 오필석, 김혜리, 이경호, 김찬종, 김희백(2009). 과학교사의 교수내용지식과 실천적 지식에 관한 연구 관점 고찰. 한국교원교육연구, 26(1), 27-57.

이수섭(2010). 서산교육청, '초등 수습교사제' 운영. 서산인터넷뉴스. 3월 23일.

이승계(2007). 대학생의 노동경험과 직업선택의 관련성 연구. 인적자원관리연구, 14(2), 123-141.

이승미(2003). 학급규모가 초등학교에서 교원과 학생의 생활에 미치는 영향. 교육법연구. 15(2), 77-101.

이시용(2000). 지방교육사, 강원, 경기, 인천. 서울 : 한국교육사학회.

이애진(2010). 충남, 전국서 첫 초등수습교사제 실시. 아산사랑 소식. 2월 2일.

이영미(2001). 초등학교 학부모가 기대하는 학급 담임교사의 역할에 관한 연구. 수원대학교 교육대학원 석사학위논문.

이영민(2005). 혼돈 : 어리둥절. 김영천(2005). 별이 빛나는 밤에 2. 서울 : 문음사, 110-137.

이영학(1988). 교사의 사회적 · 경제적 지위의 실태에 관한 연구. 충남대학교 교육대학원 석사학위논문.

이원호(2017). 일본의 교사 임용제도. 월간교육, 10월호, 107-115.

이은주, 김병찬(2013). 초등학교 교사 문화에 대한 문화기술적 사례연구. 초등교육연구, 26(2), 1-28.

이종각(2002). 교육열과 정책에 대한 7가지 신사고. 한·중·일·이스라엘 교육열의 진단, 해부, 대책. 강원대학교 교육연구소. 123-140.

이종일(2004). '초등학교 남교사 문화에 대한 이해'에 대한 토론. 초등교육의 현실과 문화. 경인교육대학교 초등교육연구소, 한국교육인류학회 가을학술대회. 163-166.

이주연, 정혜영(2003). 초등 초임교사의 교직생활에 대한 인식과 정서. 교육과학연구, 34(1), 125-143.

이주한(2017). 교육의 역사와 철학의 탐구. 서울: 창지사.

이지현(2009). 예비교사의 실천적 지식 함양을 위한 수업 프로그램 연구. 교육과학연구, 10(1), 1-33.

이철우(2013). 신사회학초대. 서울: 학지사.

이춘자(2003). 웹 토론방의 수업사례 토론에 나타난 유아교사의 실천적 지식의 전략 분석. 한국교육연구, 9(2), 40-64.

이해용(2011). 강원도교육청, 공문처리 전담 교무행정사 125명 배치. 연합뉴스, 4월 26일.

이혁규(2003). 질적 사례 연구를 통한 교실 붕괴 현상의 이해와 진단. 교육인류학연구, 6(2), 125-164.

이혜정(2012). 농산촌 지역 작은 초등학교 활성화 방안 탐색-학부모 견해를 중심으로. 교육종합연구, 10(2), 285-308.

이희승(2001). 민중 엣센스 국어사전. 서울 : 민중서관.

자유교원조합(2010). http://www.kltu.net.

장용규, 김동식(2015). 초등학교 여성 체육부장으로서의 삶에 관한 내러티브 탐구. 한국초등교육연구. 26(4), 183-209.

전승표(2014). 담합으로 얼룩진 교장공모제. 기호일보, 11월 25일.

전제상(2001). 교사평가와 교원성과금. 한국교원교육연구, 18(3), 173-211.

전제상(2002). 교육의 발전과제와 교원단체의 역할. 한국교원교육연구, 19(2), 81-107.

전제상, 박영숙(2009). 수석교사제 시범운영의 실태분석과 대안 탐색 : 요구조사를 중심으로. 한국교원교육연구, 26(4), 223-244.

전형준(2014). 초등교사의 스트레스가 교사 효능감에 미치는 영향. 경인교육대학교 교육전문대학원 석사학위논문.

정범모(1968). 교육과 교육학. 서울 : 배영사.

정보주, 김낙진, 김명식, 이경원, 이인재, 조기제, 최문성, 허재복(2004). 교육대학교 학생들의 교직윤리 및 도덕성 함양 프로그램 개발. 교육인적자원부.

정석수(1995). 국민학교 학급 담임교사에 대한 학부모의 역할기대에 관한 연구. 동아대학교 교육대학원 석사학위논문.

정영수, 정영근, 정혜영, 노상우, 이상오, 김기홍(1998). 교사와 교육. 서울 : 문음사.

정옥분(2002). 아동발달의 이해. 서울 : 학지사.

정옥분(2005). 발달심리학. 서울: 학지사.

정우현(1996). 교사론. 서울 : 배영사.

정일환, 정종권, 박선형, 최영표, 박덕규, 윤종혁, 김정희, 신효숙, 주동범(2003). 현대 비교교육 발전론. 서울 : 교육과학사.

정진환, 이영희(2001). 교원의 권리 행사 실태 분석. 한국교사교육, 18(2), 5-28.

정태범(2003). 교사론. 한국교원단체총연합회(편). 서울 : 교육과학사.

조덕주(2006). 초등교사의 일상이 전문성 향상 프로그램 개발에 주는 시사. 초등교육연구, 19(1), 53-79.

조동섭(2004). 교원양성체제 개편 논의와 발전방안 검토. 초등교육연구, 17(2), 499-516.

조상우(2004). 초등학교 남교사 문화에 대한 이해 : 한 초등학교 사례를 중심으로. 초등교육의 현실과 문화. 경인교육대학교 초등교육연구소, 한국교육인류학회 가을학술대회, 135-162.

조선일보(2006). 전교조 교사 편향교육에 학부모 화났다. 6월 19일

조성철(2003). 초등학교 교사의 역할지각 수준과 직무 스트레스 수준간의 관계. 광주교육대학교 교육대학원 석사학위논문.

조성희(2007). 전교조 수업 거부는 학생 학습권 침해. 뉴스한국. 10월 4일. http://news.hankuk.com/news.

조영선(1985). 학교교육과 직업지위에 관한 연구. 고려대학교 대학원 석사학위논문.

조정혜(2009). 교원직무연수이수실적학점제 운영에 대한 초등교원의 인식 분석. 부산대학교 교육대학원 석사학위논문.

조한필, 윤자경, 김대원(2006). 학부모의 항의에 무릎 꿇은 여교사, 교육계 '시끌'. 매일경제. 5월 19일. http://inews.mk.co.kr/CMS/template.

중앙일보(2005a). 교장, 교감, 교사 vs 교사끼리 평가. 11월 5일.

중앙일보(2005b). 확실한 정년, 짭짤한 노후, 우린 연금형 직장으로 간다. 10월 1일.

차령아(1996). 학생, 학부모가 바라는 바람직한 초등학교 교사상. 이화여자대학교 교육대학원 석사학위논문.

초 · 중등교육법.

초 · 중등교육법 시행령.

최상근(1992). 한국 초중등교사의 교직사회화 과정 연구, 한국교원대학교 대학원 박사학위논문.

최인자(2006). 국어과 교사의 실천적 지식 성찰을 위한 방법론적 탐색 : '성찰적 내러티브 탐구' 방법을 중심으로. 문학교육학, 21, 77-111.

춘천교육대학(1989). 춘천교육대학 50년사.

춘천교육대학교 학생지원상담소(2010). 추수지도 결과보고서.

쿠키뉴스(2007). 지난 9월 학부모 폭행한 고 모(43) 교사 해임됐다. 1월 13일. http://www.kukinews.com.

통일부(2016). 자료마당 통계자료 북한이탈주민정책. 입국현황. http://www.unikorea.go.kr/main.do

평생교육법.

표시열(2000). 21세기 교사의 법적 · 사회적 지위. 한국교사교육, 17(1), 119-145.

프레시안(2006). 교육부 '교사 연가 허용하는 교장 · 교감도 문책'. 11월 21일. http://www.pressian.com.

프뢰벨사(1987). 몬테소리 교육. 이론과 실천. 서울: 도서출판 프뢰벨사.

학교보건법 시행령.

학교폭력 예방 및 대책에 관한 법률

학교폭력 예방 및 대책에 관한 법률 시행령

한국교원단체총연합회(2006). 2005년 교권 침해 사건 및 교직상담 처리 실적 보고서.

한국교육신문(2010). 처절한 수업준비? 그러나… 초임교사가 범하기 쉬운 오류, 사례로 배우는 좋은 수업. 10월 4일.

한국교직원신문(2005). 부적격 교원 유형 구체적 명시. 863호. 9월 5일.

한명희(1987). 성별 정원할당제는 폐지되어야. 대학교육, 27호, 113-117.

한상근, 임언, 이지연, 이경상, 정윤경(2002). 한국인의 직업의식조사 II. 한국직업능력개발원.

한상복, 이문웅, 김광억(2011). 문화인류학. 서울: 서울대학교출판문화원.

한상훈(1997). 사회학적 관점에서 본 전문직. 교육연구, 13, 공주대학교 교육연구소. 115
－134.

한은숙(2005). 고개 숙인 선생님. 한국교육학회, 246호, 15.

행정권한의 위임 및 위탁에 관한 규정

행정자치부 근무지원팀(2007). 징계업무편람. 행정자치부.

행정학사전(2017).

　　http://terms.naver.com/entry.nhn?docId=77436&cid=42155&categoryId=42155

허난설(2016). 초등교사의 직무 스트레스와 소진과의 관계에서 직업 정체성의 조절 효과.
열린교육연구, 24(1). 253-274.

허병기(1994). 교직 성격 고찰 : 교직의 전문직성에 관한 반성적 논의. 교육학연구, 32(1),
49-77.

허형(2002). 짜임새 있는 수업, 즐거운 학습. 김신일, 이성진(2002). 우리가 꿈꾸는 아름다
운 학교. 서울 : 교육과학사, 5-180.

형법.

홍두승(1983). 직업분석을 통한 계층연구 : 한국표준직업분류를 중심으로. 사회과학과 정
책연구, 5(3), 69-87.

홍생표, 김진희(2004). 교직문화에 관한 조사연구. 한국교육정책연구소.

홍종택(2009). 초등교사의 직무스트레스와 교사 효능감간의 관계. 서울교육대학교 교육
대학원 석사학위논문.

황기우(2002). 교사문화의 생성과정 분석. 교육문제연구, 17, 21-228.

황형주(2010). 현행 교사연수 효과 없다. 강원일보. 8월 9일.

Anderson, L. W. (1997). The stories teachers tell and what they tell us. Teaching and Teacher
Education, 13, 131-136.

Apple, M. (2005). Patriotism, democracy, and the hidden effects of race. in C. MaCarthy,
W. Crichlow, & G. Dimitriadis, N. Dolby (Eds.) Race, Identity, and Representation in
Education. New York : Routledge, 337-348.

Arends, R. I. (2004). Learning to Teach. NewYork : McGrawHill.

Baldridge, J. V. (1980). Society: A Critical Approach to Power, Conflict and Change. 2nd ed. New York: John Wiley and Sons.

Banks, J. (2004). Teaching for social justice, diversity and citizenship in a global world. The Educational Forum. 66(4). 296–305.

Bascia, N. (1998). Women teachers, union affiliation, and the future of North American teacher unionism. Teacher and Teacher Education, 14(5), 551–563.

Bassis, M. S., Gelles, R. J. & Levin, A. (1988). Sociology, An Introduction. New York: Random House.

Beijaard, D. & Verloop, D (1996). Assessing teachers' practical knowledge. Studies in Educational Evaluation, 22(3), 275–286.

Biesanz, J. & Biesanz, M. (1969). Introduction to Sociology. NJ, Englewood Cliffs: Prentice Hall.

Black, A. L. & Halliwell, G. (2000). Accessing practical knowledge : how? why? Teaching and Teacher Education, 16, 103–115.

Brookhart, S. M. & Loadman, W. E. (1996). Characteristics of male elementary teachers in the U. S. A. at teacher education program entry and exit. Teaching and Teacher Education, 12(2), 197–210.

Cochran-Smith, M. & Lytle, L. S. (1993). Inside Outside : Teacher Research and Knowledge. New York : Teachers College Press.

Colnerud, G. (1997). Ethical conflicts in teaching. Teaching and Teacher Education, 13(6), 627–635.

Cooper, R. (2000). Those Who can Teach. Boston : Houghton Mifflin Company.

Corey, M.S., Corey, G. Corey, C. (2010). Group Process and Practice(8th). 김진숙, 김창대, 박애선, 유동수, 전종국, 천성문(역)(2012). 집단상담 과정과 실제(8판). 서울: 센게이지 러닝코리아.

Cornelly, F. M., Cladinin, J. D. & He, M. F. (1997). Teachers' personal knowledge on the professional knowledge landscape. Teacher and Teacher Education, 13(7), 665–674.

Coser, L. A. & Rosenberg, B. (1976). Sociological Theory. New York : Macmillan Publishing Co.

Cruickshank, D. R., Bainer, D., & Metcalf, K. (1995). The Act of Teaching. New York : McGraw-Hill, Inc.

Darendorf, R. G. (1959). Social structure, group interests, conflict groups. in J. Lopreato & L. S. Lewis (Eds.)(1974). Social Stratification : A Reader. New York : Haper & Row Publishers, 55-63.

Davis, K. & Moore, W. E. (1945). Some principles of stratification. in J. Lopreato & L. S. Lewis (Eds.) (1974). Social Stratification : A Reader. New York : Haper & Row Publishers, 64-71.

Deschamps, L., Ducharme, C., & Regnault, J. P. (1979). Understanding the profession. in J. Dufresne, Y. Mongeau, J. Proulx & R. Sylvestre (Eds). The Professions. Montreal : Quebec National Library, 15-22.

Dinkmeyer, D., Mckay, G. D., & Dinkmeyer, Jr. D. (1998). 임승렬(편역). 신도 유능한 교사가 될 수 있다. 효율적인 교수를 위한 체계적 훈련. 서울 : 도서출판 원미사.

Duplass, J. A. (2006). Middle and High School Teaching : Methods, Standards and Best Practices. Boston, Mass. : Houghton Mifflin, 201-251.

EERIC (1997). Status of American Public School Teacher. Educational Resources Information Center(ERIC).

Ehrenberg, R. G., Brewer, D. J., Gamoran, A., & Willms, J. D. (2001) . Class size and student achievement. Psychological Science in the Public Interest, 2(1), 1-30.

Fenstermacher, G. D. (1990). Some moral considerations on teaching as a profession. in J. I. Goodlad, R. Soder, & K. A. Sirotnik (Eds.). The Moral Dimensions of Teaching. SanFrancisco : Jossey-Bass Publishers, 131-151.

Few, B. & Wang, H. (2002). The social status of teachers in Taiwan. Comparative Education, 38(2), 211-224.

Flexner, A. (1915). Is social work a profession? Proceedings of the National Conferences of Charities and Corrections, 576-590.

Freidson, E. (1986). Professional Powers. Chicago : The University of Chicago Press.

Freire, P. (1968). Pedagogy of the Oppressed. Ramos, M. B. (1972). New York : Penguin Books Ltd.

Giddens, A. (1978). The Class Structure of the Advanced Societies. London : Hutchinson & Co.

Glass, G. V. and Smith, M. L. (1980). Meta-analysis of research on class size and its relationship to attitudes and instruction. American Educational Research Journal, 17(4), 419–433.

Golombek, P. R. (1998). A study of language teachers' personal practical knowledge. TESOL QUARTERLY, 32(3), 447–464.

Grant, C. & Gillette, M. (2006). Learning to Teach Everyone's Children : Equity, Empowerment, and Education. That is Multicultural. Belmont, CA : Thomson Wadsworth.

Gray, S. L. (2006). What does it mean to be a teacher? Three tensions within contemporary teacher professionalism examined in terms of government policy and the knowledge economy. Forum for Promoting 3–19 Comprehensive Education New Series, 305–316.

Greenwood, E. (1981). Attributes of a profession : Revisited. in N. Gilbert & H. Specht (Eds). The Emergence of Social Welfare and Social Work 2nd. Itasca, IL : F. E. Peacock Publishers, Inc., 255–276.

Grimmett, P. P. & MacKinnon, A. M. (1992). Craft knowledge and the education of teachers. Review of Research in Education, 18, 385–456.

Guilford, J. P. (1957). Creative abilities in the arts. Psychological Review, 64(2), 110–118. http://dx.doi.org/10.1037/h0048280

Hardin, C. J. (2004). Effective Classroom Management : Models and Strategies for Today's Classrooms. Upper Saddle River, NJ : Pearson Education.

Hardin, C. J. (2012). Effective Classroom Management: Models and Strategies for Today's Classroom. (3rd ed). 김은주(역)(2012). 효과적인 교실관리. 시그마프레스.

Hargreves, A. (1994). Changing Teachers, Changing Times. New York : Teachers College Press.

Hargreves, D. H., Hester, S. K., & Mellor, F. J. (1975). Deviance in Classroom. London : Routledge and Kegan Paul.

Hattie, J. (2005). The paradox of reducing class size and improving learning outcomes, International Journal of Educational Research, 43, 387–425.

Haushildt, P. & Wesson, L. (1999). When postmodern thinking becomes pedagogical practice, Teaching Education, 10(2), 123–130.

Herzberg, F., Mausner, B., & Synderman, B. B. (1959). The Motivation to Work. New

York : Wiley.

Hiebert, J., Gallimore, R., & Stigler, J. W. (2002). A knowledge base for the teaching profession : What would it look like and how can we get one? Educational Researcher, 31(5), 3-15.

Holland, J. L., Whitney, D. R., Cole, N. S., & Jr. Richard, J. M. (1969). An Empirical Occupational Classification Derived from a Theory of Personality and Intended for Practice and Research. Iwoa City : The American College Testing Program.

Hoyle, E. (1980). Professionalization and deprofessionalization in education. In E. Hoyle & J. Megarry (Eds.), World Yearbook of Education(1980). London : Kogan Page, 42-47.

Hoyle, E. (2001). Teaching : Prestige, status and esteem. Educational Management and Administration, 29(2), 139-152.

lbaz, E. (1981). The teacher's "practical knowledge" : Report of a case study. Curriculum Inquiry, 11(1), 43-70.

Johnston, S. (1994). Conversations with student teachers enhancing the dialogue of learning to teaching. Teaching and Teacher Education, 10, 71-82.

Jong, Terry De (2005). A framework of principles and best practice for managing student behavior in Australian education context. School Psychology International, 26(3), 353-370.

Kronowitz, E. L. (2008a). The Teacher's Guide to Success. Boston : Pearson Education, Inc.

Kronowitz, E. L. (2008b). 고재천, 권동택, 김영만, 김은주, 박상완, 이정선, 정혜영(역) (2008). 성공하는 교사의 첫걸음. 서울 : 시그마프레스.

Krull, E., Oras, K., & Sisask, S. (2007). Differences in teachers' comments on classroom events as indicators of their professional development. Teaching and Teacher Education, 23, 1038-1050.

Kuzmic, J. (1994). A beginning teacher's search for meaning : Teacher socialization, organizational literacy and empowerment. Teaching and Teacher Education. 10(1). 15-27.

Leclerq, J. (1996). Teachers in a context of change. European Journal of Education, 31(1), 73-84.

Leggatt, T. (1970). Teaching as a profession. in J. A. Jackson (Ed.). Professions and Professionalization. London : Cambridge at the University Press, 155-177.

Lenski, G. (1966). A theoretical synthesis. in J. Lopreato & L. S. Lewis (Eds.)(1974). Social Stratification : A Reader. New York : Haper & Row Publishers, 75-86.

Levin, B. B. (2002). Dilemma-based cases written by preservice elementary teacher candidates: An analysis of process and content. Teaching Education, 13(2), 203-218.

Maslow, A. H. (1943). A Theory of Human Motivation. Psychological Review, 50(4), 370-96.

Marx, K. & Engels, F. (1848). The Communist manifesto. in J. Lopreato & L. S. Lewis (Eds.) (1974). Social Stratification : A Reader. New York : Haper & Row Publishers, 21-27.

McCarthy, C., Giardina, M., Harewood, S. J., & Park, J. K. (2005). Contesting culture : Identity and curriculum dilemmas in the age of globalization, postcolonialism, and multiplicity. in C. McCarthy, W. Crichlow, G. Dimitriadis, & N. Dolby (Eds.). Race, Identity, and Representation in Education. New York : Routledge, 153-165.

McLeod, S. A. (2014). Carl Rogers. Retrieved from www. simplypsychology. org/carl-rogers.html.

McLeod, S. A. (2016). Maslow's Hierarchy of Needs. Retrieved from www.simplypsychology. org/maslow.html.

McNergney, R. F. & McNergney, J. M. (2007). Education : The Practice and Profession of Teaching. Boston : Allyn and Bacon.

Meijer, P. C., Verloop, N., & Beijaard, D. (2001). Similarities and differences in teachers' practical knowledge about teaching reading comprehension. The Journal of Educational Research, 94(3), 171-184.

Meijer, P. C., Zanting, A., & Verloop, N. (2002). How can student teachers elicit experienced teachers' practical knowledge? : Tools, suggestions, and significance. Journal of Teacher Education, 53, 406-419.

Merryfield, M. (2002). The difference a global educator can make. Educational Leadership, 60(2). 18-21.

Mitchell, S. N., Reill, R. C., & Logue, M. E. (2009). Benefits of collaborative action research for the beginning teacher. Teaching and Teacher Education, 25, 344-349.

Morris, P. (2004). Teaching in Hong Kong : Professionalization, accountability and the state. Research Papers in Education, 19(1), 105-121.

Nelson, J. L., Palonsky, S. B., & McCarthy, M. R. (2007). Critical Issues in Education : Dialogues and Dialectics. Boston : McGraw-Hill.

Nuthall, G. (2004). Relating classroom teaching to student learning : A critical analysis of why research has failed to bridge the theory-practice gap. Harvard Educational Review, 74(3), 273-306.

OECD (2005). http://std. kedi.re. kr.

OECD (2008). Education at a Glance 2008 : OECD Indicators. http://www. oecd.org.

OECD (2017). Teacher's salary. Data.
https://data.oecd.org/eduresource/teachers-salaries.htm

OECD (2017). Women teacher. Data.
https://data.oecd.org/eduresource/women-teachers.htm#indicator-chart

Parkay, F. W. & Stanford, B. H. (2004). Becoming Teacher. Boston : Allyn and Bacon.

Perrenoud, P. (1996). The teaching profession between proletarization and professionalization : Two models of change. Prospects-UNSCO, 26(3), 509-530.

Rong, X. L. & Preissle, J. (2009). Educating Immigrant Students in 21st Century. CA, Thousands Oaks : Corwin Press.

Rots, I., Aelterman, A., Vlerick, P., & Vermeulen, K. (2007). Teacher education graduates' teaching commitment and entrance into the teaching profession. Teaching and Teacher Education, 23, 543-556.

Rovegno, I. (1992). Learning to reflect on teaching : A case study of one preservice physical educational teacher. The Elementary School Journal, 92(4), 491-510.

Rushton, S. P. (2004). Using narrative inquiry to understand a student teacher's practical knowledge while teaching in an innercity school. The Urban Review, 36(1), 61-79.

Schafer, R. T.(1983). Sociology. New York : McGraw Hill Book Company.

Schön, D. A. (1983). The Reflective Practitioner : How Professionals Think in Action. New York : Basic Books.

Schön, D. A. (1987). Educating the Reflective Practitioner : Toward a New Designer for Teaching and Learning in the Professionals. San Francisco : Jossey Bass.

Sharf, R. S. (2008). 이재창, 조붕환, 안희정, 황미구, 임경희, 박미진, 김진희, 최정인, 김수리(역)(2008). 진로발달 이론을 적용한 진로상담. 서울 : 아카데미프레스.

Shaffer, D. R. (2005). 송길연, 이지연(역). 사회 성격발달. 서울: 시그마프레스.

Shaffer, D. R. & Kipp, K. (2014). 송길연, 이지연, 장유경, 정윤경(역)(2014). 발달심리학. 서울: 박영 스토리.

Shaw. B. (1981). Educational Practice and Sociology. Oxford : Martin Robertson.

Sockett, H. (1993). The Moral Base for Teacher Professionalism. New York : Teacher College Press.

Steinberg, S. R. & Kincheloe, J. L. (2001). Setting for the context for critical multi/interculturalism : The power blocs of class elitism, white supremacy, and patriarchy, in S. R. Steingberg (Ed). Multi/Intercultural Conversation. New York : Peter Lang, 3–30.

Strike, K. A. (1990). The legal and moral responsibility of teachers. in J. I. Goodlad, R. Soder, & K. A. Sirotnik (Eds.). The Moral Dimensions of Teaching. SanFrancisco : Jossey–Bass Publishers, 188–223.

Strike, K. & Soltis, J. F. (2004). The Ethics of Teaching. New York : Teachers College Press.

Super, D. E. (1953). A theory of vocational development. American Psychologist, 8(5), 185–190.

Super, D. E. (1990). A life–span, life–space approach to career development. In D. Brown & L. Brooks (Eds.), Career Choice and Development : Applying Contemporary Theories to Practice. San Francisco : Jossey–Bass.

Super, D. E. & Bachrach, P. B. (1957). Scientific Careers and Vocational Development Theory. New York : Teachers College, Columbia University.

Tan, S. K. S. (1997). The elements of expertise. Journal of Physical Education and Recreation, 68(2), 30–33.

Tartwijk, J. V., den Brok, P., Veldman, I., Wubbels, T. (2009). Teachers' practical knowledge about classroom management in multicultural classrooms. Teaching and Teacher Education, 25, 453–460.

Tumin, M. M. (1945). Some principles of stratification : A critical analysis. in J. Lopreato. & L. S. Lewis (Eds.)(1974). Social Stratification : A Reader. New York : Haper & Row Publishers, 95–102.

Turner, C. & Hodge, M. N. (1970). Occupations and professions in J. A. Jackson (Ed.) Professions and Professionalizations. London : Cambridge University Press, 19–50.

Tylor, E. B. (1920). Primitive Culture: Researches into the Development of Mythology, Philosophy, Religion, Language, Art and Custom. 6th ed. London: John Murray.

Weber, M. (1946). Class, status, party. in J. Lopreato & L. Lewis (Eds.)(1974). Social Stratification : A Reader. New York : Harper & Row Publishers, 45-54.

Whit, J. A. (2002). Composing dilemma cases: An opportunity to understand moral dimensions of teaching. Teaching Education, 13(2), 179-201.

Wilensky, H. L. (1964). The professionalization of everyone? American Journal of Sociology, 70(2), 137-158.

Yalom, I. D. (2005). The Theory and Practice of Group Psychotherapy. New York : A Member of Perseus Books Group.

찾아보기

ㄱ

가산점 평정 214

가시성 111

가정교육 7

가치 지향성 2

가해자에 대한 조치 수준 65

각과 교육과정 서답형 고사 184

갈등 해결 119

감봉 281

강등 281

강임 202

강화 97

개방형 146, 217

개인 계약 108

개입 전략 113

견책 281

결과 104

결과론 226

결과의 범위 107

겸임 201

경력 평정 205

계약제 교원 170

계층 측정방법 290

계획성 2

고과 승급 201

고용휴직 198

공개전형 182

공동체 형성 109

공리론 226

공모교장심사위원회 218

공문과 업무 처리 문화 312

공통 가산점 214

과정 이론 30

관내 전보 191

관립 사범학교 126

교감 160

교과교육 135

교과 지식 83

교권 259

교내연수 71, 252

교무분장 61

교무분장 문화 311

교사 22

교사 1인당 학생 수 267

교사의 경제적 지위 298

교사의 근무성적 평정 요소 및 기준 208

교사의 대외 관계 69
교사의 모델링 224
교사의 사회계급적 293
교사의 사회계층적 지위 291
교사의 사회적 지위 295
교사의 신규채용 182
교사의 자질 73
교사의 전문성 87
교사의 지도력 225
교사의 지위 291
교사의 직무 43
교수 내용 지식 83
교수로서의 교실 관리 114
교실관리 93
교실 구조 100
교실 규칙 100
교실 원칙 107
교실의 위계성 224
교실 조직과 관리 프로그램 111
교양교육 131
교외연수 72, 252
교원 22, 159
교원 노동조합 340
교원노조 337
교원능력개발평가 89
교원단체 337
교원소청심사위원회 269
교원 윤리의 중요성 223
교원의 양성 불평등 330
교원의 임용 181
교원의 자격 159

교원 자격시험 174
교원 자격 유효기간제 174
교원 직무연수 이수 학점제 252
교원평가 문화 315
교육감 160
교육공무원 160
교육공무원의 임용 181
교육과정 접근 121
교육과정 편성권 266
교육권 262
교육대학 130
교육대학교 130
교육대학원 130
교육 및 연구 활동의 의무 272
교육방법의 결정권 266
교육성 133
교육성적 평정 213
교육에 관한 권리 262
교육연구 195
교육연수원 242
교육열 11
교육원 198
교육의 개념 2
교육의 말뜻 8
교육의 정의 1
교육의 필연성 10
교육의 필요성 11
교육자 21
교육 자율권 265
교육전문대학원 131
교육학 134

교육학 학사 학위 139
교육행정연수원 242
교육활동 문화 308
교장 160
교장 공모제 217
교장 임기제 215
교재의 채택 및 선정권 266
교정적 결과 113
교직 21
교직 논술 184
교직단체 337
교직단체 결성권 270
교직복무심의위원회 237
교직 선택의 동기 26
교직 여성화 321
교직원 160
교직의 보람 37
교직의 스트레스 38
교직의 자율성 223
교직적성 심층면접 시험 184
교직 하위문화의 내용 308
구상권 283
구슬 주머니 99
국가교사자격시험 142
국외연수 245
권력 259
권력 이론 31
권력 추구하기 103
권위 259
권위적(authoritative) 260
권위주의적(authoritarian) 260

근무성적 평정 206
근무성적 평정 방법 206
근무성적 평정의 문제 211
근무성적 평정점 210
근무성적 합산점 210
근무조건 개선 요구권 267
긍정적 결과 112
긍정적인 교실 훈육 100
기간제 교사 170
기관 중심의 연수 251
기 규칙 107
기능론적 계층 이론 287
기본 생활습관 51

|ㄴ|
남학생의 여성화 328
내면적 훈육 115
내부형 217
내재적 동기 26
논리적 결과 102, 104

|ㄷ|
다면평가 210
다면평가의 합산점 210
다면평가자 206
다문화 교육 15
단단한 반응 120
단체교섭 343
단체교섭 당사자 344
단체교섭 사항 345
단체교섭 시기 344

단체교섭 절차 345
단체교섭 제도 344
단체교섭 효력 346
단체활동권 262
단호한 훈육 98
담임 학급 배정 188
당연한 결과 104
대변 단체 338
동기 · 위생 이론 23
동료 교원평가 89
동료 중재자 121
동수 교류 196
동아리 활동 67
등뼈 교실 115

|ㅁ|

면접시험 182
면직 202
모더니즘 13
모델링 118
목적 지향성 2
목적형 146
무계획성 2
무시험검정 171
무의도성 2
문제해결력 117
문화의 개념 303, 304
문화의 특성 306
물증적 체계 99
미국 교사의 의무 279
미국교육연합회(NEA)의 윤리 강령 236

미국의 교사임용 절차 183
미국의 교직단체 343

|ㅂ|

바람직한 교사 74
반응 118
발달 이론 25
벌 97
법정주의 160
베이스업 승급 201
벽돌 교실 115
변화성 2
보건교사 160
보건 · 체육행사 활동 68
보완 체계 102
복수하기 103
복종의 의무 275
복지후생 제도 확충 요구권 262, 271
복직 201
복합 모형 149
봉사 단체 338
봉사 활동 67
부드러운 반응 120
부임 인사 189
부적 강화 97
부적절한 교원 제재 237
부정적 결과 113
불문경고 281
불체포 특권 262, 269
비가시적인 교실 구조 100
비결과론 227

비밀 엄수의 의무 275
비정기 전보 191
비판적 사고력 18
비품 57

|ㅅ|
사법적 훈육 122
사서교사 160
사회계급 286
사회계약 107
사회계층 286
사회교육 7
산만성 111
상황 지식 84
생략 훈련 102
생활 보장 요구권 262, 271
생활지도 50
선생 22
선서의 의무 274
선택 가산점 214
성별 할당제 322
성실의 의무 275
세계화 15
수석교사 160
수석교사제 177
수습교사제 155
수습근무 142
수업 계획 및 준비 45
수업실습 135
수업 실시 45
수업실연 184

수업평가 49
수요자 중심 교육 14
수행평가 49
스승 22
승급 201
승진 202
승진 문화 317
승진 승급 201
승진 평정 참고자료 204
시간강사 170
시·군 간 전보 191
시·도 간 파견 197
시민성 122
시험검정 171
신규 채용 182
신분 보장권 262
신분 보장 요구권 268
신분상의 권리 262
실기 135
실기시험 182
실무실습 135
실습 135
실천적 지식 152
실패 회피하기 103
심각성 계획 99
심화과정 135

|ㅇ|
안전사고 282
역할 놀이 118
연가 278

연가투쟁 278
연공 승급 201
연구사 195
연구실적 평정 213
연수기관 242
연수내용 244
연수 문화 316
연수실적 평정 213
영리 업무 및 겸직의 금지 279
영양교사 160
영어면접 184
영어수업실연 184
영역 구분 이론 222
외재적인 동기 26
우리의 다짐 231
운동의 분석 51
원감 160
원격교육연수원 242
원격연수 251
원내 파견 197
원장 160
원칙화된 반응 120
위탁연수 252
윤리의 의미 221
윤리적 갈등 228
의도성 2
의사소통 문화 314
의식행사 활동 67
의원 면직 202
이익 단체 338
이익 추구권 262

인격적 특성 73
인성 이론 24
일반교육 131
일반 교육학 지식 83
일방 교류 197
일치된 결정 121
임시초등교원양성소 129
임용 181, 322
임용장 교부 185

|ㅈ|
자격 159
자격검정 방법 172
자격검정 유형 170
자격검정 제도 170
자격연수 243
자격연수 평정 213
자기교육 21
자기실적평가서 207
자리 배정 190
자유교육 131
자율연수 251
자율 활동 67
자체연수 251
장학관 195
장학사 195
재산상의 권리 262
재외국민교육 198
재외 한국교육원 199
재외 한국학교 198
쟁송 제기권 262, 269

전공 134

전교 조회 189

전국교직원노동조합 강령 232

전문가 29

전문 기술 84

전문상담교사 160

전문성 29

전문적 특성 73

전문지식 84

전문직 29

전문직 단체 338

전보 191

전보유예 194

전보특례 194

전수면허장 144

전이 118

전일제 강사 170

전직 195

전출 196

전출 순위 197

전통문화 교육 15

절차 100

절충형 146

접근성 111

정량평가 210

정무직 지방공무원 160

정적 강화 97

정직 281

정치 운동의 금지 277

제거형 벌 97

제시형 벌 97

제한된 전문가 88

제한 설정 101

조교 160

조례 및 종례 55

존엄한 훈육 106

졸업논문 136

종합 교사교육 기관 143

종합교육연수원 242

주의 끌기 103

준교사 160

준 전문직 35

중등교사교육/체제 147

중재 120

지식의 폭증 18

지역 교육청 파견 197

지역 배정 185

지위의 개념 285

지정연수 252

직권 면직 202

직무연수 평정 213

직업 선택 이론 23

직업에 대한 강령 236

직업윤리 223

직위 202

직위 해제 202

직장 이탈의 금지 280

직전교육 241

진단평가 49

진로 활동 67

집단행동의 금지 277

징계 280

징계권 266

징계 면직 202

징계위원회 281

|ㅊ|

참관실습 135

참교육 실천 강령 233

창의성 교육 13

창의적 체험활동 67

책임 훈련 102

청렴의 의무 276

청소지도 56

체계로서의 교실 관리 105

초등교사 교육 147

초등교사 교육 제도 125

초빙교사 198

초빙교장형 217

초 · 중등 교사교육의 통합 150

총괄평가 49

출석연수 251

친사회적 기술 118

친절 · 공정의 의무 276

|ㅌ|

특별연수 245

특성 이론 30

특수 윤리 223

|ㅍ|

파견교사 198

파견근무 197

파면 281

평가권 266

평교사 202

평생교육 7

평정자 210

평화로운 교실 122

평화로운 학교 122

포스트모더니즘 12

품위 유지의 의무 273

피해자에 대한 조치 유형 65

필기시험 182

|ㅎ|

학교 159

학교교육 7

학교 교육과정 59

학교급 간 연계 자격증제 176

학교 급별 복수 자격증제 175

학교 부임 186

학교안전공제회 282

학교운영위원회 64

학교운영 조직 64

학교폭력대책자치위원회 65

학교폭력 전담기구 65

학교행사 66

학급경영 53

학급 공동체 110

학급 관련 사무 59

학급당 학생 수 267

학급시설 57

학급특색활동 54

학급환경 정리 56
학급회의 58
학문성 133
학부모 관계 69
학부모 수업 만족도 평가 89
학생 수업 만족도 평가 89
학생에 대한 강령 236
학습자 중심 교육 19
학습지도 45
학예행사 활동 67
한교조의 푸른 교육 235
한국교원노동조합 강령 233
한국교원단체총연합회의
　교직윤리헌장 231
한국교원대학교 131
한국사 시험 184
한국학교 199
한글의 '교육' 8
한문의 '교육' 8
한성사범학교 125
할당제 322
해외 파견 197
해임 281
해파리 교실 115
행동주의적 관리 97
행정상 책임 280

행정직원 160
현장체험학습 활동 68
현직교육 241
협상 121
형성평가 49
화해적 정의 117
확인자 208
확장된 전문가 88
황금률 227
훈육으로서의 교실 관리 97
휴직 201

|기타|
1급 정교사 160
1종 면허장 144
2+4제 모형 149
2급 정교사 160
2년제 교육대학 129
2종 면허장 144
3년제 사범학교 127
4+2제 모형 149
5년제 사범학교 125
5년제 프로그램 141
5학년 프로그램 141
6년제 모형 149

지은이 ··

김은주
이화여자대학교 사회학과 졸업
이화여자대학교 대학원 교육학 석사 · 박사
미국 캘리포니아대학교(버클리) 방문학자
미국 노스캐롤라이나대학교 연구학자
현재 춘천교육대학교 교육학과 교수

저서 및 역서 초등학교 교사론(공저), 성공하는 교사의 첫걸음(공역),
효과적인 교실관리(역), 작은 학교 들여다 보기(저)